나홀로 하는 제3판

민사집행실무

변 호 사 정동근 감수

법학박사 김동근 저

진 원 사

제3판 머리말

2016. 10.경 개정판이 나온 후 4년여의 시간이 흐른 후 제3판이 준비되는 것 같습니다. 그 동안 송달료(3,700원 ▸ 5,200원)는 큰 폭으로 상승될 만큼 변화는 있었지만, 민사집행법에 관하여는 2016년 후 특별히 개정된 내용은 없습니다.

따라서 금번 제3판은 종전 이론부분에서 부족한 부분을 보강함은 물론 일부 중요한 내용들은 표로서 정리함으로써 이론적인 부분을 보다 간명하게 살펴볼 수 있게 정리를 하였고 나아가 강제집행절차와 관련하여서는 여러 서식(기존서식 보강 + 새로운 서식 다수 추가)들을 추가함으로써 본서의 부제인 '나홀로 하는'에 걸맞게 정리를 하였다는데 그 특징이 있습니다.

아무쪼록 본서가 강제집행을 준비하시거나 강제집행을 당하게 된 당사자 및 관련 실무종사자 등에게 강제집행절차에 관한 충분할 길라잡이 역할을 할 수 있기를 바라며, 혹 부족한 점이나 미흡한 점이 있을 경우 판을 거듭하면서 이를 보완해 나가고자 하오니 독자분들의 지도편달 바랍니다.

마지막으로 코로나 19로 국가전반이 어려운 가운데서도 본서의 출판에 혼신의 힘을 다해주신 진원사 양진수 사장임을 비롯한 편집자 여러분들께 깊은 감사를 표하는 바입니다.

2021. 10.

저자 **김동근** 씀

개정판 머리말

금번 개정판은 그간 변경된 송달료(3,720원 → 3,700원) 등을 반영하였고, 특히 나홀로 하는 이라는 본서의 부제에 맞추어 민사집행절차를 초보자라도 쉽고 체계적으로 이해할 수 있도록 각각의 절차를 모두 도표화하는데 주안점을 두었다.

나아가 각각의 이론적인 면에 있어서도 전편에 비하여 꼭 알아야 할 핵심적인 내용들을 추가적으로 더 정리를 해놓아 누구라도 본서에 기재된 이론 및 절차도를 따라만 하면 손쉽게 민사집행절차를 수행하는데 불편함이 없도록 하였다는데 그 특징이 있다.

아무쪼록 본서가 민사소송실무를 처음 접하는 초보자 및 소송 당사자나 관련 실무 종사자 등 관심이 있는 독자분들께 길라잡이 역할을 충분히 해낼 수 있기를 바라고, 다만 다소 미흡하거나 부족한 점은 독자분들의 지도편달을 바라며, 계속 판을 거듭하면서 이를 보완하고자 한다.

또한 본서의 출간을 위하여 많은 자료와 협조를 아낌없이 해주신 법원 및 여러 법무법인(LAW FIRM) 관계자 여러분께 이면을 빌어 고마움을 표시하고자 한다.

끝으로 어려운 가운데에서도 본서의 출판을 위하여 불철주야 노력하신 법률출판사 양진수 사장님을 비롯하여 편집자 및 여러 임직원들에게도 깊은 감사를 드리는 바이다.

2016. 10.

저자 **김동근** 씀

머 리 말

본서는 소송을 통해 얻은 판결문 등의 집행권원을 가지고 채무자의 책임재산에 어떻게 강제집행을 하여 환가를 받는지에 관한 절차 및 방법 등을 체계적이고 쉽게 이해할 수 있도록 하는 실무서를 집필하는 데 주안점을 두었다.

따라서 본서는 이러한 점에 착안하여 판결 후 그에 대한 강제집행을 실시하기 위해 필요한 실무 위주의 주요 이론정리는 물론 동산 및 부동산에 대한 경매신청, 배당요구, 낙찰허가 후 인도명령, 배당기일에서의 이의와 배당이의 소 그리고 압류 및 추심명령신청 등의 여러 법적 절차와 관련된 서식들을 유형별 정리하는 한편 그 외 각종 신청서, 관련 법조문, 관련 판례 등을 알기 쉽게 체계적으로 수록하여 법률실무자를 비롯하여 법률에 무지한 일반인이라 하더라도 손쉽게 민사집행에 관한 이론 및 실무례를 습득할 수 있도록 하였다.

아울러 위 관련 절차를 진행할 시 그 절차적 완결성을 높이기 위하여 각 절차 진행에 필요한 각종 서식 하단에는 진행절차에 필요한 핵심적인 사항을 명시하기도 하는 등, 본서를 참조하여 실제적인 강제집행의 수행에 전혀 불편함이 없도록 구성하였다.

아무쪼록 소송 당사자나 관련 실무 종사자 또는 민사집행에 관심이 있는 독자분들께 본서가 길라잡이 역할을 충분히 해낼 수 있기를 바라고, 다만 다소 미흡하거나 부족한 점은 독자분들의 지도편달을 바라며, 계속 판을 거듭하면서 이를 보완하고자 한다.

또한 본서의 출간을 위하여 많은 자료와 협조를 아낌없이 해주신 법원 및 여러 법무법인(LAW FIRM) 관계자 여러분께 이면을 빌어 고마움을 표시하고자 한다.

끝으로 어려운 가운데에서도 본서의 출판을 위하여 불철주야 노력하신 진원사 양진수 사장님을 비롯하여 편집자 및 여러 임직원들에게도 깊은 감사를 드리는 바이다.

2014. 8.

저자 **김동근** 씀

약 어 표

이 교재에서 사용한 약어의 사용례는 다음과 같다.

민 집	민사집행법 [시행 2017.2.4.] [법률 제13952호]
민집령	민사집행법 시행령 [시행 2019.4.1.] [대통령령 제23603호]
민집규	민사집행규칙 [시행 2020.12.28.] [대법원규칙 제2938호]
가 소	가사소송법 [시행 2021.1.26.] [법률 제17905호]
민 소	민사소송법 [시행 2021.1.1.] [법률 제17689호]
형 소	형사소송법 [시행 2021.6.9.] [법률 제17572호]
민 조	민사조정법 [시행 2020.3.5.] [법률 제16910호]
채 회	채무자 회생 및 파산에 관한 법률 [시행 2021.4.20.] [법률 제18084호]
소 심	소액사건심판법 [시행 2008.1.1] [법률 제7427호]
비 송	비송사건절차법 [시행 2020.8.5.] [법률 제16912호]
소 촉	소송촉진 등에 관한 특례법 [시행 2019.11.26.] [법률 제16652호]
가 폭	가정폭력범죄의 처벌 등에 관한 특례법 [시행 2020.10.20.] [법률 제17499호]
주 임	주택임대차보호법 [시행 2020.12.10.] [법률 제17363호]
상 임	상가건물 임대차보호법 [시행 2020.11.1.] [법률 제17471호]
가 담	가등기담보 등에 관한 법률 [시행 2017.3.28.] [법률 제14474호]
공 광	공장 및 광업재단 저당법 [시행 2013.3.23] [법률 제11690호]
국 기	국민기초생활 보장법 [시행 2020.6.4.] [법률 제16734호]
건 기	건설산업기본법 [시행 2021.7.27.] [법률 제18338호]
금 융 부 실	금융회사부실자산 등의 효율적 처리 및 한국자산관리공사의 설립에 관한 법률 [시행 2021.7.21.] [법률 제18130호]
선 등	선박등기법 [시행 2020.8.5.] [법률 제16912호]
법 조	법원조직법 [시행 2021.2.9.] [법률 제17125호]

목 차

제1편 민사집행의 의의

제 2 편 민사집행의 준비

제 3 편 민사집행의 실행

제5장 유체동산에 대한 금전집행 / 361

제6장 채권과 그 밖의 재산권에 대한 금전집행 / 405

부 록 / 483

제 1 편 민사집행의 의의

제 1 장

민사집행의 개념과 민사집행법

제1절 민사집행의 개념

민사집행이란 국가의 집행기관이 채권자를 위하여 채권자가 가지는 사법상의 청구권을 국가권력에 기해 강제적으로 실현하는 법적 절차를 말한다. 민사집행은 크게 그 집행에 집행권원이 필요한 강제집행과 집행권원이 필요하지 않은 임의경매로 나눌 수 있고, 여기서 임의경매는 다시 저당권, 질권, 전세권 등 담보물권의 실행을 위한 이른바 실질적 경매와 민법, 상법 기타 법률의 규정에 따른 현금화를 위한 이른바 형식적 경매로 나눌 수 있다. 한편, 여기에 보전처분까지 포함하여 광의의 민사집행이라고 하기도 한다. 민사집행법은 광의의 민사집행을 규율하고 있다.

제2절 민사집행법

민사집행법은 아래 표와 같이 우선 집행권원의 요부를 기준으로 강제집행과 담보권실행 등을 위한 경매로 분류하고, 다시 강제집행은 실현될 권리를 기준으로 실현될 권리가 금전채권인 경우는 금전채권에 기초한 강제집행, 실현될 권리가 비금전채권인 경우는 금전채권 외의 채권에 기초한 강제집행으로 분류하며, 금전채권에 기초한 강제집행은 집행대상이 되는 채무자의 재산의 종류에 따라 부동산에 대한 강제집행, 선박 등에 대한 강제집행, 동산 등(채무자의 제3자에 대한 채권 포함)에 대한 강제집행으로 분류하고, 금전채권 외의 채권에 기한 강제집행은 물건의 인도를 구하는 청구권의 집행과 작위(대체적, 비대체적), 부작위, 의사표시를 구하는 청구권의 집행으로 분류하며, 담보권실행 등을 위한 경매는 담보목적물의 종류에 따라 부동산·선박·자동

차·건설기계·항공기·유체동산·채권과 그 밖의 재산권을 목적으로 하는 담보권 실행을 위한 경매와 유치권에 의한 경매, 민법·상법, 그 밖의 법률이 규정하는 바에 따른 경매(공유물분할, 자조매각, 단주의 경매, 타인의 권리를 상실시키는 경매, 청산을 위한 경매)로 분류하고 있다.

제1편 총 칙(1조~23조)	민사집행 및 보전처분의 절차를 규정함을 목적(1조) / 민사소송법 준용(23조)
제2편 강제집행(24조~263조)	집행권원에 기초
제1장 총 칙(24조~60조)	강제집행은 ① 확정된 종국판결이나 가집행 선고가 있는 종국판결(24조), ② 항고로만 불복할 수 있는 재판, ③ 가집행 선고가 내려진 재판, ④ 확정된 지급명령, ⑤ 채무자가 강제집행을 승낙한 취지가 적혀 있는 공증인 작성 집행증서, ⑥ 소송상화해·청구인낙 등 그 밖에 확정판결과 같은 효력을 가지는 것(56조)에 기초
제2장 금전채권에기초한 강제집행(61조~256조)	금전의 지급을 목적으로 하는 집행권원에 기초
제1절 재산명시절차 등(61조~77조)	재산명시신청(61조) / 채무불이행자명부등재신청(70조) / 재산조회(74조)
제2절 부동산에 대한 강제집행(78조~171조)	강제경매(80조~162조) / 강제관리(163조~171조)
제3절 선박등에 대한 강제집행(172조~187조)	선박(172조~186조) / 자동차·건설기계·소형선박·항공기(187조)
제4절 동산에 대한 강제집행(188조~256조)	유체동산(189조~222조) / 채무자의 제3자에 대한 금전채권등(223조~256조)
제3장 금전채권 외의 채권에 기초한 강제집행(257조~263조)	동산인도(257조) / 부동산인도(258조) / 대체집행(260조) / 간접강제(261조)
제3편 담보권실행 등을 위한 경매(264조~275조)	부동산담보권(264조~268조) / 선박담보권(269조) / 자동차등담보권(270조) / 유체동산담보권(271조) / 채권등담보권(273조) / 유치권에 의한 경매와 민법·상법, 그 밖의 법률이 규정하는 바에 따른 경매(274조)
제4편 보전처분(276조~312조)	보전처분절차는 소송절차와 집행절차 양면을 포괄하고 있어 집행절차에 관한 총칙의 규정들을 그대로 적용할 수는 없기 때문에 '민사집행'의 개념에 포함되지 않는다.

제3절 실질적 의미의 민사집행법

실질적 의미의 민사집행법이란 민사집행 및 보전처분을 실질적으로 규율하는 법규의 전체를 말하는 것으로서, 여기에는 민사집행법 이외에 민사소송법(498조~502조), 민법(389조), 상법(744조), 가사소송법(41조, 42조, 62조~65조), 소송촉진 등에 관한 특례법(31조, 34조), 형사소송법(477조~479조), 채무자 회생 및 파산에 관한 법률(33조, 43조~48조, 58조, 48조, 592조, 593조) 등이 있다.

제 2 장
민사집행의 이념과 필요성

제1절 민사집행의 이념

민사집행은 채권자는 저렴한 비용으로 간이·신속하게 사권의 만족을 얻을 수 있도록 하고, 채무자는 그의 인격과 경제력을 부당한 침해로부터 보호받을 수 있도록 하며, 사회는 집행으로 인한 사회·경제적 손실이 최소화될 수 있도록 함을 그 이념으로 한다.

제2절 민사집행의 필요성

민사집행은 채무자가 사법상의 이행의무를 임의이행하지 않는 경우가 존재한다는 점, 만일 그 경우에 자력구제를 허용한다면 결국은 권리와 정의가 실현되는 것이 아니라 힘이 있는 자의 의지가 실현되는 결과를 초래하므로 사인의 인적 집행이나 자력구제를 금지하는 대신 국가가 채권자와 채무자 및 사회의 이익을 조화롭게 고려하여 채무자에 대하여 강제력을 행사함으로써 채권자의 사법적 청구권의 실현을 도모하는 절차가 요구된다는 점에 그 필요성이 존재한다.

제 3 장

민사집행절차와 다른 절차와의 관계

제1절 판결절차

판결절차는 권리 또는 법률관계의 존부의 확정 즉 청구권의 존부의 관념적 형성을 목적으로 하는 절차인 반면, 강제집행절차는 권리의 강제적 실현 즉 청구권의 사실적 형성을 목적으로 하는 절차이다. 양자는 별개의 독립된 기관이 관장하고(예외적으로 수소법원이 집행기관이 되는 경우는 민집 260조 대체집행, 민집 261조 간접강제), 모든 강제집행에 판결절차가 선행되는 것은 아니며(공정증서, 조정조서, 과태료 재판에 관한 검사의 명령 등에 의하여도 강제집행 가능), 모든 소송이 강제집행을 수반하는 것도 아니고(확인판결이나 형성판결은 집행력이 없으며, 이행판결 중에서도 성질상 강제집행에 적합하지 않거나 등기절차를 명하는 판결 등은 강제집행으로 이행되지 않는다), 강제집행절차가 판결절차와 병행하여 진행될 수도 있으며(가집행선고 있는 종국판결의 확정 전 강제집행), 강제집행을 계기로 하여 다시 판결절차가 발생하는 경우(민집 44조 청구이의의 소, 민집 48조 제3자이의의 소)도 있다.

[강제집행절차와의 이동]

구 분		강제집행절차	판결절차
같은점		소송능력, 당사자능력, 권리보호의 이익 등	
차이점	절차개시	채권자의 신청	소제기(판결, 집행권원)
	취하요건	채권자의 선택	엄격함
	심리절차	서면주의	변론주의(구술)
	절차진행	간이,신속 심문절차	서증(입증) 필요적 변론
	당사자의 지위	채권자 우위	원·피고 대등
	중단, 수계	인정 ×	인정 ○

제2절 도산절차

강제집행절차는 채무자의 개별재산을 압류하고 매각하는 개별집행이나, 도산절차는 모든 채권자의 채권을 위하여 채무자의 모든 재산에 대한 포괄집행이다.

제3절 국세체납처분절차

국세, 지방세 및 일정한 범위 내의 공과금청구권은 민사집행법에 의한 경매신청을 할 수 없고 국세징수법에 의한 체납처분 또는 그 예에 의한 집행에 의한다. 통상 현금화를 위해 세무서장이 한국자산관리공사에 공매대행을 위탁한다. 저당권자, 질권자, 전세권자는 물론 그 담보권보다 선순위 또는 동순위에 있는 가압류채권자도 체납처분절차에 배당가입할 수 있으나, 집행정본을 가진 일반 채권자는 배당가입을 할 수 없다. 국세체납처분이 선행되었을 때도 강제집행은 독립하여 진행할 수 있고, 양 절차의 낙찰자 중 선순위로 소유권을 취득한 자가 결국 진정한 소유자로 확정된다.

제4절 행정대집행

행정상의 작위·부작위 의무(무허가건물철거 등)의 강제적 실현을 위하여 행정대집행법에 의한 대집행절차가 마련되어 있다.

제5절 가사소송법상의 이행확보제도

가사소송법상 사전처분(가소 62조), 양육비직접지급명령(가소 63조의2), 이행명령(가소

64조) 등의 이행확보제도는 가사소송법에 의하여 작성된 집행권원에 의한 일반 민사집행과 병존한다.

제6절 특별법에 의한 경매

공장 및 광업재단저당법에 의한 공장재단저당권이나 입목에 관한 법률에 의한 담보권 실행은 당해 특별법에 의해 담보권을 실현한다.

제7절 증권관련 집단소송법에 의한 분배

증권관련 집단소송법에 의해 일괄하여 받은 손해배상판결의 권리실행으로 얻은 금전을 피해집단의 구성원에게 분배(배당)하는 경우 제1심 수소법원의 감독 하에 분배관리인이 분배업무를 처리한다.

제 2 편 민사집행의 준비

제 1 장

채무자의 임의이행거부에 대한 집행권원 또는 담보권의 확보

제1절 실현될 권리가 금전채권인 경우

채권자가 금전채권을 보유하고 있는데 채무자가 임의이행을 거부하는 경우, 채권자는 아래 표와 같이 집행권원을 확보하여 강제집행을 하거나 또는 담보권을 확보하여 담보권실행을 할 수 있다.

<table>
<tr><th colspan="2">실현될 권리</th><th>집행권원</th><th>담 보 권</th></tr>
<tr><td colspan="2" rowspan="4">금전채권</td><td rowspan="4">확정된 종국판결(민집 24조), 가집행선고있는 판결(민집 24조), 집행판결(민집 26조, 27조, 중재법 37조), 항고로만 불복할 수 있는 재판(민집 56조), 확정된 지급명령(민집 56조), 이행권고결정(소심 5조의3), 화해권고결정(민소 225조), 조정에 갈음하는 결정(민조 34조), 가압류·가처분명령(민집 291조, 301조 ; 보전처분 집행을 의미), 집행증서(민집 56조), 재판상화해조서(민소 220조), 청구인낙조서(민소 220조), 조정조서(민조 29조, 가소 59조), 파산채권자표·개인회생채권자표·회생채권자표·회생담보권자표의 기재(채회 168조, 460조, 603조), 검사의 집행명령(형소 477조) 등</td><td>부동산담보권 : 저당권(민법 356조), 근저당권(민법 357조), 전세권(민법 303조), 가등기담보, 양도담보, 환매, 매매예약, 대물변제예약, 소유권유보부매매</td></tr>
<tr><td>동산담보권 : 동산질권(민법 329조), 양도담보, 환매, 매매예약, 대물변제예약, 소유권유보부매매</td></tr>
<tr><td>채권담보권 : 권리질권(민법 345조), 양도담보, 환매, 매매예약, 대물변제예약, 소유권유보부매매</td></tr>
<tr><td>선박·자동차·건설기계·항공기·입목·어업권·광업권·공장재단·광업재단담보권 : 저당권(민법 356조), 근저당권(민법 357조), 가등기담보, 양도담보, 환매, 매매예약, 대물변제예약, 소유권유보부매매</td></tr>
<tr><td>금 전
채 권</td><td>물건인도, 작위
(대체적, 비대</td><td>상 동
(단, 성질상 금전채권에만 적용되는</td><td>없 음
(단, 이행불능·이행지체·이행거절로</td></tr>
</table>

외 의 채권	체적), 부작위, 의사표시	집행권원은 제외)	인해 발생하는 손해배상청구권 담보는 가능)

1. 집행권원의 확보

가. 의 의

집행권원이란 사법상의 일정한 이행청구권의 존재와 범위를 표시함과 동시에 강제집행으로 그 청구권을 실현할 수 있는 집행력을 인정한 공정의 증서를 말한다.

[집행권원이 불요한 경우]

구 분	종 류
간이, 신속한 집행절차	- 확정된 지급명령 - 확정된 이행권고결정 - 가압류, 가처분결정
법상 집행권원과 동일 효력	- 배상명령(소촉법) 형사소송법상 재산형의 집행의 위한 검사의 집행명령 - 과태료 재판에 대한 검사의 명령
집행의 부수절차	- 강제관리개시결정에 기한 부동산의 점유집행 - 채권압류명령에 기한 채권증서의 인도집행 - 매각부동산의 관리를 위한 부동산인도명령의 집행, 단 민집 제136조 제1항, 제3항의 경우에는 집행권원을 부여받아야 함
확정판결로 의사진술이 간주되어 집행이 완료되는 경우	- 소유권이전등기절차이행의 판결 등

나. 종 류

(1) 확정된 종국판결(민집 24조)

종국판결이란 각 심급에서 소송의 전부 또는 일부를 종결시키는 판결로서 전부판결, 일부판결, 추가판결을 말한다(중간판결은 제외). 종국판결 중에서 집행력 있는 이행판결만이 집행권원이 되나(확인판결, 형성판결은 제외), 강제실현이 허용되지 않거나 불가능한 것은 집행권원(예, 부부의 동거를 명하는 판결, 연주를 할 의무를 명하는 판결, 소설을

쓸 의무를 명하는 판결)으로 되지 않는다.

판결의 확정이란 상소로 취소될 수 없는 상태, 즉 형식적 확정력이 생긴 상태를 말한다. 상소가 허용되지 않는 판결이나 당사자 간에 불상소 합의가 있는 경우에는 판결 선고 시에 확정된다. 상소가 허용되는 판결은 상소기간(민소 396조, 425조 ; 판결서 송달로부터 2주)이 경과되면 확정된다. 상소기간 경과 전이라도 상소권을 포기한 경우에는 포기 시에 확정된다. 상소기간 내에 적법한 상소가 제기되면 판결의 확정은 차단되나, 상소심에서 상소기각판결이 선고되고 그 판결이 확정되면 원판결이 확정판결로서 집행권원이 된다. 판결의 일부에 대한 일부상소의 경우 판결의 전부에 대하여 이심의 효력이 생기므로 판결 전부에 대하여 확정이 차단된다. 그러나, 통상의 공동소송에서 일부 공동소송인만이 상소한 경우 나머지 공동소송인에 대한 판결은 분리 확정된다. 판결의 확정은 확정증명서로 증명된다.

(2) 가집행선고 있는 종국판결(민집 24조)

판결이 확정되지 않았더라도 종국판결의 주문에 가집행선고가 붙어 있으면 즉시 집행력이 발생하고 집행권원이 된다. 가집행선고 있는 종국판결의 집행력을 배제하기 위해서는 상소를 제기하면서 강제집행정지신청을 별도로 하여 강제집행정지결정을 받아야 한다. 가집행선고는 상소심에서 그 선고 있는 본안판결이나 그 가집행선고를 취소 또는 변경하는 판결의 선고에 의하여 실효된다. 그러나 상소심판결로 가집행선고가 효력을 잃기 전에 이미 집행절차가 끝난 경우에는 집행처분을 취소할 여지가 없으므로 집행처분의 효력에는 영향이 없고 매수인은 확정적으로 소유권을 취득한다. 한편, 가집행선고 있는 제1심 판결을 취소한 항소심판결이 상고심에서 파기되면 가집행선고의 효력이 되살아나므로, 집행권원인 가집행선고 있는 제1심 판결로 집행을 계속할 수 있다. 한편, 이행판결이 아닌 확인판결이나 형성판결에는 가집행선고를 붙이지 못한다.

(3) 집행판결(민집 26조, 27조, 중재법 37조)

외국판결[1] 및 중재판정에 기한 강제집행을 하기 위해서는 집행판결청구의 소를 제

1) 개정 민사집행법 제26조(외국재판의 강제집행) ① 외국법원의 확정판결 또는 이와 동일한 효력이 인정되는 재판(이하 "확정재판등"이라 한다)에 기초한 강제집행은 대한민국 법원에서 집행판결로

기하여 집행판결을 받아야 한다. 집행판결은 가집행선고가 있거나 확정되어야 하고, 외국판결 또는 중재판정과 집행판결이 결합한 것이 집행권원으로 된다.

(4) 항고로만 불복을 신청할 수 있는 재판(민집 56조)

판결 이외의 재판인 결정·명령으로서 법률에 따라 항고(통상항고 또는 즉시항고, 단 특별항고는 제외)로써 불복이 허용되는 재판을 말한다. 그 종류는 다음과 같다.

제3자의 소송비용상환결정(민소 107조), 소송비용액확정결정(민소 110조, 113조), 소송비용의 액수와 부담을 정하는 결정(민소 114조), 피구조자에 대한 유예소송비용납입명령(민소 131조), 증인·감정인에 대하여 소송비용의 부담을 명하는 결정(민소 311조, 318조, 326조, 333조), 부동산인도명령(민집 136조), 강제관리개시결정(민집 164조), 대체집행에서 채무자에 대한 비용지급결정(민집 260조), 간접강제에서 금전배상을 명하는 결정(민집 261조), 가사소송법상 금전의 지급, 물건의 인도, 등기 그 밖에 의무이행을 명하는 심판(가소 41조).

통상항고를 할 수 있는 재판은 고지로 즉시 집행력이 발생하고, 항고가 있어도 집행정지의 효력이 없으므로 항고를 제기한 채무자는 집행정지결정(민소 448조)을 받아 그 재판정본을 집행기관에 제출하여야만 집행의 개시·속행을 막을 수 있다. 민사집행법상 강제집행절차에 관한 재판에 대한 즉시항고도 집행정지의 효력이 없다(민집 15조 6항). 그러나 민사소송법상 즉시항고는 집행을 정지시키는 효력이 있으므로(민소 447조), 즉시항고 제기 후에는 집행문을 부여할 수 없다. 다만 즉시항고 제기 전에 이미 집행문이 부여되어 집행이 개시된 때에는 즉시항고의 제기로 당연히 집행이 정지되는 것이 아니고, 집행정지결정(민소 448조)을 받아 그 재판정본을 집행기관에 제출하여야만 집행을 정지시킬 수 있다.

(5) 확정된 지급명령(민집 56조)

지급명령에 대하여 2주 이내에 이의신청이 없거나, 이의신청을 취하한 경우 지급명령이 확정되고, 확정된 지급명령에 기한 강제집행은 집행문을 부여받을 필요없이

그 강제집행을 허가하여야 할 수 있다. 〈개정 2014.5.20.〉 구 「민사집행법」은 국내기업에 대한 외국법원의 판결만을 국내에서 승인·집행하도록 되어 있으나, 한·EU FTA, 한미 FTA 발효 등으로 국내기업에 대한 외국에서의 다양한 법적 소송 또한 증가할 것으로 예상됨에 따라 외국법원의 확정판결뿐만 아니라 이와 동일한 효력이 인정되는 재판도 국내 승인·집행 대상에 포함토록 함.

지급명령정본에 의하여 행한다(민집 58조).

(6) 집행증서(민집 56조)

공증인·법무법인·법무법인(유한)·법무조합이 일정한 금액의 지급이나 대체물[2] 또는 유가증권의 일정한 수량의 급부를 목적으로 하는 청구에 관하여 작성한 공정증서로서 채무자가 강제집행을 승낙한 취지가 적혀 있는 증서와 공증인·법무법인·법무법인(유한)·법무조합이 어음수표에 부착하여 강제집행을 인낙한 취지를 적어 작성한 공정증서는 집행력이 있어 집행권원이 될 수 있다.[3] 그러나 기판력은 없으므로 증서에 적힌 청구가 당초부터 불성립·무효인 경우 채무자는 청구에 관한 이의의 소를 제기하여 그 집행력을 배제할 수 있고, 채권자는 집행증서 있는 청구권에 관하여도 확인·이행의 소를 제기할 수 있다. 집행수락문언이 적혀 있으나 그것이 미성년자 또는 무권대리인이 한 것으로서 추인이 없는 경우 그 집행증서는 무효이고, 청구에 관한 이의의 소 또는 집행문부여에 대한 이의신청으로 다툴 수 있으며, 무효인 집행증서에 터 잡아 내려진 채권압류 및 전부명령은 채무자에 대한 관계에서 효력이 없고, 무효인 집행증서에 터 잡아 경매가 진행되어 매수인 앞으로 소유권이전등기를 마친 경우에도 원소유자는 집행증서의 무효를 주장하여 매수인에 대하여 그 소유권이전등기의 말소를 구할 수 있다.[4]

---

2) 동산을 목적으로 하는 유동 집합물 양도담보설정계약을 체결함과 동시에 채무불이행시 강제집행을 수락하는 공정증서를 작성한 경우, 양도담보권자로서는 그 집행증서에 기하지 아니하고 양도담보계약내용에 따라 이를 사적으로 타에 처분하거나 스스로 취득한 후 정산하는 방법으로 현금화할 수도 있지만, 집행증서에 기하여 담보목적물을 압류하고 강제경매를 실시하는 방법으로 현금화할 수도 있는데, 만약 후자의 방식에 의하여 강제경매를 실시하는 경우, 이러한 방법에 의한 경매절차는 형식상은 강제집행이지만, 그 실질은 일반 강제집행절차가 아니라 동산양도담보권의 실행을 위한 환가절차로서 그 압류절차에 압류를 경합한 양도담보설정자의 다른 채권자는 양도담보권자에 대한 관계에서 압류경합권자나 배당요구권자로 인정될 수 없고, 따라서 환가로 인한 매득금에서 환가비용을 공제한 잔액은 양도담보권자의 채권변제에 우선적으로 충당하여야 한다(대법원 2005. 2.18. 선고 2004다37430 판결).

3) 사인이 작성한 사문서의 진정 성립을 인증한 것(사서증서의 인증)만으로는 집행증서가 되지 못한다.

4) 무효인 공정증서에 기한 경매임을 이유로 경매절차가 무효라고 주장하여 그 경매목적물에 관한 소유권이전등기의 말소를 청구하는 경우에 그 말소 주장이 금반언의 원칙 및 신의칙에 위반되는 것이어서 허용될 수 없다고 하려면, 무효인 공정증서상에 집행채무자로 표시된 자가 그 공정증서를 채무명의로 한 경매절차가 진행되고 있는 동안에 공정증서의 무효를 주장하여 경매절차를 저지할 수 있었음에도 불구하고 그러한 주장을 일체 하지 않고 이를 방치하였을 뿐만 아니라, 오히

[민소 및 민집법상 집행권원 정리]

구 분	내 용
판 결	- 확정된 종국판결 - 가입행선고 있는 종국판결 - 외국법원의 확정재판 등에 대한 강제집행
판결이외의 집행권	- 소송상 화해조서 - 확정된 화해권고결정 - 확정된 지급명령 - 가압류결정 - 가처분결정 - 집행증서(공정증서) - 제소전 화해 - 청구의 인낙조서 - 항고로만 불복할 수 있는 재판 - 과태료재판에 대한 검사의 집행명령

(7) 기 타

① 재판상의 화해조서(소송상 화해와 제소전 화해 ; 민사집행법 56조)

② 확정된 화해권고결정(민사소송법 231조)

③ 청구인낙조서(민사집행법 56조)

④ 조정조서(민사조정법 29조)

⑤ 확정된 조정을 갈음하는 결정(민사조정법 30조, 32조, 34조)

⑥ 확정된 이행권고결정(소액사건심판법 5조의 7)

⑦ 파산채권자표·개인회생채권자표·회생채권자표·회생담보권자표의 기재(채무자 회생 및 파산에 관한 법률 460조, 603조, 168조, 117조, 354조)

⑧ 벌금, 과료, 몰수, 추징, 과태료, 소송비용, 비용배상 또는 가납의 재판에 대한 검사의 집행명령(형사소송법 477조)

⑨ 비송사건절차법상의 비송사건절차비용의 재판(비송사건절차법 29조)

려 공정증서가 유효임을 전제로 변제를 주장하여 경락허가결정 등에 대한 항고절차를 취하고 경락허가결정 확정 후에 경락대금까지 받았다든지 배당기일에 자신의 배당금을 이의 없이 수령하고 경락인으로부터 이사비용을 받고 부동산을 임의로 명도하였다든지 하여 경락인에 대하여 객관적으로 그 공정증서가 유효하다는 신뢰를 부여하는 경우라야 할 것이다(대법원 2000. 2.11. 선고 99다31193 판결).

⑩ 비송사건절차법에 따른 과태료의 재판에 대한 검사의 집행명령(비송사건절차법 249조)

⑪ 당사자가 예납하지 아니한 비용의 수봉결정, 소송상의 구조와 구조의 취소에 따른 비용 추심의 결정(민사소송비용법 12조)

⑫ 확정된 배상명령 또는 가집행선고 있는 배상명령이 적힌 유죄판결(소송촉진 등에 관한 특례법 34조)

⑬ 형사소송절차에서 피고인과 피해자 사이에 민사상 다툼에 관하여 이루어진 합의가 기재된 공판조서(소송촉진 등에 관한 특례법 36조)

⑭ 언론중재위원회의 중재화해조서 및 중재조서(언론중재 및 피해구제 등에 관한 법률 23조, 25조)

⑮ 중앙토지수용위원회의 보상금에 관한 재결(공익사업을 위한 토지 등의 취득 및 보상에 관한 법률 86조)

⑯ 지방법원장의 소속 법무사에 대한 과태료의 결정(법무사법 48조)

⑰ 특허권, 실용신안권, 디자인권, 상표권의 심판에 관한 비용 또는 이들 법률에 따른 보상금액과 대가에 대하여 확정된 결정(특허법 166조, 실용신안법 33조, 디자인보호법 61조, 상표법 477조)

⑱ 가사소송법에 의한 심판, 조정, 확정된 조정을 갈음하는 결정(가사소송법 41조, 59조)

⑲ 가압류·가처분명령(민사집행법 291조, 301조)

다. 집행권원부여절차에 대한 구제절차

집행권여부여에 대하여는 채권자 및 채무자 공히 이에 불복할 수 있는데, 채권자는 집행문부여신청에 대하여 법원이 이를 거부할 경우 집행문부여 거절에 대한 이의신청 또는 집행문부여의 소의 제기를 통하여, 채무자는 집행문부여에 대한 이의신청 또는 집행문부여에 대한 이의의 소를 통해 각각 구제절차를 진행할 수 있다.

[서식 1] 판결문 재도부여신청서

판결문 재도부여신청서

사　　건　20○○가단○○○　대여금

원　　고　정 ○ ○

피　　고　김 ○ ○

위 사건에 관하여 귀원에서 선고한 판결의 집행력 있는 정본 1통을 이미 부여받은 바, 분실하였으므로 집행력 있는 판결정본 1통을 재도부여해 주시기 바랍니다.

첨부서류 : 분실신고접수증명원 1통

20○○. ○. ○.

위 원고　정 ○ ○　(인)

○○지방법원 기록관리과　귀중

작성방법

1. 이미 법원으로부터 부여받은 집행력 있는 정본을 분실, 멸실 등의 경우에 다시 집행력 있는 정본을 부여 받고자 하는 것으로 재판장의 허가가 필요하다.
2. 신청비용은 인지 500원, 정본이 없는 경우에는 정본교부대금(5장 이하인 경우 1,000원)을 별도로 지급해야 한다.
3. 첨부서류로는 분실신고접수증 등이 필요하다.

[서식 2] 화해권고결정정본 재도부여신청서

화해권고결정정본 재도부여신청서

사　　건　　20○○가단○○○　대여금

원　　고　　정 ○ ○

피　　고　　김 ○ ○

위 당사자간 20○○가소○○○ 대여금 청구사건의 판결정본을 ○○지방법원 20○○타채○○○ 채권압류 및 추심명령에 사용하였으나 피압류 여부가 불투명한 상태이고 채무자의 다른 재산에 강제집행을 하고자 하오니 집행력 있는 화해권고결정 정본 1통을 부여해 주시기 바랍니다.

첨부서류 : 사용증명원 1통

20○○. ○. ○.

위 원고　정 ○ ○　(인)

○○지방법원 기록관리과　귀중

작성방법

1. 이미 법원으로부터 부여받은 집행력 있는 정본을 분실, 멸실 등의 경우에 다시 집행력 있는 정본을 부여 받고자 하는 것으로 재판장의 허가가 필요하다.
2. 신청비용은 인지 500원, 정본이 없는 경우에는 정본교부대금(5장 이하인 경우 1,000원)을 별도로 지급해야 한다.
3. 첨부서류로는 분실신고접수증 등이 필요하다.

[서식 3] 집행력 있는 정본 수통부여신청서

판결정본 수통부여신청서

원 고 정○○

피 고 김○○

위 당사자간 20○○가소○○○ 대여금 청구사건에 관하여 20○○. ○. ○. 선고한 판결정본 1통을 부여받았으나, 피고는 여러 곳에 재산을 가지고 있어 동시에 집행을 할 필요가 있으므로, 집행력 있는 정본 2통을 더 부여하여 주실 것을 신청합니다.

20○○. ○. ○.

위 원고 정 ○ ○ (인)

○○지방법원 귀중

작성방법

1. 원고가 동시에 여러 지역에 강제집행을 하거나 여러 개의 서로 다른 집행방법에 의하여 강제집행을 할 경우에는 집행권원이 더 있어야 하므로 1통(수통)을 내어 달라는 수통부여신청을 한다.
2. 신청은 재판장의 허가가 필요하나, 다만 이행권고결정서와 확정된 지급명령의 수통부여는 재판장의 허가가 필요없고 법원사무관 등이 부여한다.
3. 인지 500원 정본이 없는 경우 정본교부대금(5장 이하인 경우 1,000원)은 납부한다.
4. 첨부서류로는 집행력 있는 정본이 다른 곳에서 사용중임을 증명하는 서류 등을 첨부한다.

[서식 4] 판결문등본 교부신청

판결문 재도부여신청서

사　　건　20○○가단○○○　대여금

원　　고　○○○

피　　고　○○○

위 사건에 관하여 판결문등본 1부를 교부하여 주실 것을 신청합니다.

20○○. ○. ○.

원고　○ ○ ○　(인)

○○지방법원　귀중

제출법원	소송계속되었던 법원		
제출부수	신청서 1부	관련법규	민사소송법 제162조 제1항
비　　용	인지액 : ○○○원(☞ 재판기록열람수수료표)		
기　　타	당사자나 이해관계를 소명한 제3자는 대법원규칙이 정하는 바에 따라 소송기록의 열람·복사, 재판서·조서의 정본·등본·초본의 교부 또는 소송에 관한 사항의 증명서의 교부를 법원사무관 등에게 신청할 수 있음		

작성방법

1.원고가 소송계속되었던 법원에 제출하며, 이때 신청서 1부를 제출하면 된다.
2. 신청서에는 인지 500원을 첩부하면 된다.

2. 담보권의 확보

가. 의 의

담보권이란 어떤 물건을 채권의 담보로 제공하는 것을 목적으로 하는 권리를 말한다. 모든 채권은 금전채권과 금전 외의 채권으로 나눌 수 있는데, 금전 외의 채권도 그 불이행에 의하여 금전채권인 손해배상채권으로 변할 가능성을 가지고 있다. 금전채권은 채무자의 일반재산에 의해 만족을 얻을 수 있으나, 채권자들이 많을 경우 채권자평등의 원칙에 따라 채권액에 비례하여 변제를 받게 되므로, 채권의 가치는 결국 채무자의 일반 재산의 정도에 따라 달라진다. 그리하여 금전채권자는 금전채권의 일반적 효력으로는 만족하지 못하고 좀 더 강력하게 자신의 채권을 보호할 수 있는 수단을 찾게 되는데 이를 위한 수단이 바로 담보권이다.

나. 종 류

(1) 전형담보

(가) 유치권(민법 320조)

유치권이란 타인의 물건 또는 유가증권을 점유한 자가 그 물건이나 유가증권에 관하여 생긴 채권이 변제기에 있는 경우 변제를 받을 때까지 그 물건 또는 유가증권을 유치할 권리를 말한다.

유치권은 법정담보물권으로서 유치권이 성립되기 위한 점유는 불법행위에 의하여 시작되어서는 안 되며, 점유는 계속되어야 하고(점유의 일시상실 후 회복은 가능), 목적물은 타인의 소유이어야 하며, 피담보채권과 목적물 사이에는 견련성(채권이 목적물 자체로부터 발생한 경우와 채권이 목적물의 반환청구권과 동일한 법률관계나 사실관계로부터 발생한 경우)이 있어야 하고, 피담보채권의 변제기가 도래하여야 하며, 유치권 배제특약이 없어야 한다.

유치권자는 경매권과 간이변제충당권, 과실수취권, 별제권을 가지고 있으나 우선변제권은 없다. 다만 유치권자는 채권전부의 변제를 받을 때까지 유치물전부에 대하여 그 인도를 거절함으로써 간접적으로 우선변제 받는 것과 동일한 효과를 얻을 수 있다.

유치권자는 선량한 관리자의 주의로 유치물을 점유하여야 하고, 채무자의 승낙없이 유치물의 사용, 대여 또는 담보제공을 하지 못하나, 유치물의 보존에 필요한 사용은 그러하지 아니하다. 유치권자가 유치물에 관하여 필요비를 지출한 때에는 소유자에게 그 상환을 청구할 수 있고, 유치권자가 유치물에 관하여 유익비를 지출한 때에는 그 가액의 증가가 현존한 경우에 한하여 소유자의 선택에 좇아 그 지출한 금액이나 증가액의 상환을 청구할 수 있다(비용상환청구권).

(나) 동산질권(민법 329조)

동산질권이란 채권자가 채권의 담보로 채무자 또는 제삼자가 제공한 동산을 점유하고 그 동산에 대하여 다른 채권자보다 자기채권의 우선변제를 받을 권리를 말한다.

동산질권은 임대차에서 예외적으로 법정질권이 인정되는 경우가 있으나 원칙적으로 약정질권이다. 동산질권은 질권설정계약과 동산의 인도에 의하여 성립한다. 점유개정이 금지되므로, 질권자는 질권설정자로 하여금 질물의 점유를 하게 하지 못한다.

피담보채권에는 제한이 없고, 금전으로 평가할 수 없는 채권도 가능하며, 장래의 불특정 다수채권도 가능하다(근질). 동산은 양도가능한 것이어야 하고, 압류금지 동산 중 압류금지 이유가 양도를 금하기 위한 것(훈장)이라면 질권의 목적물로 되지 못하나, 채무자의 생활보호를 위한 것(의복, 침구)이라면 질권의 목적물로 될 수 있다. 선박·자동차·건설기계·항공기는 양도할 수 있는 동산이지만 정책적으로 질권을 설정할 수 없고 저당권의 객체로 된다.

동산질권자는 경매권, 간이변제충당권, 과실수취권, 별제권, 비용상환청구권, 점유보호청구권, 순위에 따른 인도거절권, 우선변제권, 물상대위권, 전질권을 가지고 있으나, 질물에 의하여 변제를 받지 못한 부분의 채권에 한하여 채무자의 다른 재산으로부터 변제를 받을 수 있다(질물보다 먼저 다른 재산에 관한 배당을 실시하는 경우에는 적용하지 아니한다. 그러나 다른 채권자는 질권자에게 그 배당금액의 공탁을 청구할 수 있다).

유질계약이 금지되므로 질권설정자는 채무변제기전의 계약으로 질권자에게 변제에 갈음하여 질물의 소유권을 취득하게 하거나 법률에 정한 방법에 의하지 아니하고 질물을 처분할 것을 약정하지 못한다(예외적으로 상사질권, 변제기 후 유질계약, 권리질권은 유질계약 가능).

질권자는 선량한 관리자의 주의로 질물을 점유하여야 하며, 채무자의 승낙없이 질물의 사용, 대여를 하지 못하고(단 질물의 보존에 필요한 사용은 그러하지 아니하다), 질권이 소멸하면 질물을 질권설정자에게 반환하여야 한다.

(다) 권리질권(민법 345조)

권리질권이란 재산권을 질권의 목적으로 하는 권리를 말한다. 권리질권은 약정질권으로서 질권설정계약과 그 권리의 양도방법에 의하여 성립한다.

피담보채권에는 제한이 없으나, 금전으로 평가할 수 있어야 하며, 장래의 불특정 다수채권도 가능하다(근질). 재산권(채권, 주식, 지식재산권 등)은 양도가능 하여야 하고(부양청구권, 공무원 및 군인연금청구권, 산업재해보상청구권 등은 법률의 규정에 의하여 양도가 금지되므로 권리질권의 목적이 될 수 없고, 당사자 간에 양도금지특약이 있는 경우에도 권리질권의 목적이 될 수 없으나 그 특약은 선의의 제3자에게 대항하지 못한다), 부동산의 사용·수익을 목적으로 하는 권리(지상권, 전세권, 부동산임차권 등)는 권리질권의 목적이 될 수 없다.

권리질권자는 직접청구권, 경매권, 간이변제충당권, 채권이자수취권, 별제권, 비용상환청구권, 점유보호청구권, 순위에 따른 인도거절권, 우선변제권, 물상대위권, 전질권을 가지고 있고, 권리질권설정자는 권리질권자의 동의없이 권리질권의 목적된 권리를 소멸하게 하거나 권리질권자의 이익을 해하는 변경을 할 수 없다.[5)]

권리질권자는 선량한 관리자의 주의로 채권증서를 보관하여야 하며, 권리질권이 소멸하면 이를 권리질권설정자에게 반환하여야 한다.

(라) 저당권(민법 356조)

저당권이란 채무자 또는 제삼자가 점유를 이전하지 아니하고 채무의 담보로 제공한 부동산에 대하여 다른 채권자보다 자기채권의 우선변제를 받을 권리를 말한다. 저당권은 약정담보물권으로서 저당권설정의 합의와 등기에 의하여 성립한다.

피담보채권에는 제한이 없으나, 금전으로 평가할 수 있어야 하며,[6)] 장래의 불특정

---

5) 질권의 목적인 채권의 양도행위는 민법 제352조 소정의 질권자의 이익을 해하는 변경에 해당되지 않으므로 질권자의 동의를 요하지 아니한다(대법원 2005.12.22. 선고 2003다55059 판결).

6) 저당권으로 담보할 채권에 대하여는 법률상 제한이 없으므로 특정물의 지급 또는 종류물의 일정 수량의 지급을 목적으로 하는 채권을 위하여 저당권을 설정할 수 있으나 이와 같은 경우에는 부동산등기법 제143조에 의하여 미리 그 채권을 금전으로 평가하여 그 평가액을 등기하도록 하였

다수채권도 가능하다(근저당). 저당권의 목적물은 부동산(민법 356조), 지상권(민법 371조 제1항), 전세권(민법 371조 1항), 입목(입목에 관한 법률 3조 2항), 광업권(광업법 11조), 어업권(수산업법 18조 2항), 공장재단(공장 및 광업재단 저당법 3조), 광업재단(공장 및 광업재단 저당법 10조), 등기한 선박(상법 787조),[7] 소형선박(자동차등 특정동산 저당법 3조),[8] 자동차(자동차등 특정동산 저당법 3조), 건설기계(자동차등 특정동산 저당법 3조), 항공기(자동차등 특정동산 저당법 3조), 일정한 동산과 채권 등(동산·채권 등의 담보에 관한 법률 3조)이며,[9] 저당권

는바, 이는 피담보채권이 금전채권 이외의 경우라 하더라도 그 채권이 이행불능의 경우에는 금전적 손해배상 채권으로 되어 그 목적물의 매각대금으로서 받게 될 뿐 아니라 그 부동산으로서 담보된 담보가치의 수액을 미리 공시함으로써 그 부동산에 대한 후순위 저당권자 또는 제3취득자와 같은 이해관계인의 이익을 보호하고 부동산에 관한 거래의 안전을 기하자는데 그 목적이 있으므로 채권자는 제3자에 대한 관계에 있어서는 그 등기된 평가액의 한도에서만 저당권의 효력을 주장할 수 있음에 불과하다(대법원 1980. 9.18.자 80마75 결정).

7) 선박등기법 제3조(등기할 사항) 선박의 등기는 다음 각 호에 열거하는 권리의 설정·보존·이전·변경·처분의 제한 또는 소멸에 대하여 한다.
   1. 소유권
   2. 저당권
   3. 임차권

8) 자동차 등 특정동산 저당법 제3조(저당권의 목적물) 다음 각 호의 특정동산은 저당권의 목적물로 할 수 있다.
   1. 「건설기계관리법」에 따라 등록된 건설기계
   2. 「선박등기법」이 적용되지 아니하는 다음 각 목의 선박(이하 "소형선박"이라 한다)
      가. 「선박법」 제1조의2제2항의 소형선박 중 같은 법 제26조 각 호의 선박을 제외한 선박
      나. 「어선법」 제2조제1호 각 목의 어선 중 총톤수 20톤 미만의 어선
      다. 「수상레저안전법」 제30조에 따라 등록된 동력수상레저기구
   3. 「자동차관리법」에 따라 등록된 자동차
   4. 「항공법」에 따라 등록된 항공기 및 경량항공기

   제5조(저당권에 관한 등록의 효력 등) ① 저당권에 관한 득실변경은 담보목적물별로 다음 각 호에 등록하여야 그 효력이 생긴다.
   1. 「건설기계관리법」에 따른 건설기계등록원부
   2. 「선박법」에 따른 선박원부
   3. 「어선법」에 따른 어선원부
   4. 「수상레저안전법」에 따른 수상레저기구 등록원부
   5. 「자동차관리법」에 따른 자동차등록원부
   6. 「항공법」 제8조제1항(같은 법 제24조제9항에서 준용하는 경우를 포함한다)에 따른 항공기 등록원부

9) 동산·채권 등의 담보에 관한 법률 제3조(동산담보권의 목적물) ① 법인 또는 「상업등기법」에 따라 상호등기를 한 사람(이하 "법인 등"이라 한다)이 담보약정에 따라 동산을 담보로 제공하는 경우에는 담보등기를 할 수 있다. ② 여러 개의 동산(장래에 취득할 동산을 포함한다)이더라도 목적물의 종류, 보관장소, 수량을 정하거나 그 밖에 이와 유사한 방법으로 특정할 수 있는 경우에는 이를 목적으로 담보등기를 할 수 있다. ③ 제1항 및 제2항에도 불구하고 다음 각 호의 어느 하나

의 효력은 저당부동산에 부합된 물건과 종물에 미치고, 저당부동산에 대한 압류가 있은 후에 저당권설정자가 그 부동산으로부터 수취한 과실 또는 수취할 수 있는 과실에 미친다. 그러나 그 부동산에 대한 소유권, 지상권 또는 전세권을 취득한 제삼자에 대하여는 압류한 사실을 통지한 후가 아니면 이로써 대항하지 못한다.

저당권자는 경매권(저당물에 대한 경매, 저당지상의 건물에 대한 일괄경매),[10] 압류 후 과실수취권, 법정지상권(저당물의 경매로 인하여 토지와 그 지상건물이 다른 소유자에 속한 경우에는 토지소유자는 건물소유자에 대하여 지상권을 설정한 것으로 본다. 그러나 지료는 당사자의 청구에 의하여 법원이 이를 정한다), 별제권, 우선변제권, 방해배제 및 예방청구권, 저당물보충청구권, 물상대위권을 가지고 있으나, 저당물에 의하여 변제를 받지 못한 부분의 채권에 한하여 채무자의 다른 재산으로부터 변제를 받을 수 있다(저당물보다 먼저 다른 재산에 관한 배당을 실시하는 경우에는 적용하지 아니한다. 그러나 다른 채권자는 저당권자에게 그 배당금액의 공탁을 청구할 수 있다).

저당권부 채권의 양도와 입질은 가능하며, 저당권 양도에 관한 등기는 저당권이전의 부기등기에 의하고, 저당권 입질에 관한 등기는 저당권등기에 질권의 부기등기에 의한다.

저당물의 제3취득자는 경매인이 될 수 있고, 저당권자에게 그 부동산으로 담보된 채권을 변제하고 저당권의 소멸을 청구할 수 있으며, 그 부동산의 보존, 개량을 위하여 필요비 또는 유익비를 지출한 때에는 저당물의 경매대가에서 우선상환을 받을 수 있다.

에 해당하는 경우에는 이를 목적으로 하여 담보등기를 할 수 없다.

1. 「선박등기법」에 따라 등기된 선박, 「자동차 등 특정동산 저당법」에 따라 등록된 건설기계·자동차·항공기·소형선박, 「공장 및 광업재단 저당법」에 따라 등기된 기업재산, 그 밖에 다른 법률에 따라 등기되거나 등록된 동산
2. 화물상환증, 선하증권, 창고증권이 작성된 동산
3. 무기명채권증서 등 대통령령으로 정하는 증권

10) 민법 제365조는 저당권설정자가 저당권을 설정한 후 저당목적물인 토지상에 건물을 축조함으로써 저당권의 실행이 곤란하여지거나 저당목적물의 담보가치의 하락을 방지하고자 함에 그 규정 취지가 있다고 할 것이므로, 저당권설정 당시에 건물의 존재가 예측되고 또한 당시 사회경제적 관점에서 그 가치의 유지를 도모할 정도로 건물의 축조가 진행되어 있는 경우에는 위 규정은 적용되지 아니한다(대법원 1987. 4.28. 선고 86다카2856 판결).

(마) 근저당권(민법 357조)

근저당권이란 계속적인 거래관계로부터 발생·소멸하는 불특정다수의 장래채권을 결산기에 계산한 후 잔존하는 채무를 일정한 한도액의 범위 내에서 담보하는 저당권을 말한다. 근저당권 또한 약정담보물권으로서 근저당권설정의 합의와 등기에 의하여 성립한다.

피담보채권에는 제한이 없으나, 금전으로 평가할 수 있어야 하며, 장래의 증감·변동하는 불특정의 채권 및 이미 발생한 기존 채권도 가능하다.[11] 근저당권설정계약에서는 근저당으로 담보될 채권의 최고액을 정하고, 피담보채권으로 될 채권의 발생기초가 되는 기본계약관계를 명확히 정하여야 한다. 기본계약관계를 명확히 정하지 않고 채무자 채권자에게 부담하는 일체의 채무를 담보하는 포괄근저당의 유효성에 대해서는 견해가 대립한다. 기본계약상 존속기간이 만료되거나 기본계약 또는 담보계약의 해제·해지시 피담보채권이 확정되고, 근저당권은 보통의 저당권으로 확정된다.

피담보채무가 채권최고액을 초과하는 경우 채무자는 채무 전액을 변제하여야 근저당권의 말소를 구할 수 있는 반면, 물상보증인은 채권최고액만을 변제하면 근저당권의 말소를 구할 수 있다. 다만 물상보증인이 연대보증인을 겸하는 경우에는 채무자와 동일하게 채무 전액의 변제를 요한다. 근저당 부동산의 제3취득자도 채권최고액만을 변제하면 근저당권의 말소를 구할 수 있다. 그러나 근저당 부동산의 후순위저당권자는 채무 전액을 변제하여야 근저당권의 말소를 구할 수 있다.[12]

---

11) 근저당권설정계약이 장래 발생할 채무의 담보를 목적으로 하는 것이 원칙이라 하여도 근저당권설정계약 당사자간에 특별한 사정이 없는 한 위 근저당권설정계약전후에 걸쳐 발생한 채무가 그 계약당사자간에 금원차용과 같은 동일한 거래 방법에 의한 것인 때에는 위 근저당권설정계약 이후에 발생한 채무뿐 아니라 그 전에 발생한 채무까지도 그 근저당권으로 하여금 담보케 하기로 한 근저당권설정자와 근저당권자간의 합의가 있었다고 해석함이 상당할 것(대법원 1970. 4.28. 선고 70다103 판결).

12) 근저당부동산에 대하여 민법 제364조의 규정에 의한 권리를 취득한 제3자는 피담보채무가 확정된 이후에 채권최고액의 범위 내에서 그 확정된 피담보채무를 변제하고 근저당권의 소멸을 청구할 수 있으나, 근저당부동산에 대하여 후순위근저당권을 취득한 자는 민법 제364조에서 정한 권리를 행사할 수 있는 제3취득자에 해당하지 아니하므로 이러한 후순위근저당권자가 선순위근저당권의 피담보채무가 확정된 이후에 그 확정된 피담보채무를 변제한 것은 민법 제469조의 규정에 의한 이해관계 있는 제3자의 변제로서 유효한 것인지 따져볼 수는 있을지언정 민법 제364조의 규정에 따라 선순위근저당권의 소멸을 청구할 수 있는 사유로는 삼을 수 없다(대법원 2006. 1.26. 선고 2005다17341 판결).

근저당권은 당사자 사이의 계속적인 거래관계로부터 발생하는 불특정채권을 어느 시기에 계산하여 잔존하는 채무를 일정한 한도액 범위 내에서 담보하는 저당권으로서 보통의 저당권과 달리 발생 및 소멸에 있어 피담보채무에 대한 부종성이 완화되어 있는 관계로 피담보채무가 확정되기 이전이라면 채무의 범위나 또는 채무자를 변경할 수 있는 것이고, 채무의 범위나 채무자가 변경된 경우에는 당연히 변경 후의 범위에 속하는 채권이나 채무자에 대한 채권만이 당해 근저당권에 의하여 담보되고, 변경 전의 범위에 속하는 채권이나 채무자에 대한 채권은 그 근저당권에 의하여 담보되는 채무의 범위에서 제외된다.

물상보증인이 근저당권의 채무자의 계약상의 지위를 인수한 것이 아니라, 다만 그 채무만을 면책적으로 인수하고 이를 원인으로 하여 근저당권 변경의 부기등기가 경료된 경우, 특별한 사정이 없는 한 그 변경등기는 당초 채무자가 근저당권자에 대하여 부담하고 있던 것으로서 물상보증인이 인수한 채무만을 그 대상으로 하는 것이지, 그 후 채무를 인수한 물상보증인이 다른 원인으로 근저당권자에 대하여 부담하게 된 새로운 채무까지 담보하는 것으로 볼 수는 없다.

근저당권의 피담보채권이 확정되기 전에 그 채권이 일부를 양도하거나 대위변제한 경우 근저당권이 양수인이나 대위변제자에게 이전할 수 없다. 나머지는 보통의 저당권과 동일하다.

(바) 전세권(민법 303조)

전세권이란 전세금을 지급하고 타인의 부동산을 점유하여 그 부동산의 용도에 좇아 사용·수익하고, 전세권이 소멸하면 목적부동산으로부터 우선변제를 받을 권리를 말한다. 저당권은 약정 용익물권 및 담보물권으로서 전세권설정의 합의와 등기에 의하여 성립한다. 대법원은 "전세권설정등기를 마친 민법상의 전세권은 그 성질상 용익물권적 성격과 담보물권적 성격을 겸비한 것으로서, 전세권의 존속기간이 만료되면 전세권의 용익물권적 권능은 전세권설정등기의 말소 없이도 당연히 소멸하고 단지 전세금반환채권을 담보하는 담보물권적 권능의 범위 내에서 전세금의 반환시까지 그 전세권설정등기의 효력이 존속하고 있다(대법원 2005. 3.25. 선고 2003다35659 판결)"라고 판시하여 전세권의 용익물권성 및 담보물권성의 양면성을 인정한 바 있다.

전세권은 목적부동산을 직접 지배할 수 있는 물권이어서 제3자에게 대항할 수 있으나, 채권적 전세권은 목적부동산을 사용·수익하게 할 것을 청구할 수 있는 채권에 불과하므로 채권인 임차권과 같은 성질을 가지며 원칙적으로 대항력이 없다. 다만 주택이나 상가의 미등기 전세에 대해서는 주택임대차보호법과 상가건물임대차보호법이 정하는 바에 따라 등기없이도 일정한 요건하에 대항력과 우선변제권이 인정되고 최단존속기간이 보장되고 있다.

대법원은 ① 채권담보의 목적으로 설정된 전세권의 효력, ② 기존의 채권으로 전세금 지급에 갈음할 수 있는지 여부, ③ 채권자·채무자 및 제3자의 합의로 전세권 등 담보권의 명의를 제3자로 하는 것이 가능한지 여부에 대해 "① 전세권이 용익물권적 성격과 담보물권적 성격을 겸비하고 있다는 점 및 목적물의 인도는 전세권의 성립요건이 아닌 점 등에 비추어 볼 때, 당사자가 주로 채권담보의 목적으로 전세권을 설정하였고, 그 설정과 동시에 목적물을 인도하지 아니한 경우라 하더라도, 장차 전세권자가 목적물을 사용·수익하는 것을 완전히 배제하는 것이 아니라면, 그 전세권의 효력을 부인할 수는 없다. ② 전세금의 지급은 전세권 성립의 요소가 되는 것이지만 그렇다고 하여 전세금의 지급이 반드시 현실적으로 수수되어야만 하는 것은 아니고 기존의 채권으로 전세금의 지급에 갈음할 수도 있다. ③ 전세권이 담보물권적 성격도 가지는 이상 부종성과 수반성이 있는 것이기는 하지만, 채권담보를 위하여 담보권을 설정하는 경우 채권자와 채무자 및 제3자 사이에 합의가 있으면 채권자가 그 담보권의 명의를 제3자로 하는 것도 가능하고, 이와 같은 경우에는 채무자와 담보권명의자인 제3자 사이에 담보계약관계가 성립하는 것으로 그 담보권명의자는 그 피담보채권을 수령하고 그 담보권을 실행하는 등의 담보계약상의 권한을 가진다 (대법원 1995. 2.10. 선고 94다18508 판결)라고 판시한바 있다.

대법원 또한 전세권이 성립한 후 목적물의 소유권이 이전되는 경우, 전세권자와 구 소유자 간의 전세권 관계가 신 소유자에게 이전되는지 여부 및 전세금반환의무도 신 소유자에게 이전되는지 여부에 대해 "전세권이 성립한 후 목적물의 소유권이 이전되는 경우에 있어서 전세권 관계가 전세권자와 전세권설정자인 종전 소유자와 사이에 계속 존속되는 것인지 아니면 전세권자와 목적물의 소유권을 취득한 신 소유자와 사이에 동일한 내용으로 존속되는지에 관하여 민법에 명시적인 규정은 없으나, 전세목적물의 소유권이 이전된 경우 민법이 전세권 관계로부터 생기는 상환청구, 소멸청구, 갱신청구, 전세금증감청구, 원상회복, 매수청구 등의 법률관계의 당사자로 규정하고 있는 전세권설정자 또는 소유자는 모두 목적물의 소유권을 취득한 신 소유자로 새길 수밖에 없다고 할 것이므로, 전세권은 전세권자와 목적물의 소유권을 취득한 신 소유자 사이에서 계속 동일한 내용으로 존속하게 된다고 보아야 할 것이고, 따라서 목적물의 신 소유자는 구 소유자와 전세권자 사이에 성립한 전세권의 내용에 따른 권리의무의 직접적인 당사자가 되어 전세권이 소멸하는 때에 전세권자에 대하여 전세권설정자의 지위에서 전세금반환의무를 부담하게 되고, 구 소유자는 전세권설정자의 지위를 상실하여 전세금반환의무를 면하게 된다고 보아야 하고, 전세권이 전세금 채권을 담보하는 담보물권적 성질을 가지고 있다고 하여도 전세권은 전세금이 존재하지 않으면 독립하여 존재할 수 없는 용익물권으로서 전세금은 전세권과 분리될 수 없는 요소이므로 전세권 관계로 생기는 위와 같은 법률관계가 신 소유자에게 이전되었다고 보는 이상, 전세금 채권 관계만이 따로 분리되어 전 소유자와 사이에 남아 있다고 할 수는 없을 것이고, 당연히 신 소유자에게 이전되었다고 보는 것이 옳다(대법원 2000. 6. 9. 선고 99다15122 판결)"라고 판시한바 있다.

대법원은 또한 전세기간 만료 이후 전세권양도계약 및 전세권이전의 부기등기가 이루어진 것만으로 전세금반환채권의 압류·전부 채권자에게 대항할 수 있는지 여부에 대해 "존속기간의 경과로서 본래의 용익물권적 권능이 소멸하고 담보물권적 권능만 남은 전세권에 대해서도 그 피담보채권인 전세금반환채권과 함께 제3자에게 이를 양도할 수 있다 할 것이지만 이 경우에는 민법 450조 2항 소정의 확정일자 있는 증서에 의한 채권양도절차를 거치지 않는 한 위 전세금반환채권의 압류·전부 채권자 등 제3자에게 위 전세보증금반환채권의 양도사실로써 대항할 수 없다. 전세기간 만료 이후 전세권양도계약 및 전세권이전의 부기등기가 이루어진 것만으로는 전세금반환채권의 양도에 관하여 확정일자 있는 통지나 승낙이 있었다고 볼 수 없어 이로써 제3자인 전세금반환채권의 압류·전부 채권자에게 대항할 수 없다(대법원 2005. 3.25. 선고 2003다35659 판결)"라고 판시한바 있다.

대법원은 또한 전세권이 존속하는 동안에 전세권을 존속시키기로 하면서 전세금반환채권만을 전세권과 분리하여 확정적으로 양도할 수 있는지 여부에 대해 "전세권은 전세금을 지급하고 타인의 부동산을 그 용도에 따라 사용·수익하는 권리로서 전세금의 지급이 없으면 전세권은 성립하지 아니하는 등으로 전세금은 전세권과 분리될 수 없는 요소일 뿐 아니라, 전세권에 있어서는 그 설정행위에서 금지하지 아니하는 한 전세권자는 전세권 자체를 처분하여 전세금으로 지출한 자본을 회수할 수 있도록 되어 있으므로 전세권이 존속하는 동안은 전세권을 존속시키기로 하면서 전세금반환채권만을 전세권과 분리하여 확정적으로 양도하는 것은 허용되지 않는 것이며, 다만 전세권 존속 중에는 장래에 그 전세권이 소멸하는 경우에 전세금 반환채권이 발생하는 것을 조건으로 그 장래의 조건부 채권을 양도할 수 있을 뿐이라 할 것이다(대법원 2002. 8.23. 선고 2001다69122 판결)"라고 판시한바 있다.

전세권자는 용익권, 점유보호청구권, 목적물반환·방해제거·방해예방청구권, 상린관계에 기한 청구권, 과실수취권, 법정지상권, 부속물매수청구권, 비용상환청구권, 순위에 따른 인도거절권, 경매권, 별제권, 우선변제권, 물상대위권을 가지고 있다.

(2) 비전형담보

비전형담보란 민법이 규정하는 담보물권인 유치권, 질권, 저당권 이외에 실제의 거래계에서 채권담보의 기능을 수행하고 있는 여러 가지 제도를 말한다.

비전형담보가 이용되는 이유는 ① 동산(상품, 기계, 원료)을 가지고 있는 자가 금전을 빌리기 위해 질권을 설정하면 점유를 이전하여야 하므로 그 동산을 이용하기 어렵다는 점, ② 질권·저당권은 원칙적으로 경매에 의하여 실행하여야 하는데, 그러한 경매는 절차가 매우 복잡할 뿐만 아니라 충분한 대가를 확보하기 어렵다는 점, ③ 전형담보에 있어서는 담보목적물의 가치가 융자액을 넘고 있다고 하더라도 채권자가 그 초과분을 취득할 수가 없다는 점 등이다.

의용민법 시대에는 가등기담보, 양도담보(매도담보 포함)와 같은 비전형담보에 대한 규제가 전혀 없어서 채권자가 비전형담보를 이용하여 폭리를 취할 수 있었다. 그리하여 강행규정인 민법 607조, 608조가 신설되어 정산이 요구되자 이번에는 가등기담보를 하면서 미리 제소전 화해조서를 작성하여 두고 변제기가 되면 채권자가 이를 이용하여 즉시 가등기에 기한 본등기를 하는 방법으로 폭리를 취하는 새로운 수단이 등장하였다. 제소전 화해의 내용이 민법 607조, 608조에 반하더라도 재심에 의하여 취소되지 않는 한 무효라고 할 수 없기 때문에 채무자는 설사 정산은 요구할 수 있더라도 담보물을 되찾아 올 수는 없었다. 그리하여 이번에는 가등기담보 등에 관한 법률(이하 '가등기담보법')이 제정되어 이 법에 기한 엄격한 청산절차 없이 경료된 본등기는 무효가 되고, 제소전 화해의 절차까지 까다로워져서 채무자를 어느 정도 보호할 수 있게 되었다.

그러나 가등기담보법은 ① 소비대차에 기하지 않은 채권을 담보하기 위한 경우, ② 소비대차에 기하지 않은 채권을 담보하기 위한 것이라도 재산권의 가액이 채권액에 미달하는 경우, ③ 재산권의 가액이 채권액을 초과할 지라도 재산권이 등기·등록에 의하여 공시되지 않는 경우, ④ 재산권이 등기·등록에 의하여 공시되는 것이라도 가등기·소유권이전등기가 되어 있지 않은 경우에는 적용되지 않는 한계가 있다.

하지만 가등기담보법이 적용되지 않는 사안이라고 하더라도, 채권자가 채권담보의 목적으로 부동산에 가등기를 경료하였다가 그 후 변제기까지 변제를 받지 못하게 되어 위 가등기에 기한 소유권이전의 본등기를 경료한 경우에는 당사자들 사이에 채무자가 변제기에 피담보채무를 변제하지 아니하면 채권채무관계는 소멸하고 부동산의 소유권이 확정적으로 채권자에게 귀속된다는 명시의 특약이 없는 한, 그 본등기도 채권담보의 목적으로 경료된 것으로서 정산절차를 예정하고 있는 이른바 '약한 의미의 양도담보'가 된 것으로 보고 있고(대법원 2005. 7.15. 선고 2003다46963 판결), '약한 의미의 양도담보'가 이루어진 경우 부동산이 귀속정산의 방법으로 담보권이 실행되어 그 소유권이 채권자에게 확정적으로 이전되었다고 인정하려면 채권자가 가등기에 기하여 본등기를 경료하였다는 사실만으로는 부족하고 담보 부동산을 적정한 가격으로 평가한 후 그 대금으로써 피담보채권의 원리금에 충당하고 나머지 금원을 반환하거나 평가 금액이 피담보채권액에 미달하는 경우에는 채무자에게 그와 같은 내용의 통지를 하는 등 정산절차를 마친 사실이 인정되어야 하므로(대법원 2005. 7.15. 선고 2003다46963 판결), 비록 가등기담보법에 따른 청산절차를 거치지는 않더라도 결국 정산은 요구된다.

(가) 가등기담보

가등기담보란 채권을 담보할 목적으로 채권자와 채무자 또는 제3자(물상보증인) 사이에서 부동산을 목적물로 하는 대물변제예약 또는 매매예약을 하고, 채무자의 채무불이행이 있는 경우에 채권자가 예약상의 권리를 행사함으로써 취득하게 될 장래의 소유권이전등기청구권을 보전하기 위해 가등기·가등록을 하는 방법으로 담보를 설정하는 것을 말한다.

등기부의 기재만 보아서는 그 가등기가 본래 의미의 가등기 즉 청구권보전의 가등기인지 아니면 담보가등기인지 구별할 수 없는데, 당해 가등기가 담보 가등기인지 여부는 당해 가등기의 등기부상 원인이 매매예약으로 기재되어 있는지 아니면 대물변제예약으로 기재되어 있는가 하는 형식적 기재에 의하여 결정되는 것이 아니라 당해 가등기가 실제상 채권담보를 목적으로 한 것인지 여부에 의하여 결정된다(대법원 1998.10. 7.자 98마1333 결정).

본래 의미의 가등기 즉 청구권보전의 가등기는 본등기가 경료되어야 비로소 순위보전의 효력이 발생할 뿐 가등기인 채로는 실체법적 효력을 가지지 않으나, 담보가등기는 그 자체로서 저당권과 유사한 실체법적 효력이 인정된다. 그러나 담보가등기는 저당권설정에서와 같이 피담보채권액, 이자, 변제기 등이 공시되지 않으므로 공시방법으로서는 불완전하다. 가등기담보법, 국세기본법, 국세징수법, 지방세법, 채무자 회생 및 파산에 관한 법률에서는 저당권을 가등기담보권에 준용한다.

가등기담보법 3조와 4조에서는 가등기담보권의 사적 실행방법으로 귀속정산의 원칙을 규정하고, 12조와 13조에서는 그 공적 실행방법으로 경매의 청구 및 우선변제청구권 등 처분정산을 별도로 규정하고 있다. 그러나 가등기담보법의 적용대상이 아닌 경우에는 사적실행방법으로 처분정산도 가능하다.

가등기담보법의 적용대상인 경우 가등기담보등에관한법률 3조, 4조의 각 규정에 비추어 볼 때 그 각 규정을 위반하여 담보가등기에 기한 본등기가 이루어진 경우에는 그 본등기는 무효라고 할 것이고, 설령 그와 같은 본등기가 가등기권리자와 채무자 사이에 이루어진 특약에 의하여 이루어졌다고 할지라도 만일 그 특약이 채무자에게 불리한 것으로서 무효라고 한다면 그 본등기는 여전히 무효일 뿐, 이른바 약한 의미의 양도담보로서 담보의 목적 내에서는 유효하다고 할 것이 아니다(대법원 2002.12.10. 선고 2002다42001 판결). 다만 가등기권리자가 가등기담보등에관한법률 3조, 4조에 정한 절차에 따라 청산금의 평가액을 채무자 등에게 통지한 후 채무자에게 정당한 청산금을 지급하거나 지급할 청산금이 없는 경우에는 채무자가 그 통지를 받은 날로부터 2월의 청산기간이 경과하면 위 무효인 본등기는 실체적 법률관계에 부합하는 유효한 등기가 될 수 있다(대법원 2002.12.10. 선고 2002다42001 판결).

가등기담보법의 적용대상이 아닌 경우 정산을 하지 않고 가등기에 기한 본등기를 한 때에는 특별한 사정이 없는 한 약한 의미의 양도담보가 설정된 것으로 보아, 채권자는 정산절차를 거친 후에야 비로소 확정적으로 소유권을 취득한다.

(나) 양도담보

양도담보란 물건의 소유권을 채권자에게 이전하는 방법에 의하여 채권을 담보하는 경우를 널리 가리킨다. 매매의 형식(환매 또는 재매매의 예약)으로 금전을 차용하고 담보를 제공하는 매도담보도 넓은 의미로 양도담보에 포함된다. 양도담보는 권리양도의 형식에 의한 담보이므로 권리이전에 필요한 요건을 모두 갖추어야 한다.

특별한 사정이 없는 한 양도담보설정자에게 목적물에 대한 사용·수익권이 있으므로, 양도담보권자가 채무자 또는 채무자의 승계인에게 임료 상당의 손해배상이나 부당이득반환청구를 할 수는 없다. 또한 주택의 양도담보의 경우는 채권담보를 위하여 신탁적으로 양도담보권자에게 주택의 소유권이 이전될 뿐이어서, 특별한 사정이 없는 한, 양도담보권자가 주택의 사용수익권을 갖게 되는 것이 아니고 또 주택의 소유권이 양도담보권자에게 확정적, 종국적으로 이전되는 것도 아니므로 양도담보권자는 주택임대차보호법 조항에서 말하는 '양수인'에 해당되지 아니한다(대법원 1993.11. 23. 선고 93다4083 판결).

양도담보 가운데 소비대차 또는 준소비대차에 기한 채권을 담보하기 위하여 등기 또는 등록할 수 있는 재산권을 목적으로 하는 대물변제의 예약이나 매매의 예약을 하고 채권자에게 권리이전의 등기나 등록을 한 경우 담보설정 당시의 담보목적재산의 가액이 차용액 및 이자의 합산액을 초과하는 때에는 가등기담보법이 적용된다.

가등기담보법의 적용대상인 경우 가등기담보법에 따른 청산절차를 거쳐야 소유권을 취득할 수 있고, 가등기담보법의 적용대상이 아닌 경우 신탁적 소유권이전설에 따라 대외적으로는 이미 양도담보권자에게 소유권이 이전되었으나, 대내적으로는 정산절차를 거친 후에야 비로소 확정적으로 소유권을 취득한다.

가등기담보법의 적용대상이 아닌 동산양도담보의 경우, 동산에 관하여 양도담보계약이 이루어지고 양도담보권자가 점유개정의 방법으로 인도를 받았다면 그 정산절차를 마치기 전이라 하더라도 담보목적물에 대한 사용수익권은 없지만 제3자에 대한 관계에 있어서는 그 물건의 소유자임을 주장하고 그 권리를 행사할 수 있으므로(대법원 1994. 8. 26. 선고 93다44739 판결), 동산양도담보권자는 특별한 사정이 없는 한 양도담보권자인 지위에 기초하여 제3자이의의 소에 의하여 목적물건에 대한 양도담보권설정자의 일반채권자가 한 강제집행의 배제를 구할 수 있으나, 그와 같은 방법에 의하지 아니하고 집행증서에 의한 담보목적물에 대한 이중 압류의 방법으로 배당절차에 참가하여 선행한 동산압류에 의하여 압류가 경합된 양도담보권설정자의 일반채권자에 우선하여 배당을 받을 수도 있다(대법원 2004. 12. 24. 선고 2004다45943 판결). 동산양도담보의 목적물을 양도담보설정자의 일반채권자가 강제집행을 신청하여 배당을 받은 경우 경락으로 인하여 경락인이 그 소유권을 선의취득의 방법으로 취득하고 이에 따라 양도담보권자는 그 소유권을 상실하게 되는 결과 일반 채권자는 채무자 아닌 제3자 소유의 동산에 대한 경락대금을 배당받음으로써 법률상 원인 없이 이득을 얻고 그로 인하여 양도담보권자는 손해를 입었으므로, 양도담보권자에 대하여 이를 부당이득으로서 반환할 의무가 있다(대법원 1997. 6. 27. 선고 96다51332 판결).

(다) 소유권유보부매매

소유권유보부매매란 매도인이 목적물을 매수인에게 인도하되 대금이 완납되기 전까지는 매수인에게 소유권이 이전되지 않는 것으로 하고, 대금이 완납되면 별도의 의사표시 없이 당연히 매수인에게 소유권이 이전되는 매매형식을 말한다.

동산의 매매계약을 체결하면서, 매도인이 대금을 모두 지급받기 전에 목적물을 매수인에게 인도하지만 대금이 모두 지급될 때까지는 목적물의 소유권은 매도인에게 유보되며 대금이 모두 지급된 때에 그 소유권이 매수인에게 이전된다는 내용의 소위 소유권유보의 특약을 한 경우, 목적물의 소유권을 이전한다는 당사자 사이의 물권적 합의는 매매계약을 체결하고 목적물을 인도한 때 이미 성립하지만 대금이 모두 지급되는 것을 정지조건으로 하므로, 목적물이 매수인에게 인도되었다고 하더라도 특별한 사정이 없는 한 매도인은 대금이 모두 지급될 때까지 매수인뿐만 아니라 제3자에 대하여도 유보된 목적물의 소유권을 주장할 수 있고, 다만 대금이 모두 지급되었을 때에는 그 정지조건이 완성되어 별도의 의사표시 없이 목적물의 소유권이 매수인에게 이전된다(대법원 1996. 6. 28. 선고 96다14807 판결).

제2절 실현될 권리가 금전 외의 채권인 경우

민사집행법은 금전채권 외의 채권에 기초한 강제집행방법으로 ① 물건인도채무에 대해서는 직접강제, ② 대체적 작위채무에 대해서는 대체집행, ③ 부대체적 작위채무 및 부작위채무에 대해서는 간접강제, ④ 의사표시채무에 대해서는 판결확정 자체가 집행의 방법을 규정하고 있다. 따라서 채권자가 금전 외의 채권을 보유하고 있는데 채무자가 임의이행을 거부하는 경우, 채권자는 위 집행권원 중 직접강제, 대체집행, 간접강제를 명하는 집행권원을 확보하여 강제집행을 하거나 또는 금전 외의 채권이 그 불이행에 의하여 금전채권인 손해배상채권으로 변하는 경우를 대비해 그 손해배상청구권에 관한 집행권원 또는 담보권을 확보하여 담보권실행을 할 수 있다. 손해배상청구권에 관한 집행권원 또는 담보권은 실현될 권리가 금전채권인 경우와 동일하다.

제 2 장

채무자의 임의이행거부에 대한 책임재산의 확보

금전채권에 대한 집행권원 또는 금전 외의 채권이 그 불이행에 의하여 금전채권인 손해배상채권으로 변한 경우 그 손해배상채권에 대한 집행권원을 확보한 채권자가 강제집행에 착수하고자 할 때, 미리 담보권을 확보하지 못하였다면 이제는 책임재산인 채무자의 일반재산을 확보하는 방법이 문제된다. 채무를 스스로 이행하지 아니하는 불성실한 채무자의 재산을 탐지하여 채권자의 강제집행을 쉽게 하는 법적 절차로서 재산명시절차, 재산조회절차, 채무불이행자명부등재절가 마련되어 있다.

제1절 재산명시절차

1. 의 의

재산명시절차란 일정한 집행권원에 따라 금전채무를 부담하는 채무자가 채무를 이행하지 아니하는 경우에, 법원이 그 채무자로 하여금 강제집행의 대상이 되는 재산과 일정기간 내의 그 재산의 처분상황을 명시한 재산목록을 제출하게 하고, 그 진실성에 관하여 선서하게 함으로써 그 재산상태를 공개하는 절차를 말한다.

2. 요건(민집 61조, 62조)

가. 금전지급을 목적으로 하는 집원권원에 기초하여야 한다. 따라서 가집행선고 있는 집행권으로는 재산명시신청을 할 수 없다.

나. 강제집행을 개시할 수 있는 요건을 구비하여야 한다.

다. 채무자의 재산을 쉽게 찾을 수 있다고 인정되는 경우 여야 한다.

라. 채무자가 채무를 이행치 아니하여야 한다.

마. 채무자는 소송능력이 있어야 한다.

3. 절 차

가. 재산명시신청(민집 61조)

(1) 신 청 인

금전채권에 관한 모든 집행권원을 가진 채권자가 신청할 수 있다. 다만 가집행선고 있는 판결과 가집행선고 있는 배상명령과 같이 아직 확정되지 아니하여 취소의 가능성이 있는 집행권원은 제외된다. 담보권실행의 임의경매의 경우에는 재산명시 신청이 허용되지 않는다.

(2) 채 무 자

채무자가 채무를 이행하지 않아야 한다. 채무자가 국가나 지방자치단체 또는 공기업이나 대기업인 경우에는 그 재산발견이 용이하다고 인정할 만한 명백한 사유가 있다고 보아 특별한 사정이 없는 한 재산명시절차를 이용할 수 없다.

채무자는 소송능력과 선서능력이 있어야 한다. 채무자가 소송무능력자인 경우에는 법정대리인이 있어야 하고, 특별대리인을 선임하여 재산명시절차를 강행함은 허용되지 않는다.

(3) 첨부서류

민사집행의 신청은 서면으로 하고(민집 4조), 집행력있는 정본과 송달증명원 등 강제집행을 개시하는데 필요한 문서(민집 39~41조)를 붙여야 한다.

(4) 관 할

채무자의 보통재판적이 있는 곳을 관할하는 지방법원이고, 재산명시절차는 단독판사의 업무이다.

재산명시명령의 송달은 시효중단의 사유는 아니고,[13] 일시적 시효중단인 최고의 효력만 가진다.[14] 따라서 6개월 이내에 다시 별도의 소를 제기하여 시효중단의 절차

를 취하여야만 비로소 소멸시효가 중단됨에 유의하여야 한다.[15)]

[서식 5] 재산명시신청(확정된 지급명령정본)

재 산 명 시 신 청

채 권 자 ○ ○ ○ (○○○○○○－1234567)
서울시 ○○구 ○○동 ○○
010－1234－5678

채 무 자 ○ ○ ○ (○○○○○○－1234567)
경기도 ○○군 ○○읍 ○○

집행권원의 표시

○○지방법원 20○○차 ○○○ 양수금 독촉사건에 대하여 20○○. ○. ○.에 확정된 지급명령정본

불이행 채무액

금 20,000,000원(집행권원상의 원금) 및 이에 대한 20○○. ○. ○.부터 연 15%의 이자

신 청 취 지

채무자는 재산관계를 명시한 재산목록을 제출하라.

신 청 원 인

채권자는 채무자에 대하여 위 표시 집행권원을 가지고 있고 채무자는 이를 변제하지 아니하고 있으므로 민사집행법 제61조에 의하여 채무자에 대한 재산관계명시명령을 신청합니다.

첨 부 서 류

1. 집행력 있는 지급명령확정정본 1통

13) 대법원 2001. 5. 29. 선고 2000다32161 판결.
14) 대법원 1992. 2. 11. 선고 91다41118 판결.
15) 대법원 2012. 1. 12. 선고 2011다78606 판결.

1. 주민등록초본 1통

20○○. ○. ○.

위 채권자 ○ ○ ○ (인)

○○지방법원 귀중

작성방법

1. 신청서는 1,000원의 인지를 붙인다.
2. 송달료는 당사수자수의 5회분이다
3. 신청서 1부를 채무자의 주소지 관할 법원에 제출한다.
4. 집행문을 부여 받은 집행권원 사본 1통, 송달증명원 1통, 확정증명원 1통(그러나 확정된 지급명령 등은 별도의 집행문이나 송달, 확정증명원을 받을 필요는 없다), 채무자주민등록 초본 1통을 첨부한다.
5. 소장송달 이후의 법정이율은 20%에서 15%로 변경. 소송촉진 등에 관한 특례법 제3조제1항 본문의 법정이율에 관한 규정[시행 2015.10.1.] [대통령령 제26553호]「소송촉진 등에 관한 특례법」 제3조제1항 본문에 따른 법정이율은 연 100분의 15로 한다.

[서식 6] 재산명시신청

재 산 명 시 신 청

채 권 자 ○ ○ ○ (○○○○○○－1234567)
서울시 ○○구 ○○동 ○○
010－1234－5678

채 무 자 ○ ○ ○ (○○○○○○－1234567)
경기도 ○○군 ○○읍 ○○

집행권원의 표시

위 당사자들간의 서울○○지방법원 20○○가소○○○ 대여금 청구사건(집행력 있는 판결정본)

불이행 채무액

위 집행권원상의 채무전액

신 청 취 지

채무자는 재산관계를 명시한 재산목록을 제출하라.
라는 재판을 구합니다.

신 청 이 유

채권자는 채무자에 대하여 위 표시 집행권원을 가지고 있고 채무자는 이를 변제하지 아니하고 있으므로 민사집행법 제61조에 의하여 채무자에 대한 재산관계명시명령을 신청합니다.

첨 부 서 류

1. 집행력 있는 판결정본 1통
1. 송달증명원 1통
1. 확정증명원 1통
1. 채무자주민등록초본 1통

20○○. ○. ○.

위 채권자 ○ ○ ○ (인)

○○지방법원 귀중

작성방법

1. 신청서는 1,000원의 인지를 붙인다.
2. 송달료는 당수자수의 5회분이다.
3. 신청서 1부를 채무자의 주소지 관할 법원에 제출한다.
4. 집행문을 부여 받은 집행권원 사본 1통, 송달증명원 1통, 확정증명원 1통(그러나 확정된 지급명령 등은 별도의 집행문이나 송달, 확정증명원을 받을 필요는 없다), 채무자주민등록초본 1통을 첨부한다.

[서식 7] 재산명시신청(가사사건)

재 산 명 시 신 청

신 청 인　○ ○ ○ (○○○○○○－1234567)
서울시 ○○구 ○○동 ○○
010－1234－5678

피신청인　○ ○ ○ (○○○○○○－1234567)
경기도 ○○군 ○○읍 ○○

신 청 취 지

피신청인은 재산상태를 명시한 재산목록을 제출하라.
라는 결정을 구합니다.

신 청 이 유

1. 신청인(원고)은 피신청인(피고)를 상대로 귀원 20○○년 제123호 양육비 심판청구를 진행하고 있는 바, 피신청인(피고)의 재산을 파악하기가 쉽지 않아 이 사건의 해결을 위하여 피신청인(피고)의 재산목록 제출이 특히 필요합니다.

2. 따라서 가사소송법 제48조의2 제1항에 따라 상대방(피고)에 대한 재산명시명령을 신청합니다.

20○○. ○. ○.

위 청구인(원고) ○ ○ ○ (인)

○○ 가정법원 귀중

작성방법

1. 인지는 납부하지 아니한다.
2. 송달료는 당수자수의 5회분이다.
3. 관할 : 재산분할, 양육비 등 청구 사건이 진행 중인 가정법원에 제출한다.

나. 재산명시신청에 대한 재판

(1) 심리 및 결정

재산명시신청에 대하여는 서면심리로 재판하고 채무자를 심문하지 아니한다. 다만 법원은 필요하다고 인정하면 채권자를 심문할 수 있다.

법원은 재산명시신청이 정당하다고 인정한 때에는 결정의 형식으로 채무자에게 재산상태를 명시한 재산목록을 제출하도록 명령하고, 채권자와 채무자에게 명시명령을 송달한다. 채무자에 대한 송달은 교부·보충·유치송달은 가능하나 우편·공시송달은 허용되지 않는다. 채무자에게 송달할 수 없는 경우 법원은 채권자에게 주소보정을 명하여 이에 불응하면 재산명시신청을 취소하고 재산명시신청을 각하한다.

재산명시신청에 정당한 이유가 없거나, 채무자의 재산을 쉽게 찾을 수 있다고 인정한 때에는 재산명시신청을 기각한다.

(2) 불복절차

위 각하결정과 기각결정에 대하여 채권자는 즉시항고를 할 수 있다. 재산명시명령에 대하여 채무자는 즉시항고를 할 수 없고, 명시명령을 송달받은 날로부터 1주 이내에 이의신청을 할 수 있다. 이의신청에 대하여는 재산명시명령을 한 법원이 재판한다. 이의신청이 있으면 법원은 기일을 정하여 채권자와 채무자를 출석하게 하여 조사한 다음 이에 대한 재판을 한다. 이의신청이 정당하면 재산명시명령의 취소결정을 하고 취소결정에 대하여 채권자는 즉시항고를 할 수 있다. 이의신청이 이유 없거나 채무자가 정당한 사유없이 심문기일에 출석하지 아니한 때에는 이의신청 기각결정을 한다. 기각결정에 대하여 채무자는 즉시항고를 할 수 있다. 집행절차에 관한 집행법원의 재판에 대한 즉시항고는 집행정지의 효력이 없으므로 이의신청 기각결정에 대하여 즉시항고가 제기되더라도 법원은 다음 절차, 즉 재산명시기일의 실시절차를 진행한다.

다. 재산명시신청의 시효중단성 여부

재산명시명령의 송달은 시효중단의 사유는 아니다.[16] 다만, 일시적 시효중단인 최

16) 대법원 2001. 5. 29. 선고 2000다32161 판결.

고의 효력만 가진다.[17] 따라서 6개월 이내에 다시 별도의 소를 제기하여 시효중단의 절차를 취하여야만 비로소 소멸시효가 중단됨에 유의하여야 한다.[18]

[서식 8] 재산명시명령에 대한 이의신청서

재 산 명 시 신 청

신 청 자　　○ ○ ○ (○○○○○○－1234567)
서울시 ○○구 ○○동 ○○
010－1234－5678

상 대 방　　○ ○ ○ (○○○○○○－1234567)
경기도 ○○군 ○○읍 ○○

신 청 취 지

위 당사자간 귀원 20○○카기 ○○○ 재산명시신청 사건에 관하여 귀원이 20○○. ○. ○.에 한 재산명시명령은 이를 취소한다.
라는 재판을 구합니다.

신 청 이 유

1. 신청인은 본 건에 관한 재산명시명령을 20○○. ○. ○. 수령하였습니다.

2. 그런데 신청인인 채무자는 상대방에게 채무를 지고 있었던 것은 사실이나 확정판결 직후에 전액 변제하여 현재는 채무가 존재하지 않아 이 명시명령을 받을 이유가 없습니다.

3. 따라서 위 재산명시명령은 취소하여 주시기 바랍니다.

20○○. ○. ○.

17) 대법원 1992. 2. 11. 선고 91다41118 판결.
18) 대법원 2012. 1. 12. 선고 2011다78606 판결.

위 채권자 ○ ○ ○ (인)

○○지방법원 귀중

작성방법

1. 결정문을 송달받은 날로부터 1주 내에 재산명시명령을 한 법원에 이의신청서 2통을 제출한다.
2. 인지 1,000원을 붙여야 한다.

다. 재산명시기일의 실시

재산명시명령에 대하여 채무자의 이의신청이 없거나 이를 기각한 때에는 법원은 재산명시를 위한 기일을 정하여 채무자의 출석을 요구하고 채권자에게도 기일을 통지한다. 이 때 채무자의 출석요구서는 소송대리인이 아닌 채무자 본인에게 송달한다. 채무자의 출석요구서 송달의 경우에도 우편·공시송달이 허용되지 않으나. 이미 재산명시명령이 송달되었다면 채무자의 송달장소 신고의무위반을 이유로 우편송달을 할 수 있다.

재산명시기일에는 대리선서가 허용되지 않기 때문에 채무자 본인이 출석하여야 한다. 채권자는 출석의무가 없다. 채무자가 법인 또는 비법인사단재단인 때에는 대표자 또는 관리인이 출석하여야 한다. 다만 채무자가 미성년자 등 소송무능력자인 경우에는 법정대리인이 출석하여야 한다. 채무자가 정당한 이유없이 재산명시기일에 출석하지 아니하면 법원은 결정으로 20일 이내의 감치에 처한다.

[서식 9] 재산명시기일 출석요구서

○○지방법원

재산명시기일출석요구서

채무자 이○○ 귀하

사 건 20○○카기○○○ 재산명시

채 권 자 장 ○ ○

채 무 자 이 ○ ○

위 사건에 관하여 채권자의 아래 집행권원에 기한 신청에 의하여 귀하여 대한 재산명시기일을 실시하게 되었으니 20○○. ○. ○. 이 법원 204호 법정으로 출석하시기 바랍니다.

집행권원: ○○지방법원 20○○. ○. ○.자 20○○가소123호 대여금

유의사항: 1. 위 명시기일에는 취하 본인이 출석하여야 합니다.
2. 귀하는 별첨재산목록양식에 의한 재산목록을 작성하여 위 명시기일에 제출하여야 합니다.
3. 재산목록을 작성함에 있어서는 별첨안내사항 및 작성요령에 관한 설명을 주의 깊게 읽은 후 그에 따라 작성하여 주시기 바랍니다.
4. 귀하는 위 명시기일에 출석하여 귀하가 작성, 제출하는 재산목록이 진실함을 선서하여야 하며 정당한 사유 없이 위 명시기일에 출석하지 아니하거나 재산목록의 제출 또는 선서를 거부한 때에는 20일 이내의 감치에 처합니다.
또한 허위의 재산목록을 제출한 때에는 3년 이하의 징역 또는 500만 원 이하의 벌금에 처할 수 있습니다.

20○○. ○. ○.

법원주사 ○ ○ ○ (인)

주의: 1. 출석할 때에는 주민등록증과 도장을 가져오시기 바랍니다.

2. 이 사건에 관하여 법원에 제출하는 서류에는 사건번호를 기재하시기 바랍니다.

첨부 : 재산명시절차 안내서 및 재산목록 양식 각 1부

법 원 소재지		담 당	제 단독	전 화	

민사집행법 제64조 제1항, 민사집행규칙 제27조 제1항

[서식 10] 재산명시기일 통지서

○○지방법원
재산명시기일통지서

채무자 ○○○ 귀하

사 건 20○○카기○○○ 재산명시

채 권 자 ○ ○ ○

채 무 자 이 ○ ○

위 사건에 관하여 20○○. ○. ○.에 이 법원 204호 법정에서 채무자에 대한 재산명시기일을 실시하게 되었으므로 통지합니다.

20○○. ○. ○.

법원주사 ○ ○ ○ (인)

주의 : 1. 채권자는 위 명시기일에 반드시 출석할 필요는 없습니다.
2. 출석할 때에는 주민등록증을 가져오시기 바랍니다.

법 원 소재지		담 당	제 단독	전 화	

민사집행법 제64조 제1항, 민사집행규칙 제27조 제1항

채무자는 재산명시기일에 다음과 같은 내용이 포함된 재산목록을 제출하여야 한다.

<table>
<tr><th>명시대상재산</th><th>내 역</th><th>기재 방법</th></tr>
<tr><td>강제집행의 대상이 되는 재산. 단 압류금지동산(민집 195조)·압류금지채권(민집 246조 1항 1~3호)은 제외</td><td>동산·부동산·채권·재산권·선박·자동차·건설기계·항공기에 관한 소유권·지상권·전세권·임차권·인도청구권과 그에 관한 권리이전청구권</td><td rowspan="4">① 채무자의 이름·주소·주민등록번호
② 유상양도 또는 무상처분을 받은 사람의 이름·주소·주민등록번호·거래내역
③ 제3자 명의로 명의신탁되어 등기·등록·명의개서되어 있는 재산 포함. 명의자의 이름·주소·주민등록번호
④ 등기·등록을 요하는 재산 중 미등기·미등록인 재산에 대하여는 도면·사진 등을 붙이거나 그 밖에 적당한 방법으로 특정.
⑤ 소송목적의 값에 따라 기재 여부가 결정되는 재산에 있어 그 값은 작성 당시의 시장가격에 의하고 시장가격을 알 수 없을 때에는 그 취득가액으로 하며, 어음·수표 등 유가증권의 가액은 액면금액으로 하되 시장가격이 있는 증권의 가액은 작성 당시의 거래가격으로 한다.</td></tr>
<tr><td>재산명시명령이 송달되기 전 1년 이내에 채무자가 한 부동산의 유상양도</td><td>'부동산'에는 토지·건물·공장재단·광업재단·광업권·어업권·소유권보존등기된 입목·지상권·선박·자동차·건설기계·항공기 포함. 양도·처분의 상대방은 불문.</td></tr>
<tr><td>재산명시명령이 송달되기 전 1년 이내에 채무자가 배우자, 직계혈족 및 4촌 이내의 방계혈족과 그 배우자, 배우자의 직계혈족과 형제자매에게 한 부동산 외의 재산의 유상양도</td><td>'부동산 외의 재산'에는 유체동산·금전채권·유체물의인도 또는 권리이전 청구권·그 밖의 재산권 포함. '배우자'는 재산목록제출 당시의 배우자뿐만 아니라 양도·처분 당시의 배우자도 포함.</td></tr>
<tr><td>재산명시명령이 송달되기 전 2년 이내에 채무자가 한 재산상 무상처분. 단 의례적인 선물은 제외.</td><td>'무상처분'이란 증여뿐만 아니라 타인의 채무를 무상으로 변제하거나 무상으로 타인의 채무를 인수·보증한 경우 포함.</td></tr>
</table>

채무자는 재산명시기일에 재산목록이 진실하다는 것을 선서하여야 한다. 채무자는 재산명시기일에 제출한 재산목록에 형식적인 흠이 있거나 불명확한 점이 있는 때에는 선서를 한 뒤라도 법원의 허가를 얻어 이미 제출한 재산목록을 정정할 수 있다.

재산명시기일에 출석한 채무자가 3개월 이내에 채무를 변제할 수 있음을 소명한

때에는 법원은 그 기일을 3개월의 범위 내에서 연기할 수 있고, 또 채무자가 새 기일에 채무액의 3분의 2 이상을 변제하였음으로 증명하는 서류를 제출한 때에는 다시 1개월의 범위 내에서 기일을 연기할 수 있다.

재산명시신청을 한 채권자는 별도의 구비서류 없이 재산목록을 열람·복사할 수 있고, 재산명시신청을 한 채권자가 아니더라도 강제집행을 개시할 수 있는 채권자는 집행력 있는 정본과 강제집행의 개시에 필요한 문서를 첨부하여 열람·복사를 청구할 수 있다.

채무자가 정당한 사유없이 명시기일에 출석하지 않거나 출석하더라도 재산목록의 제출을 거부한 때 또는 선서를 거부한 경우 결정으로 20일 이내의 감치에 처하고 채무자가 거짓[19]의 재산목록을 제출한 경우 3년 이하의 징역 또는 500만 원 이하의 벌금에 처한다.

라. 재산명시절차의 종료

재산명시절차는 ① 채무자의 명시선서, ② 채무자의 명시기일 불출석, ③ 채무자의 재산목록 제출 거부 또는 선서 거부, ④ 재산명시신청의 각하·기각(이의신청에 따른 재산명시신청의 취소 포함), ⑤ 재산명시신청의 취하로 종료된다.

채무자의 명시선서 이외의 사유로 명시절차가 종료한 때에는 채권자는 다시 명시신청을 할 수 있다. 다만 명시신청이 각하·기각된 경우에는 각하·기각 사유를 보완하지 않고서는 같은 집행권원으로 다시 재산명시신청을 할 수 없다. 한편 채무자가 명시선서를 한 후 새로운 재산을 취득하였거나 제출된 재산목록이 거짓임을 소명하면 다시 명시신청을 할 수 있다.

19) 민사집행법의 재산명시절차에 따라 채무자가 법원에 제출할 재산목록에는 실질적인 가치가 있는지 여부와 상관없이 강제집행의 대상이 되는 재산을 모두 기재하여야 한다. 이러한 법리에 따라, 피고인이 실질적 재산가치가 없다고 주장하는 주식회사 대웅건축이엔지에 대한 채권 등도 재산목록에 기재하여야 하는 재산이라고 보아 이를 기재하지 아니한 재산목록을 제출한 피고인의 행위를 민사집행법상 거짓의 재산목록 제출죄로 의율한 제1심판결을 그대로 유지한 원심의 조치는 옳고, 거기에 상고이유의 주장과 같은 법리오해 등의 위법이 없다(대법원 2007.11.29. 선고 2007도8153 판결).

[서식 11] 재산명시 취하서

재산명시 및 감치명령 취하서

사　　건　20○○정명○○○　채무자감치

채 권 자　○ ○ ○

채 무 자　○ ○ ○

위 사건은 20○○카명○○○ 재산명시명령에 따라 명시기일 불출석으로 인하여 감치명령 내려진 건으로 본 채권자는 위 사건을 취하하오니 감치명령을 취소하여 주시기 바랍니다.

20○○.　○.　○.

위 채권자　○ ○ ○　(인)

○○지방법원 민사신청과　귀중

작성방법
1. 취하서는 2부를 제출한다. 제반비용은 없다.

[서식 12] 취 하 서

취 하 서

사　　건　20○○카명○○○　재산관계명시

채 권 자　○ ○ ○

채 무 자　○ ○ ○

위 당사자간 신청사건에 대하여는 채권자는 이 사건 재산명시 신청을 취하합니다.

20○○. ○. ○.

위 채권자 ○ ○ ○ (인)

○○지방법원 귀중

작성방법

1. 취하서는 2부를 제출한다. 제반비용은 없다.

제2절 재산조회절차

1. 의 의

재산조회절차란 재산명시절차에서 채무자의 정당한 사유없는 명시기일 불출석, 재산목록 제출 거부, 선서 거부, 채무자가 거짓의 재산목록을 제출한 경우, 재산목록의 재산만으로는 집행채권의 만족을 얻기에 부족한 경우, 채권자가 주소보정명령을 받고도 채무자의 주소를 알 수 없어 이를 이행할 수 없었던 경우, 명시신청을 한 채권자의 신청에 따라 법원이 개인의 재산과 신용에 관한 전산망을 관리하는 공공기관·금융기관·단체 등에 채무자 명의의 재산에 관한 조회를 하고, 그 결과를 재산목록에 준하여 관리하도록 하는 제도를 말한다.

2. 신청사유

가. 재산명시명령이 채무자에게 송달되지 아니하여 주소보정명령(민집 62조 6항)을 받았으나 채무자의 주소 또는 근무장소 등을 알 수 없어(민소 194조 1항) 보정을 할 수 없었던 경우(민집 74조 1항 1호)

나. 재산명시절차에서 채무자가 제출한 재산목록의 재산만으로는 집행권의 만족을 얻기에 부족한 경우(민집 74조 1항 2호)

다. 재산명시기일에 불출석한 경우(민집 74조 1항 3호, 민집 68조 1항 1호)

라. 재산목록 제출을 거부한 경우(민집 74조 1항 3호, 민집 68조 1항 2호)

마. 선서를 거부한 경우(민집 74조 1항 3호, 민집 68조 1항 3호)

바. 허위재산목록을 제출한 경우(민집 74조 1항 3호, 민집 68조 9항)

3. 절 차

가. 재산조회신청(민집 74조)

재산명시신청을 한 채권자는, 채무자의 정당한 사유없는 명시기일 불출석, 재산목록 제출 거부, 선서 거부, 채무자가 거짓의 재산목록을 제출한 경우, 재산목록의 재산만으로는 집행채권의 만족을 얻기에 부족한 경우, 채권자가 주소보정명령을 받고도 채무자의 주소를 알 수 없어 이를 이행할 수 없었던 경우 등의 사유를 소명하여 재산명시절차의 관할 법원에 재산조회신청을 할 수 있다. 재산조회신청을 할 경우에는 조회할 기관단체를 특정하여야 하며 조회에 드는 비용을 미리 내야 한다. 조회할 재산의 종류도 기재하여야 한다. 금융재산에 대한 조회시 해당 금융기관에 예치된 모든 예금채권을 포괄조회하는 것에 그치고, 전국의 모든 금융기관에 예치된 모든 예금채권을 포괄조회하는 것은 허용되지 않는다.

나. 재산조회의 실시

(1) 조회할 공공기관, 금융기관 또는 단체

법원은 재산조회신청에 따라 개인의 재산과 신용에 관한 전산망을 관리하는 공공기관·금융기관·단체 등에 채무자 명의의 재산에 관한 조회를 하고, 그 결과를 재산목록에 준하여 관리한다. 공공기관·금융기관·단체 등은 정당한 사유없이 조회를 거부하지 못하고, 조회를 받은 기관단체의 장이 정당한 사유없이 거짓 자료를 제출하거나 자료를 제출할 것을 거부한 때에는 결정으로 500만 원 이하의 과태료에 처한다.

(2) 신청서 기재사항

신청시 재산명시명령의 송달 전 2년 내에 채무자가 보유한 재산내역의 조회시에는 그 취지 및 조회기간 그리고 신청사유를 소명하여야 하며, 채무자의 인적사항에 관한 자료를 제출하여야 한다.

다. 관 할

재산명시절차의 관할 법원(민집 74조 1항)이며, 시군법원은 관할권이 없다.

라. 벌 칙

재산조회의 결과를 강제집행의 목적 외로 사용할 경우 2년 이하의 징역 또는 500만 원 이하의 벌금에 처한다.

[서식 13] 재산조회신청서

재 산 조 회 신 청 서

채 권 자	이 름 : 주민등록번호 : 주 소 : 전화번호 : 팩스번호 : 이메일 주소 : 대 리 인 :
채 무 자	이 름 : (한 자 :) 주민등록번호 : 주 소 :
조회대상기관 조회대상재산	별지와 같음.
재산명시사건	지방법원 20 카명 호
집행권원	
불이행 채권액	
신청취지	위 기관의 장에게 채무자 명의의 위 재산에 대하여 조회를 실시한다.
신청사유	채권자는 아래와 같은 사유가 있으므로 민사집행법 제74조 제1항의 규정에 의하여 채무자에 대한 재산조회를 신청합니다. (해당란 ㅁ에 ∨표시) ㅁ 명시기일 불출석 ㅁ 재산목록 제출거부 ㅁ 선서 거부 ㅁ 거짓 재산목록 제출 ㅁ 집행채권의 만족을 얻기에 부족함 ㅁ 주소불명으로 인하여 명시절차를 거치지 못함
비용환급용 예금계좌	
첨부서류	
(인지 첨부란)	20 . . . 신청인 (날인 또는 서명) 지방법원 귀중

주 ① 신청서에는 1,000원의 수입인지를 붙여야 합니다.
② 신청인은 별지 조회비용의 합계액과 송달필요기관수에 2를 더한 횟수의 송달료를 예납하여야 합니다.
③ "불이행 채권액"란에는 채무자가 재산조회신청 당시까지 갚지 아니한 금액을 기재합니다.
※ 참조 : 민집규 35, 25, 재산조회규칙 7, 8

[별 지]

<table>
<tr><th>순번</th><th>기관분류</th><th>재산종류</th><th>조회대상 재산/
조회대상기관의 구분</th><th>개수</th><th>기관별
/재산별
조회비용</th><th>예납액</th></tr>
<tr><td rowspan="2">1</td><td rowspan="2">법원행정처</td><td rowspan="2">토지·건물의 소유권</td><td>□ 현재조회</td><td></td><td>20,000원</td><td></td></tr>
<tr><td>□ 현재조회와 소급조회
※ 소급조회는 명시명령 송달일로부터 2년 내에 채무자가 보유한 재산을 조회합니다.</td><td></td><td>40,000원</td><td></td></tr>
<tr><td></td><td colspan="6">과거주소 1.
2.
3.
※ 부동산조회는 채무자의 주소가 반드시 필요하고, 현재주소 이외에 채무자의 과거주소를 기재하면 보다 정확한 조회를 할 수 있습니다.</td></tr>
<tr><td>2</td><td>국토교통부</td><td>건물의 소유권</td><td>□ 국토교통부</td><td></td><td>10,000원</td><td></td></tr>
<tr><td>3</td><td>특허청</td><td>특허권, 실용신안권, 디자인권, 상표권</td><td>□ 특허청</td><td></td><td>20,000원</td><td></td></tr>
<tr><td rowspan="2">4</td><td rowspan="2">특별시
광역시
또는 도</td><td rowspan="2">자동차·
건설기계의
소유권</td><td>□ 서울특별시 □ 대전광역시
□ 대구광역시 □ 부산광역시
□ 광주광역시 □ 울산광역시
□ 경기도 □ 충청남도
□ 충청북도 □ 경상북도
□ 경상남도 □ 전라북도
□ 강원도 □ 제주특별자치도 제주시
□ 제주특별자치도 서귀포시</td><td></td><td rowspan="2">기관별
5,000원</td><td rowspan="2"></td></tr>
<tr><td>□ 전라남도 □ 인천광역시 중구청
□ 인천광역시 동구청 □ 인천광역시 남구청
□ 인천광역시 연수구청 □ 인천광역시 남동구청
□ 인천광역시 부평구청 □ 인천광역시 계양구청
□ 인천광역시 서구청 □ 인천광역시 강화군청
□ 인천광역시 옹진군청
*인천시 차량등록사업소가 없어지고, 각 구청에서 담당함</td><td></td></tr>
<tr><td rowspan="2">5</td><td rowspan="2">은행법에
의한
금융기관</td><td rowspan="2">금융자산 중
계좌별로
시가 합계액이
50만 원
이상인 것</td><td>□ 경남은행 □ 우리은행
□ 기업은행 □ 광주은행
□ 전북은행 □ 하나은행
□ 국민은행 □ SC제일은행
□ 한국산업은행 □ 대구은행
□ 제주은행 □ 한국외환은행
□ 부산은행 □ 신한은행
□ 농협은행 □ 한국씨티은행
□ 뱅크오브아메리카 □ 아랍은행
□ 뉴욕멜론은행 □ 야마구찌은행
□ 도쿄미쓰비시UFJ은행
□ 제이피모간 체이스은행
□ 메트로은행 □ 파키스탄국립은행
□ 크레디아그리콜코퍼레이트앤인베스트먼트뱅크서울지점(구, 칼리온은행)</td><td></td><td>기관별
5,000원</td><td rowspan="2"></td></tr>
<tr><td>□ 중국은행 □ 멜라트은행
□ 노바스코셔은행 □ 에이비엔 암로은행
□ 대화은행 □ 유바프은행
□ 도이치은행 □ 유비에스은행</td><td></td><td>기관별
5,000원</td></tr>
</table>

			□ 미쓰이스미토모은행 □ 미즈호코퍼레이트은행 □ 인도해외은행 □ 바클레이즈은행 □ 중국건설은행 □ 중국공상은행 □ 비엔피 파리바은행 □ 소시에테제네랄은행 □ 크레디트스위스은행 (구,크레디트스위스퍼스트보스톤은행) □ 스테이트스트리트은행 □ ING은행 □ 싱가폴개발은행(DBS은행) □ 호주뉴질랜드은행 □ 홍콩상하이은행(HSBC) □ OCBC은행			
6	자본시장과 금융투자업에 관한 법률에 의한 투자매매업자, 투자중개업자, 집합투자업자, 신탁업자, 증권금융회사, 종합금융회사, 자금중개회사, 단기금융회사, 명의개서 대행회사	금융자산 중 계좌별로 시가 합계액이 50만 원 이상인 것	□ 우리종합금융(구, 금호종합금융) □ 교보증권 □ 신한금융투자(구, 굿모닝신한증권) □ 우리투자증권(구, LG투자증권) □ 대신증권 □ 유화증권 □ 대우증권 □ 이트레이드증권 □ 하나대투증권(하나IB증권과 합병) □ 증권예탁원 □ 코리아RB증권중개 □ 동부증권 □ 키움증권 □ 동양종합금융증권 □ 한화투자증권(구, 푸르덴셜투자증권, 한화증권) □ 리딩투자증권 □ 흥국증권(구, 흥국증권중개) □ 리먼브러더스인터내셔널증권 □ 한국투자증권(구,동원증권) □ 메리츠종금증권(구, 메리츠종금, 메리츠증권) □ KB투자증권 □ 미래에셋증권 □ 한양증권 □ 부국증권 □ 현대증권 □ 골든브릿지투자증권(구, 브릿지증권) □ 애플투자증권중개 □ 비엔지증권 □ 씨티그룹글로벌마켓증권 □ 하이투자증권(구, CJ투자신탁증권) □ 크레디트스위스증권 (구, Credit Suisse First Boston) □ 삼성증권 □ 유진투자증권 □ NH투자증권 □ 신영증권 □ SK증권 □ IBK투자증권 □ HMC투자증권(구, 현대차IB증권) □ 아이엠투자증권(구, 솔로몬투자증권)		기관별 5,000원	
			□ 도이치증권 □ Goldman Sachs □ 맥쿼리증권 □ Indosuez Cheuvreux □ 한국증권금융(주) □ J.P Morgan □ ABN AMRO □ KIDB채권중개 □ Barclays Capital □ Morgan Stanley Dean Witter □ BNP파리바페레그린 증권중개 □ Nomura □ CLSA □ SG □ UBS Warburg □ 다이와증권캐피탈마켓코리아 □ 홍콩상하이증권(HSBC) □ Merrill Lynch		기관별 5,000원	

7	상호저축 은행법에 의한 상호 저축은행과 그 중앙회	금융자산 중 계좌별로 시가 합계액이 50만 원 이상인 것	□ 상호저축은행중앙회		20,000원	
			□ ( ) □ ( ) □ ( ) ※ 중앙회에 조회신청을 하면 전국 모든 상호저축은행에 대하여 조회됩니다. ※ 개별상호저축은행에 대한 조회를 원하는 경우에는 그 명칭을 별도로 기재하여야 합니다. ※ ( ) 속에 조회대상기관 명부에 기재된 순번을 기재합니다.		기관별 5,000원	
8	농업협동 조합법 제2조의1에 의한 조합	금융자산 중 계좌별로 시가 합계액이 50만 원 이상인 것	□ 지역조합(지역농협, 지역축협)과 품목조합		20,000원	
			□ ( ) □ ( ) □ ( ) ※ 개별 단위지역조합에 대한 조회를 원하는 경우에는 그 명칭을 별도로 기재하여야 합니다. ※ ( ) 속에 조회대상기관 명부에 기재된 순번을 기재합니다.		기관별 5,000원	
9	수산업협동조 합법에 의한 수협중앙회	금융자산 중 계 좌별로 시가 합계액이 50만 원 이상인 것	□ 수협중앙회 및 전국단위지역조합		20,000원	
			□ 수협중앙회		5,000원	
			□ ( ) □ ( ) □ ( ) ※ 개별 단위지역조합에 대한 조회를 원하는 경우에는 그 명칭을 별도로 기재하여야 합니다. ※ ( )속에 조회대상기관 명부에 기재된 순번을 기재합니다.		기관별 5,000원	
10	신용협동 조합법에 의한 신용 협동조합	금융자산 중 계 좌별로 시가 합계액이 50만 원 이상인 것	□ ( ) □ ( ) □ ( ) ※ 개별 신용협동조합에 대한 조회를 원하는 경우에는 그 명칭을 별도로 기재하여야 합니다. ※ ( ) 속에 조회대상기관 명부에 기재된 순번을 기재합니다.		기관별 5,000원	
11	산림조합법에 의한 산림조합 중앙회	금융자산 중 계좌별로 시가 합계액이 50만 원 이상인 것	□ 산림조합중앙회		20,000원	
			□ ( ) □ ( ) □ ( ) ※ 중앙회에 조회신청을 하면 전국 모든 산림조합에 대하여 조회됩니다. ※ 개별 산림조합중앙회에 대한 조회를 원하는 경우에는 그 명칭을 별도로 기재하여야 합니다. ※ ( ) 속에 조회대상기관 명부에 기재된 순번을 기재합니다.		기관별 5,000원	
12	새마을금고법 에 의한 새마 을금고중앙회	금융자산 중 계좌별로 시가 합계액이 50만 원 이상인 것	□ 새마을금고중앙회		20,000원	
			□ ( ) □ ( ) □ ( ) ※ 중앙회에 조회신청을 하면 전국 모든 새마을금고에 대하여 조회됩니다. ※ 개별 새마을금고에 대한 조회를 원하는 경우에는 그 명칭을 별도로 기재하여야 합니다.		기관별 5,000원	

			※ ( ) 속에 조회대상기관 명부에 기재된 순번을 기재합니다.			
13	보험업법에 의한 보험사업자	해약환급금이 50만 원 이상인 것	□ 악사손해보험(주)(구, 교보악사손해보험(주)) □ 흥국쌍용화재해상보험(주) □ 한화손해보험(주) □ 그린화재해상보험(주) □ 미래에셋생명보험주식회사 □ 롯데손해보험(주) □ 퍼스트어메리칸 권원보험(주) □ 동부화재해상보험(주) □ 현대해상화재보험(주) □ 메리츠화재해상보험(주) □ FEDERAL □ 삼성화재해상보험(주) □ LIG손해보험 □ 서울보증보험(주) □ 삼성생명보험주식회사 □ 교보생명보험주식회사 □ 신한생명보험주식회사 □ KDB생명보험주식회사(구, 금호생명보험주식회사) □ 알리안츠생명보험주식회사 □ 뉴욕생명보험주식회사 □ 푸르덴셜생명보험주식회사 □ 녹십자생명보험주식회사 □ 하나생명보험주식회사 □ 한화(구, 대한)생명보험주식회사 □ 흥국생명보험주식회사 □ 동부생명보험주식회사 □ AIA생명보험주식회사 □ 동양생명보험주식회사 □ ING생명보험주식회사 □ 라이나생명보험주식회사 □ PCA생명보험주식회사 □ 우리아비바생명보험주식회사 (구, LIG생명보험주식회사) □ 메트라이프생명보험주식회사 □ AIG손해보험 □ 농협생명보험 □ 농협손해보험 □ 에이스아메리칸화재해상보험(주) (구, ACE AMERICAN)		기관별 5,000원	
			□ 더케이손해보험(구, 교원나라자동차보험) □ 에르고다음다이렉트손해보험 □ 동경해상일동화재보험 □ 미쓰이스미모토해상화재보험 □ KB생명보험 □ 카디프생명보험(구, SH&C 생명보험)		기관별 5,000원	
14	미래창조과학부	금융자산 중 계좌별로 시가 합계액이 50만 원 이상인 것	□ 미래창조과학부		5,000원	
			송달필요기관수		합 계	

※ 「송달필요기관수」란에는 음영으로 기재된 란에 표시된 조회대상기관 수의 합계를 기재함.

※ 크레디트스위스은행, KIDB채권중개, SG : 법인에 대해서만 조회 가능
※ 국토해양부 : 개인에 대해서만 조회 가능

작성방법

1. 신청서에는 인지 1,000원 첩부한다.
2. 별지조회비용의 합계액과 송달필요기관수에 2를 더한 횟수의 송달료를 예납하여야 한다.

[서식 14] 재판기록 열람등사 신청서

<table>
<tr><td colspan="5" rowspan="2">재판기록 열람·복사 신청서</td><td>허</td><td>부</td></tr>
<tr><td></td><td></td></tr>
<tr><td rowspan="3">신 청 인</td><td>성 명</td><td colspan="2">변호사 주 ○ ○</td><td>전화 번호</td><td colspan="2">02 – ○○○ – ○○○○</td></tr>
<tr><td rowspan="2">자 격</td><td colspan="2" rowspan="2">원고의 대리인</td><td>담당사무원</td><td colspan="2">김 ○ ○</td></tr>
<tr><td>소명자료</td><td colspan="2">사무원증</td></tr>
<tr><td>신청구분</td><td colspan="6">□ 열 람 □ 복 사</td></tr>
<tr><td rowspan="2">대 상 기 록</td><td colspan="2">사건번호</td><td colspan="2">사 건 명</td><td colspan="2">재 판 부</td></tr>
<tr><td colspan="2">서울중앙지방법원
20○○가단○○○</td><td colspan="2">대여금</td><td colspan="2">제3민사부</td></tr>
<tr><td>복사할 부분</td><td colspan="6">□ 복사대상 :
기록일체
[□ 복사매수 매]</td></tr>
<tr><td>복 사 방 법</td><td colspan="6">□ 법원 복사기 □ 변호사단체 복사기
□ 신청인 복사설비 □ 필사</td></tr>
<tr><td colspan="7">이와 같이 신청하고 신청인은 열람·복사에 관련된 준수사항을 준수하고 열람·복사의 결과물을 법령상 정당한 용도 이외로 사용하는 경우 민사상, 형사상 모든 책임을 지겠습니다.

20○○년 ○월 ○일

신청인 변호사 주 ○ ○ (서명 또는 날인)</td></tr>
<tr><td>비 고
(재판장
지정사항 등)</td><td colspan="6"></td></tr>
<tr><td>영 수 일 시</td><td colspan="3">20○○. ○. ○.</td><td>영 수 인</td><td colspan="2"></td></tr>
<tr><td>신청 수수료</td><td colspan="3">□ 500 원 □ 면 제</td><td colspan="3" rowspan="2">(수입인지 첨부란)</td></tr>
<tr><td>복 사 비 용</td><td colspan="3">원 (매 × 50원)</td></tr>
</table>

제3절 채무불이행자명부등재절차

1. 의 의

채무불이행자명부등재절차란 재산명시절차에서 감치 또는 벌칙 대상이 되는 행위를 하거나 채무를 일정한 기간 이내에 이행하지 아니한 채무자에 관한 일정한 사항을 법원의 재판에 따라 등재한 후 법원과 주소지 행정관서에 비치하고 일반인에게 공개하는 절차를 말하며, 채무자에 대하여 간접강제의 효과를 거둠과 동시에 일반인으로 하여금 거래 상대방에 대한 신용조사를 쉽게 하여 거래의 안전을 도모하려는 데 그 목적이 있다.

2. 등재요건(민집 70조)

가. 금전지급을 명한 집행권원이 확정(가집행부 판결은 인정되지 아니함) 또는 집행권원을 작성한 후 6개월 내(이행청구 할 수 있는 때로부터 기산하며, 조건 등이 있는 경우 그 조건이 성취된 때로부터 기산함)에 채무를 이행하지 아니할 것

나. 명시기일 불출석

다. 재산목록제출 거부

라. 선서거부

마. 거짓의 재산목록 제출

바. 쉽게 강제집행할 수 있다고 인정할 만한 명백한 사유가 없을 것 - 여기서 쉽게 강제집행할 수 있다고 인정할 만한 명백한 사유라 함은, 채무자가 보유하고 있는 재산에 대하여 많은 시간과 비용을 투입하는 등의 특별한 노력이나 조사 없이 확인 가능하다는 것을 의미하고, 그 사유의 존재에 관하여는 채무자가 이를 증명하여야 한다.[20)]

---

20) 대법원 2010. 9. 9.자 2010마779 결정.

3. 절 차

가. 채무불이행자명부등재신청(민집 70조)

(1) 관할 등

채무자가 금전의 지급을 명한 집행권원이 확정된 후 또는 집행권원을 작성한 후 6월 이내에 채무를 이행하지 아니하는 때. 채권자는 채무자의 보통재판적이 있는 곳의 법원에 그 채무자를 채무불이행자명부에 등재하도록 서면으로 신청할 수 있다. 다만 재산명시신청에서처럼 가집행선고 있는 판결과 가집행선고 있는 배상명령과 같이 아직 확정되지 아니하여 취소의 가능성이 있는 집행권원은 제외된다.

또한 채무자가 정당한 사유없는 명시기일 불출석, 재산목록 제출 거부, 선서 거부, 거짓의 재산목록 제출을 한 경우에도 채권자는 재산명시절차를 실시한 법원에 그 채무자에 대하여 채무불이행자명부등재신청을 할 수 있다.

(2) 신청시 첨부서류

(가) 요건사실 소명자료(민집 70조 2항)

(나) 채무자 주소의 소명자료(규칙 31조 2항) - 채무불이행장명부 부본의 송달을 위하여 필요함

[서식 15] 채무불이행자 명부등재신청서

채무불이행자 명부등재신청

신 청 인(채권자) ○ ○ ○ (○○○○○○－1234567)
서울시 ○○구 ○○동 ○○
010－1234－5678

피신청인(채무자) ○ ○ ○ (○○○○○○－1234567)
경기도 ○○군 ○○읍 ○○

집행권원의 표시

○○지방법원 20○○차 ○○○ 양수금 독촉사건에 대하여 20○○. ○. ○.에 확정된

지급명령정본

불이행 채무액

금 20,000,000원(집행권원상의 원금) 및 이에 대한 20○○. ○. ○.부터 연 15%의 이자.

신 청 취 지

채권자를 채무불이행자 명부에 등재한다.
라는 재판을 구합니다.

신 청 이 유

채권자는 ○○지방법원 20○○차 ○○○ 양수금독촉사건에 대하여 20○○. ○. ○.에 확정된 지급명령정본에 의해 위 채무자에게 금원을 지급하도록 고지하였으나 채무자는 이를 전혀 이행하지 않고 있는바, 이에 채권자는 채무자에 대한 재산을 확인한 결과 강제집행이 가능한 재산이 없어 본 신청에 이르게 된 것입니다.

첨 부 서 류

1. 집행력 있는 지급명령확정정본 1통
1. 주민등록초본 1통

20○○. ○. ○.

위 채권자 ○ ○ ○ (인)

○○지방법원 귀중

작성방법

1. 신청서는 1,000원의 인지를 붙인다.
2. 송달료는 당수자수의 5회분이다.
3. 관할확인을 위한 채무자의 주민등록초본을 첨부한다.

[서식 16] 채무불이행자 명부등재신청서

채무불이행자 명부등재신청

신 청 인(채권자) ○ ○ ○ (○○○○○○ - 1234567)
서울시 ○○구 ○○동 ○○
010 - 1234 - 5678

피신청인(채무자) ○ ○ ○ (○○○○○○ - 1234567)
경기도 ○○군 ○○읍 ○○

집행권원의 표시

위 당사자간 ○○지방법원 20○○가단○○○ 대여금 청구사건의 20○○. ○. ○. 확정된 확정판결정본

불이행 금전채무액

금 30,000,000원(집행권원상 원금)과 이에 대하여 20○○. ○. ○.부터 다 갚는 날까지 연 20%의 비율로 계산한 이자

신 청 취 지

채무자를 채무불이행자명부에 등재한다.
라는 재판을 구합니다.

신 청 이 유

1. 채권자는 채무자에 대하여 ○○지방법원 20○○가단○○○호 대여금 청구사건에서 원고 패소판결을 받았으나 채권자는 이에 불복하여 항소를 제기한 바, ○○지방법원 20○○나○○○ 대여금 청구사건의 항소심 판결에 의하여 '20○○. ○. ○. 원심판결을 취소하고 금 30,000,000원과 이에 대하여 20○○. ○. ○.부터 다 갚는 날까지 연 20%의 비율로 계산한 돈을 지급하라.'는 판결을 선고 받았습니다.

2. 채무자는 위 판결에 대하여 대법원에 상고를 제기하여 20○○. ○. ○. 상고기각판결을 받아 같은 날짜로 확정되었으며 채무자는 현재까지 위 채무를 이행하지 않고 있습

니다.

3. 따라서 채권자는 채무자가 그 책임재산을 교묘한 방법으로 은닉하고 있어 재산발견이 극히 어려워서 강제집행을 할 수가 없으므로 귀원 20○○카명 ○○○호 재산명시신청을 하였으나 채무자는 정당한 사유없이 기일에 출석하지 아니하여 소기의 목적을 달성하지 못하고 사건이 종결되었으므로 최후의 방법으로 이 건 신청을 하오니 청구취지와 같은 결정을 하여 주시기를 바랍니다.

첨 부 서 류

1. 집행력 있는 판결정본 1통
1. 송달, 확정증명원 각 1통
1. 재산명시사건종결통지서 사본 1통
1. 주민등록초본(채무자) 1통
1. 가족관계증명서(채무자) 1통
1. 기 타 1통

20○○. ○. ○.

위 채권자 ○ ○ ○ (인)

○ ○ 지 방 법 원 귀중

[서식 17] 채무불이행자 명부등재결정에 대한 즉시항고장

즉 시 항 고 장

항 고 인(채무자) ○ ○ ○ (000000-0000000)
○○시 ○○구 ○○동 ○○○

피신청인(채권자) ○ ○ ○ (000000-0000000)
○○시 ○○구 ○○동 ○○○

위 당사자간 귀원 20○○카기 ○○○호 채무불이행자 명부등재신청사건에 대하여 같은 법원에서 20○○. ○. ○.에 한 채무불이행자 명부등재결정은 20○○. ○. ○.에 송달받았으나 이에 불복하므로 항고를 제기합니다.

원결정의 표시

채무자를 채무불이행자 명부에 올리도록 한다.

항 고 취 지

원 결정을 취소하고 다시 상당한 재판을 구합니다.

항 고 이 유

1. 신청인은 본건 재산명시명령서를 20○○. ○. ○. 송달받았습니다.
2. 그런데 원심은 위 표시 채무불이행자 명부신청에 관하여 항고인이 ○○지방법원 20○○가합 ○○○호 대여금 청구사건의 판결이 확정된 후 6개월 이내에 이를 이행하지 아니하였는 바, 항고인은 동 판결확정일로부터 3월째에 총채무액 금 ○○○○원 중 금 ○○○원을 변제하고 나머지 잔액은 20○○. ○. ○.에 변제하기로 하는 변제유예를 승낙받았으므로 본 건 채무불이행자 명부등재결정을 받을 아무런 이유가 없습니다.
3. 따라서 위 채무불이행자 명부등재결정의 취소를 구하고자 민사집행법 제71조 제3항에 의거 본 항고를 하는 바입니다.

첨 부 서 류

1. 채무변제영수증 사본 1통
1. 채무변제유예승낙서 1통
1. 기타 서류 1통

20○○. ○. ○.

위 항고인 ○ ○ ○ (인)

○ ○ 지 방 법 원 귀중

작성방법

1. 신청서는 2,000원의 인지를 붙인다.
2. 송달료는 당수자수의 3회분이다.
3. 항고제기간 : 7일
4. 항고장에 항고이유를 적시하지 아니한 경우 항고인은 항고장을 제출한 날로부터 10일 내에 항고이유서를 원심법원에 제출하여야 한다.

나. 채무불이행자명부등재신청에 대한 재판

법원은 필요한 경우 이해관계인 그 밖의 참고인을 심문할 수 있으나, 대법원예규는 채권자가 국가, 지방자치단체, 공법인, 금융기관인 때와 채무자의 불출석, 절차의 현저한 지연, 그 밖의 부득이한 사유가 있는 때를 제외하고는 채무자를 반드시 심문하도록 하고 있다.

등재신청이 정당한 이유가 있는 때에는 법원은 채무자를 채무불이행자명부에 올리는 결정을 하고, 등재신청에 정당한 이유가 없거나 쉽게 강제집행할 수 있다고 인정할만한 명백한 사유가 있는 때에는 결정으로 이를 기각한다. 등재결정 또는 기각결정에 대하여는 즉시항고를 할 수 있으나, 즉시항고에는 집행정지의 효력이 없고, 즉시항고에 앞서 사법보좌관[21]의 처분에 대한 이의절차를 거쳐야 한다.

다. 채무불이행자명부작성·비치·열람·복사

채무불이행자명부등재결정이 내려지면 법원사무관 등은 지체없이 채무불이행자명부를 작성하고, 등재결정을 한 법원에 비치하며, 이 명부의 부본을 채무자의 주소지(채무자가 법인인 때에는 주된 사무소 소재지) 시·구·읍·면의 장에게 보내고, 전국은행연합회의 장[22]에게도 채무불이행자명부의 부본을 보내거나 전자통신매체를 이용하여

---

21) 사법보좌관은 법관의 감독 하에 민사소송법상의 소송비용액·집행비용액 확정결정절차, 독촉절차, 공시최고절차에서의 법원의 사무 및 민사집행법상의 집행문 부여명령절차, 채무불이행자명부 등재절차, 재산조회절차, 부동산에 대한 강제경매절차, 자동차·건설기계에 대한 강제경매절차, 동산에 대한 강제경매절차, 담보권실행 등을 위한 경매절차, 제소명령절차, 가압류·가처분의 집행취소신청절차에서의 법원의 사무, 주택임대차보호법 및 상가건물 임대차보호법상의 임차권등기명령절차에서의 법원의 사무를 수행하며, 사법보좌관의 처분에 대하여는 법관에 대하여 이의신청을 할 수 있다(법원조직법 54조).

22) 개정 민사집행규칙은 채무불이행자명부 통지 기관을 '전국은행연합회의 장'에서 '한국신용정보원의 장'으로 개정〈2015.12.29.〉. 신용정보의 이용 및 보호에 관한 법률의 개정(법률 제13216호

그 내용을 통지한다.

이 명부 또는 그 부본은 재산목록과 달리 누구든지 열람·복사가 가능하다. 다만 이 명부가 인쇄물에 의하여 공표되는 것은 허용되지 않는다.

라. 채무불이행자명부등재의 말소

(1) 말소결정

채무자의 신청에 따라 변제 그 밖의 사유로 채무의 소멸이 증명된 때에는 사법보좌관은 채무자의 이름을 이 명부에서 말소하는 결정을 한다. 그러나 기한의 유예·연기, 이행조건의 변경, 채권자의 말소동의 등의 사유는 이에 해당하지 않는다.

채무불이행자명부에 오른 다음해부터 10년이 지난 때에는 사법보과관은 직권으로 이 명부에 오른 이름을 말소하는 결정을 한다. 등재결정이 취소되거나 등재신청이 취하된 때 또는 등재결정이 확정된 후 채권자가 등재의 말소를 신청한 때에는 명부를 비치한 법원의 사무관 등은 바로 그 명부를 말소한다.

사법보좌관이 말소결정을 한 때 및 위 사유로 명부를 말소한 때에는 그 취지를 채무자의 주소지 시·구·읍·면의 장 및 전국은행연합회의 장[23)]에게 통지한다.

(2) 기각결정

채무자의 말소신청이 기각될 경우 채무자가 집행에 관한 이의신청으로 불복할 수 있다.

4. 소멸시효 중단여부

채무불이행자명부등재신청을 강제집행으로 본다면 민법 168조 2호의 압류로 보아 소멸시효의 중단으로 볼 수 있을 것이다. 다만 이에 대하여 확정된 판례는 없다. 대법원 2001. 5. 29. 선고 2000다32161 판결을 살펴보면, 재산명시절차는 특정목적물에 대한 구체적 집행위위 또는 보전처분의 실행을 내용으로 하는 압류 또는 가압

2015. 3. 11. 공포, 2015. 9. 12. 시행)에 따라 전국은행연합회의 모든 신용정보 업무를 한국신용정보원으로 이관.

23) 상동

류, 가처분과 달리 어디까지나 집행목적을 탐지하여 강제집행이 용이하게 하기 위한 강제집행의 보조절차 내지 부수절차 또는 강제집행의 준비행위와 강제집행 사이의 중간적 단계의 절차에 불과한 것으로서 민법 168조 2호 소정에 준하는 효력이 인정될 수는 없고, 다만 174조에서 정하는 최고로서의 효력은 인정할 수 있고 판시하고 있다.

따라서 채무불이행자명부등재신청 또는 특정목적물에 대한 구체적 집행행위라고 보기 어렵고, 채무불이행자 명부등재신청은 강제집행이 용이하다고 인정할 만한 명백한 사유가 없어야 가능한 것이므로 채무자의 신용도를 알리는 간접적 강제집행제도라도 보는 것이 맞다. 그러므로 채무불이행자명부등재신청은 소멸시효의 중단사유라도 보기 어렵고, 단지 최고로서의 효력은 인정될 있다고 보인다.

[서식 18] 채무불이행자 명부말소신청서

채무불이행자 명부말소신청

사 건 20○○카명○○○ 채무불이행자명부등재

채 권 자 ○ ○ ○ (○○○○○○－1234567)
서울시 ○○구 ○○동 ○○
010－1234－5678

채 무 자 ○ ○ ○ (○○○○○○－1234567)
경기도 ○○군 ○○읍 ○○

신 청 취 지

채권자를 채무불이행자 명부에 등재한다.

신 청 이 유

1. 채권자는 채무자에 대하여 ○○지방법원 20○○차○○○ 양수금독촉사건에 대하여 20○○. ○. ○.에 확정된 지급명령정본에 의해 위 채무자에게 금원을 지급하도록 고지하였으나 채무자는 이를 전혀 이행하지 않아, 채무자에 대한 재산을 확인한 결과 강제집행이 가능한 재산이 없어 20○○. ○. ○.경 20○○카명○○○호 채무불이행

자명부등재 사건으로 처리한 바 있습니다.

2. 이에 채무자는 채권자에 대해 변제를 하고자 하였으나 채권자가 채무금원금과 법정이자액의 수령을 거절하여 부득이 위 지급명령확정정본상의 채무원금과 이자금을 변제공탁시까지로 계산하여 채무금 전액을 변제공탁을 하였으므로 채무불이행자 명부에서 채무자를 말소하여 주시기 바랍니다.

첨 부 서 류

1. 변제공탁서 1통
1. 납부서 1통

20○○. ○. ○.

위 채무자 ○ ○ ○ (인)

○○지방법원 귀중

작성방법

1. 신청서는 1,000원의 인지를 붙인다.
2. 신청서 1부, 부본 1부를 채무불이행자명부등재를 결정한 법원에 제출한다.

제 3 편 민사집행의 실행

금전채권의 집행

- ① 부동산집행
  - 강제경매
    - 압 류 — 집행법원의 경매개시결정(83), 등기(94, 139①)
    - 현금화
      - 호가경매
      - 기일입찰
      - 기간입찰
    - 변제(배당) — 145~161
  - 강제관리
    - 압 류 — 집행법원의 강제관리개시결정(164), 등기(163)
    - 현금화 — 압류재산의 수익(166)
    - 변제(배당) — 169
- ② 선박집행
  - 압 류 — 부동산집행 준용(집행법원의 경매개시결정 등, 172), 단 선박국적증서의 제출·인도명령(174, 175), 정박명령과 운행허가결정(176), 감수·보존처분(178)
  - 현 금 화 — 부동산집행 준용(172)
  - 변제(배당) — 부동산집행 준용(172)
- ③ 항공기집행 — 선박집행의 예에 따라 실시(187, 규 106)
- ④ 자동차, 건설기계 — 부동산집행의 예에 따라 실시(187, 규 108, 130), 단 인도명령(규 113)

- ⑤ 동산집행
  - 유체동산에 대한 집행
    - 압 류 — 집행관의 압류(189 ~ 196)
    - 현 금
      - 집행관에 의한 현금화(197 ~ 214)
        - 입찰·호가경매
        - 임의매각(209, 210)
        - 특별현금화(214)
      - 집행관에 의하지 않은 특별현금화(214)
    - 배 당 — 217 ~ 222
  - 채권과 그 밖의 재산권에 대한 집행
    - 압 류
      - 배서금지된 지시식 증권 — 집행법원의 압류명령(223), 집행관의 증권 점유(233)
      - 그 밖의 채권과 재산권 — 집행법원의 압류명령 (223, 251)
    - 현금화
      - 금전채권 — 추심·전부명령 (229 ~ 232) 특별현금화(241)
      - 유체물인도나 권리 이전의 청구권 — 242 내지 244
      - 기타 재산권(251) — 추심·전부명령 특별현금화
    - 배 당 — 252 ~ 256

비금전채권의 집행

① 물건인도청구권의 집행
- 동산인도청구의 집행 — 집행관이 집행(257)
- 부동산·선박의 인도청구권의 집행 — 집행관이 집행(258)
- 제3자점유 물건의 인도집행 — 집행법원의 인도청구권 압류·이전(259)

② 작위채권의 집행
- 대체적작위채권의 집행 — 수소법원의 대체집행명령(260, 민법 389②)
- 비대체적작위채권의 집행 — 수소법원의 간접강제(261)

③ 부작위채권의 집행 — 수소법원이 위반상태의 제거와 적당한 처분을 명령(260, 민법 389③)

④ 의사의 진술을 명하는 재판의 집행 — 263

제 1 장 부동산에 대한 금전집행

제1절 의 의

부동산에 대한 금전집행이란 금전채권에 기초하여 채무자 소유의 부동산을 대상으로 강제경매, 강제관리절차를 진행하는 것을 말한다. 민사집행법은 부동산에 관한 금전집행, 그 중에서도 강제경매에 관한 절차를 상세히 규정하면서 이를 강제관리와 임의경매, 선박·자동차·건설기계에 대한 금전집행, 동산에 대한 금전집행에 준용하고 있다. 따라서 부동산 강제경매에 관한 규정을 상세히 서술하고 다른 항목들은 차이점을 중심으로 살펴보기로 한다.

부동산경매사건의 진행절차 및 진행기간[24)]은 다음 표와 같다.

종 류	기 산 일	기 간	민사집행법 근거조문
경매신청서의 접수		접수당일	80, 264①
개시결정 및 등기촉탁	접 수 일	2일	83, 94, 268
채무자에게 대한 개시결정의 송달	임의경매 : 개시결정일 강제경매 : 등기필증접수일	3일	83, 268
공과주관 공공기관에 대한 최고	개시결정일	3일 (최고기간은 2주)	84④, 268
채권신고의 최고	배당요구종기결정일	3일(최고기간은 배당요구종기)	84④
현황조사명령	임의경매 : 개시결정일 강제경매 : 등기필증접수일	3일 (조사기간은 2주)	85, 268
평가명령	임의경매 : 개시결정일 강제경매 : 등기필증접수일	3일 (평가기간은 2주)	97, 728

24) 부동산경매사건의 진행기간 등에 관한 예규(재민 91-5). 훈시규정임.

매각물건명세서의 작성, 그 사본 및 현황조사보고서, 평가서 사본의 비치		매각기일 1주 전까지	105, 268
최초매각기일의 지정, 게시 및 신문공고의뢰, 이해관계인에의 통지	배당요구종기	1월	104, 268
최초매각기일	공 고 일	2주 후 20일	규칙 56
새매각기일 또는 재매각기일의 지정 및 게시 (또는 게시 및 신문공고), 이해관계인에의 통지	사유발생일	1주	119, 138, 268
새매각기일 또는 재매각기일	공 고 일	2주 후 20일	119, 138, 268
매각결정기일	매각기일	7일	109, 268
배당요구의 통지	배당요구일	3일	89, 268
매각기일의 진행 (매각실시)		매각기일	112, 116, 268
매각기일조서 및 보증금 등의 인도	매각기일	3일	117, 268
매각허부결정의 선고		매각결정기일	109, 126, 268

제2절 강제경매

1. 의의 및 절차의 개요

강제경매란 집행력 있는 정본에 기하여 채무자 소유의 부동산을 압류하여 현금화한 다음 그 매각대금으로 채권자의 금전채권에 만족을 줄 목적으로 하는 강제집행절차를 말한다.

강제경매절차는 채권자의 강제경매신청으로 개시되고, 법원은 요건이 구비되었다고 인정되면 강제경매개시결정을 하여 목적 부동산을 압류한 후 관할 등기소에 경매개시결정 기입등기를 촉탁한 다음 채무자에게 경매개시결정정본을 송달한다.

법원은 집행관에게 부동산의 현상·점유관계·차임·보증금 그 밖의 현황에 관하여 조사를 명하고 감정인에게 부동산을 평가하게 하여 그 평가액을 참작하여 최저매각가격을 정한다.

위 절차가 끝나면 법원은 매각기일 및 매각결정기일을 정하여 이를 공고하고, 호가경매와 기일입찰의 매각기일에는 집행관이 집행보조기관으로서 미리 정해진 장소에서 매각을 실시하여 최고가 매수신고인과 차순위 매수신고인을 정한다. 매각기일에 매수신청인이 없는 경우에는 법원은 최저매각가격을 저감하고 새 매각기일을 정하여 다시 매각을 실시한다.

법원은 매각결정기일에 이해관계인의 의견을 들은 후 매각의 허부를 결정한다. 매각 허부의결정에 대하여 이해관계인은 즉시항고할 수 있다. 매각허가결정이 확정되면 법원은 대금지급기한을 정하여 매수인에게 대금지급을 명한다. 매수인이 대금을 정해진 날까지 내지 아니한 경우에 차순위매수신고인이 있는 때에는 그에 대하여 매각의 허부를 결정하고 차순위매수신고인이 없는 때에는 재매각을 명한다. 매수인은 매각허가결정이 선고된 뒤에는 매각부동산의 관리명령을 신청할 수 있고 대금을 다 낸 뒤에는 인도명령을 신청할 수 있다.

매수인이 대금을 완납한 경우 채권자의 경합이 없거나 그 대금으로 각 채권자의 채권 및 비용을 변제하기에 충분한 때에는 각 채권자에게 이를 지급하고, 각 채권자의 채권 및 비용을 변제하기에 부족한 경우에는 배당절차로 진행한다.

[표] 부동산경매절차 도해

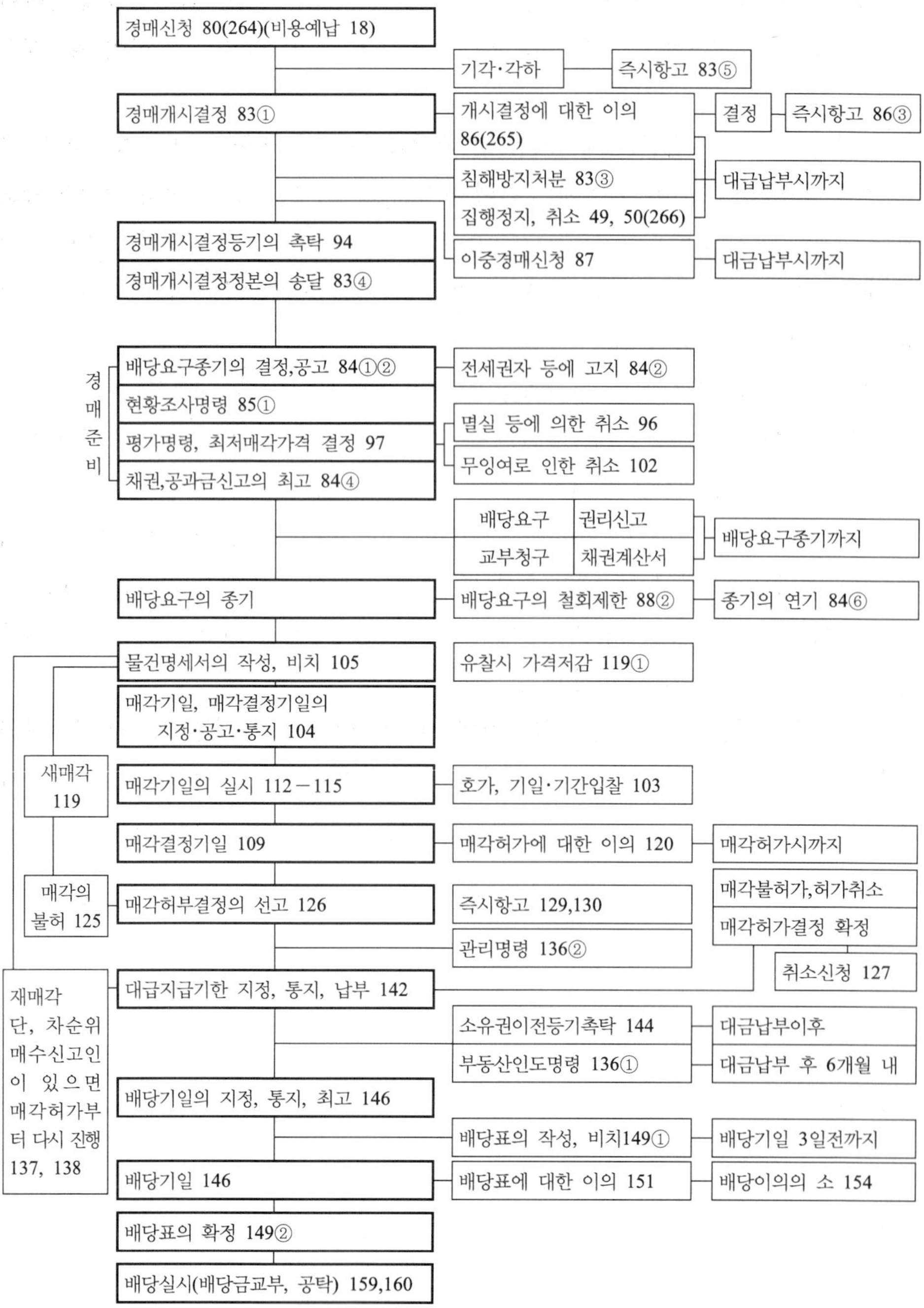
경매신청 80(264)(비용예납 18)
기각·각하
즉시항고 83⑤
경매개시결정 83①
개시결정에 대한 이의 86(265)
결정
즉시항고 86③
침해방지처분 83③
대금납부시까지
집행정지, 취소 49, 50(266)
경매개시결정등기의 촉탁 94
이중경매신청 87
대금납부시까지
경매개시결정정본의 송달 83④
경매준비
배당요구종기의 결정,공고 84①②
전세권자 등에 고지 84②
현황조사명령 85①
평가명령, 최저매각가격 결정 97
멸실 등에 의한 취소 96
무잉여로 인한 취소 102
채권,공과금신고의 최고 84④
배당요구
권리신고
교부청구
채권계산서
배당요구종기까지
배당요구의 종기
배당요구의 철회제한 88②
종기의 연기 84⑥
물건명세서의 작성, 비치 105
유찰시 가격저감 119①
매각기일, 매각결정기일의 지정·공고·통지 104
새매각 119
매각기일의 실시 112－115
호가, 기일·기간입찰 103
매각결정기일 109
매각허가에 대한 이의 120
매각허가시까지
매각의 불허 125
매각허부결정의 선고 126
즉시항고 129,130
매각불허가,허가취소
매각허가결정 확정
관리명령 136②
취소신청 127
재매각 단, 차순위 매수신고인이 있으면 매각허가부터 다시 진행 137, 138
대금지급기한 지정, 통지, 납부 142
소유권이전등기촉탁 144
대금납부이후
부동산인도명령 136①
대금납부 후 6개월 내
배당기일의 지정, 통지, 최고 146
배당표의 작성, 비치149①
배당기일 3일전까지
배당기일 146
배당표에 대한 이의 151
배당이의의 소 154
배당표의 확정 149②
배당실시(배당금교부, 공탁) 159,160

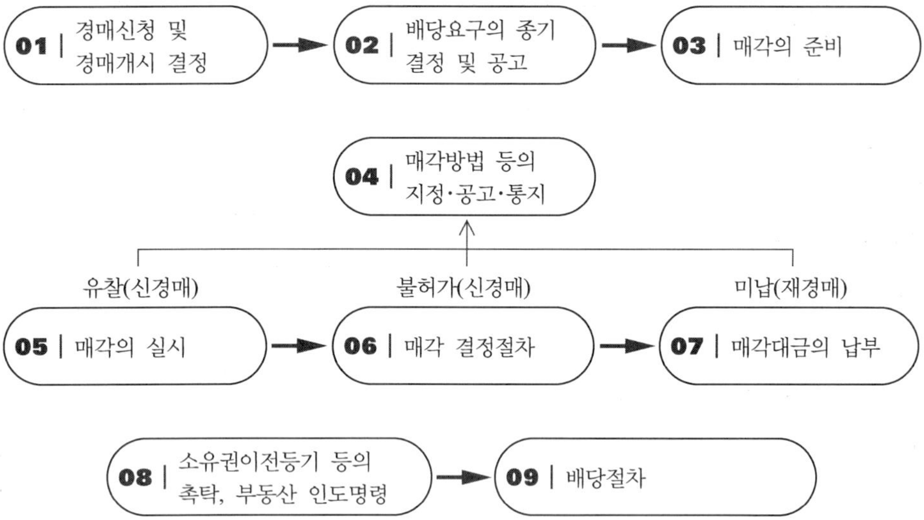

2. 강제경매의 신청

신청은 서면으로 하고, 신청서에는 다음 사항을 기재하며, 첨부서류 및 영수증 등과 함께 신청서를 제출하고, 집행비용을 예납한다.

〈서울중앙지방법원 민사집행과〉

강제경매신청서의 기재사항	비 고
채권자·채무자의 표시	
대리인의 표시	
부동산의 표시	
채권 및 청구금액의 표시	
집행권원의 표시	
집행력 있는 정본의 제출	
집행권원의 송달증명서의 제출	
자격증명서의 제출	
위임장의 제출	
기타 증명서의 제출	
인지·송달료·증지	
등록면허세 영수필 통지서·영수필 확인서	
집행비용예납	
부동산목록10통·부동산등기부등본	
이해관계인표	법원사무관 등이 이해관계인표를 작성하여 기록에 가철하여 두는 것이 원칙이나, 실무에서는 통상 접수담당직원이 경매신청서를 접수함에 있어서 경매신청채권자에게 신청서 첫 장에 이해관계인표를 작성하여 제출하도록 하고 있다.

〈집행비용의 종류〉

집행비용	집행준비 비용	재판상의 비용	집행문 부여신청, 집행권원송달신청 등의 수수료(인지)
		당사자 비용	집행문 부여신청 서기료 및 제출비용
	집행실시 비용	재판상의 비용	민사집행신청 또는 속행신청수수료(인지) 유체동산강제집행에 관한 집행관수수료
		당사자 비용	민사집행신청 서기료, 배당기일 출석수당

[서식 19] 부동산강제경매신청서

부동산강제경매신청

채 권 자　박 ○ ○ (75○○○○-1○○○○○○)
　　　　　○○시 ○○구 ○○동 ○○ (T.010-○○○-○○○○)

채무자겸　정 ○ ○ (76○○○○-1○○○○○○)
소 유 자　○○시 ○○구 ○○동 ○○

청구금액 : 금 100,000,000
위 금액에 대하여 20○○. ○. ○.부터 20○○. ○. ○.까지는 연 12%의, 그 다음날부터 다 갚는 날까지는 연 20%의 각 비율에 의한 금원

집행법원의 표시
채권자가 채무자를 상대로 한 ○○지방법원 20○○차○○○ 대여금독촉사건의 확정된 지급명령정본

신 청 취 지

위 금액의 변제에 충당하기 위하여 별지목록 기재 부동산에 대하여 강제경매개시를 한다.
라는 재판을 구합니다.

신 청 이 유

위 청구금액은 채권자가 채무자를 상대로 제기한 ○○지방법원 20○○차○○○ 대여금청구사건의 20○○. ○. ○.자 확정된 지급명령에 의한 것으로 채무자가 변제하여야 할 것인바, 채무자는 이를 전혀 변제하지 않고 있으므로 채권자는 채무자를 상대로 위 집행법원에 의한 경매개시결정의 절차를 구하기 위하여 본 신청에 이르렀습니다.

첨 부 서 류

1. 위 입증방법　1통
1. 별지목록　1통
1. 이해관계일람표　1통

1. 부동산등기부등본 1통
1. 채무자주민등록초본 1통

20○○. ○. ○.

위 채권자 박 ○ ○ (인)

○○지방법원 귀중

[별지] 매각할 부동산의 표시

매각할 부동산의 표시

1동의 건물의 표시

○○도 ○○시 ○○읍 ○○리 ○○ ○○아파트 ○○동 철근콘크리트조 평슬래브 지붕 5층 아파트

1층 441.78 ㎡
2층 440.66 ㎡
3층 440.66 ㎡
4층 440.66 ㎡
5층 440.66 ㎡
지하1층 384.45 ㎡

대지권의 목적인 토지의 표시

1. ○○도 ○○시 ○○읍 ○○리 ○○ 대 1,679 ㎡
2. ○○도 ○○시 ○○읍 ○○리 ○○ 대 4,287 ㎡

전유부분의 건물의 표시

건물의 표시 : 제1층 제302호
구 조 : 철근콘크리트조
면 적 : 39.60㎡

대지권의 표시

대지권의 종류 : 1, 2 소유대지권

대지권의 비율 : 5,966분의 30.046 .끝.

작성방법

1. 신청서는 1부 제출한다.
2. 등록세, 송달료, 인지를 첩부하고 증지는 호치키스로 신청서 상단에 고정해 제출한다.
3. 경매예납금은 법원보관금으로 납부하는데 대략적 금액으로 예납하여도 무방하고 경매진행 중에 부족하면 추가 보정납부하면 된다.
4. 집행권원은 정본을 첨부해야 한다.
5. 채무자 주소가 등기부와 다른 경우 이를 확인하기 위해 주민등록초본을 첨부한다.

[서식 20] 부동산강제경매신청서(공정증서)

부동산강제경매신청

채 권 자 김 ○ 익 (○○○○○○-○○○○○○○)
전남 ○○군 ○○읍 ○○리 ○○○(우 :)

채 무 자 곽 ○ 식 (○○○○○○-○○○○○○○)
전남 ○○군 ○○읍 ○○리 ○○○(우 :)
일부등기부상주소 : ○○시 ○○구 ○○동 ○○○

청구채권의 표시 및 집행권원의 표시

금 114,000,000원, 단, 공증인가 법무법인 ○○○ 작성의 증서 20○○년 제○○○호 및 20○○년 제○○○호 각 집행력있는 약속어음 공정증서에 기한 금액(※ 약속어음 공정증서의 경우에는 이자를 청구할 수 없음)

(만약 위 집행권원이 금전소비대차 공정증서일 경우에는,

"금 114,000,000원, 단, 공증인가 법무법인 ○○○ 작성의 증서 20○○년 제○○○호 집행력 있는 금전소비대차 공정증서에 기한 금액

위 금원과 이에 대하여 2020. 1. 31.부터 다 갚는 날까지 연 25%의 비율로 계산한 이자"라고 기재한다)

매각할 부동산의 표시

별지 부동산의 표시 기재와 같음

신 청 취 지

위 청구금액의 변제에 충당하기 위하여 별지 부동산의 표시 부동산에 대하여 강제경매개시결정을 하고 채권자를 위하여 압류한다.
라는 재판을 구합니다.

신 청 이 유

1. 채권자는 채무자에 대하여 공증인가 법무법인 ○○○ 작성의 증서 20○○년 제○○○호 및 20○○년 제○○○호 각 약속어음 청구사건의 집행력 있는 공정증서에 기하여 금 114,000,000원(= 74,000,000 + 40,000,000)을 받을 채권을 가지고 있습니다(만약 위 집행권원이 금전소비대차 공정증서일 경우에는, "채권자는 채무자에 대하여 공증인가 법무법인 ○○○ 작성의 증서 20○○년 제○○○호 금전소비대차 청구사건의 집행력 있는 공정증서에 기하여 금 114,000,000원과 이에 대하여 20○○. ○. ○.부터 다 갚는 날까지 연 25%의 비율로 계산한 채권을 가지고 있습니다."라고 기재한다).

2. 그런데도, 채무자는 위 채무를 변제기가 경과하여도 변제하지 않아 채권자는 그 변제에 충당하기 위하여 별지 부동산의 표시 기재 부동산에 대하여 강제경매를 구하고자 이 건 신청에 이른 것입니다.
(또는 그런데도 채무자는 위 채무를 변제하지 않아 채권자는 ○○지방법원 ○○지원 20○○카단 ○○○호로 채무자 소유의 별지 부동산의 표시 부동산에 대하여 가압류신청을 하여 법원의 가압류명령에 의하여 가압류하였고, 아울러 위 부동산에 대하여 강제경매를 구하고자 이 건 신청에 이른 것입니다).

첨 부 서 류

1. 집행력있는 공정증서 정본 2통
1. 주민등록초본 2통
1. 부동산등기부등본 2통
1. 위임장 1통

20○○. ○. ○.

위 채권자 김 ○ 익 (인)

○○지방법원 ○○지원 귀중

[서식 21] 부동산강제경매신청서(가압류 후 경매신청)

부동산강제경매신청

채 권 자 ○○농업협동조합 (000000-0000000)
전남 ○○군 ○○읍 ○○리 ○○○
조합장 ○○○
송달장소 : 전남 ○○군 ○○읍 ○○리 ○○, ○○농협 ○○지점

채 무 자 김 ○ 문 (000000-0000000)
전남 ○○군 ○○읍 ○○리 ○○○(우 :)

청구채권의 표시 및 집행권원의 표시

금 18,141,660원, (단, 채권자와 채무자간에 ○○지방법원 ○○지원 20○○차 ○○○호 보증채무금 청구사건의 집행력 있는 지급명령정본에 기한 채권 및 독촉절차비용)

위 금원과 이 중 6,000,000원에 대하여는 2009. 12. 31.부터 2010. 5. 14.까지는 연 8.5%, 그 다음날부터 2010. 6. 22.까지는 연 10.5%, 그 다음날부터 2010. 10. 25.까지는 연 8.5%, 그 다음날부터 다 갚는 날까지는 연 17.5%, 금 12,000,000원에 대하여는 15,600,000원의 한도 내에서 2010. 2. 23.부터 2010. 6. 22.까지는 연 8.5%, 그 다음날부터 2010. 8. 21.까지는 연 6.7%, 그 다음날부터 다 갚는 날까지는 연 15.7%의 각 비율로 계산한 이자

독촉절차비용 : 141,660원

매각할 부동산의 표시

별지 부동산의 표시 기재와 같음

신 청 취 지

위 청구금액의 변제에 충당하기 위하여 별지 부동산의 표시 부동산에 대하여 강제경매개시결정을 하고 채권자를 위하여 압류한다.
라는 재판을 구합니다.

신 청 이 유

1. 채무자가 채권자에게 지급하여야 할 청구채권의 표시기재 채무를 변제기가 경과하여도 변제하지 않아 채권자는 위 집행권원 표시의 집행력있는 지급명령정본에 기한 채권을 가지고 있습니다.

2. 그런데도 채무자는 위 채무를 변제하지 않아 채권자는 ○○지방법원 ○○지원 20○○카단 ○○○호로 채무자 소유의 별지 부동산의 표시 부동산에 대하여 가압류신청을 하여 법원의 가압류명령에 의하여 가압류하였고, 아울러 위 부동산에 대하여 강제경매를 구하고자 이 건 신청에 이른 것입니다.

첨 부 서 류

1. 집행력있는 지급명령정본	1통
1. 등기사항일부증명서	1통
1. 주민등록초본	1통
1. 부동산등기부등본	3통
1. 위임장	1통

20○○. ○. ○.

위 채권자 ○○농업협동조합
취급지점 ○○지점

지배인 ○ ○ ○ (인)

○○지방법원 ○○지원 귀중

가. 채권자·채무자의 표시

채권자와 채무자를 특정할 수 있도록 그 이름과 주소를 기재하여야 한다. 여기서 채권자라 함은 강제집행을 신청하는 자를 말하고, 채무자라 함은 강제집행을 받는 자를 말한다. 누가 집행의 채권자 또는 채무자로 되는가 하는 것은 집행문이 누구를 위하여 또는 누구에 대하여 부여되어 있는가에 의하여 정해진다.[25] 다만 집행문의 부여 없이도 집행력이 있는 집행권원의 경우에는 그 집행권원에 표시된 당사자가 집행당사자로 된다. 따라서 채권자·채무자의 이름과 주소는 신청서에 첨부된 집행력 있는 정본에 표시된 것과 일치되어야 한다. 그러나 승계집행문을 부여 받은 경우에는 집행권원상의 채권자·채무자의 표시와 집행문상의 채권자·채무자의 표시가 달라질 수 있다.

또한 채무자의 이름과 주소는 신청서의 첨부서류인 등기부 등본 또는 물건소유증명서에 기재된 소유자의 이름·주소와 부합되어야 한다. 주소의 변동으로 부동산등기부상의 주소와 다를 경우에는 등기부상의 주소도 병기한다. 이 경우 주민등록표초본 등을 첨부한다.

채권자·채무자가 법인인 경우에는 그 명칭, 주된 사무소 또는 영업소, 대표자를 표시한다. 법인의 명칭·상호의 변경이 있는 경우에는 승계가 아니므로 승계집행문은 필요 없고, 신구 명칭·상호가 동일 법인의 것이라는 증명서(법인등기부등본)를 제출하면 된다.

25) 집행문이 누구를 위하여 또는 누구에 대하여 부여되어 있는가의 문제는 집행당사자의 확정문제이고, 집행문을 누구를 위하여 또는 누구에 대하여 부여하여야 하는가의 문제는 집행당사자의 적격문제이다. 집행당사자적격의 문제는 집행문 부여시의 조사사항이다. 수인의 수탁자가 있는 신탁재산에 대한 집행이나 조합채무로 인한 조합재산에 대한 집행에서는 수인을 공동채무자로 하여야 피집행적격이 있으나, 조합원의 고유재산에 대하여 그 조합원이 부담할 비율의 채무를 집행함에는 그 자만을 채무자로 하면 족하다.

공유부동산의 지분에 대한 강제경매신청에 있어서는 채무자인 공유자 이외의 공유자 전원의 이름·주소 및 채무자가 가지는 지분을 적어야 한다.

가압류등기 후 채무자로부터 제3자에게 소유권이전등기가 된 경우 채무자란에는 가압류채무자를 소유자란에는 현 소유자를 제3취득자로 기재한다.

집행채권자 또는 채무자로 되기 위해서는 당사자능력이 있어야 한다. 강제경매의 경우 경매개시결정 전에 채무자가 사망하였다면 승계집행문을 부여받아 경매신청을 한다. 임의경매의 경우에는 상속인을 채무자나 소유자로 하여 경매신청을 한다. 채무자나 소유자가 상속등기를 하지 않은 경우에는 상속인을 대위하여 상속등기를 한 후에 경매신청을 한다. 상속인불명의 경우에는 상속재산관리인이나 특별대리인을 선임하여 경매신청을 한다. 사망자를 그대로 채무자나 소유자로 표시하여 경매신청을 하였다가 경매개시결정 후에 경정신청을 하는 것도 허용된다.

경매개시결정 당시에 이미 채무자·소유자가 사망하였음에도 이를 간과하여 진행한 경우 강제경매에 있어서는 승계집행문을 받지 않고 집행을 개시하였으므로 무효이고(따라서 강제경매개시결정을 취소한다), 임의경매에 있어서는 개시결정 자체의 효력에는 아무런 영향이 없으며 당사자표시정정으로 족하다.

강제집행을 개시한 뒤에 채무자가 사망한 때에는 상속재산에 대하여 강제집행을 계속하여 진행한다. 채무자에게 알려야 할 집행행위를 실시할 경우에 상속인이 없거나 상속인이 있는 곳이 분명하지 아니하면 집행법원은 채권자의 신청에 따라 상속재산 또는 상속인을 위하여 특별대리인을 선임한다.

나. 대리인의 표시

대리인에 의하여 강제경매의 신청을 하는 경우에는 신청서에 대리인의 이름·주소를 표시하여야 한다.

집행절차에서 당사자는 대리인을 시켜 소송행위를 할 수 있다. 집행관[26]이 실시

---

26) 집행관의 직무관할은 ① 유체동산에 대한 압류집행(민집 189조), ② 유체동산에 대한 가압류집행(민집 296조), ③ 동산인도청구권의 집행(민집 257조), ④ 부동산선박 등의 인도청구권의 집행(민집 258조), ⑤ 담보권실행 등을 위한 동산의 경매(민집 272조, 274조), ⑥ 인도단행가처분 등 일정한 내용의 가처분의 집행(민집 301조, 296조, 305조), ⑦ 지시증권상의 채권의 압류에 있어서 증권의 점유(민집 233조), ⑧ 채권압류에 있어서 채권증서의 취득(민집 234조), ⑨ 유체동산에 관한 청구권에 대한 집행에 있어서 목적물의 수령 및 현금화(민집 243조), ⑩ 그 밖의

하는 집행절차에서는 대리인 자격에 제한이 없으나, 집행법원[27]·수소법원[28]이 하는 집행절차에서는 변호사만이 대리인이 될 수 있고, 다만 집행법원·수소법원이 단독판사일 경우에 당사자의 배우자, 당사자와 배우자의 4촌 이내의 혈족으로서 당사자와의 생활관계에 비추어 상당하다고 인정되는 때, 당사자와 고용 등의 계약관계를 맺고 그 사건에 관한 통상 사무를 처리·보조하는 사람으로서 그 사무와 사건의 내용에 비추어 상당하다고 인정되는 때에는 법원의 허가를 받아 변호사 아닌 자도 대리인이 될 수 있다. 실무상 경매신청을 하면서 동시에 소송대리허가신청을 하는 것이 통례이다. 소송대리허가신청에는 본인과 대리인의 관계를 증명하는 문서를 붙여야 한다.

판결절차의 각 심급의 소송대리인은 그 판결에 따른 집행에 관하여 당연히 대리권을 가진다(민소 90조). 따라서 새로이 위임장을 낼 필요가 없다. 왜냐하면 대리권의 존재가 집행력 있는 정본에 나타나 있기 때문이다.

채권자·채무자가 소송무능력자인 경우에는 법정대리인을 표시하여야 한다. 집행당사자가 스스로 집행절차에 관여하여 집행기관에 대하여 집행법상의 소송행위를 하려면 소송능력이 있어야 한다. 그러나 채무자는 수동적으로 집행을 받는 입장에

재산권에 대한 집행에 있어서 그 재산권의 매각 등의 방법에 의한 현금화(민집 251조), ⑪ 부동산의 강제경매·강제관리·담보권실행 등을 위한 경매에 있어서 목적물의 현황 조사(민집 85조, 163조, 268조, 274조), ⑫ 부동산·선박·자동차 등의 강제경매·담보권실행 등을 위한 경매에 있어서 매각의 실시(민집 107조, 112조, 172조, 187조, 268조, 269조, 270조, 274조), ⑬ 부동산 강제관리에 있어서 관리인의 부동산 점유 시의 원조(민집 106조), ⑭ 매각된 부동산의 인도명령의 집행(민집 136조, 268조, 274조).

27) 집행법원의 직무관할은 ① 부동산·선박·자동차·건설기계·항공기에 대한 금전채권의 집행(민집 78조, 172조, 187조), ② 채권과 그 밖의 재산권에 대한 금전채권의 집행(민집 233조), ③ 동산에 대한 집행에 있어서의 배당절차(민집 252조), ④ 물건의 인도를 목적으로 하는 집행에 있어서 제3자가 목적물을 점유하고 있는 경우의 집행(민집 259조), ⑤ 채권 그 밖의 재산권, 부동산·선박·자동차··건설기계·항공기에 대한 가압류·가처분의 집행(민집 291조, 293조, 296조, 301조), ⑥ 국군의 원조 요청(민집 5조), ⑦ 공휴일·야간집행의 허가(민집 8조), ⑧ 집행에 관한 이의신청에 대한 재판(민집 16조), ⑨ 급박한 경우에 있어서의 집행의 정지·속행에 관한 잠정처분(민집 46조, 48조), ⑩ 집행에 관한 특별대리인의 선임(민집 52조), ⑪ 압류금지물건을 정하는 재판(민집 196조), ⑫ 유체동산의 특별현금화명령(민집 214조), ⑬ 부동산 인도청구에 관한 집행에 있어서 집행의 목적물이 아닌 동산의 처분의 허가(민집 258조).

28) 수소법원의 직무관할은 ① 대체집행(민집 260조, 민법 389조), ② 간접강제(민집 261조), ③ 외국에서 강제집행을 할 경우에 그 외국 공공기관의 법률상 공조를 받을 수 있는 때 또는 외국에 머물고 있는 대한민국 영사에 의하여 강제집행을 할 수 있는 때에는 제1심 수소법원이 채권자의 신청에 따라 공조 또는 강제집행을 촉탁한다(민집 55조).

있으며 능동적으로 집행행위에 관여하지 않는 것이 보통이므로 원칙적으로 소송능력을 요하지 아니하나, 채무자에게 알려야 할 집행행위의 실시(압류결정의 송달 등), 또는 채무자가 능동적으로 소송행위를 하는 경우(채무자 심문, 집행에 관한 이의신청 등)에는 채무자도 소송능력을 구비할 필요가 있다. 채무자에게 법정대리인이 없는 경우에는 특별대리인의 선임을 신청하여 그 선임된 자를 표시하여야 한다.

상법상 지배인, 부재자가 선임한 재산관리인, 선적항 이외에서의 선장, 선박관리인, 농업협동조합 및 중앙회의 간부직원, 국가를 당사자로 하는 소송에서의 소송수행자, 각종 특수은행 및 정부투자기관의 장으로부터 등기된 대리인 등은 법률상 대리인이므로 이 자들에 의한 경매신청도 가능하다.

다. 부동산의 표시

강제경매의 대상이 될 부동산을 특정하여 표시한다. 여기서 부동산이라 함은 토지 및 그 정착물, 부동산과 동일시되는 권리를 말한다.

등기되어 있는 부동산의 경우에는 동일성이 인정되는 한 등기부의 표제부에 기재되어 있는 대로 표시하여야 한다. 구분소유권의 경우에는 1동의 건물 중 구분소유로 된 부분을 특정할 수 있도록 표시하여야 한다. 미등기 부동산의 경우에는 그 부동산이 채무자의 소유임을 증명할 서류의 표시와 부합되도록 적어야 한다. 미등기의 경우에는 집행법원의 경매개시결정등기의 촉탁이 있으면 등기관은 직권으로 그 부동산의 소유권보존등기를 하여야 하므로 경매신청서 중 부동산표시의 항에 미등기라는 취지를 부기하도록 하여야 한다. 경매의 대상이 공장재단, 광업재단인 경우에는 그 재단을 구성하는 모든 물건을 표시하여야 한다.

매각부동산은 채무자의 소유이어야 한다. 채무자가 상속을 하였으나 아직 상속등기를 마치지 않은 경우에는 대위원인을 증명하는 서면(집행력 있는 정본, 근저당권이 설정된 등기부 등본)을 첨부하여 대위에 의한 상속등기를 한 다음 상속인에 대하여 경매신청을 할 수 있다.

매각부동산이 법률의 규정에 의하여 압류가 금지되어 있으면 경매할 수 없다. 학교교사 및 부지, 전통사찰, 향교건물 등 압류금지 부동산에 대한 경매신청은 각하한다. 학교법인의 기본재산, 사찰 소유 경내지 내의 부동산에 대해서는 경매신청을 할 수 있으나, 매수인은 매각허가기일까지 주무관청의 허가를 얻어야 소유권을 취득할 수 있다. 목적물이 농지인 경우에는 도시계획확인원을 제출하여야 한다. 매각부동산이 공장재단·광업재단을 구성하고 있는 때에는 개별집행이 금지되므로 이에 대한 경매신청은 각하한다.

이미 경매개시결정이 있는 부동산에 대하여도 강제경매신청을 할 수 있다. 이 경우 법원은 다시 경매개시결정을 하고 경매는 먼저 개시결정한 집행절차에 따라 진행한다.

가압류채권자가 채무자 소유의 부동산에 대하여 가압류집행을 한 후 채무자가 그 부동산을 제3자에게 양도하여 소유권이전등기가 경료된 경우에는 가압류의 효력에 의하여 가압류채권자는 경매신청을 할 수 있다. 그러나 채무자가 소유권을 이전한 후 다른 채권자는 가압류 효력의 이익을 받을 수 없으므로 경매신청을 할 수 없다.

매각부동산에 최선순위 처분금지가처분등기가 있는 경우 그 이유만으로 경매신청을 기각할 수는 없으므로 경매개시결정 후 경매개시결정등기만을 촉탁한 단계에서 그 이후의 절차를 사실상 중지하고 본안 소송의 결과에 따라 처리한다.

매각부동산에 최선순위 소유권이전청구권보전가등기가 있는 경우 그 이유만으로 경매신청을 기각할 수는 없으므로 경매개시결정 후 경매개시결정등기만을 촉탁한 단계에서 그 이후의 절차를 사실상 중지한다. 다만 담보가등기는 그 부동산의 매각에 의하여 소멸하므로, 가등기권자가 채권신고서를 제출하면서 그 가등기가 담보가등기라는 소명자료를 제출할 경우 담보가등기로 보아 매각절차를 계속 진행한다.

처분금지가처분이나 소유권이전청구권보전가등기가 매각에 의하여 소멸하는 근저당권 등 타물권이나 가압류의 등기보다 후에 경료된 경우에는 가처분권자는 매수인에게 대항할 수 없고, 대금납부 후 그 가처분등기나 가등기를 말소하게 되므로, 경매의 개시나 진행을 방해할 사유가 되지 않는다.

매각부동산에 국세체납처분에 의한 압류등기가 있는 경우 강제집행은 사법상 청구권의 실현을 목적으로 하고 체납처분은 공법상 채권인 조세채권의 실현을 목적으로 하는 별개의 절차이므로 법원은 그 부동산에 대하여 강제경매나 임의경매의 절차를 별도로 진행할 수 있으며, 이 경우 양 매수인 중 먼저 그 소유권을 취득한 자가 진정한 소유자로 확정된다. 따라서 공매절차에서 먼저 매각대금의 납부가 이루어지면 매각절차는 효력을 잃게 되므로 매각절차를 취소하여야 한다.

회생절차개시결정이 있는 때에는 회생채권 또는 회생담보권에 기한 강제집행을 할 수 없고, 채무자의 재산에 대하여 이미 행한 회생채권 또는 회생담보권에 기한 강제집행은 중지되며(채회 58조), 개인회생절차개시의 결정이 있는 때에는 개인회생채권에 기하여 개인회생재단에 속하는 재산에 대하여 한 강제집행·가압류 또는 가처분은 중지 또는 금지되고(채회 600조), 파산선고시 파산채권에 기하여 파산재단에 속하는 재산에 대하여 행하여진 강제집행·가압류 또는 가처분은 파산재단에 대하여는 그 효력을 잃게 되므로(채회 348조), 매각부동산에 회생절차개시결정등기, 파산선고등기가 있는 경우 개별적인 강제집행이 금지되므로 이에 대한 경매신청은 각하한다. 다만, 파산관재인은 파산재단을 위하여 강제집행절차를 속행할 수 있다. 또한 파산재단에 속하는 유치권·질권·저당권·전세권 등 별제권은 파산절차에 의하지 아니하고 행사할 수 있으므로 담보권실행경매는 가능하다.

(1) 토 지

토지의 정착물 중에서 독립된 부동산으로 취급할 수 없는 것(담, 다리, 도랑)은 토지의 구성부분으로 취급된다. 토지 위의 미등기 수목도 토지의 구성부분으로 취급되나, 소유권보존등기가 된 입목이나 명인방법을 갖춘 수목의 경우는 토지와 별개의 부동산으로 취급된다. 미분리의 천연과실도 토지의 구성부분으로 취급되나, 수확 전 1개월 내부터는 과실수취권자를 채무자로 하여 유체동산에 대한 강제집행으로 집행할 수 있다.

토지의 공유지분은 독립하여 강제경매의 대상이 되나 집합건물에서 대지권 취지의 등기가 되지 아니한 대지사용권으로서의 토지공유지분은 전유부분과 분리하여 처분이 가능하도록 규약으로 정하여져 있는 경우가 아닌 한 건물과 독립하여 강제경매의 대상이 되지 아니한다.

미등기 토지도 채무자의 소유이면 강제경매를 할 수 있다. 다만 채무자의 명의로 등기할 수 있음을 증명할 서류(토지대장, 임야대장, 소유권확인판결, 수용증명서 등)를 붙여야 한다.

독립된 부동산	불인정 (토지일부)	- 돌담, 다리, 도랑 - 채무자 소유의 미등기 수목

		- 미분리 천연과실(분리된 천연과실은 수취권자에 귀속)
	인정	- 입목에 관한 법률(제2조, 제3조 제1항)에 의한 소유권보존된 입목 - 명인방법을 갖춘 수목

(2) 건 물

건물은 토지와 별개의 부동산으로 취급된다. 건물의 공유지분, 구분소유권도 강제경매의 대상이 된다. 건축 중에 있는 건물로서 최소한의 기둥과 지붕, 주벽이 완성되면 사회통념상 독립된 부동산으로서의 건물로 취급된다. 건물의 증축 부분이 기존 건물에 부합되었는지 여부는 물리적 구조뿐만 아니라 용도와 기능면에서 기존 건물과 독립한 경제적 효용을 가지고 거래상 별개의 소유권의 객체가 될 수 있는지 여부 및 증축하여 이를 소유하는 자의 의사 등을 종합하여 판단한다.

미등기 건물도 채무자의 소유이면 강제경매를 할 수 있다. 단 건축허가나 건축신고를 하지 아니한 무허가 건물에 대해서도 부동산 집행을 허용하여 소유권보존등기가 가능하게 되면 불법 건축물이 양산되고 무허가 건물의 소유권자를 확인하기가 어려운 문제가 있으므로 실무상 적법하게 건축허가나 건축신고를 마친 뒤 사용승인을 받지 못한 미등기 건물의 경우에만 경매가 가능하다. 건축허가나 건축신고를 마친 뒤 사용승인을 받지 못한 미등기 건물에 대한 강제집행을 신청하는 경우 그 건물이 채무자의 소유임을 증명할 서류(건축허가서, 건축신고서, 건축도급계약서), 그 건물의 지번·구조·면적을 증명할 서류 및 그 건물에 관한 건축허가 또는 건축신고를 증명할 서류를 첨부하여야 한다. 채권자는 공적 장부를 주관하는 공공기관에 위 사항들을 증명하여 줄 것을 청구할 수 있고, 건물의 지번·구조·면적을 증명하지 못한 때에는, 경매신청과 동시에 그 조사를 집행법원에 신청할 수 있다. 또한, 그 외 건물의 공유지분 및 구분소유권도 경매의 대상이 된다.

(3) 공장재단, 광업재단

공장 및 광업재단 저당법에 의한 공장재단, 광업재단은 1개의 부동산으로 취급되어 강제경매의 대상으로 된다. 즉 공장재단, 광업재단을 구성하는 기계기구 등 동산이라 하더라도 유체동산에 대한 집행이 될 수 없고 그 저당권의 목적물인 토지, 건물, 광업권 등과 함께 부동산에 대한 강제집행의 방법에 의하여 경매를 할 수 있을 뿐이다.

(4) 광업권, 어업권, 소유권보존등기된 입목, 지상권, 자동차, 건설기계, 항공기

광업권, 어업권, 소유권보존등기된 입목, 지상권, 자동차, 건설기계, 항공기는 강제경매의 대상으로 된다.

(5) 대상이 될 수 없는 것

(가) 공동광업권 지분

공동광업권 지분은 다른 공동광업권자의 동의가 없으면 이를 처분할 수 없다(광업법 30조 2항).

(나) 지 역 권

지역권은 요역지의 소유권에 부종한다(민법 292조 1항). 따라서 요역지와 분리하여 처분할 수 없다.

라. 채권 및 청구금액의 표시

강제경매에 의하여 변제를 받고자 하는 일정한 채권과 그 청구금액을 표시한다. 채권은 다른 채권과 구별할 수 있을 정도로 특정하여야 하고, 청구금액은 집행권원에 표시된 채권액의 범위 내이어야 한다. 집행권원이 수 개인 경우 각 집행권원의 내용이 된 채권을 모두 특정하여 표시해야 한다. 청구금액은 반드시 정액의 표시가 있어야 하는 것은 아니고 정기금채권, 이자채권과 같이 기간과 액수, 이율 등으로 계산 가능한 표시가 있으면 무방하다.

경매신청 시 채권의 일부 청구를 한 경우 경매절차 개시 후에는 청구금액의 확장은 허용되지 않는다.[29] 이 경우 이중경매신청은 가능하다. 경매신청서에 원본채권만

---

29) 강제경매에 있어서 채권의 일부청구를 한 경우에 그 경매절차 개시를 한 후에는 청구금액의 확장은 허용되지 않고 그 후에 청구금액을 확장하여 잔액의 청구를 하였다 하여도 배당요구의 효력밖에는 없는 것이므로 강제경매 개시결정에 의하여 압류의 효력이 발생한 후에 채무자가 경매부동산을 처분하여 그 등기를 경료하였고 그 후에 청구금액 확장신청이 있고 먼저한 강제경매사건이 강제경매 절차에 의하지 않고 종료하였다면 청구금액 확장신청 이전에 소유권이전등기를 경료한 제3취득자는 그 소유권 취득을 확장신청인에게 대항할 수 있다(대법원 1983.10.15.자

을 표시하고 이자 등 부대채권을 표시하지 아니 한 경우 그 후 채권계산서에 이자 등 부대채권을 표시하는 방법으로 청구금액을 확장할 수 없다. 그러나 경매신청서에 청구채권으로 이자 등 부대채권을 표시한 경우 나중에 채권계산서에 의하여 부대채권을 증액하는 방법으로 청구금액을 확장하는 것은 가능하다.

담보권 실행을 위한 경매절차에서도 신청채권자가 경매신청서에 피담보채권의 일부만을 청구금액으로 하여 경매를 신청하였을 경우에는 다른 특별한 사정이 없는 한 신청채권자의 청구금액은 그 기재된 채권액을 한도로 확정되고 그 후 신청채권자가 채권계산서에 청구금액을 확장하여 제출하는 등 방법에 의하여 청구금액을 확장할 수 없다. 그러나 경매신청서에 특정의 피담보채권을 기재함으로써 이를 청구채권으로 표시한 경우에도 당해 근저당권의 피담보채권으로서 다른 채권이 있는 때에는 그 다른 채권을 청구채권에 추가하거나 당초의 청구채권을 다른 채권으로 교환하는 등 청구채권을 변경할 수 있다. 다만 변경 후의 피담보채권액이 경매신청서에 기재되어 있는 청구금액을 초과하는 경우 그 초과하는 금액에 대해서는 배당받을 수 없다.[30)]

마. 집행권원의 표시

구체적으로 어떤 집행권원에 의한 강제집행인가를 알아 볼 수 있도록 표시한다. 한 개의 집행권원에 여러 개의 집행채권이 존재하는 경우에는 어느 집행채권에 기하여 강제집행을 구하는 것인가를 명백히 하지 않으면 안된다. 기한 미도래나 조건 불성취의 집행권원에 기하여 경매신청을 한 경우에는 그 신청은 부적법하다.

집행권원이란 사법상의 일정한 이행청구권의 존재와 범위를 표시함과 동시에 강제집행으로 그 청구권을 실현할 수 있는 집행력을 인정한 공정의 증서를 말한다. 그 종류는 다음과 같다.

83마393 결정)

30) 근저당권의 실행을 위한 경매절차에서 신청채권자는 일단 경매신청서에 특정의 피담보채권을 기재함으로써 이를 청구채권으로 표시하였다고 하더라도 당해 근저당권의 피담보채권으로서 다른 채권이 있는 경우에는 그 다른 채권을 청구채권에 추가하거나 당초의 청구채권을 그 다른 채권으로 교환하는 등 청구채권을 변경할 수 있으며(다만 변경 후의 피담보채권액이 경매신청서에 기재되어 있는 청구채권액을 초과하는 때에는 그 초과하는 금액에 대하여는 배당을 받을 수 없다.), 이 때 청구채권의 변경이 추가적 변경인가 교환적 변경인가는 신청채권자가 경매법원에 표시한 의사를 객관적·합리적으로 해석하여 판단하여야 한다(대법원 1998. 7.10. 선고 96다39479 판결).

(1) 확정된 종국판결(민집 24조)

종국판결이란 각 심급에서 소송의 전부 또는 일부를 종결시키는 판결로서 전부판결, 일부판결, 추가판결을 말한다(중간판결은 제외). 종국판결 중에서 집행력 있는 이행판결만이 집행권원이 되나(확인판결, 형성판결은 제외), 강제실현이 허용되지 않거나 불가능한 것은 집행권원으로 되지 않는다.

판결의 확정이란 상소로 취소될 수 없는 상태, 즉 형식적 확정력이 생긴 상태를 말한다. 상소가 허용되지 않는 판결이나 당사자 간에 불상소 합의가 있는 경우에는 판결 선고 시에 확정된다. 상소가 허용되는 판결은 상소기간(민소 396조, 425조 ; 판결서 송달로부터 2주)이 경과되면 확정된다. 상소기간 경과 전이라도 상소권을 포기한 경우에는 포기 시에 확정된다. 상소기간 내에 적법한 상소가 제기되면 판결의 확정은 차단되나, 상소심에서 상소기각판결이 선고되고 그 판결이 확정되면 원판결이 확정판결로서 집행권원이 된다. 판결의 일부에 대한 일부상소의 경우 판결의 전부에 대하여 이심의 효력이 생기므로 판결 전부에 대하여 확정이 차단된다. 그러나, 통상의 공동소송에서 일부 공동소송인만이 상소한 경우 나머지 공동소송인에 대한 판결은 분리 확정된다. 판결의 확정은 확정증명서로 증명된다.

(2) 가집행선고 있는 종국판결(민집 24조)

판결이 확정되지 않았더라도 종국판결의 주문에 가집행선고가 붙어 있으면 즉시 집행력이 발생하고 집행권원이 된다. 가집행선고 있는 종국판결의 집행력을 배제하기 위해서는 상소를 제기하면서 강제집행정지신청을 별도로 하여 강제집행정지결정을 받아야 한다. 가집행선고는 상소심에서 그 선고 있는 본안판결이나 그 가집행선고를 취소 또는 변경하는 판결의 선고에 의하여 실효된다. 그러나 상소심판결로 가집행선고가 효력을 잃기 전에 이미 집행절차가 끝난 경우에는 집행처분을 취소할 여지가 없으므로 집행처분의 효력에는 영향이 없고 매수인은 확정적으로 소유권을 취득한다. 한편, 가집행선고 있는 제1심 판결을 취소한 항소심판결이 상고심에서 파기되면 가집행선고의 효력이 되살아나므로, 집행권원인 가집행선고 있는 제1심 판결로 집행을 계속할 수 있다. 한편, 이행판결이 아닌 확인판결이나 형성판결에는 가집행선고를 붙이지 못한다.

(3) 집행판결(민집 26조, 27조, 중재법 37조)

외국판결[31] 및 중재판정에 기한 강제집행을 하기 위해서는 집행판결청구의 소를 제기하여 집행판결을 받아야 한다. 집행판결은 가집행선고가 있거나 확정되어야 하고, 외국판결 또는 중재판정과 집행판결이 결합한 것이 집행권원으로 된다.

(4) 항고로만 불복을 신청할 수 있는 재판(민집 56조)

판결 이외의 재판인 결정·명령으로서 법률에 따라 항고(통상항고 또는 즉시항고, 단 특별항고는 제외)로써 불복이 허용되는 재판을 말한다. 그 종류는 다음과 같다.

제3자의 소송비용상환결정(민소 107조), 소송비용액확정결정(민소 110조, 113조), 소송비용의 액수와 부담을 정하는 결정(민소 114조), 피구조자에 대한 유예소송비용납입명령(민소 131조), 증인·감정인에 대하여 소송비용의 부담을 명하는 결정(민소 311조, 318조, 326조, 333조), 부동산인도명령(민집 136조), 강제관리개시결정(민집 164조), 대체집행에서 채무자에 대한 비용지급결정(민집 260조), 간접강제에서 금전배상을 명하는 결정(민집 261조), 가사소송법상 금전의 지급, 물건의 인도, 등기 그 밖에 의무이행을 명하는 심판(가소 41조).

통상항고를 할 수 있는 재판은 고지로 즉시 집행력이 발생하고, 항고가 있어도 집행정지의 효력이 없으므로 항고를 제기한 채무자는 집행정지결정(민소 448조)을 받아 그 재판정본을 집행기관에 제출하여야만 집행의 개시·속행을 막을 수 있다. 민사집행법상 강제집행절차에 관한 재판에 대한 즉시항고도 집행정지의 효력이 없다(민집 15조 6항). 그러나 민사소송법상 즉시항고는 집행을 정지시키는 효력이 있으므로(민소 447조), 즉시항고 제기 후에는 집행문을 부여할 수 없다. 다만 즉시항고 제기 전에 이미 집행문이 부여되어 집행이 개시된 때에는 즉시항고의 제기로 당연히 집행이 정지되는 것이 아니고, 집행정지결정(민소 448조)을 받아 그 재판정본을 집행기관에 제출하여야만 집행을 정지시킬 수 있다.

---

31) 개정 민사집행법 제26조(외국재판의 강제집행) ① 외국법원의 확정판결 또는 이와 동일한 효력이 인정되는 재판(이하 "확정재판등"이라 한다)에 기초한 강제집행은 대한민국 법원에서 집행판결로 그 강제집행을 허가하여야 할 수 있다. 〈개정 2014.5.20.〉 구 「민사집행법」은 국내기업에 대한 외국법원의 판결만을 국내에서 승인·집행하도록 되어 있으나, 한·EU FTA, 한미 FTA 발효 등으로 국내기업에 대한 외국에서의 다양한 법적 소송 또한 증가할 것으로 예상됨에 따라 외국법원의 확정판결뿐만 아니라 이와 동일한 효력이 인정되는 재판도 국내 승인·집행 대상에 포함토록 함.

(5) 확정된 지급명령(민집 56조)

지급명령에 대하여 2주 이내에 이의신청이 없거나, 이의신청을 취하한 경우 지급명령이 확정되고, 확정된 지급명령에 기한 강제집행은 집행문을 부여받을 필요없이 지급명령정본에 의하여 행한다(민집 58조).

(6) 집행증서(민집 56조)

공증인·법무법인·법무법인(유한)·법무조합이 일정한 금액의 지급이나 대체물[32] 또는 유가증권의 일정한 수량의 급부를 목적으로 하는 청구에 관하여 작성한 공정증서로서 채무자가 강제집행을 승낙한 취지가 적혀 있는 증서와 공증인·법무법인·법무법인(유한)·법무조합이 어음수표에 부착하여 강제집행을 인낙한 취지를 적어 작성한 공정증서는 집행력이 있어 집행권원이 될 수 있다.[33] 그러나 기판력은 없으므로 증서에 적힌 청구가 당초부터 불성립·무효인 경우 채무자는 청구에 관한 이의의 소를 제기하여 그 집행력을 배제할 수 있고, 채권자는 집행증서 있는 청구권에 관하여도 확인·이행의 소를 제기할 수 있다. 집행수락문언이 적혀 있으나 그것이 미성년자 또는 무권대리인이 한 것으로서 추인이 없는 경우 그 집행증서는 무효이고, 청구에 관한 이의의 소 또는 집행문부여에 대한 이의신청으로 다툴 수 있으며, 무효인 집행증서에 터 잡아 내려진 채권압류 및 전부명령은 채무자에 대한 관계에서 효력이 없고, 무효인 집행증서에 터 잡아 경매가 진행되어 매수인 앞으로 소유권이전등기를 마친 경우에도 원소유자는 집행증서의 무효를 주장하여 매수인에 대하여 그 소유권이전등기의 말소를 구할 수 있다.[34]

---

32) 동산을 목적으로 하는 유동 집합물 양도담보설정계약을 체결함과 동시에 채무불이행시 강제집행을 수락하는 공정증서를 작성한 경우, 양도담보권자로서는 그 집행증서에 기하지 아니하고 양도담보계약내용에 따라 이를 사적으로 타에 처분하거나 스스로 취득한 후 정산하는 방법으로 현금화할 수도 있지만, 집행증서에 기하여 담보목적물을 압류하고 강제경매를 실시하는 방법으로 현금화할 수도 있는데, 만약 후자의 방식에 의하여 강제경매를 실시하는 경우, 이러한 방법에 의한 경매절차는 형식상은 강제집행이지만, 그 실질은 일반 강제집행절차가 아니라 동산양도담보권의 실행을 위한 환가절차로서 그 압류절차에 압류를 경합한 양도담보설정자의 다른 채권자는 양도담보권자에 대한 관계에서 압류경합권자나 배당요구권자로 인정될 수 없고, 따라서 환가로 인한 매득금에서 환가비용을 공제한 잔액은 양도담보권자의 채권변제에 우선적으로 충당하여야 한다(대법원 2005. 2.18. 선고 2004다37430 판결).

33) 사인이 작성한 사문서의 진정 성립을 인증한 것(사서증서의 인증)만으로는 집행증서가 되지 못한다.

34) 무효인 공정증서에 기한 경매임을 이유로 경매절차가 무효라고 주장하여 그 경매목적물에 관한

(7) 기 타

① 재판상의 화해조서(소송상 화해와 제소전 화해 ; 민사집행법 56조)

② 확정된 화해권고결정(민사소송법 231조)

③ 청구인낙조서(민사집행법 56조)

④ 조정조서(민사조정법 29조)

⑤ 확정된 조정을 갈음하는 결정(민사조정법 30조, 32조, 34조)

⑥ 확정된 이행권고결정(소액사건심판법 5조의 7)

⑦ 파산채권자표·개인회생채권자표·회생채권자표·회생담보권자표의 기재(채무자 회생 및 파산에 관한 법률 460조, 603조, 168조, 117조, 354조)

⑧ 벌금, 과료, 몰수, 추징, 과태료, 소송비용, 비용배상 또는 가납의 재판에 대한 검사의 집행명령(형사소송법 477조)

⑨ 비송사건절차법상의 비송사건절차비용의 재판(비송사건절차법 29조)

⑩ 비송사건절차법에 따른 과태료의 재판에 대한 검사의 집행명령(비송사건절차법 249조)

⑪ 당사자가 예납하지 아니한 비용의 수봉결정, 소송상의 구조와 구조의 취소에 따른 비용 추심의 결정(민사소송비용법 12조)

⑫ 확정된 배상명령 또는 가집행선고 있는 배상명령이 적힌 유죄판결(소송촉진 등에 관한 특례법 34조)

⑬ 형사소송절차에서 피고인과 피해자 사이에 민사상 다툼에 관하여 이루어진 합의가 기재된 공판조서(소송촉진 등에 관한 특례법 36조)

⑭ 언론중재위원회의 중재화해조서 및 중재조서(언론중재 및 피해구제 등에 관한 법률 23조, 25조)

소유권이전등기의 말소를 청구하는 경우에 그 말소 주장이 금반언의 원칙 및 신의칙에 위반되는 것이어서 허용될 수 없다고 하려면, 무효인 공정증서상에 집행채무자로 표시된 자가 그 공정증서를 채무명의로 한 경매절차가 진행되고 있는 동안에 공정증서의 무효를 주장하여 경매절차를 저지할 수 있었음에도 불구하고 그러한 주장을 일체 하지 않고 이를 방치하였을 뿐만 아니라, 오히려 공정증서가 유효임을 전제로 변제를 주장하여 경락허가결정 등에 대한 항고절차를 취하고 경락허가결정 확정 후에 경락대금까지 받았다든지 배당기일에 자신의 배당금을 이의 없이 수령하고 경락인으로부터 이사비용을 받고 부동산을 임의로 명도하였다든지 하여 경락인에 대하여 객관적으로 그 공정증서가 유효하다는 신뢰를 부여하는 경우라야 할 것이다(대법원 2000. 2.11. 선고 99다31193 판결).

⑮ 중앙토지수용위원회의 보상금에 관한 재결(공익사업을 위한 토지 등의 취득 및 보상에 관한 법률 86조)

⑯ 지방법원장의 소속 법무사에 대한 과태료의 결정(법무사법 48조)

⑰ 특허권, 실용신안권, 디자인권, 상표권의 심판에 관한 비용 또는 이들 법률에 따른 보상금액과 대가에 대하여 확정된 결정(특허법 166조, 실용신안법 33조, 디자인보호법 61조, 상표법 477조)

⑱ 가사소송법에 의한 심판, 조정, 확정된 조정을 갈음하는 결정(가사소송법 41조, 59조)

⑲ 가압류·가처분명령(민사집행법 291조, 301조)

바. 집행력 있는 정본의 제출

집행력 있는 정본이란 집행문이 있는 집행권원의 정본을 말하고, 집행문이란 집행권원에 집행력 있음과 집행당사자를 공증하기 위하여 법원사무관 등이 공증기관으로서 집행권원의 끝에 덧붙여 적는 공증문언을 말한다. 집행문 제도를 둔 목적은 집행기관으로 하여금 집행권원에 집행력이 있는지 여부와 그 범위를 쉽게 판단하게 하여 신속한 집행을 꾀하려는 데 있다. 그러나 모든 강제집행에 있어서 집행문이 필요한 것은 아니다.

(1) 집행문을 필요로 하지 않는 경우

아래와 같이 집행문을 필요로 하지 않는 집행권원이라도 집행에 조건이 붙여진 경우, 당사자의 승계가 이루어진 경우에는 집행문이 필요하다.

① 확정된 지급명령(민집 58조)

② 확정된 이행권고결정(소심 5조의 8)

③ 가압류가처분명령(민집 292조, 301조)

④ 과태료의 재판에 대한 검사의 집행명령(민집 60조, 비송 249조)

⑤ 벌금 등의 형사재판에 대한 검사의 집행명령(형소 477조)

⑥ 확정된 또는 가집행선고 있는 배상명령이 적힌 유죄판결(소촉 34조, 가폭 61조)

⑦ 채권압류명령에 따른 채권증서의 인도집행(민집 234조)

⑧ 강제관리개시결정에 따른 부동산의 점유집행(민집 166조)

⑨ 의사의 진술을 명하는 판결(부동산등기절차의 이행을 명하는 판결 등)

(2) 집행문 부여기관

① 집행권원이 소송계속을 전제로 하는 경우(판결 등)

제1심 법원의 법원서기관·법원사무관·법원주사·법원주사보(통칭하여 '법원사무관 등'이라 한다)가 집행문을 내어 주지만, 소송기록이 상급심에 있는 때에는 그 법원의 법원사무관 등이 집행문을 내어준다(민집 28조).

② 집행권원이 소송계속을 전제로 하지 않는 경우(조정조서, 제소전화해조서, 항고로만 불복할 수 있는 재판, 당사자의 승계가 있는 경우의 가압류·가처분명령) 및 법원 또는 법원의 조정위원회 등 분쟁조정기관이 작성한 재판상 화해와 동일한 효력이 있는 문서(소송상 화해조서, 조정조서, 중재조서, 조정서, 회생채권자표, 회생담보권자표, 파산채권자표, 개인회생채권자표 등)

당해 기록을 보관하거나 당해 절차를 행한 법원의 법원사무관 등이 집행문을 내어준다(민집 28조).

③ 집행증서

그 증서를 보존하는 공증인, 법무법인, 법무법인(유한) 또는 법무조합이 집행문을 내어준다(민집 59조).

(3) 집행문 부여의 절차

(가) 신 청

집행문을 내어 달라는 신청은 말로도 할 수 있으나(민집 28조), 서면으로 하는 것이 대부분이다. 신청에는 500원의 인지를 붙여야 하고, 여러 통 또는 다시 집행문을 신청하는 경우에는 500원의 인지를 붙임과 아울러 집행문 1통마다 500원의 수수료를 수입인지로 납부하여야 하며, 정본이 교부되는 경우에는 따로 원본 5장까지 1,000원, 초과 1장당 100원의 수수료를 수입인지로 납부하여야 한다.

[서식 22] 집행문 부여신청서

집 행 문 부 여 신 청

사　　건　20○○가단○○○　대여금

원　　고　박 ○ ○

피　　고　정 ○ ○

위 사건에 관하여 귀원에서 20○○. ○. ○. 선고한 가집행선고부 판결정본에 대하여 집행문을 부여하여 주시기 바랍니다.

첨부: 판결정본 1통

20○○.　○.　○.

위 원고　박 ○ ○ (인)

○○지방법원　기록관리과 귀중

작성방법

1. 신청서 1부를 재판기록이 있는 법원에 제출한다.
2. 인지는 500원 첨부한다.

[서식 23] 신 청 서

<table>
<tr><td>신 청 서</td><td>(*해당사항을 기재하고 해당 번호란에 "○"표)</td></tr>
<tr><td colspan="2">사 건 번 호　　20○○가단○○○호(단독 20○○. ○. ○. 선고)
원 고(채권자)　　○ ○ ○
피 고(채무자)　　○ ○ ○</td></tr>
<tr><td colspan="2">1. 집행문 부여신청
위 당사자간 사건의 (판결, 결정, 명령, 화해조서, 인낙조서, 조정조서) 정본에 집행문을 부여하여 주시기 바랍니다.</td></tr>
<tr><td colspan="2">2. 송달증명원
위 사건의 (판결, 결정, 명령, 화해조서, 인낙조서, 조정조서) 정본이 20 . . .자로 상대방에게 송달되었음을 증명하여 주시기 바랍니다.</td></tr>
<tr><td colspan="2">3. 확정증명원
위 사건의 (판결, 결정, 명령)이 20 . . .자로 확정되었음을 증명하여 주시기 바랍니다.</td></tr>
<tr><td colspan="2">20○○. ○. ○.
위 (제1항, 제2항, 제3항) 신청인 원고 ○ ○ ○
○○지방법원 귀중</td></tr>
<tr><td colspan="2">위 (송달, 확정)사실을 증명합니다.
20○○. ○. ○.
○○지방법원 법원사무관(주사) (인)</td></tr>
<tr><td colspan="2">위 서류 통을 20○○. ○. ○. 시에 영수하였습니다.
20○○. ○. ○. 영수인</td></tr>
</table>

㈜ 1. 사건번호는 소송서류 등으로 확인하여 정확하게 기재한다.
2. 위 양식사항 중 당사자를 표시하는 원고(채권자), 피고(채무자)항은 지급명령신청사건의 경우에 채권자, 채무자란에 ○표를 하고 그 외 소액 및 단독, 합의사건의 경우에는 원고, 피고란에 ○표를 하여야 한다.
3. 위 신청서는 법원보관용 1부와(송달증명, 확정증명의 경우) 교부받고자 하는 수만큼의 부본을 준비하여야 한다.

〈서울중앙지방법원 민원실 제증명 발급처〉

(나) 부여시의 조사사항[35)]

일반적으로 법원사무관 등이 신청인이 제출한 집행권원 정본의 주문이 법원에 보

35) 개정 민사집행규칙은 재판서에 주민등록번호를 기재하지 않는 대신, 집행문에 주민등록번호를 기재하여 당사자의 동일성을 확인하는 방안을 마련. 제19조(집행문부여신청의 방식) ① 집행문을 내어 달라는 신청을 하는 때에는 다음 각호의 사항을 밝혀야 한다. 〈개정 2014.11.27.〉
1. 채권자·채무자와 그 대리인의 표시
2. 집행권원의 표시
3. 법 제30조제2항, 법 제31조, 법 제35조(법 제57조의 규정에 따라 이 조항들이 준용되는 경우를 포함한다) 또는 법 제263조제2항의 규정에 따라 집행문을 내어 달라는 신청을 하는 때에는 그 취지와 사유
4. 집행권원에 채권자·채무자의 주민등록번호(주민등록번호가 없는 사람의 경우에는 여권번호 또는 등록번호, 법인 또는 법인 아닌 사단이나 재단의 경우에는 사업자등록번호·납세번호 또는 고유번호를 말한다. 다음부터 이 모두와 주민등록번호를 "주민등록번호등"이라 한다)가 적혀 있지 않은 경우에는 채권자·채무자의 주민등록번호등

② 확정되어야 효력이 있는 재판에 관하여 제1항의 신청을 하는 때에는 그 재판이 확정되었음이 기록상 명백한 경우가 아니면 그 재판이 확정되었음을 증명하는 서면을 붙여야 한다.
③ 집행문을 내어 달라는 신청을 하는 때에는 법원사무관등은 채권자·채무자 또는 승계인의 주소 또는 주민등록번호등을 소명하는 자료를 제출하게 할 수 있다. 〈개정 2014.11.27.〉
제20조(집행문의 기재사항) ① 집행권원에 표시된 청구권의 일부에 대하여 집행문을 내어 주는 때에는 강제집행을 할 수 있는 범위를 집행문에 적어야 한다.
② 집행권원에 채권자·채무자의 주민등록번호등이 적혀 있지 아니한 때에는 집행문에 채권자·채무자의 주민등록번호등을 적어야 한다. 〈개정 2014.11.27.〉
③ 법 제31조(법 제57조의 규정에 따라 준용되는 경우를 포함한다)의 규정에 따라 집행문을 내어

관된 원본의 주문과 일치하는지, 확정판결 또는 조서 등이 집행권원으로서 형식적 요건을 구비하고 있는지, 집행권원의 집행력이 유효하게 발생하고 현존하는지, 집행권원의 내용이 집행에 적합한지 여부를 조사한 후 단독으로 내어 준다. 그러나 아래의 경우에는 재판장(합의부의 재판장 또는 단독판사를 말한다) 또는 사법보좌관의 명령이 있어야만 내어 준다(민집 32조, 35조, 사법보좌관규칙 2조). 재판장 또는 사법보좌관은 명령 전에 서면이나 말로 채무자를 심문할 수 있고, 신청인은 조사사항을 증명할 각종 증명서를 제출하여야 한다.

① 재판을 집행하는 데에 조건을 붙인 경우(민집 32조)

여기서 조건이란 민법상의 개념보다는 넓은 것으로서 정지조건, 불확정기한, 선이행의무 등을 말한다. 동시이행관계에 있는 반대의무의 이행(제공)은 집행개시의 요건이고, 집행문 부여의 요건은 아니다(민집 41조). 신청인은 조건의 성취를 증명하는 증명서를 제출하여야 한다.

[기재례 1] 집행문(일반적인 경우)

이 정본은 피고 ○○○에 대한 강제집행을 실시하기 위하여 원고 ○○○에게 내어 준다.

20○○. ○. ○.

○○지방법원

법원사무관 ○○○

[기재례 2] 집행문(조건이 있는 경우)

이 정본은 재판장의 명령에 의하여 피고 ○○○에 대한 강제집행을 실시하기 위하여 원고 ○○○에게 내어준다.

20○○. ○. ○.

○○지방법원

법원사무관 ○○○

주는 때에는 집행문에 승계인의 주민등록번호등 또는 주소를 적어야 한다. 〈신설 2014.11.27.〉

② 판결에 표시된 채권자의 승계인을 위하여 집행문을 내어 주거나 판결에 표시된 채무자의 승계인에 대한 집행을 위하여 집행문을 내어 주는 경우(민집 31조, 32조)

[기재례 3] 집행문(당사자에게 승계가 있는 경우)

이 정본은 재판장의 명령에 의하여 피고 ○○○에 대한 강제집행을 실시하기 위하여 원고 ○○○의 승계인 ×××(7○○○○○-1234567)에게 내어준다.

20○○. ○. ○.

○○지방법원

법원사무관 ○○○

여기서 승계는 포괄승계이든 특정승계이든 불문하나 그 시적 기준은 사실심변론 종결 후임을 요한다(민소 218조). 신청인은 포괄승계를 증명하기 위하여 가족관계증명서, 세적등본, 법인등기부등본 등을 제출하여야 하고, 특정승계를 증명하기 위하여 채권양도증서 및 채무자의 승낙서 또는 양도인이 채무자에게 통지한 내용증명우편, 전부명령의 정본·등본과 그 확정증명, 대위변제 영수증 및 채권자가 채무자에게 통지한 내용증명우편 또는 채무자의 대위승낙서, 대위변제 영수증 및 피구상자가 판결에 공동당사자로서 표시된 집행력 있는 정본, 면책적 채무인수계약서,[36] 특정물 소유권 양수증명서,[37] 본인을 위하여 목적물을 보관하고 있는 수치인·창고업자·운송인이라는 증명서 등을 제출하여야 한다.

집행권원에서 선정당사자가 채권자로 표시된 경우 선정당사자가 단독으로 일괄하여 강제집행을 신청할 수 있지만 선정자가 강제집행을 신청하기 위해서는 승계집행문을 부여받아야 하고, 집행권원에서 선정당사자가 채무자로 표시된 경우에는 선정

36) 민사집행법 제31조 제1항에서 "집행문은 판결에 표시된 채권자의 승계인을 위하여 내어 주거나 판결에 표시된 채무자의 승계인에 대한 집행을 위하여 내어 줄 수 있다"고 규정하고 있는바, 채무자의 채무를 소멸시켜 당사자인 채무자의 지위를 승계하는 이른바 면책적 채무인수는 위 조항에서 말하는 승계인에 해당한다고 볼 수 있지만, 중첩적 채무인수는 당사자의 채무는 그대로 존속하며 이와 별개의 채무를 부담하는 것에 불과하므로 소극적으로 해석하여야 한다(대법원 2010. 1.14.자 2009그196 결정[집행문부여에대한이의]).

37) 특정물의 소유권을 채권자로부터 양수한 자는 승계집행문을 신청할 수 있다. 그러나 제3자가 변론종결 후 채무자로부터 그 급부의 목적물의 점유 등을 승계한 경우 채무자에게 그 급부를 구하는 근거가 물권적 청구권인 경우에는 제3자를 채무자로 하는 승계집행문을 부여 받을 수 있지만, 채권적 청구권인 경우에는 승계집행문을 받을 수 없다.

자에 대하여 승계집행문을 부여받아야 선정자에 대한 강제집행을 신청할 수 있다.

가옥을 명도하기로 재판상 화해가 성립한 후, 피고가 그의 처와 이혼을 하고 다른 곳에 전거하며 이혼 전의 처만이 계속 그 가옥에 거주하고 있다면 그 처에 대하여 명도집행을 하기 위하여는 승계집행문을 부여받아야 할 것이다.

점유이전금지가처분이 집행된 후 목적물의 점유를 승계한 제3자에 대하여 본안판결을 집행하는 경우 제3자에 대하여 승계집행문을 부여받아야 한다.[38]

[서식 24] 승계집행문 부여신청서

승계집행문 부여신청서

사　　건　　20○○가단○○○　대여금

채 권 자　　박 ○ ○

승 계 인　　정 ○ ○ (7○○○○○-1○○○○○○)
서울 ○○구 ○○동 ○○

채 무 자　　장 ○ ○

승계인은 위 채권자와 채무자간 20○○가단○○○ 대여금청구사건에 기한 채권을 채권자로부터 양수하였으므로 위 채무자에 대한 집행을 위하여 판결정본에 승계집행문을 부여하여 주시기 바랍니다.

첨 부 서 류

1. 판결정본　　1통
2. 채권양도증서　　1통

---

38) 점유이전금지가처분은 그 목적물의 점유이전을 금지하는 것으로서, 그럼에도 불구하고 점유가 이전되었을 때에는 가처분채무자는 가처분채권자에 대한 관계에 있어서 여전히 그 점유자의 지위에 있다는 의미로서의 당사자항정의 효력이 인정될 뿐이므로, 가처분 이후에 매매나 임대차 등에 기하여 가처분채무자로부터 점유를 이전받은 제3자에 대하여 가처분채권자가 가처분 자체의 효력으로 직접 퇴거를 강제할 수는 없고, 가처분채권자로서는 본안판결의 집행단계에서 승계집행문을 부여받아서 그 제3자의 점유를 배제할 수 있을 뿐이다(대법원 1999. 3.23. 선고 98다59118 판결).

3. 채권양도통지서 1통

20○○. ○. ○.

위 신청인자 정 ○ ○ (인)

○○지방법원 귀중

작성방법

1. 신청서 1부를 재판기록이 있는 법원에 제출한다.
2. 인지는 500원 첨부한다.
3. 송달우표 2회분(5,200×2) 신청서 상단에 고정시켜 제출한다.

[서식 25] 승계집행문 부여에 대한 송달증명

승계집행문 부여에 대한 송달증명원

사 건 20○○가단○○○ 대여금

원 고 박 ○ ○

승 계 인 김 ○ ○

피 고 정 ○ ○

위 당사자간 사건의 원고의 특별승계인은 20○○. ○. ○. 귀 법원으로부터 승계집행문을 부여 받은바, 당해 승계집행문을 부여의 통지가 20○○. ○. ○. 피고에게 송달되었음을 증명하여 주시기 바랍니다.

20○○. ○. ○.

위 신청인 김 ○ ○ (인)

○○지방법원 귀중

③ 여러 통의 집행문을 신청하거나 전에 내어 준 집행문을 돌려주지 아니하고 다시 집행문을 신청하는 경우(민집 35조)

동일한 집행권원에 기하여 집행기관의 관할을 달리하는 여러 지역에서 또는 여러 가지 집행방법으로 집행하지 않으면 채권의 완전한 변제를 받을 수가 없는 경우에는 여러 통의 집행문 또는 재도의 집행문을 신청할 수 있다. 신청인은 여러 통 또는 재도부여를 필요로 하는 사유를 소명하여야 한다.

[서식 26] 판결문 수통부여신청서

판결문 수통부여신청서

사 건 20○○가단○○○ 대여금

원 고 박 ○ ○

피 고 정 ○ ○

귀원 20○○가단○○○ 대여금청구사건의 확정된 판결문을 송달받아 피고에 대하여 채권압류추심명령(○○지방법원 20○○타채○○)에 사용하였으나, 그 압류여부가 불투명하고, 청구금액이 ○○원에 달하므로, 피고의 재산에 대하여 강제집행을 하여야 필요성이 있는바, 집행권원 2통을 재도부여하여 주시기 바랍니다.

첨부 : 사용증명원 1통

20○○. ○. ○.

위 원고 박 ○ ○ (인)

○○지방법원 귀중

작성방법

1. 신청서 1부를 재판기록이 있는 법원에 제출한다.
2. 인지는 500원 첨부한다.
3. 송달우표 5,200원 신청서 상단에 고정시켜 제출한다.

[서식 27] 판결문 재도부여신청서

판결문 재도부여신청서

사　　건　20○○가단○○○　대여금

원　　고　박 ○ ○

피　　고　정 ○ ○

위 사건에 관하여 귀원에서 선고한 판결문의 집행력 있는 정본 1통을 이미 부여 받았으나, 채권압류추심명령(○○지방법원 20○○타채○○)에 사용하였으므로 재도부여 해 주시기 바랍니다.

첨부: 사용증명원 1통

20○○. ○. ○.

위 원고 박 ○ ○ (인)

○○지방법원 귀중

작성방법

1. 신청서 1부를 재판기록이 있는 법원에 제출한다.
2. 인지는 500원 첨부한다.
3. 송달우표 5,200원 신청서 상단에 고정시켜 제출한다.

(다) 공증인 등의 집행문 부여절차

공증인 등에 대하여 서면 또는 말로 집행문의 부여를 신청할 수 있다. 신청 시에는 10,000원의 수수료를 납부하여야 한다. 집행증서를 집행하는데 조건을 붙인 경우, 승계집행문 부여신청의 경우 및 여러 통 또는 재도부여신청의 경우에도 재판장의 명령을 받을 필요없이 공증인 등이 독자적으로 심사하여 집행문을 내어 줄 것인지 여부를 판단한다. 공증인 등은 공정증서를 작성한 날로부터 7일을 경과하지 아니하면 집행문을 부여할 수 없고, 집행증서에 채무의 전부변제나 계약의 전부해소 사실이 부기되어 있는 때에는 집행문을 부여할 수 없다.

(4) 집행문 부여절차에 있어서의 구제절차

(가) 채권자의 구제방법

① 집행문 부여거절처분에 대한 이의신청

집행문 부여기관(법원사무관 등이나 공증인 등)이 집행문을 내어 주기를 거절한 때에는 채권자는 그 거절처분에 대하여 그 법원사무관 등이 속한 법원 또는 그 공증인의 사무소가 있는 곳을 관할하는 지방법원에 서면 또는 말로 이의신청을 할 수 있다(민집 34조, 59조).

이의신청이 이유 있으면 거절처분을 취소하고 부여기관에 대하여 집행문을 내어 줄 것을 명하는 결정을 한다. 이 결정에 대하여 채무자는 직접 항고를 할 수 없고, 이 결정에 기초하여 부여된 집행문에 대하여 집행문 부여에 대한 이의신청을 할 수 있다.

이의신청이 이유 없으면 신청기각의 결정을 한다. 이에 대하여 특별항고만 가능하고, 통상항고, 즉시항고, 집행에 관한 이의는 모두 허용되지 않는다. 이와 별도로 채권자는 집행문 부여의 소를 제기할 수 있다.

[서식 28] 집행문 부여 거부처분에 대한 이의신청서

집행문 부여 거부처분에 대한 이의신청서

신 청 인　박 ○ ○ (7○○○○○ - 1234567)
서울시 ○○구 ○○동 ○○ (T.010 - 1234 - 5678)

신 청 취 지

1. 신청인과 피고 ○○○ 사이의 ○○지방법원 20○○가합○○○ ○○청구사건의 판결에 대하여 같은 법원 법원사무관 ○○○이 20○○. ○. ○.자로 한 집행문 부여거절처분은 이를 취소한다.
2. 같은 법원 법원사무관 ○○○은 위 판결에 대하여 집행문을 부여하라.

라는 판결을 구합니다.

신 청 이 유

1. 신청인은 ○○지방법원 20○○가합○○○ ○○청구사건의 판결에 대하여 반대급부인 금 ○○만 원을 변제공탁함으로써 집행의 조건이 성취되었으므로 그 사실을 증명하는 증명서를 제출하여 집행문 부여신청을 하였으나 그 부여에 대한 재판장의 명령을 얻을 수 없다는 이유로 위 법원 법원사무관 ○○○로부터 집행문 부여의 거절처분을 받았습니다.

2. 그러나 위 법원 법원사무관 ○○○의 거절처분은 부당하므로 그 처분을 취소하고 집행문을 부여하라는 취지의 재판을 구하기 위하여 이 신청에 이르렀습니다.

첨 부 서 류

1. 위 입증방법　1통
1. 판결정본　1통
1. 변제공탁서　1통

20○○. ○. ○.

위 신청인 박 ○ ○ (인)

○○지방법원 귀중

작성방법

1. 신청서1부를 거절처분을 한 법원에 제출한다.
2. 인지는 1,000원을, 송달료 2회분을 첨부한다.

② 집행문 부여의 소

채권자가 집행문을 부여받기 위하여 증명서로 조건의 이행, 승계 또는 집행력이 미치는 사유를 증명하여야 할 필요가 있는 경우에 이를 증명서로써 증명할 수 없는 때에는 채권자가 채무자[39]를 상대로 소를 제기하여 그 판결에 따라 집행문을 받을 수 있다(민집 33조).

집행문 부여의 소는 집행문 부여를 신청하지 않고 처음부터 제기할 수 있다. 그러나 수통부여, 재도 부여 신청을 하여 거절된 경우에는 이 소를 제기할 여지가 없고, 거절처분에 대한 이의신청으로 다투어야 한다.

판결 그 밖의 재판, 소송상의 화해조서, 인낙조서에 관하여는 제1심 수소법원의 관할에 속하며(민집 33조, 57조), 확정된 지급명령, 제소전 화해, 각종 조서에 관하여는 그것이 성립한 지방법원의 관할에 속하고(민집 58조), 집행증서에 관하여는 채무자의 보통재판적이 있는 곳의 지방법원 또는 그 법원이 없는 때에는 민사소송법 11조의 규정에 따라 채무자에 대하여 소를 제기할 수 있는 법원이 관할한다(민집 59조). 시·군법원에서 성립된 화해·조정(민사조정법 34조4항의 규정에 따라 재판상의 화해와 동일한 효력이 있는 결정을 포함한다. 이하 같다) 또는 확정된 지급명령에 관한 집행문부여의 소로서 그 집행권원에서 인정된 권리가 소액사건심판법의 적용대상이 아닌 사건은 시·군법원이 있는 곳을 관할하는 지방법원 또는 지방법원지원이 관할한다(민집 22조).

일반의 판결절차와 마찬가지로 심리한다. 청구를 이유 있다고 인정한 때에는 법원은 판결로써 부여기관에 대하여 집행문을 부여할 것을 명한다. 이 판결의 본질은

---

39) 채무자가 피고이고, 집행문 부여기관이 피고가 되는 것이 아님.

그 집행권원에 대한 집행문 부여 청구권의 형성 내지는 그 집행권원의 집행력이 현존하는 것을 선언하는 것이고, 실체적 청구권의 존부에 대하여 기판력이 생기지 아니한다.

청구를 인용하는 판결이 확정되거나 가집행의 선고가 있으면 원고는 그 정본을 부여기관에 제출하여 집행문의 부여를 구할 수 있다. 원고의 승소판결이 그대로 집행문에 대신하지는 않는다. 법원사무관 등과 공증인은 재판장의 명령을 기다릴 필요 없이 집행문을 부여하여야 한다.

[서식 29] 집행문 부여의 소장

소　　　장

원　고　박 ○ ○ (7○○○○○-1○○○○○○)
서울 ○○구 ○○동 ○○ (T.010-1234-5678)

피　고　정 ○ ○ (7○○○○○-1○○○○○○)
서울 ○○구 ○○동 ○○

집행문 부여의 소

청 구 취 지

1. 소외 ○○○과 피고 사이의 ○○지방법원 20○○가단○○○ 대여금사건의 확정판결 정본에 ○○지방법원 법원사무관 등은 피고에 대한 강제집행을 위하여 소외 ○○○의 승계인인 원고에게 집행문을 부여하여야 한다.
2. 소송비용은 피고의 부담으로 한다.

라는 판결을 구합니다.

청 구 원 인

1. 소외 ○○○은 피고에 대하여 ○○지방법원 20○○가단○○○ 대여금 청구사건의 확정판결에 기한 원금 채권 ○○만 원과 소송촉진등에 관한 특례법 소정의 법정이율에 의한 이자금 채권을 가지고 있었습니다.

2. 원고는 소외 ○○○으로부터 판결의 내용인 위 채권을 사실심 변론 종결 후인 20○○. ○. ○. 양도받고 피고의 승인을 얻은 것으로 위 집행권원을 승계하였습니다.

3. 그러나 피고는 위 채무의 이행을 하지 않기 위하여 원고의 위 승계사실을 거부하며 다투어 원고로서는 위 승계사실을 민사집행법 제31조 제1항 단서에 의한 법원에 명백한 사실이거나 증명서로 승계를 증명하기 곤란하여 소외 ○○○의 승계인 원고를 위하여 집행문을 부여 받고자 이 사건 소제기에 이른 것입니다.

입 증 방 법

1. 갑제1호증	판결정본
1. 갑제2호증	채권양도계약서
1. 갑제3호증	채권양도승낙서

첨 부 서 류

1. 위 입증방법	1통
1. 납부서	1통
1. 소장부본	1통

20○○. ○. ○.

위 원고 박 ○ ○ (인)

○○지방법원 귀중

작성방법

1. 법원용 1부와 상대방수에 맞은 부본을 관할법원에 제출한다.
2. 인지(집행권원에 인정된 권리의 가액의 1/10), 송달료 15회분을 납부한다.

(나) 채무자의 구제방법

① 집행문 부여에 대한 이의신청

법원사무관 등이나 공증인 등이 집행문 부여 요건의 흠에도 불구하고 집행문을 부여한 경우 채무자는 그 법원사무관 등이 속한 법원 또는 그 공증인의 사무소가 있는 곳을 관할하는 지방법원에 서면 또는 말로 집행문의 취소를 구하는 이의신청을 할 수 있다(민집 34조, 59조). 판결에 표시된 채무자의 승계인에 대한 집행을 위하여 부여된 경우에는 승계인만이 이의를 할 수 있고, 판결에 표시된 원래의 채무자는 이의를 할 수 없다.

집행문 부여를 위법으로 하는 모든 사유, 즉 집행권원이 유효하게 존재하지 않는 경우(집행증서의 무효, 판결 후 소취하·소송상화해), 집행력이 현존하지 않는 경우(판결의 미확정, 가집행선고의 실효, 청구이의의 소의 판결확정), 집행문의 방식 위배(사망한 사람에 대한 집행문 부여, 재판장의 명령 부존재), 재도부여의 사유가 없음에도 집행문을 다시 내어 준 경우, 조건의 불성취, 승계의 부존재 등의 경우 모두 이의사유로 된다. 이중 조건의 불성취, 승계의 부존재 등의 실체적 요건의 흠에 관하여는 채무자는 집행문 부여에 대한 이의의 소를 제기할 수도 있다. 그러나 집행권원에 표시된 청구권에 대한 소멸, 변경 등과 같은 실체상의 이의사유는 청구이의의 소에 의하여야 한나.

선언한다. 이의를 인용한 결정은 민사집행법 49조 1호의 서류에 해당하므로 채무자는 인용결정의 정본을 집행기관에 제출하여 집행정지와 집행처분의 취소를 받을 수 있다(민집 50조).

이의신청이 이유 없으면 신청기각의 결정을 한다. 이의신청을 인용한 것이든 배척한 것이든 이의신청에 관한 결정에 대하여는 불복할 수 없고, 민사소송법 449조에 따른 특별항고만 가능하다.[40] 다만 채권자와 채무자는 각각 집행문 부여의 소 또는

---

40) 민사소송법은 좁은 의미의 소송절차에 관한 결정에 대한 불복방법과 강제집행절차에 관한 불복방법을 달리 규정하고 있어서 집행문부여에 대한 이의에 관한 재판이 어느 절차에 속한 재판인지에 따라 그 불복방법을 가려야할 것인바, 집행문부여에 대한 이의에 관한 재판의 실질을 보면 이미 채무명의가 부여되어 채권자는 곧바로 집행을 신청할 수 있는 단계에 와 있고, 그 재판의 내용도 실체상의 권리 또는 법률관계의 존부를 확정하는 것이라기보다도 이미 판결절차에서 확정된 법률관계를 강제적으로 실현시키는 것을 허용할 것인지 여부를 판단하는 단계에서의 재판이고, 관계 규정인 같은 법 제484조가 강제집행편에 규정되어 있는 점 등으로 보아, 이는 넓은 의미의 강제집행절차로 보는 것이 타당하므로, 결국 일반 소송절차에 대한 규정인 같은 법 제409조에 따른 항고나 재항고의 규정에 따를 수는 없고, 강제집행절차상의 불복방법에 따라 할 수밖에 없다. 강제집행절차에서는 민사소송법 제517조 제1항은 강제집행절차에 관한 재판에 대하여는 특별한 규정이 있는 경우에 한하여 즉시항고를 할 수 있다 라고 규정하고 있고, 또 규정이 없는 경우에는 해석상 그와 동일시되어야 할 경우에 한하여 제517조의 즉시항고를 할 수 있는바, 집행문부여에 대한 이의의 재판에 관하여는 그와 같은 특별규정이 없을 뿐더러 해석상 그와 동일시할 것도 못 되어 결국 즉시항고는 할 수 없는 것으로 해석이 되고, 같은 법 제504조

집행문 부여에 대한 이의의 소를 제기할 수 있다.

이의신청에 따라 집행이 당연히 정지되는 것은 아니므로 재판장은 이의신청에 대한 재판 전에 직권으로 집행의 일시정지 그 밖의 잠정처분을 명할 수 있다. 이 경우 채무자에게 담보제공을 조건으로 또는 담보제공 없이 집행의 일시정지를 명할 수 있고, 채권자에게 담보제공을 조건으로 그 집행의 속행을 명할 수 있다(민집 34조, 16조). 이 명령에 대하여는 불복할 수 없다.

[서식 30] 집행문 부여에 대한 이의신청서

집행문 부여에 대한 이의신청서

신 청 인 박 ○ ○ (7○○○○○－1○○○○○○)
서울시 ○○구 ○○동 ○○ (T.010－1234－5678)

피신청인 김 ○ ○ (7○○○○○－1○○○○○○)
서울시 ○○구 ○○동 ○○

신 청 취 지

1. 신청인과 피신청인 사이의 ○○지방법원 20○○가합○○○ ○○청구사건의 판결에 대하여 같은 법원 법원사무관 ○○○이 20○○. ○. ○. 부여한 집행문은 이를 취소한다.
2. 위 집행력 있는 판결정본에 의한 강제집행은 이를 불허한다.

라는 판결을 구합니다.

신 청 이 유

1. 신청인과 피신청인 사이의 ○○지방법원 20○○가합○○○ ○○청구사건의 판결에

제1항 소정의 집행이의절차는 집행법원의 재판에 대한 이의절차인 데 반하여 집행문부여에 대한 이의의 재판은 같은 법 제484조 제1항에서 집행문을 부여한 법원사무관 등의 소속 법원이 재판한다고 규정하고 있고, 그 소속 법원은 판결법원 또는 그 상급법원이므로 결국 집행문부여 결정은 집행이의 대상으로 규정한 집행법원의 재판이 아닐 뿐더러, 본안법원의 재판을 집행법원이 그 재판의 대상으로 삼는다는 것도 성질상 허용하기 어렵다고 보여지므로 집행이의절차도 알맞은 불복방법이라고 할 수 없는바, 그렇게 되면 결국 불복절차가 없기 때문에 같은 법 제420조에 의한 특별항고만이 가능하다(대법원 1995. 5.13.자 94마2132 결정).

대하여 위 법원 법원사무관 ○○○은 피신청인의 집행문부여신청에 그 집행문을 부여 하였습니다.

2. 그러나 위 판결 집행에 조건을 붙인 경우로서 그 집행문을 부여하기 위해서는 피신청인이 증명서로 그 조건의 이행을 증명하여야 하고 재판장의 명령이 있는 때에 한하여 부여할 수 있는바, 피신청인은 이를 전혀 이행하지 않았음에도 이에 집행문을 부여하는 것은 절차에 위배되는 것으로 취소되어야 할 것이므로 신청인은 이 신청에 이른 것입니다.

첨 부 서 류

1. 위 입증방법	1통
1. 판결사본	1통
1. 집행조서등본	1통

20○○. ○. ○.

위 신청인 박 ○ ○ (인)

○○지방법원 귀중

작성방법

1. 신청서1부를 집행문을 부여한 법원사무관이 소속 한 법원에 제출한다.
2. 인지는 1,000원을, 송달료 2회분을 첨부한다.

② 집행문 부여에 대한 이의의 소

채무자가 집행문 부여 시에 증명된 조건의 성취 또는 당사자의 승계라는 사유를 다투어 집행문 부여의 위법을 주장함으로써 강제집행을 막기 위한 소이다(민집 45조).

이의사유는 집행권원에 표시된 조건의 불성취와 당사자에 관한 승계의 부존재이다. 다만 조건 성취나 승계를 다투는 이상 그것과 동시에 집행문 부여에 관한 형식적 요건의 흠도 아울러 주장할 수 있다. 심리 결과 위 두 가지 이의사유가 없는 것으로 판명되더라도 형식적 요건에 흠이 있으면 이 소를 인용한다.

이 소의 관할은 청구이의의 소에 관한 규정이 준용되므로(민집 45조), 집행권원이 판결인 경우 제1심 판결법원 또는 가정법원, 확정된 지급명령의 경우 그 명령을 발한 지방법원, 항고로만 불복을 신청할 수 있는 재판의 경우 그 재판을 한 제1심의 법원, 청구의 인낙조서·소송상의 화해조서는 제1심 수소법원(항소심에서 화해가 성립한 경우에도 제1심법원), 제소전 화해조서조정조서의 경우 소송목적의 값에 따라 그 절차를 행한 지방법원의 단독판사 또는 합의부(항소심에서 조정이 성립한 경우에도 제1심법원), 집행증서의 경우 채무자의 보통재판적이 있는 곳의 지방법원 또는 그 법원이 없는 때에는 민사소송법 11조의 규정에 따라 채무자에 대하여 소를 제기할 수 있는 법원이 관할한다(민집 59조). 시·군법원에서 성립된 화해·조정(민사조정법 34조 4항의 규정에 따라 재판상의 화해와 동일한 효력이 있는 결정을 포함한다. 이하 같다) 또는 확정된 지급명령에 관한 집행문부여의 소로서 그 집행권원에서 인정된 권리가 소액사건심판법의 적용대상이 아닌 사건은 시·군법원이 있는 곳을 관할하는 지방법원 또는 지방법원지원이 관할한다(민집 22조).

일반의 판결절차와 마찬가지로 심리한다. 이의사유의 존부에 관한 판단의 기준시는 집행문이 부여된 시점이 아니고 사실심변론종결시이다. 입증책임은 채권자인 피고에 있다.

청구를 이유 있다고 인정한 때에는 법원은 판결로써 그 집행력 있는 정본에 기한 집행의 불허를 선언한다. 이 판결에는 직원으로 민사집행법 46조에 정해진 명령을 발하거나 이미 발한 명령을 취소·변경·인가해야 하며 또 이에 대하여는 반드시 직권으로 가집행의 선고를 하여야 한다.

이 소의 제기가 있더라도 강제집행의 속행에는 영향이 없다. 수소법원이 일정한 요건 아래 그 강제집행에 관하여 잠정처분을 할 수 있고, 급박한 경우에는 재판장 또는 집행법원이 잠정처분을 할 수 있다(민집 46조).

[서식 31] 집행문 부여에 대한 이의의 소장

소 장

원 고 박 ○ ○ (7○○○○○−1○○○○○○)
서울 ○○구 ○○동 ○○ (T.010−1234−5678)

피 고 정 ○ ○ (7○○○○○−1○○○○○○)
서울 ○○구 ○○동 ○○

집행문 부여에 대한 이의의 소

청 구 취 지

1. 피고의 원고에 대한 ○○지방법원 20○○가단○○○ 대여금사건의 판결에 대하여 같은 법원 법원사무관 ○○○가 20○○. ○. ○. 부여한 집행력 있는 판결정본에 기한 강제집행은 이를 불허한다.
2. 위 제1항 기재 집행력 있는 정본에 기한 강제집행은 이를 정지한다.
3. 소송비용은 피고의 부담으로 한다.
4. 제2항은 가집행할 수 있다.

라는 판결을 구합니다.

청 구 원 인

1. 피고의 강제집행
   피고는 20○○. ○. ○. ○○지방법원 20○○가단○○○ 대여금사건에서 소외 ○○○를 상대로 대여금 청구소송을 제기하여 승소판결을 받았고 이 판결은 20○○. ○. ○. 확정되었습니다(갑제1호증 판결문).

2. …………

3. 결 론
   그렇다면 피고의 원고에 대한 확정판결에 받은 승계집행문 부여는 위법하므로 그 적법을 전제로 한 피고의 원고에 대한 강제집행은 인정될 수 없을 것이므로 원고는 이 사건 소에 이르게 되었습니다.

입 증 방 법

1. 갑제1호증	판결정본
1. 갑제2호증	승계집행문
1. 갑제3호증	고소장

첨 부 서 류

1. 위 입증방법	1통
1. 납부서	1통
1. 소장부본	1통

20○○. ○. ○.

위 원고 박 ○ ○ (인)

○○지방법원 귀중

작성방법

1. 소장은 법원용 1부와 상대방수에 받은 부본을 1심수소법원에 제출한다.
2. 인지(집행권원에 인정된 권리의 가액의 1/10), 송달료 15회분을 납부한다.

사. 집행권원의 송달증명서의 제출

(1) 집행권원의 송달증명서

강제집행은 집행권원을 집행개시 전 또는 집행개시와 동시에 집행을 받을 사람(채무자)에게 송달한 때에 한하여 개시할 수 있으므로(민집 39조), 채권자는 송달사무처리기관인 법원사무관 등 또는 송달실시기관인 집행관의 송달증명서를 제출하여야 한다. 강제경매의 경우에는 법원이 집행기관이므로 동시송달이란 있을 수 없다.

집행권원을 송달하지 않고 한 집행행위의 효력에 관하여 판례는 부동산강제경매와 전부명령의 경우 절대무효[41]라고 판시한바 있다.

공정증서의 경우는 송달증명을 요하지 않는 경우가 대부분이다. 공정증서의 정본 또는 등본을 교부받은 자에 대하여는 그 증서의 정본 또는 등본의 송달이 잇는 것으로 보는데, 제출된 공정증서 자체에 위 교부가 있었다는 취지의 기재가 있는 경우가 대부분이기 때문이다.

(2) 집행문 및 증명서 등본의 송달증명서

집행문은 원칙적으로 채무자에게 송달할 필요가 없으나, 집행이 채권자의 담보제공 이외의 조건에 달린 경우 또는 승계집행문을 내어 주는 경우에는 집행권원 외에, 이에 덧붙여 적은 집행문을 집행개시 전 또는 집행개시와 동시에 채무자 또는 그 승계인에게 송달하여야 한다(민집 39조).

채권자가 증명서로써 조건의 이행사실 또는 승계사실을 증명한 경우에는 그 증명서의 등본도 아울러 채무자에게 송달하여야 한다(민집 39조).

집행권원을 송달하지 않고 한 집행행위의 효력에 관하여 판례는 승계집행문의 송달없이 이루어진 화해조서 정본에 기하여 경료된 소유권이전등기의 경우 위법유효[42]라고 판시한바 있다.

---

41) 강제집행의 채무명의가 된 지급명령의 정본과 그 가집행선고 있는 지급명령을 허위주소로 송달하게 하였다면 이 채무명의의 효력이 집행채무자에게 미친다고는 볼 수 없는 것이요, 따라서 이러한 채무명의에 의하여 집행채무자 소유의 이 사건 토지에 대하여 이루어진 강제경매절차는 집행채무자에게 대한 관계에 있어서는 채무명의없이 경매가 진행된 것이나 다를바가 없다. 이러한 강제경매는 집행채무자에게 대한 관계에서는 효력이 생기지 아니한다. 따라서 경락인은 이 집행채무자에게 대하여 그 소유권을 취득하였다고 주장하지 못한다 할 것이다(대법원 1973. 6.12. 선고 71다1252 판결).
채권압류 및 전부명령의 기초가 된 채무명의인 가집행선고부 판결정본이 상대방의 허위주소로 송달되었다면 그 송달은 부적법하여 무효이고 상대방은 아직도 판결정본의 송달을 받지 않은 상태에 있다 할 것이므로 그 판결정본에 기하여 행하여진 채권압류 및 전부명령은 집행개시의 요건으로서의 채무명의의 송달없이 이루어진 것으로서 무효라 할 것이다(대법원 1987. 5.12. 선고 86다카2070 판결).

42) 채무자의 승계인들에 대하여 집행문을 부여한 뜻을 부기한 화해조서정본을 송달한 증명없이 화해조서정본에 따른 강제집행에 의하여 소유권이전등기가 행하여졌다면 이는 위법이지만 이로써 곧 위 소유권이전등기가 무효라고는 할 수 없다(대법원 1980. 5.27. 선고 80다438 판결).

[서식 32] 송달증명원

송 달 증 명 원

사 건 20○○가합○○○ 손해배상

원 고 박 ○ ○

피 고 이 ○ ○

위 당사자간 사건에 관하여 20○○. ○. ○. 조정으로 종결된바 위 사건의 조정조서가 20○○. ○. ○. 피고에게 송달되었음을 증명하여 주시기 바랍니다.

20○○. ○. ○.

위 원고 박 ○ ○ (인)

○○지방법원 귀중

작성방법

1. 송달증명원 2부를 작성하여 기록을 보관중인 관할 법원에서 증명을 받는다. 1부는 법원에서 보관하고 나머지 1부는 증명을 받아 다시 돌려받는다.
2. 인지는 500원을 첩부한다.

[서식 33] 확정증명원

확 정 증 명 원

사　　건　　20○○가합○○○　　손해배상

원　　고　　박 ○ ○

피　　고　　이 ○ ○

위 당사자간 귀원 20○○가합○○○ 손해배상 청구사건이 20○○. ○. ○.자로 확정되었음을 증명하여 주시기 바랍니다.

20○○.　○.　○.

위 원고　박 ○ ○　(인)

○○지방법원　귀중

작성방법

1. 확정증명원 2부를 작성하여 기록을 보관중인 관할 법원에서 증명을 받는다. 1부는 법원에서 보관하고 나머지 1부는 증명을 받아 다시 돌려받는다.
2. 인지는 500원을 첩부한다.

[서식 34] 송달·확정증명원 신청서

① 신 청 서	신청인은 ●로 표시된 부분을 기재합니다.

●사 건	○○지방법원 20○○가단○○○ 대여금
●원 고	김 ○ ○
●피 고	이 ○ ○

위 사건(판결, 결정, 명령, 화해조서, 인낙조서, 조정조서, 결정조서, 기타 :)에 대한 아래의 신청에 따른 제증명을 발급하여 주시기 바랍니다.

20○○. ○. ○.

전화번호 : 02－○○○－○○○○

● 신 청 인 : 원고(소송대리인) 법무법인 ○○ 변호사 ○○○ (날인 또는 서명)

신청할 제증명 사항을 신청번호에 ○표 하시고,
필요한 통수와 발급 대상자의 성명을 기재 합니다.

신청번호	발급통수	신청의 종류	발급 대상자의 성명 (※ 주 : 재판서의 당사자 모두에 대하여 신청할 경우에는 기재하지 아니함)	인지 붙이는 곳
1		집행문 부여		수수료 : 각 1통당 500원 (단 ,재판서·조서의 정본·등본·초본은 1통당 1,000원) 사무실 내에 위치한 신한은행에서 구입
2	1	송 달 증 명		
3	1	확 정 증 명		
4		승계송달증명		
5		재판서·조서의 정본·등본·초본		
6		소취하증명원		

○○지방지방법원 귀중

위 증명 문서를 틀림 없이 수령 하였습니다.	20○○. ○. .	●수령인 성명 : 법무법인 ○○ 변호사 ○○○

[서식 35] 송달·확정증명원

송달/확정증명원

사 건 ○○고등법원 20○○나○○ 하자보수금
○○지방법원 20○○가합○○ 하자보수금

원 고 서울특별시

피 고 ○○ 주식회사
증명신청인 소송대리인 주○○

위 사건에 관하여 아래와 같이 송달 및 확정되었음을 증명합니다.

피고(항소인, 부대피항소인) ○○ 주식회사 20○○. ○. ○.
송달, 20○○. ○. ○. 확정
원고(피항소인, 부대항소인) 서울특별시 20○○. ○. ○.
송달, 20○○. ○. ○. 확정. 끝.

20○○. ○. ○.

○○ 고등법원

법원주사보 김 ○ ○

본 증명(문서번호 : 통합제증명발급(종합접수실) ○○○○○)에 관하여 문의할 사항이 있으시면 02－123－4567로 문의하시기 바랍니다.

아. 자격증명서의 제출

채권자, 채무자가 행위무능력자인 경우 또는 법인인 경우에는 무능력자의 법정대리인, 법인의 대표자의 자격을 증명하는 서면(가족관계증명서, 법인등기부등본 등)을 붙여야 한다.

자. 위임장의 제출

소송대리인에 의한 경매신청의 경우에는 그 대리권을 증명하기 위하여 소송위임장을 붙여야 한다. 집행권원이 판결인 경우 그 판결의 소송대리인으로 표시된 자가 강제경매신청을 함에 있어서는 위임장을 첨부할 필요가 없다.

차. 기타 증명서의 제출

(1) 담보제공증명서

집행이 채권자의 담보제공에 달린 때(담보제공을 조건으로 가집행을 선고한 경우 등)에는 채권자는 담보를 제공한 증명서류를 제출하여야 하고, 또 그 등본을 집행개시 전 또는 집행개시와 동시에 채무자에게 송달하여야 한다(민집 40조).

담보의 제공이나 공탁은 채권자 또는 채무자의 보통재판적이 있는 곳의 지방법원 또는 집행법원 중의 어느 한 곳에 할 수 있다(민집 19조).

담보제공 없이 실시한 집행은 당연무효이나, 담보를 제공한 증명서류 등본의 송달만이 미비된 집행은 당연무효가 아니고, 취소 전에 송달이 있으면 하자가 치유된다.

담보제공을 조건으로 한 가집행선고부 판결이 확정된 때에는 담보제공증명서 대신 판결확정증명서를 제출하면 된다.

[서식 36] 소송위임장

<table>
<tr><td colspan="2">소 송 위 임 장</td></tr>
<tr><td>사 건</td><td>20○○귀단 ○○</td></tr>
<tr><td>당 사 자</td><td>채 권 자 정 ○ ○
채 무 자 박 ○ ○</td></tr>
<tr><td colspan="2">위 사건에 관하여 다음 표시 수임인을 소송대리인으로 선임하고, 다음 표시 권한을 수여한다.</td></tr>
<tr><td>수 임 인</td><td>법무법인 ○ ○
서울 ○○구 ○○동 ○○
전화 : (02)○○○－○○○○ / 팩스 : (02)○○○－○○○○</td></tr>
<tr><td>수권사항</td><td>1. 위 사건에 관련된 일체의 소송행위
1. 화해, 청구의 포기 및 인락, 참가에 의한 탈퇴
1. 반소, 항소 및 상고의 제기 또는 취하 및 소의 취하
1. 변제의 수령에 관한 일체의 행위
1. 대리 공탁 및 공탁물과 그 이자의 반환 청구와 수령
1. 담보취소신청에 관련된 일체의 행위
1. 복대리인의 선임</td></tr>
<tr><td colspan="2">20○○. ○. ○.</td></tr>
<tr><td>위 임 인</td><td>성 명 :
주 소 :</td></tr>
<tr><td colspan="2">귀 중</td></tr>
</table>

용지일련번호 제 56640 호

SEOUL GUARANTEE INSURANCE COMPANY

공탁보증보험 보험료 영수증

(고객 교부용 청약서 포함)

증권번호 제 100-000-2014 호

보험계약자	229-81-15229 (주)	피보험자	(주)큰
보험가입금액	金 八阡六百萬 원整 ₩86,000,000-	보험료	₩259,720-
보험기간	※ 해당 사항 없음		
보증내용	가압류 담보		
특별약관	※해당사항 없음		

[담보제공의무내용]

관할법원	수원지방법원
사건번호	2014 카단
사건명	출자증권가압류
담보제공금액	₩86,000,000-
담보제공기한	
신청인(채권자)	(주)신
피신청인(채무자)	(주)큰

총영수보험료	₩0-	제3자납부액	-
영수보험료	₩259,720-	제3자보험료 납부내역	주민(사업자)번호: 성명(상호):

증권발급부서	지점 (02-)	※ 보험증권사서함을 이용하시면 고객이 SGI서울보증 홈페이지(www.sgic.co.kr)에서 보험증권을 직접 출력할 수 있습니다.
보험대리점명	(주) (02-)	
회사사업자번호	- -	

알아두셔야 할 사항

[계약후 알릴의무] ①보험계약을 체결한 후 아래와 같은 사실이 생긴 경우 계약자 또는 피보험자는 지체없이 서면으로 회사에 알리고 보험증권(보험가입증서)에 확인을 받아야 합니다.
1. 청약서의 기재사항을 변경하고자 할 때 또는 변경이 생겼음을 알았을 때
2. 보험계약자 또는 피보험자의 변경
3. 주계약 또는 법령상 의무의 금액, 기간 등 회사의 보험금 지급의무 발생에 중대한 영향을 미치는 사항
②회사는 제1항에 따라 보험계약자 또는 피보험자가 변경사실을 통보한 경우에는 1개월 이내에 승인 여부를 결정하여 보험료를 더 받거나, 돌려드릴 수 있습니다.
③보험계약자 또는 피보험자가 제1항에 따라 변경사실을 알리지 아니하거나 회사의 승인을 받지 못한 경우에 회사는 주계약 또는 법령상의 의무를 변경시킴으로써 증가된 손해는 보상하여 드리지 아니합니다.
④보험계약자는 주소 또는 연락처가 변경된 경우에는 지체 없이 이를 회사에 알려야 합니다. 보험계약자가 이를 알리지 않은 경우 회사가 알고 있는 최종의 주소 또는 연락처로 등기우편 방법에 의해 계약자에게 알린 사항은 일반적으로 도달에 필요한 시일이 지난 때에는 계약자에게 도달한 것으로 봅니다.

[소멸시효] 보험료 환급청구권은 2년간 행사하지 아니하면 소멸시효가 완성됩니다.

[보험료의 환급] 보험사고 발생 전에 피보험자의 동의를 얻거나, 회사의 책임이 소멸되었음을 증명하여 보험계약을 해지한 때 등 보험약관에서 정한 보험료 환급사유가 발생한 때에는 보험약관에서 정한 바에 따라 보험료를 돌려드립니다. 환급보험료는 기납부한 보험료에서 경과보험료(최저보험료가 경과보험료보다 많을 때에는 최저보험료)를 공제한 금액으로 합니다. 다만 보험사고가 발생한 경우에는 보험료를 돌려드리지 아니합니다. 이 상품의 최저보험료는 [15,000원] 입니다.

[계약의 무효] 보험계약을 맺을 때에 보험사고가 이미 발생하였을 경우 이 계약은 무효로 합니다. 다만, 회사의 고의 또는 과실로 인하여 계약이 무효로 된 경우와 회사가 승낙 전에 무효임을 알았거나 알 수 있었음에도 불구하고 보험료를 반환하지 않은 경우에는 보험료를 납입한 날의 다음날부터 반환일까지의 기간에 대하여 회사는 보험개발원이 매월 공시하는 1년만기 정기예금이율을 연단위 복리로 계산한 금액을 더하여 돌려 드립니다.

[분쟁의 조정] 보험계약에 관하여 분쟁이 있는 경우에는 분쟁당사자 또는 기타 이해관계인과 회사는 금융감독원장에게 조정을 신청할 수 있습니다.

※법인세법 제116조 및 동법 시행령 제158조에 의거, (세금)계산서 발행없이 보험료 영수증을 세법상 지출증빙 서류로 사용가능합니다.	면세사업

위 금액을 보험료로서 영수합니다.

2014년 월 일

서울보증보험주식회사

서울 종로구 김상옥로 29(연지동, 보증보험빌딩)

대표이사 사장 김병기

※본 증권은 전자보증서 전송건으로서 실물증권 교부가 생략됩니다.

※ 증권발급사실, 보험약관 및 보험금 청구시 보상진행사항은 SGI서울보증 홈페이지(www.sgic.co.kr)에서 확인하시기 바랍니다.

※ 증권의 내용이 주계약의 내용과 일치하는지의 여부를 반드시 확인하시기 바라며, 내용이 일치되지 아니한 증권은 무효가 될 수도 있습니다.

※ 증권의 보험가입금액 및 보험기간이 [illegible] 증권발급부서에 사실여부를 반드시 확인하시기 바랍니다.

(2) 반대의무의 이행 또는 이행의 제공을 증명하는 서면

동시이행관계에 있는 반대의무의 이행(제공)은 원칙적으로 집행문 부여의 요건이 아니고 집행개시의 요건이다(민집 41조). 그러나 반대의무의 이행과 상환으로 권리관계의 인낙이나 의사진술을 할 의무에 대하여는 그 판결이 확정된 뒤에 채권자가 그 반대의무를 이행한 사실을 증명하고 재판장 또는 사법보좌관의 명령에 따라 집행문을 받았을 때 의사표시의 효력이 생기므로(민집 263조), 이 경우에는 반대의무의 이행(제공)은 집행문 부여의 요건이 된다.

임차인이 임차주택에 대하여 보증금반환청구소송의 확정판결 기타 이에 준하는 집행권원에 기한 경매를 신청하는 경우에는 반대의무의 이행(제공)은 집행개시의 요건도 아니다(주임 3조의 2, 상임 5조). 다만 이 경우에도 임차인이 배당금을 수령할 때에는 인도확인서를 제출하여야 한다.

반대의무의 이행제공 없이 한 집행행위는 무효이며, 반대의무의 이행이 불능으로 되면 집행도 불능으로 된다. 어음, 수표 등 상환증권상의 채권에 관한 집행에서 집행력 있는 정본의 제시로 충분하고 증권의 제시는 집행개시의 요건도 아니다. 강제집행은 채권의 이행청구가 아니다.

(3) 집행불능증명서

다른 의무의 집행이 불가능한 때에 그에 갈음하여 집행할 수 있다는 것을 내용으로 하는 집행권원의 집행은 채권자가 그 집행이 불가능하다는 것을 증명하여야만 개시할 수 있다(민집 41조).

카. 인지·송달료·증지

집행권원 1개당 5,000원의 수입인지를 신청서에 붙여야 한다. 부동산등 경매사건의 송달료는 송달료규칙 및 송달료규칙의 시행에 따른 업무처리요령이 정하는 바에 따라 송달료 수납은행에 현금[(신청서상 이해관계인수 + 3) × 10회분 × 5,200원]을 납부하고, 그 은행으로부터 송달료납부서, 송달료영수증을 교부받은 다음 그 중 송달료납부서를 신청서에 첨부한다. 부동산 1개당 3,000원의 증지를 클립 혹은 호치킷으로 신청서 상단에 고정한다. 증지는 경매개시결정 이후 담당 경매계에서 등기소로 촉탁할 시에 떼어서 사용한다. 증지 대신 등기신청수수료 납부영수증을 제출할 수 있다.

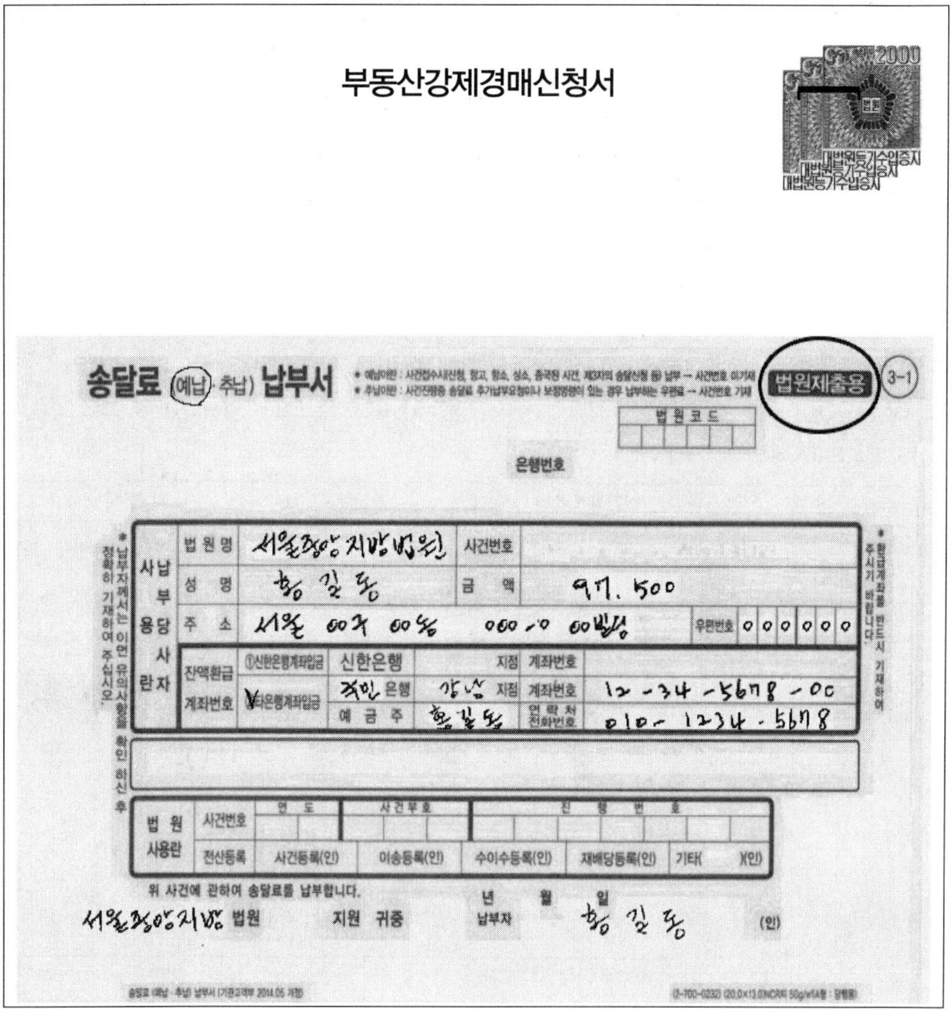

부동산강제경매신청서

대법원등기수입증지 2000

송달료 (예납·추납) 납부서

법원제출용 (3-1)

법원코드

은행번호

납부당사자	법원명	서울중앙지방법원	사건번호			
	성명	홍길동	금액	97,500		
	주소	서울 00구 00동 000-0 00빌딩			우편번호	000000
잔액환급 계좌번호	①신한은행계좌입금	신한은행	지점	계좌번호		
	✓타은행계좌입금	국민 은행	강남 지점	계좌번호	12-34-5678-00	
		예금주	홍길동	연락처 전화번호	010-1234-5678	

※ 납부자께서는 이런 유의사항을 확인하신 후 정확히 기재하여 주십시오.

※ 환급계좌를 반드시 기재하여 주시기 바랍니다.

법원 사용란	사건번호	연도	사건부호	진행번호		
	전산등록	사건등록(인)	이송등록(인)	수이수등록(인)	재배당등록(인)	기타( )(인)

위 사건에 관하여 송달료를 납부합니다.

년 월 일

서울중앙지방 법원 지원 귀중 납부자 홍길동 (인)

타. 등록세·지방교육세

신청인은 등록면허세(청구채권금액의 2/1,000) 및 지방교육세(청구채권금액의 등록면허세액의 20/100) 영수필통지서 1통과 영수필확인서 1통을 적어도 법원의 등기촉탁까지는 제출하여야 한다. 실무상으로는 통상 경매신청 시에 위 영수필통지서 등을 함께 제출하고 있다.

Hi Seoul
SOUL OF ASIA

원본확인번호 : 12L1-1F81-HRM9- 일련번호 : 160 발급횟수 : 0

발급일자 : 2014- -

서울특별시

등록면허세(등록분) 납부확인서

납세번호	기관	동	검	회계	과목	세목	년도	월	기분	과세번호	검
	740	570	8	50	114	002	2014	01	3	000009	7

전자납부번호	1174013014

납세자 성명(법인명) : 구 주민(법인, 외국인)등록번호 : 5 ******-1 ******

주소(영업소) : 서울특별시 구로구 동 호 (신도림동,

등기 또는 등록 원인 : 가처분 과세표준액 : 192,000,000

등기 또는 등록 물건 : 동 - 호

세 목	지방세액	가산금	납부일
등록면허세	384,000	0	2014.01.20
(지방)교육세	76,800	0	
농특세	0	0	
계	460,800	0	460,800

위 금액의 납부를 확인합니다. 2014. .

서울시 강동구청장 (강동구청장인)

담당자	이	전화번호	480-

위변조된 확인서에는 상단오른쪽 박스안 "원본"글자 및 영수증 바탕면 무늬(서울시 심볼)가 표시되지 않습니다.
본 등록세(부동산,기타) 납부확인서는 인터넷으로 발급되었으며, 서울시 ETAX시스템(etax.seoul.go.kr)의 발급문서확인 메뉴를 통해 원본확인번호 또는 문서하단의 바코드로 내용의 위변조 여부를 확인할 수 있습니다

파. 집행비용예납

신청인은 아래와 같은 집행비용을 법원보관금취급규칙이 정하는 바에 따라 예납하여야 한다.

경매수수료	10만 원까지 5,000원
	10만 원 초과 1천만 원까지 5,000원+[(청구금액−10만 원)/10만 원×2,000원]
	1천만 원 초과 5천만 원까지 203,000원+[(청구금액−1천만 원)/10만 원×1,500원]
	5천만 원 초과 1억 원까지 803,000원+[(청구금액−5천만 원)/10만 원×1,000원]
	1억 원 초과 3억 원까지 1,303,000원+[(청구금액−1억 원)/10만 원×500원]
	3억 원 초과 5억 원까지 2,303,000원+[(청구금액−3억 원)/10만 원×300원]
	5억 원 초과 10억 원까지 2,903,000원+[(청구금액−5억 원)/10만 원×200원]
	10억 원 초과 3,903,000원
감 정 료	1억 5,500만 원 이하 200,000원
	1억 5,500만 원 초과 50억 원까지 청구금액×0.0004+138,000원
	50억 원 초과 청구금액×0.0002+1,138,000원
현황조사료	63,260원
유찰수수료	6,000원
신문공고료	부동산(기본 2개당) 220,000원 1개 추가당 110,000원

[서식 37] 법원보관금 납부서

납부당사자사용란	법 원 명	○○지방법원	사건번호	부동산임의경매
	납부금액	○○○○원	보관금종류	○민사예납금 ○경매예납금 ○경매보증금 ○경락대금 ○기타
	납부당사자	박 ○ ○	주민등록번호 (사업자등록번호)	
	주 소			
	잔액환급 계좌번호	○○은행	○○지점	예 금 주 |
		계좌번호		

하. 부동산목록·등기부등본

경매개시결정과 그 후의 각종 촉탁 등에 필요한 부동산목록은 본래는 집행법원이 이를 작성하여야 할 것이나 법원의 사무처리의 편의를 위하여 실무상 신청인에게 10통을 제출시키고 있다.

채무자 소유로 등기된 부동산에 대하여 등기부등본을 제출하여야 한다. 실무상 경매신청 전 1개월 이내에 발급된 것을 첨부시키고 있다.

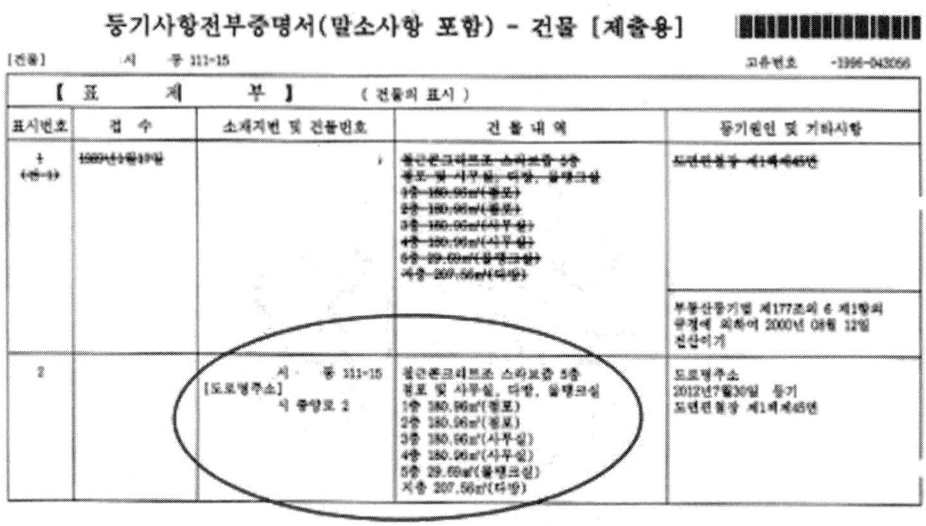
등기사항전부증명서(말소사항 포함) - 건물 [제출용]

【 표 제 부 】 (건물의 표시)				
표시번호	접 수	소재지번 및 건물번호	건 물 내 역	등기원인 및 기타사항
2		[illegible] 111-15 [도로명주소]	철근콘크리트조 스라브즙 5층 점포 및 사무실, 다방, 물탱크실 1층 180.96㎡(점포) 2층 180.96㎡(점포) 3층 180.96㎡(사무실) 4층 180.96㎡(사무실) 5층 29.69㎡(물탱크실) 지층 207.56㎡(다방)	도로명주소 2012년7월30일 등기

채무자 소유로 등기되지 아니한 부동산에 대하여는 즉시 채무자의 명의로 등기할 수 있음을 증명하는 서류를 붙여야 한다(민집 81조). 건축허가나 신고를 마친 뒤 사용승인을 받지 못한 미등기 건물에 대한 강제집행을 신청함에는 그 건물이 채무자의 소유임을 증명할 서류, 그 건물의 지번·구조·면적을 증명할 서류 및 그 건물에 관한 건축허가 또는 건축신고를 증명할 서류를 제출하면 족하다.

3. 강제경매개시결정

가. 형식적 심사

강제경매신청이 있으면 집행법원은 신청서의 기재 및 첨부서류에 의하여 강제경매의 요건 에 관하여 형식적 심사(신청방식의 적법여부, 관할, 집행력있는 정본, 강제집행 개시요건, 부동산에 대한 조사 등)를 한다. 통상 변론이나 심문 없이 서면에 의하여 심리한다.

나. 적극적 요건과 소극적 요건

강제경매의 요건에는 그 요건이 존재하지 아니하면 집행에 착수할 수 없는 적극적 요건과 그 요건이 존재하면 집행에 착수할 수 없는 소극적 요건(집행장애사유)이 있다. 적극적 요건에 관해서는 이미 위 제2항 강제경매신청에서 상술하였으므로 생략하고, 소극적 요건(집행장애사유)에 관해서만 살펴본다. 집행법원은 이러한 사유가 있는지를 직권으로 조사하여야 하고, 집행개시 전부터 그 사유가 있는 경우에는 집행의 신청을 각하 또는 기각하여야 하며, 이를 간과하고 강제집행을 개시한 다음 발견한 때에는 이미 한 집행절차를 직권으로 취소하여야 한다. 집행이 개시된 뒤에 집행장애 사유가 생긴 경우에는 이미 한 집행절차를 취소하거나 집행의 속행을 정지하여야 한다.

(1) 채무자에 대한 회생절차

회생절차개시결정이 있는 때에는 회생채권 또는 회생담보권에 기하여 강제집행, 가압류, 가처분, 담보권 실행을 위한 경매절차는 금지되고(채회 58조, 44조), 이미 행한 절차는 중지되나, 법원은 회생에 지장이 없다고 인정하는 때에는 중지한 절차의 속행을, 회생을 위하여 필요하다고 인정하는 때에는 그 절차의 취소를 명할 수 있다(채회 58조).

중지한 절차는 법원이 속행을 명한 때가 아닌 한 회생계획인가결정이 있으면 그 효력을 잃게 되고(채회 256조), 계획인가결정 전에 회생절차가 종료되는 경우(회생개시결정취소, 회생계획인가 전 절차폐지, 회생계획불인가)에는 당연히 속행된다.

회생채권자 및 회생담보권자는 회생절차가 종결되기까지 회생채권자표, 회생담보권자표에 의한 강제집행을 할 수 없다(채회 255조).

(2) 채무자에 대한 파산절차

채무자에 대하여 파산이 선고되면 파산채권은 파산절차에 의하지 아니하고는 행사할 수 없다(채회 424조).

파산선고가 있으면 파산채권에 기하여 파산재단에 속하는 재산에 대하여 행하여진 강제집행·가압류·가처분은 파산재단에 대하여 효력을 잃지만, 파산관재인은 파산재단을 위하여 강제집행절차를 속행할 수 있다(채회 348조).

파산재단에 속하는 재산상에 존재하는 유치권·질권·저당권·전세권을 가진 자는 그 목적인 재산에 관하여 별제권을 가지고 별제권은 파산절차에 의하지 아니하고 행사한다(채회 411조, 412조).

(3) 채무자에 대한 개인회생절차

개인회생절차개시결정이 있으면 채권자목록에 기재된 개인회생채권에 기하여 개인회생재단에 속하는 재산에 대한 강제집행·가압류·가처분이나 개인회생채권을 변제받거나 변제를 요구하는 소송 외 행위는 중지 또는 금지되고(채회 600조), 변제계획의 인가결정일 또는 절차폐지결정의 확정일 중 먼저 도래하는 날까지 개인회생재단에 속하는 재산에 대한 담보권의 설정 또는 담보권의 실행 등을 위한 경매는 중지 또는 금지된다.

(4) 집행정지 또는 취소의 서면 제출

강제집행은 다음 중 어느 하나에 해당하는 서류를 제출한 경우에 정지하거나 제한하여야 한다(민집 49조). ① 집행할 판결 또는 그 가집행을 취소하는 취지나, 강제집행을 허가하지 아니하거나 그 정지를 명하는 취지 또는 집행처분의 취소를 명한 취지를 적은 집행력 있는 재판의 정본, ② 강제집행의 일시정지를 명한 취지를 적은 재판의 정본, ③ 집행을 면하기 위하여 담보를 제공한 증명서류, ④ 집행할 판결이 있은 뒤에 채권자가 변제를 받았거나, 의무이행을 미루도록 승낙한 취지를 적은 증서, ⑤ 집행할 판결, 그 밖의 재판이 소의 취하 등의 사유로 효력을 잃었다는 것을 증명하는 조서등본 또는 법원사무관 등이 작성한 증서, ⑥ 강제집행을 하지 아니한다거나 강제집행의 신청이나 위임을 취하한다는 취지를 적은 화해조서(和解調書)의 정본 또는 공정증서(公正證書)의 정본

(5) 집행채권의 압류·가압류

집행채권자의 채권자가 채무명의에 표시된 집행채권을 압류 또는 가압류, 처분금지가처분을 한 경우에는 압류 등의 효력으로 집행채권자의 추심, 양도 등의 처분행위와 채무자의 변제가 금지되고 이에 위반되는 행위는 집행채권자의 채권자에게 대항할 수 없게 되므로 집행기관은 압류 등이 해제되지 않는 한 집행할 수 없는 것이니 이는 집행장애사유에 해당한다(대법원 2000.10. 2.자 2000마5221 결정). 집행할 수 없다면 압류, 현금화, 배당의 3단계로 나누어지는 강제집행 단계에서 어느 단계까지 허용되는가에 관하여는 견해가 대립되고 있다. 실무에서는 배당까지 하여 공탁하여야 한다는 설이 우세하다.

(6) 압류금지 부동산

학교법인이 교육에 직접 사용하는 학교부지, 학교건물은 강제집행을 하지 못한다(대법원 1972. 4.27.자 72마328 결정).

(7) 최선순위 처분금지가처분등기가 있는 부동산

최선순위로 처분금지가처분등기가 되어 있을 경우 절차는 정지된다. 다만 가처분보다 선행하는 담보권, 가압류 등이 있는 경우에는 장애사유가 아닌데 이때는 가처분이 매각으로 소멸되기 때문이다.

(8) 최선순위의 가등기가 있는 경우

최선순위의 가등기가 있는 경우에는 매각물건명세서에 매수인에게 가등기 인수의 취지를 기재한 후 매각절차를 진행할 수 있다.

다. 강제경매개시결정

심리결과 신청이 적법하면 강제경매개시결정을 하고 만약 그 요건에 흠이 있고, 그 하자가 보정될 수 없는 것인 때에는 결정으로 신청을 각하한다. 보정할 수 있는 것이면 그 보정을 명한다. 강제경매의 요건이 구비되었는지 여부는 개시결정 당시를 기준으로 한다. 강제경매신청을 기각하거나 각하하는 재판에 대하여는 즉시항고 할 수 있다(민집 83조).

신청을 허용하는 때에는 신청인으로 하여금 집행비용을 예납시킨 후에 개시결정을 한다. 비용을 미리 내지 아니한 때에는 법원은 신청을 각하하거나 집행절차를 취소할 수 있다(민집 18조).

개시결정은 경매신청 접수일로부터 2일 이내에 하여야 한다. 개시결정에는 동시에 그 부동산의 압류를 명하여야 한다(민집 83조). 경매개시결정에 의한 압류의 효력은 그 결정이 채무자에게 송달된 때 또는 경매개시결정의 기입등기가 된 때에 발생한다(민집 83조).

라. 공동경매와 이중경매개시결정

(1) 공동경매

여러 채권자가 동시에 경매신청을 하거나 아직 경매개시결정을 하지 아니하는 동안에 같은 부동산에 대하여 다른 채권자가 경매신청을 하면 여러 개의 경매신청을 병합하여 한 개의 경매개시결정을 하여야 하며, 그 여러 채권자는 공동의 압류채권자가 된다. 그 경매절차는 단독으로 경매신청을 한 경우를 준용한다(민집 162조).

(2) 이중경매개시결정

강제경매절차 또는 담보권 실행을 위한 경매절차를 개시하는 결정을 한 부동산에 대하여 다른 강제경매의 신청이 있는 때에는 법원은 다시 경매개시결정(이중경매개시결정)을 하고, 먼저 경매개시결정을 한 집행절차에 따라 경매한다(민집 87조). 이중경매개시결정에 따른 경매절차가 진행되지 않더라도 이중경매개시결정에 따른 기입등기의 촉탁(민집 94조), 이중경매개시결정의 채무자에 대한 송달(민집 83조), 먼저 개시결정을 한 경매절차의 이해관계인에 대한 통지(민집 89조)는 하여야 한다.

먼저 개시한 절차가 순조롭게 진행되어 현금화가 끝나면 먼저 개시한 경매절차의 배당요구의 종기까지 이중경매신청을 한 채권자는 압류채권자의 자격으로 배당에 참가한다(민집 148조 1호).

먼저 경매개시결정을 한 경매신청이 취하되거나 그 절차가 취소된 때에는 집행법원은 잉여주의(민집 91조) 규정에 어긋나지 아니하는 한도 안에서 이중경매개시결정에 따라 절차를 계속 진행하여야 한다(민집 87조). 이 경우 이중경매개시결정이 선행경매절차의 배당요구의 종기 이후의 신청에 의한 것인 때에는 집행법원은 새로이 배당요구를 할 수 있는 종기를 정하여야 한다. 이 경우 이미 선행경매절차에 따라 배당요구 또는 채권신고를 한 사람에 대하여는 같은 항의 고지 또는 최고를 하지 아니한다(민집 87조).

먼저 경매개시결정을 한 경매절차가 정지된 때에는 법원은 신청에 따라 결정으로 이중경매개시결정(배당요구의 종기까지 행하여진 신청에 의한 것에 한한다)에 기초하여 절차를 계속하여 진행할 수 있다(민집 87조). 법원사무관 등은 먼저 경매개시결정을 한 경매절차가 정지된 때에는 위의 신청을 할 수 있도록 이중경매개시결정에 관한 압류채권자에게 그 취지를 통지하여야 한다(민집규 47조).

다만, 먼저 경매개시결정을 한 경매절차가 취소되는 경우 매각물건명세서상 등기된 부동산에 대한 권리 또는 가처분으로서 매각으로 효력을 잃지 아니하는 것(민집 105조 1항 3호) 이중경매개시결정에 따라 절차를 속행하여서는 아니된다(민집 87조). 왜냐하면 선행경매개시결정과 이중경매개시결정 사이에 용익원이나 처분금지가처분의 등기가 되어 있는 경우에는 이중경매개시결정에 터 잡아 경매절차가 진행하는 도중에 선행경매개시결정이 취소되면 위 용익권 또는 가처분은 민사집행법 105조 1항 3호의 이른바 매각으로 그 효력이 소멸하지 아니하는 권리 또는 가처분으로 되는 때가 있는데, 이와 같이 집행정지 중인 앞의 경매절차가 나중에 취소되는가 아닌가에 따라 매수인의 지위에 중대한 영향을 미치기 때문이다(즉 매각조건의 변동을 초래한다). 따라서 이러한 경우에는 선행경매절차가 정지되더라도 이중경매개시결정에 터 잡아 즉시 절차를 속행할 것이 아니라 선행경매절차의 집행정지사유가 소멸하거나 선행경매개시결정이 취소될 때까지 기다려야 한다. 그러나 선행경매개시결정과 이중경매개시결정 사이에 제3자가 저당권을 취득한 경우에는 선행경매개시결정이 나중에 취소되더라도 그 저당권이 소멸하는 것은 마찬가지이므로 이는 매각조건의 변동은 아니어서 이중경매개시결정에 터 잡아 절차를 속행할 수 있다. 다만 이 경우에도 남을 가망이 있는지는 뒤의 압류채권자를 기준으로 다시 살펴보아야 한다. 한편 이중경매개시결정에 기초한 절차의 속행신청에 대한 재판에 대하여는 즉시항고를 할 수 있다(민집 87조).

마. 경매개시결정의 송달

강제경매개시결정은 채무자에게 송달하여야 한다. 송달의 방법은 민사소송법의 일반적인 규정에 따른다. 경매개시결정의 고지없이는 유효하게 매각절차를 속행할 수 없고, 채무자가 아닌 이해관계인도 채무자에 대한 경매개시결정송달의 흠을 매각허가결정에 대한 항고사유로 삼을 수 있다.[43)]

채무자가 아닌 다른 이해관계인에게는 경매개시결정을 송달할 필요가 없다. 채권자에게는 일반적인 결정·명령의 경우와 마찬가지로 상당한 방법으로 고지하면 된다(민소 221조).

공유물의 지분에 관하여 경매개시결정을 하였을 때에는 상당한 이유가 있는 경우(집합건물의 대지권 공유)를 제외하고는 다른 공유자에게 경매개시결정이 있다는 것을 통지하여야 한다(민집 139조). 실무에서는 고지나 통지의 방법으로 경매개시결정 정본을 송달하는 방법을 취하고 있다.

---

43) 경매개시결정은 비단 압류의 효력을 발생시키는 것일 뿐만 아니라 경매절차의 기초가 되는 재판이어서 그것이 당사자에게 고지되지 않으면 효력이 있다고 할 수 없고, 따라서 따로 압류의 효력이 발생하였는지의 여부와 관계없이 채무자에 대한 경매개시결정의 고지 없이는 유효하게 경매절차를 속행할 수 없으므로, 채무자가 아닌 이해관계인으로서도 채무자에 대한 경매개시결정 송달의 흠결을 민사소송법 제642조 제2항, 제633조 제1호의 규정에 의하여 낙찰허가결정에 대한 항고사유로 삼을 수 있는 반면, 같은 법 제634조의 규정에 의하여 낙찰허가에 대한 이의는 다른 이해관계인의 권리에 관한 이유에 의하여는 하지 못하므로, 설사 채무자에 대한 입찰기일의 송달에 하자가 있다고 할지라도 다른 이해관계인이 이를 낙찰허가결정에 대한 항고사유로 주장할 수는 없다(대법원 1997. 6.10.자 97마814 결정).

바. 경매개시결정의 기입등기의 촉탁

법원이 경매개시결정을 하면 법원사무관 등은 즉시 그 사유를 등기부에 기입할 것을 등기관에게 직권으로 촉탁하여야 하며, 등기관은 위 촉탁에 따라 경매개시결정의 기입등기를 하여야 한다(민집 94조). 등기관은 경매개시결정 사유를 등기부에 기입한 뒤 등기부등본을 작성하여 이를 집행법원에 보내야 한다.

사. 압류의 효력

압류에 따라 법원은 부동산을 압류 당시의 상태로 현금화하는 권능을 취득하며, 채무자는 그 부동산을 다른 곳에 양도하거나 담보권 또는 용익권을 설정하는 등으로 처분하여도 압류채권자에게 대항하지 못한다. 이러한 처분제한의 효력은 상대적이다. 즉 압류 뒤에 이루어진 채무자의 처분행위는 당사자 사이에서는 유효하며 압류채권자가 행하는 집행절차와의 관계에서만 그 효력이 없을 뿐이다. 따라서 집행신청이 취하되거나 경매절차가 취소되면 다른 압류채권자가 없는 한 처분제한의 효력은 소멸하고 채무자의 처분행위는 완전히 유효하게 된다.

압류는 부동산에 대한 채무자의 관리·이용에 영향을 미치지 아니한다(민집 83조). 그러나 채무자 또는 부동산의 점유자가 부동산에 대한 침해행위 즉 부동산의 가격을 지나치게 감소시키거나 감소시킬 우려가 있는 행위를 하는 때에는 법원은 매각허가결정이 있을 때까지 담보를 제공하게 하거나 담보를 제공하게 하지 아니하고 그 행위를 하는 사람에 대하여 이를 금지하는 명령(금지명령), 또는 일정한 행위를 할 것을 명하는 명령(작위명령)을 할 수 있고(민집 83조, 민규 44조), 나아가 채무자가 위 금지명령이나 작위명령을 위반한 때에는 담보를 제공하게 하고 부동산의 점유를 풀고 집행관에게 보관하게 할 것을 명하는 명령을 할 수 있다(민규 44조).

아. 불복방법

〈민사집행에 대한 불복방법 도해〉

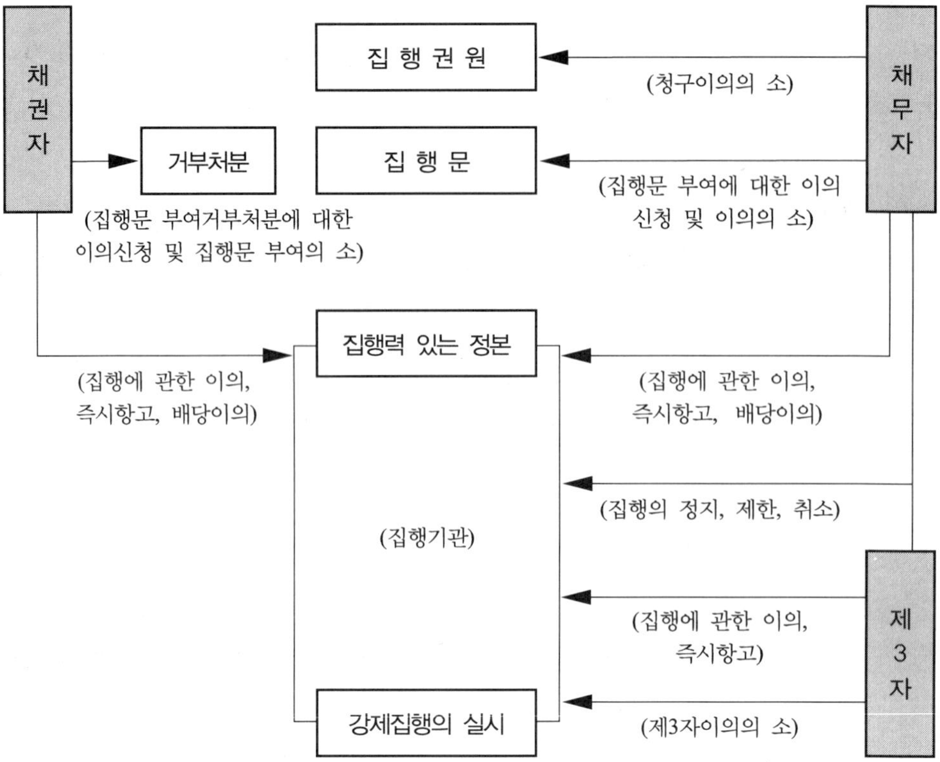

이해관계인은 매각대금이 모두 지급될 때까지 법원에 경매개시결정에 대한 이의신청을 할 수 있고(민집 86조), 이의의 재판에 대하여는 다시 즉시항고를 할 수 있다(민집 86조).

(1) 이해관계인의 범위 및 권리

경매절차의 이해관계인은 ① 압류채권자와 집행력 있는 정본에 의하여 배당을 요구한 채권자, ② 채무자 및 소유자, ③ 등기부에 기입된 부동산 위의 권리자, ④ 부동산 위의 권리자로서 그 권리를 증명한 사람으로 한정된다(민집 90조).

압류채권자란 경매신청을 한 채권자를 말한다. 집행력 있는 정본 없이 배당을 요구한 채권자는 이해관계인에 해당하지 않는다. 경매개시결정이 이루어지고 난 뒤에 배당요구의 종기까지 강제경매신청을 하여 개시결정을 받은 제2경매신청채권자는 이해관계인에 해당한다.

채무자란 집행채무자를 말한다. 소유자란 경매개시결정기입등기 당시의 매각부동산의 소유자를 말한다. 가압류등기 이후 본압류에 의한 경매신청 전에 소유권 이전등기를 받은 자는 소유자에 해당한다. 경매개시결정기입등기 이후 소유권을 양도한 자는 채무자가 아닌 한 매각절차상 이해관계인의 지위를 상실한다. 파산선고 후에 저당권자가 별제권자로서 파산재단에 속하는 부동산에 대하여 매각절차를 개시한 때에는 파산관재인만이 이해관계인인 소유자로 된다. 강제경매에서는 채무자와 부동산 소유자가 일치하는 것이 보통이나, 임의경매에서는 물상보증인의 부동산을 경매하는 경우와 같이 채무자와 소유자가 다른 경우가 흔히 있다.

등기부에 기입[44)]된 부동산 위의 권리자란 경매개시결정 기입등기 당시에 이미 등기가 되어 등기부에 나타난 용익권자(지상권자, 전세권자, 임대차등기를 한 임차권자), 담보권자(저당채권에 대한 질권자, 저당권자, 가등기권리자)[45)]를 말한다. 부동산 공유지분의 강제경매에 있어서 다른 공유자는 이해관계인이 된다. 그러나 아파트, 상가, 다세대주택 등 구분소유적 공유의 경우 전유부분의 대지권에 해당하는 대지권의 목적인 토지의 공유지분에 관하여는 누가 소유자가 되더라도 이해관계가 없다 할 것이다. 가압류권자[46)]나 가처분권자도 포함되지 않는다.

부동산 위의 권리자로서 그 권리를 증명한 사람이란 경매개시결정기입등기 전에 매각부동산에 대하여 등기 없이도 제3자에게 대항할 수 있는 물권 또는 채권을 가진 자를 말한다. 예를 들어 점유권자, 유치권자, 특수지역권자, 건물등기 있는 토지임차인(민법 622조), 인도 및 주민등록 또는 사업자등록을 마친 주택 또는 상가 건물 임차인, 경매개시결정기입등기 후에 소유권을 취득한 제3취득자, 용익권, 담보권 설정등기를 한 사람, 법정지상권자 등이 이에 해당한다. 전세금반환청구권 또는 임차보증금반환청구권을 압류 및 전부받은 자가 권리신고한 경우에 압류 및 전부권자는 이해관계인에 해당한다. 다만 전세권자 또는 임차권자도 압류 및 전부명령을 받은 채권

44) 경매개시결정기입등기시점을 기준으로 한다.
45) 소유권이전에 관한 순위보전의 가등기권리자도 채권신고 여부에 관계없이 이해관계인이 된다(가담 16조).
46) 경매개시결정기입등기 이전에 가압류한 자는 배당요구하지 않더라도 당연히 배당요구한 것과 동일하게 취급되지만 이해관계인은 아니다.

자의 채권에 대하여 다툼이 있을 수 있으므로 이해관계인에서 제외할 것은 아니다. 그런데 집행법원은 이러한 이해관계인의 존재를 알 수 없기 때문에 이해관계인이 되기 위해서는 그 권리를 집행법원에 스스로 증명하여야 하고, 매각허가결정선고 시까지 증명하여야 이해관계인으로서 권리를 행사할 수 있다. 등기없는 진정한 소유자는 소유권회복의 등기를 할 수 있는 확정판결이 있다 하더라도 이에 기한 등기를 갖추고 이를 집행법원에 권리신고를 하여야 이해관계인이 될 수 있다.

이해관계인은 집행절차에 관하여 ① 집행에 관한 이의신청권(민집 16조), ② 부동산에 대한 침해방지신청권(민집 83조), ③ 경매개시결정에 대한 이의신청권(민집 86조), ④ 배당요구신청 또는 이중경매신청이 있으면 법원으로부터 그 통지를 받을 수 있는 권리(민집 89조), ⑤ 매각기일과 매각결정기일을 통지 받을 수 있는 권리(민집 104조), ⑥ 매각기일에 출석하여 매각기일조서에 서명날인할 수 있는 권리(민집 116조), ⑦ 최저매각가격 외의 매각조건의 변경에 관하여 합의할 수 있는 권리(민집 110조), ⑧ 매각허가여부의 결정에 대하여 즉시항고를 할 수 있는 권리(민집 129조), ⑨ 배당기일의 통지를 받을 권리(민집 146조), ⑩ 배당기일에 출석하여 배당표에 관한 의견을 진술할 수 있는 권리(민집 149조), ⑪ 배당기일에 출석하여 배당에 관한 합의를 할 수 있는 권리(민집 150조)가 인정된다.

(2) 이의신청의 방법 및 효력

경매개시결정에 대한 이의의 신청은 개시결정을 한 집행법원에 한다. 이의신청은 서면 또는 말로 할 수 있고, 1,000원의 인지를 첩부하여야 한다. 송달료는 당사자수 × 2회분에 해당한다. 이의신청은 매각대금이 모두 지급될 때까지 할 수 있다.

이의신청에는 집행정지의 효력이 없다. 다만 집행법원은 재판 전의 잠정처분으로 채무자에게 담보를 제공하게 하거나 제공하게 하지 아니하고 집행을 일시정지하도록 명하거나, 채권자에게 담보를 제공하게 하고 그 집행을 계속하도록 명할 수 있다(민집 86조, 16조). 이 결정에 대하여는 불복할 수 없다. 이의신청인은 법원의 직권발동을 촉구하는 의미에서 정지신청을 할 수 있을 뿐 이를 신청할 권한은 없다.

(3) 이의 사유

강제경매개시결정에 대한 이의신청은 민사집행법 16조의 집행에 관한 이의의 성질을 가지고 있으므로, 임의경매와는 달리 경매신청요건의 흠, 경매개시요건의 흠 등 개시결정에 관한 '절차상의 하자'를 이유로 하는 경우에만 할 수 있고 실체상의 하자를 이의 사유로 삼을 수 없다.

채무자가 실체상 이유를 들어 다툴 경우에는 청구이의의 소(민집 44조)를 제기한 후 그 본안재판부로부터 집행정지결정(잠정처분)을 받아 그 정본을 민사집행법 49조 2호의 서류로 집행법원에 제출하면 집행법원은 매각절차를 정지하게 된다. 그 후 본안에서 승소하여 받은 판결정본을 동법 49조 1호의 서류로 집행법원에 제출하면 된다.

또한 이의사유는 경매개시결정 당시의 것에 한하므로 개시결정 이후에 발생한 매각절차상의 하자(최저매각가격의 결정, 매각기일의 공고·통지 등의 위법)는 개시결정에 대한 이의가 아니라 집행에 관한 이의신청으로 다투어야 한다.

(4) 이의의 재판

이의의 재판은 변론없이 할 수 있고(민집 3조), 결정의 형식으로 한다. 변론을 열지 아니할 경우에도 법원은 당사자와 이해관계인, 그 밖의 참고인을 심문할 수 있다(민소 134조). 심리결과 이의신청이 정당하면 경매개시결정을 취소하고 경매신청을 기각 또는 각하한다. 이의신청이 부적법하거나 이유 없는 경우에는 이의신청을 각하 또는 기각한다. 첨부서류나 대리권의 흠결과 같이 경매신청의 요건의 흠을 보정할 수 있는 경우에는 경매개시결정의 취소만으로 그치고 경매신청까지 각하할 것은 아니다.

이의신청에 의하여 경매개시결정이 취소되고 그 취소결정이 확정되면 법원사무관 등은 이의신청인으로 하여금 등록세 영수필통지서, 영수필확인서, 등기수입증지를 제출토록 하여 촉탁서와 함께 경매개시결정등기를 말소하도록 등기관에게 촉탁한다. 위 말소등기의 촉탁에 관한 비용은 경매를 신청한 채권자의 부담으로 한다.

이의의 재판은 통상 결정정본을 송달하는 방법으로 고지한다. 이의신청을 각하 또는 기각하는 경우에는 신청인에게만 고지하면 되지만 경매개시결정을 취소하는 경우에는 반대의 이해관계인에게도 고지하여야 한다.

[서식 38] 강제경매개시결정에 대한 이의신청(개시결정등본미송달)

강제경매개시결정에 대한 이의신청

사　　건　　20○○타경○○○　강제경매

신 청 인　　박 ○ ○ (7○○○○○-1234567)
　　　　　　서울시 ○○구 ○○동 ○○

피신청인　　정 ○ ○ (7○○○○○-1234567)
　　　　　　서울시 ○○구 ○○동 ○○

신 청 취 지

1. 위 사건에 관하여 20○○. ○. ○. 귀원이 행한 강제경매개시 결정은 이를 취소한다.
2. 피신청인의 본건 강제경매신청은 이를 기각한다.

라는 판결을 구합니다.

신 청 이 유

1. 채권자인 피신청인은 채무자인 신청인과 사이의 ○○지방법원 20○○가단○○○ 대여금청구사건의 집행력 있는 판결정본에 기하여 20○○. ○. ○. 귀원에 강제경매 신청을 하여 ○. ○. 경매개시결정이 선고 되었습니다.

2. 그런데 위 경매개시결정 정본은 신청인에게 송달되지 않은 것으로써 그 송달이 이루어지지 않은 가운데 경매절차를 진행하는 것은 집행의 효력이 없는 위법한 경매이므로 본건 이의를 신청하는 바입니다.

20○○. ○. ○.

위 신청인 박 ○ ○ (인)

○○지방법원 귀중

작성방법

1. 인지대 1,000원, 신청서 1부를 집행법원에 제출한다.
2. 송달료는 당사자수 2회분이다.

[서식 39] 강제경매개시결정에 대한 이의신청(기한도래전개시결정)

강제경매개시결정에 대한 이의신청

사　　건　　20○○타경○○○　부동산강제경매

신 청 인　　○ ○ ○ (000000-0000000) (전화 :　　　　)
(채무자)　　○○시 ○○구 ○○동 ○○○

피신청인　　○ ○ ○ (000000-0000000)
(채권자)　　○○시 ○○구 ○○동 ○○○

신 청 취 지

1. 위 사건에 관하여 20○○. ○. ○. 귀원에서 한 강제경매개시결정은 이를 취소한다.
2. 피신청인의 이 사건 강제경매신청은 이를 기각한다.

라는 재판을 구합니다.

신 청 이 유

1. 위 사건에 관하여 신청인 소유의 별지 목록 기재 부동산에 대하여 20○○. ○. ○. 강제경매개시결정이 되었으나, 이건 강제경매의 집행권원인 공증인가 ○○합동법률사무소 작성의 증서 20○○년 제○○○호 금전소비대차공정증서는 별지로 첨부된 기한 유예증서 기재와 같이 채권의 변제기한이 아직 도래하지 아니한 것입니다.

2. 따라서 이건 강제경매개시결정은 그 기한이 도래하기 전에 이루어진 집행으로서 위법한 것이므로 본 이의신청에 이르렀습니다.

첨 부 서 류

1. 기한유예증서　　　　　　　　　　　　1통

20○○. ○. ○.

신청인(채무자) ○ ○ ○ (인)

○○지방법원 귀중

작성방법

1. 인지대 1,000원, 신청서 1부를 집행법원에 제출한다.
2. 송달료는 당사자수 2회분이다.

[서식 40] 강제경매개시결정에 대한 이의신청(합의)

강제경매개시결정에 대한 이의신청

사 건 20○○타경 ○○○ 부동산강제경매

신 청 인 ○ ○ ○ (000000-0000000)(전화 :)
(채무자) ○○시 ○○구 ○○동 ○○○

상 대 방 ○ ○ ○ (000000-0000000)
(채권자) ○○시 ○○구 ○○동 ○○○

위 당사자간 귀원 20○○타경 ○○○호 부동산강제경매신청사건에 관하여 다음과 같이 이의신청합니다.

신 청 취 지

1. 별지 목록 기재 부동산에 대한 강제경매개시결정은 이를 취소한다.
2. 본 건의 경매신청은 이를 기각한다.

라는 재판을 구합니다.

신 청 이 유

1. 본건 강제경매의 집행권원인 ○○가합 ○○○호 대여금 청구사건의 집행력 있는 판결정본은 별지 합의각서와 같이 20○○. ○. ○.까지 본건 부동산에 대하여 강제집행을 하기로 합의가 이루어졌다.

2. 따라서 본 건 강제경매개시결정은 취소하고 경매신청을 기각하여 주시기 바랍니다.

첨 부 서 류

1. 합의각서 사본 1통

20○○. ○. ○.

신청인(채무자) ○ ○ ○ (인)

○○지방법원 ○○지원 귀중

[서식 41] 임의경매개시결정에 대한 이의신청

임의경매개시결정에 대한 이의신청

사 건 20○○타경 ○○○ 임의경매

신 청 인 박 ○ ○ (7○○○○○-1234567)
○○시 ○○구 ○○동 ○○

피신청인 정 ○ ○ (7○○○○○-1234567)
○○시 ○○구 ○○동 ○○

신 청 취 지

1. ○○지방법원 20○○타경 ○○○호 부동산임의경매 신청사건에 20○○. ○. ○. 별

지목록 기재 부동산에 대한 낙찰허가결정 및 20○○. ○. ○.자 경매개시결정은 각 이를 취소한다.
2. 본건 경매신청은 이를 기각한다.
라는 판결을 구합니다.

신 청 원 인

1. 위 당사자간의 ○○지방법원 20○○가단 ○○○ 임의경매 신청사건은 채권자가 담보권 실행을 위하여 경매신청을 한 것으로서 채무자 소유의 별지목록 기재 부동산에 대하여 20○○. ○. ○. 경매개시결정이 되었고 20○○. ○. ○. 낙찰허가결정까지 되었으나 현재까지 낙찰인의 잔금납부는 안 된 상태입니다.

2. 그리하여 채무자는 동 경매 절차 진행 중인 20○○. ○. ○. 이 건 집행비용 일체와 채권액 전부를 채권자에게 완전변제하고 채권자로부터 별첨 변제증서와 부동산임의경매 취하서를 교부 받았고 이건 담보권 실행의 기초가 된 근저당권 설정등기를 20○○. ○. ○. ○○지방법원 등기소 접수 제567호로 그 말소등기를 받은 바 있으므로 동 채권은 소멸되었으므로 더 이상 경매를 진행할 이유가 없는 것입니다.

3. 그러나 낙찰인은 위 경매취하서에 동의하지 아니하므로 부득이 본 이의신청으로 신청취지와 같은 재판을 구하기 위하여 이에 이르렀습니다.

소 명 방 법

1. 소갑제1호증	변제증서
1. 소갑제2호증	부동산임의경매취하서
1. 소갑제3호증	말소된등기부등본

20○○. ○. ○.

위 신청인 박 ○ ○ (인)

○○지방법원 귀중

작성방법

1. 인지대 1,000원, 신청서 1부를 집행법원에 제출한다.
2. 송달료는 당사자수 2회분이다.

(5) 즉시항고

이의신청에 관한 재판에 대하여 이해관계인은 이의신청에 관한 재판을 고지(선고 또는 송달)받은 날부터 1주의 불변기간 이내에 원심법원(집행법원)에 항고장을 제출하는 방법으로 즉시항고를 할 수 있다(민집 83조, 15조).

항고가 이유 있는 경우에는 그 재판을 경정하여야 한다(민집 23조, 민소446조). 이유 없는 경우에는 항고기록을 항고법원에 송부하고, 항고법원은 집행에 관한 이의신청 사건에 있어서의 심리와 재판의 형식에 준해서 재판한다(민소 443조).

즉시항고는 집행정지의 효력을 가지지 아니한다. 다만, 항고법원(재판기록이 원심법원에 남아 있는 때에는 원심법원)은 즉시항고에 대한 결정이 있을 때까지 담보를 제공하게 하거나 담보를 제공하게 하지 아니하고 원심재판의 집행을 정지하거나 집행절차의 전부 또는 일부를 정지하도록 명할 수 있고, 담보를 제공하게 하고 그 집행을 계속하도록 명할 수 있다(민집 15조). 경매개시결정을 취소하는 결정에 대하여 즉시항고가 제기된 경우 실무상으로는 집행정지결정을 하지 않은 채 사실상 집행을 정지하고 있다. 이의신청을 기각하거나 각하하는 결정에 대하여 즉시항고가 제기된 경우에는 항고에 관계없이 그 집행을 계속할 수 있다.

[서식 42] 즉시항고장

즉 시 항 고 장

항 고 인 박 ○ ○ (7○○○○○－1234567)
○○시 ○○구 ○○동 ○○

위 항고인은 ○○지방법원 20○○타경 ○○○ 부동산임의경매사건에 관한 20○○. ○. ○.자 '경매개새결정에 대한 이의'의 기각결정에 대하여 불복인바 항고합니다(동결정은 20○○. ○. ○. 송달받았음).

항 고 취 지

원 결정을 취소하고 다시 상당한 재판을 하라.
라는 재판을 구합니다.

항 고 이 유

이 사건 채권자는 이미 채무자로부터 20○○. ○. ○. ○○지방법원 ○○등기소 ○○호로 접수된 근저당채권최고액 ○○만 원에 기하여 이건 경매를 신청한 것이나 이미 위 피담보채권은 소멸시효된 것이기에 위 경매개시결정에 대하여 채무자는 소멸시효 완성을 이유로 20○○. ○경 경매개시결정에 대한 이의신청을 한 것입니다. 그러나 채무자의 이의에 대하여 ○○지방법원은 납득할 수 없는 사유로 기각결정을 한바, 이 건 항고에 이른 것입니다.

20○○. ○. ○.

위 항고인 박 ○ ○ (인)

○○지방법원 귀중

작성방법

1. 재판의 고지일로부터 7일 이내에 원심법원에 항고장 1부를 제출한다.
2. 인지대 4,000원, 송달료는 당사자수 3회분이다.

4. 경매의 준비

가. 배당요구의 종기결정 및 공고

집행법원은 경매개시결정에 따른 압류의 효력이 생긴 때(그 경매개시결정전에 다른 경매개시결정이 있은 경우를 제외한다)로부터 1주 이내에 배당요구를 할 수 있는 종기(終期)

를 첫 매각기일 이전으로 정한다. 배당요구의 종기가 정하여진 때에는 법원은 경매개시결정을 한 취지 및 배당요구의 종기를 공고하고, 최선순위 전세권자[47] 및 법원에 알려진 배당요구채권자(집행력 있는 정본을 가진 채권자, 경매개시결정이 등기된 뒤에 가압류를 한 채권자, 민법·상법, 그 밖의 법률에 의하여 우선변제청구권이 있는 채권자)에게 이를 고지하여야 한다(민집 84조, 91조 4항, 88조 1항). 다만 법원은 특별히 필요하다고 인정하는 경우[48]에는 배당요구의 종기를 연기할 수 있다(민집 84조).

나. 채권신고의 최고

법원사무관 등은 첫 경매개시결정등기전에 등기된 가압류채권자(민집 148조 3호) 및 저당권·전세권, 그 밖의 우선변제청구권으로서 첫 경매개시결정등기전에 등기되었고 매각으로 소멸하는 것을 가진 채권자(민집 148조 4호),[49] 조세 및 그 밖의 공과금을 주관하는 공공기관[50]에 대하여 채권의 유무, 그 원인 및 액수(원금·이자·비용, 그 밖의 부대채권(附帶債權)을 포함한다)를 배당요구의 종기까지 법원에 신고하도록 최고하여야 한다. 위 민사집행법 148조 3호 및 4호의 채권자가 위 채권신고를 하지 아니한 때에는 그 채권자의 채권액은 등기사항증명서 등 집행기록에 있는 서류와 증빙(證憑)에

47) 저당권·압류채권·가압류채권에 대항할 수 있는 최선순위 전세권은 매각으로 소멸되지 않고 매수인이 인수하지만 전세권자가 배당요구를 하면 매각으로 소멸된다(민집 91조).

48) 감정평가나 현황조사가 예상보다 늦어지는 경우, 촉탁이나 통보 과정에서 절차가 누락되거나 지연되는 경우, 절차상 하자로 인하여 다시 절차를 밟아야 하는 경우 등의 특별한 사정이 없는 한 배당요구의 종기는 채권자 등의 이해관계에 커다란 영향을 미치므로 함부로 연기하여서는 아니된다.

49) 민사집행법 148조 3~4호 채권자는 배당요구 없이도 배당을 받을 수 있는 채권자에 해당하는바, 배당요구채권자(민집 88조)의 경우 이미 채권액을 명시한 배당요구서가 있음에도 구태여 채권계산서를 다시 제출하라고 할 필요가 없고, 채권계산서 제출의 종기가 배당요구의 종기와 일치하므로 배당요구채권자에게 이중의 부담을 주는 것으로서 불필요하므로 그 최고의 대상을 배당요구 없이도 배당을 받을 수 있는 채권자로 제한하였다.

50) 국세 등의 교부청구채권자는 경매개시결정등기 이전에 체납처분에 의한 압류등기 또는 국세징수법 24조 2항에 의한 보전압류의 등기를 하지 않은 한 배당요구종기까지 배당요구로서 교부청구를 하여야만 배당을 받을 수 있는 배당요구채권자(민집 88조)에 해당하므로 별도의 최고가 필요하지 않지만 조세징수의 편의를 위하여 특별히 채권신고를 최고하도록 규정하고 있다. 위 최고를 받고 채권신고를 하지 않았다고 하여 배당요구를 할 수 없는 것은 아니다. 반면 공공기관에서 채권신고서만 제출하고 별도의 교부청구를 하지 않은 경우 배당요구의 원인사실 및 액수 등을 특정하기에 충분한 정도의 내용을 기재한 채권신고서를 배당요구종기 이전에 집행법원에 제출하였다면 이로써 적법한 방식에 의한 배당요구를 하였다고 봄이 상당하다.

따라 계산한다. 이 경우 다시 채권액을 추가하지 못한다(민집 84조).[51] 최고를 받을 채권자가 외국에 있거나 있는 곳이 분명하지 아니한 때에는 최고할 사항을 공고하면 된다. 실무에서는 통상 법원게시판에 게시하여 공고하거나 법원경매정보 홈페이지에 공고한다.

집행법원은 소유권의 이전에 관한 가등기가 되어 있는 부동산에 대한 강제경매 등의 개시결정(開始決定)이 있는 경우에는 가등기권리자에게 해당 가등기가 담보가등기인 경우에는 그 내용과 채권(이자나 그 밖의 부수채권(附隨債權)을 포함한다)의 존부(存否)·원인 및 금액을, 해당 가등기가 담보가등기가 아닌 경우에는 그 내용을 법원에 신고하도록 적당한 기간을 정하여 최고(催告)하여야 한다(가담 16조).

담보가등기를 마친 부동산에 대하여 강제경매 등이 개시된 경우에 담보가등기권리자는 다른 채권자보다 자기채권을 우선변제 받을 권리가 있다. 이 경우 그 순위에 관하여는 그 담보가등기권리를 저당권으로 보고, 그 담보가등기를 마친 때에 그 저당권의 설정등기(設定登記)가 행하여진 것으로 본다(가담 13조). 담보가등기를 마친 부동산에 대하여 강제경매 등이 행하여진 경우에는 담보가등기권리는 그 부동산의 매각에 의하여 소멸한다(가담 15조). 압류등기 전에 이루어진 담보가등기권리가 매각에 의하여 소멸되면 채권신고를 한 경우에만 그 채권자는 매각대금을 배당받거나 변제금을 받을 수 있다(가담 16조).

51) 담보권의 실행을 위한 경매절차에서 경매신청채권자에 우선하는 근저당권자는 배당요구를 하지 아니하더라도 당연히 등기부상 기재된 채권최고액의 범위 내에서 그 순위에 따른 배당을 받을 수 있으므로, 그러한 근저당권자가 채권계산서를 제출하지 않았다고 하더라도 배당에서 제외할 수 없고, 또한 위 근저당권자는 경락기일 전에 일응 피담보채권액을 기재한 채권계산서를 제출하였다고 하더라도 그 후 배당표가 작성될 때까지 피담보채권액을 보정하는 채권계산서를 다시 제출할 수 있다고 할 것이며, 이 경우 배당법원으로서는 특단의 사정이 없는 한 배당표 작성 당시까지 제출한 채권계산서와 증빙 등에 의하여 위 근저당권자가 등기부상 기재된 채권최고액의 범위 내에서 배당받을 채권액을 산정하여야 한다(대법원 1999. 1.26. 선고 98다21946 판결).

[서식 43] 채권계산서

채 권 계 산 서

사건번호 20○○타경○○○ 부동산강제경매

채 권 자 박 ○ ○

채 무 자 정 ○ ○

위 사건에 관하여 채권자는 채무자에 대하여 아래와 같은 채권을 가지고 있으므로 채권계산서를 제출합니다.

아 래

1. 원 금 금 8,000,000원 (○○지방법원 20○○머○○○호 집행력 있는 조정조서 결정에 의한 금원)

2. 이 자 금 ○○○○원 (위 금원에 대한 20○○. ○. ○.부터 20○○. ○. ○.까지 ○○일간 연 2할의 비율에 의한 금원)

3. 합 계 금 ○○○,○○○원

20○○. ○. ○.

채권자 박 ○ ○ (인)

○○지방법원 귀중

[서식 44] 채권계산서

채 권 계 산 서

사 건 20○○타경 ○○ 부동산임의경매

채 권 자 ○○새마을금고

채무자 겸 소유자 ○○순 학

위 사건에 관하여 채권자 ○○○은 다음과 같이 채권계산서를 제출합니다.

다 음

1. 원금 : 40,975,000원[약정금 청구채권]

2. 배당요구종기(20○○. ○. ○.)까지의 지연손해금 : 4,827,191원
   위 약정금채권의 발생일인 20○○. ○. ○.부터 이 사건 배당요구 종기인 20○○. ○. ○.까지 소송촉진등에관한특례법소정의 연 20%의 비율에 의한 지연손해금(별지 1 : 배당요구종기일까지의 채권원리금액 계산표 참조)

3. 배당요구종기 이후 완제일까지의 지연손해금
   위 원금에 대하여 이 사건 배당요구종기의 익일인 20○○. ○. ○.부터 완제일까지 소송촉진 등에 관한 특례법 소정의 연 20%의 비율에 의한 지연손해금

4. 그 밖의 부대채권 및 집행비용 : 151,060원
   가. 가압류 및 가압류 집행비용
   ① 인지대 : 2,500원 ② 송달료 : 18,120원
   ③ 보증보험료 : 21,100원 ④ 등록세 및 교육세 : 98,340원
   ⑤ 발급대행비 : 5,000원 ⑥ 대법원 증지 : 6,000원

※ 합계 : 45,953,251원(= 40,975,000원 + 4,827,191원 + 151,060원) 및 원금 40,975,000에 대한 20○○. ○. ○.부터 완제일까지 소송촉진 등에 관한 특례법 소정의 연 20%의 비율에 의한 지연손해금

20○○. ○. ○.

채권자 ○ ○ ○ (인)

○○지방법원 민사신청과 경매○과 귀중

[서식 45] **채권계산서**(임차인, 상사)

채 권 계 산 서

사 건 20○○타경 ○○○ 부동산강제(임의)경매

채 권 자 ○ ○ ○

채 무 자 ○ ○ ○

소 유 자 ○ ○ ○ 외 1

배당요구채권자 ○○○○ 주식회사

위 사건에 관하여 배당요구채권자는 다음과 같이 채권계산서를 제출합니다.

다 음

1. 청구하는 채권의 내용
   원금 : 30,000,000원, 임대차보증금

첨 부 서 류

1. 부동산임대차계약서 사본 1통
1. 등록사항등의 현황서(* 세무서 발행) 1통

20○○. ○. ○.

배당요구채권자 ○○○○ 주식회사
대표이사 ○ ○ ○ (인)

○○지방법원 귀중

다. 현황조사

집행법원은 경매개시결정을 한 뒤에 바로 집행관에게 부동산의 현상, 점유관계, 차임(借賃) 또는 보증금의 액수, 그 밖의 현황에 관하여 조사하도록 명하여야 한다(민집 85조). 집행관은 현황조사를 위하여 부동산에 출입할 수 있고, 채무자 또는 건물을 점유하는 제3자에게 질문하거나 문서(임대차계약서 등)를 제시하도록 요구할 수 있으며, 필요한 때에는 잠긴 문을 여는 등 적절한 처분을 할 수 있다(민집 85조, 82조). 집행관은 현황조사를 하기 위하여 필요한 때에는 소속 지방법원의 관할구역 밖에서도 그 직무를 행할 수 있고(민집규 46조), 저항을 받으면 경찰 또는 국군의 원조를 요청할 수도 있다(민집 5조).

집행관이 2주 안에 현황을 조사한 후 작성하여 법원에 내는 현황조사보고서는 매각물건명세서 사본과 함께 매각기일(기간입찰의 방법으로 진행하는 경우에는 입찰기간의 개시일) 1주 전까지 비치하여 매각실시일까지 계속 일반에 공시된다(민집규 55조). 다만 법원은 상당하다고 인정하는 때에는 매각물건명세서·현황조사보고서 및 평가서의 기재내용을 전자통신매체로 공시함으로써 그 사본의 비치에 갈음할 수 있다.

집행관의 현황조사 자체는 집행관이 집행기관으로서 행하는 직무집행이 아니라 집행법원의 보조기관으로서 행하는 직무집행이므로 집행에 관한 이의의 대상이 될 수 없고, 다만 이에 터 잡아 이루어진 그 이후의 결정 즉 최저매각가격의 결정이나 일괄매각결정 등에 대하여 집행에 관한 이의를 신청하거나(민집 16조), 매각허가 이후에는 매각허가에 대한 이의 또는 매각허가결정에 대한 항고로 다툴 수밖에 없을 것이다.

[기재례 4] 현황조사보고서의 조사내용

1. 부동산의 현상 및 점유관계
   가. 부동산의 위치, 현상, 사용용도 및 내부구조 등(현장도면, 사진 첨부)
   나. 조사대상건물이 멸실되고 다른 건물이 신축되어 있는 경우에는 관계인의 진술과 동일성 여부
   다. 부동산의 점유자와 소유자가 다른 경우에는 점유자, 점유권원, 점유기간, 점유부분
   라. 감정평가에 중대한 영향을 미칠 수 있는 부합물, 종물, 구성부분(제시외 건물, 고가의 정원석, 건축 중인 건물 등)이 있는 경우에는 그 내용 및 제시외 건물의 보존등기 여부(사진 등 자료첨부)

2. 임대차관계
   가. 임차목적물의 용도, 주민등록(단, 상가건물의 경우에는 등록사항 등의 현황서)상의 동·호수와 등기부등본 등 공부상의 동·호수(용도가 주거와 영업의 겸용인 경우에는 주거부분 및 영업용 부분을 명확히 도면에 구분하여 표시), 주민등록 또는 등록사항 등의 현황서상의 동·호수와 공부상에 표시된 동·호수가 상이한 경우에는 실제의 동·호수
   나. 임대차계약의 내용(임차인의 이름, 임차보증금, 임차기간, 확정일자 유무 등)
   다. 매각부동산에 여러 명의 임차인이 있는 경우에는 각 임차인의 해당 임차부분, 입주인원수, 임차목적물이 주택인 경우에는 임차인 본인 및 그 가족들의 전·출입상황(건물의 내부구조와 각 부분별로 임차인을 표시한 도면을 첨부)
   라. 매각부동산이 주택인 경우에는 그 소재지에 전입신고된 세대주 전원에 대한 주민등록 등·초본, 상가건물인 경우에는 임차인 전원에 대한 등록사항 등의 현황서 및 건물도면의 등본 첨부

3. 그 밖의 현황

라. 임차인에 대한 통지

집행법원은 집행관의 현황조사보고서 등의 기재에 의하여 주택임차인(상가건물임차인)으로 판명된 자, 임차인인지 여부가 명백하지 아니한 자 또는 임차인으로 권리신고를 하고 배당요구를 하지 아니한 자에 대하여 통지서를 송부하여 주택임대차보호법 3조 1항이 정하는 대항요건과 임대차계약서 상의 확정일자를 구비한 임차인 또는 같은 법 8조 1항이 정하는 소액임차인이거나, 상가건물 임대차보호법 3조 1항이

정하는 대항요건을 갖추고 임대차계약서 상의 확정일자를 받은 임차인 또는 같은 법 14조 1항이 정하는 소액임차인이라도 배당요구의 종기까지 배당요구를 하여야만 우선변제를 받을 수 있음을 고지하여야 한다(재민 98-6). 이 통지를 받은 임차인은 배당요구의 종기까지 배당요구를 하여야 배당을 받을 수 있다.

[서식 46] 권리신고 및 배당요구서

권리신고서 및 배당요구서

사건번호　　20○○타경 ○○○　부동산강제경매

채 권 자　　박 ○ ○

채 무 자　　정 ○ ○

소 유 자　　이 ○ ○

본인은 이 사건 경매절차에서 임차보증금을 변제받기 위하여 아래와 같이 권리신고 및 배당요구를 하오니 경락대금에서 우선 변제하여 주시기 바랍니다.

아　　　래

1. 계　　약　　일: 20○○. ○. ○.
2. 계 약 당 사 자: 임대인 ○○○
   임차인 ○○○
3. 임 대 차 기 간: 20○○. ○. ○.부터 20○○. ○. ○.까지
4. 임대차보증금: ○○만 원
5. 임　차　부　분: 전부
6. 입　　주　　일: 20○○. ○. ○.
7. 주민등록전입일: 20○○. ○. ○.
8. 확　정　일　자: 20○○. ○. ○.

첨 부 서 류

1. 임대차계약서　　　　1통

1. 주민등록등본 1통

20○○. ○. ○.

권리신고 및 배당요구자 박 ○ ○ (인)

○○지방법원 귀중

[서식 47] 권리신고 및 배당요구서(상가건물임대차)

권리신고서 및 배당요구서

사건번호 20○○타경 ○○○ 부동산강제경매

채 권 자 박 ○ ○

채 무 자 정 ○ ○

소 유 자 이 ○ ○

임차인은 위 사건 매각절차에서 임차보증금을 변제받기 위하여 아래와 같이 권리신고 및 배당요구신청을 합니다.

아 래

1. 계 약 일: 20○○. ○. ○.
2. 계 약 당 사 자: 임대인 ○○○
   임차인 ○○○
3. 임 대 차 기 간: 20○○. ○. ○.부터 20○○. ○. ○.까지
4. 임대차보증금: 보증금 ○○○만 원에 월세 ○○만 원
5. 임 차 부 분: 일부(1층 중 90㎡)
6. 건물의 인도일: 20○○. ○. ○.

7. 사업자등록신청일 : 20○○. ○. ○.
8. 전세권, 임차권등기 : 없음

첨 부 서 류

1. 임대차계약서 1통
1. 사업자등록증 1통
1. 건물의 도면 1통

20○○. ○. ○.

권리신고 및 배당요구자 박 ○ ○ (인)

○○지방법원 귀중

[서식 48] 배당요구신청서

배 당 요 구 신 청

사건번호 20○○타경 ○○○ 부동산강제경매

채 권 자 박 ○ ○

채 무 자 정 ○ ○

배당요구채권자 이 ○ ○
서울 ○○구 ○○동 ○○

배당요구채권

1. 금 ○○,○○○,○○○원
○○지방법원 20○○차 ○○○ 대여금독촉사건의 집행력 있는 지급명령정본에 기한 채권 금 ○○,○○○,○○○원의 변제금

1. 위 금원에 대한 20○○. ○. ○.부터 완제일까지 연 20%의 지연손해금

신 청 원 인

위 채권자 채무자간 귀원 20○○타경 ○○○ 부동산강제경매사건에 관하여 채권자는 채무자에 대하여 전기 집행력 있는 정본에 기한 채권을 가지고 있으므로 위 매각대금에 관하여 배당요구를 합니다.

첨 부 서 류

1. 판결문 1통

20○○. ○. ○.

위 배당요구자 ○ ○ ○ (인)

○○지방법원 귀중

[서식 49] 배당요구신청서(가압류권자)

권리신고 및 배당요구신청서

채 권 자 농업협동조합중앙회
○○시 ○○구 ○○로 ○○(○○동) (○○여신관리단)

권 리 신 고 및 ○○농업협동조합
배당요구채권자 조합장 ○ ○ ○

채무자겸 소유자 ○ ○ ○

위 당사자간 ○○지방법원 ○○지원 20○○타경 ○○○호 부동산강제경매 신청사건에 관하여 권리신고인겸 배당요구채권자는 위 사건 경매목적물에 관하여 다음과 같이

가압류기입등기가 경료되었으므로 권리신고 및 배당요구신청을 합니다.

다　　　음

1. 배당요구채권의 청구금액 : 금 63,082,329원,

가. 배당요구채권의 청구금액 : 별지 기재와 같음

나. 배당요구원인

(1) 가압류채권자의 채권내용

(가) 가압류채권자 : ○○농업협동조합

(나) 가압류채권의 내역 : 2011. 6. 22.자 및 2012. 12. 6.자 각 보증채무금
: ○○지방법원 ○○지원의 가압류결정 (2016카단 ○○○호)

(다) 가압류기입등기일 : 2016. 4. 27.자
(○○지방법원 ○○등기소 접수번호 제○○○호)

(라) 경매기입등기일 : 2016. 1. 23.

(2) 위와 같이 이 사건 목적부동산에 대하여 경매기입등기일 이후에 가압류기입등기를 한 가압류채권자이므로 민사집행법 제88조 제1항의 규정에 의하여 배당을 받고자(그 권리를 신고함과 동시에) 배당요구를 신청합니다.

첨 부 서 류

1. 법인등기사항일부증명서	1통
1. 가압류결정정본 사본	1통
1. 권리신고 및 배당요구신청서 부본	1통
1. 위임장	1통

20○○. ○. ○.

배당요구채권자(경매기입등기후의 가압류채권자)
○○농업협동조합
조합장 ○ ○ ○ (인)

○○지방법원 귀중

마. 부동산의 평가 및 최저매각가격의 결정

집행법원은 감정인(鑑定人)에게 부동산을 평가하게 하고 그 평가액을 참작하여 최저매각가격을 정하여야 한다(민집 97조). 최저매각가격은 경매에 있어 매각을 허가하는 최저의 가격으로 그 액에 미달하는 매수신청에 대하여는 매각허가가 되지 아니한다. 부동산경매사건에서는 최저매각가격의 결정을 위하여 감정인을 선임함에 있어 감정평가사를 감정인으로 선정함을 원칙으로 하고 있고, 감정인의 평가액을 그대로 최저매각가격으로 정하고 있는 것이 통례이다.

최저매각가격의 결정에는 집행에 관한 이의를 신청할 수 있다(민집 16조). 다만 이에 대한 집행에 관한 이의는 매각기일까지로 한정하고 매각허가 이후에는 매각허가에 대한 이의 또는 매각허가결정에 대한 항고로 다툴 수 있다.

[기재례 5] 감정 평가서의 기재내용

1. 사건의 표시, 부동산의 표시
2. 부동산의 평가액과 평가연월일
   가. 제시외 건물이 있는 경우에는 반드시 그 가액을 평가하고, 제시외 건물이 경매대상에서 제외되어(예, 부합물이나 종물이 아닌 경우) 그 대지가 소유권의 행사를 제한받은 경우에는 그 가액
   나. 등기부상 지목과 현황이 다른 토지의 경우는 등기부상 지목 및 현황에 따른 그 가액도 평가
3. 부동산이 있는 곳의 환경(도면, 사진 첨부)
4. 토지에 관한 기재사항
   가. 지 적
   나. 법령에서 정한 규제 또는 제한의 유무와 내용
   다. 공시지가
   라. 평가의 참고가 되는 사항
5. 건물에 관한 기재사항
   가. 건물의 종류, 구조, 평면적, 추정되는 잔존내구연수 등
   나. 평가에 참고가 되는 사항
6. 평가액의 구체적 산출과정
7. 추가적 기재사항

㈜ 현황조사보고서와 감정평가서가 제시외 건물의 유무, 건물의 소재지번 등에서 차이가 나는 경우가

있을 수 있는데, 이 경우에 법원은 감정인에게 현황조사보고서 사본을 첨부하여 감정보완을 명하고 있다. 또한 필요한 경우에는 집행관에게도 현황조사의 보완을 명하는 경우도 있다.

바. 매각물건명세서

집행법원은 ① 부동산의 표시, ② 부동산의 점유자와 점유의 권원, 점유할 수 있는 기간, 차임 또는 보증금에 관한 관계인의 진술, ③ 등기된 부동산에 대한 권리 또는 가처분으로서 매각으로 효력을 잃지 아니하는 것, ④ 매각에 따라 설정된 것으로 보게 되는 지상권의 개요의 사항을 적은 매각물건명세서를 작성하여야 하고, 이러한 매각물건명세서 및 현황조사보고서, 평가서의 사본을 매각기일의 1주 전까지 법원에 비치하여 누구든지 볼 수 있도록 하여야 한다(민집 105조, 민집규 55조).

법원은 매각물건명세서를 작성함에 있어서 필요한 경우에는 이해관계인 그 밖의 참고인(임차권을 주장하고 있는 자로서 점유취득시기 등이 불명확한 자, 현황조사를 실시한 집행관 등)을 심문할 수 있다(민집규 2조).

매각물건명세서의 작성에 중대한 흠이 있는 때에는 매각허가에 대한 이의(민집 121조 5호), 직권에 의한 매각불허가(민집 123조), 매각허가결정에 대한 즉시항고(민집 130조)의 사유가 된다.

[서식 50] 매각물건명세서

<table>
<tr><td colspan="11" align="center">매 각 물 건 명 세 서</td></tr>
<tr><td>사 건</td><td colspan="2">20○○타경123호
부동산강제경매</td><td>매 각
물건번호</td><td colspan="2"></td><td>작 성
일 자</td><td>20○○.
○. ○.</td><td>담 임
법 관</td><td colspan="2">(인)</td></tr>
<tr><td colspan="6">부동산의 표시, 감정평가액·최저매각가격,
수신청의 보증금액과 보증제공방법</td><td colspan="2">별지기재와 같음.</td><td>최선순위
설정</td><td colspan="2"></td></tr>
<tr><td colspan="11">부동산의 점유자와 점유의 권원, 점유할 수 있는 기간, 차임 또는 보증금에 관한 관계인의 진술 및 임차인이 있는 경우 배당요구 여부와 그 일자, 전입신고일자 또는 사업자등록신청일자와 확정일자의 유무와 그 일자</td></tr>
<tr><td>점유자
성 명</td><td>점유
부분</td><td>점유의
근 원</td><td>임대차
기 간
(점유기간)</td><td>보증금</td><td>차임</td><td>전입신고
(사업자등록)
일자</td><td>확정
일자</td><td colspan="3">배당요구여부
(배당요구일자)</td></tr>
</table>

* 위 최선순위 설정일자보다 대항요건을 먼저 갖춘 주택, 상가건물 임차인의 임차보증금은 매수인에게 인수되는 경우가 발생할 수 있고 대항력과 우선변제권이 있는 주택, 상가건물 임차인이 배당요구를 하였으나 보증금 전액에 관하여 배당을 받지 아니한 경우에는 배당받지 못한 잔액이 매수인에게 인수되게 됨을 주의하시기 바랍니다.								
등기된 부동산에 관한 권리 또는 가처분으로서 매각으로 그 효력이 소멸되지 아니하는 것								
매각에 따라 설정된 것으로 보는 지상권의 개요								
비 고 란								

사. 경매기록의 열람과 복사

매각절차상의 이해관계인(민집 90조, 268조) 이외의 자로서 매각기일 이외의 기간 중에 경매기록에 대한 열람·복사를 신청할 수 있는 이해관계인은 ① 파산관재인이 집행당사자가 된 경우의 파산자인 채무자와 소유자, ② 매수신고인(다만 매각허부결정이 선고된 이후에는 최고가매수신고인, 차순위매수신고인 및 매수인에 한정한다), ③ 민법·상법, 그 밖의 법률에 의하여 우선변제청구권이 있는 배당요구채권자, ④ 대항요건을 구비하지 못한 임차인으로서 현황조사보고서에 표시되어 있는 사람, ⑤ 건물을 매각하는 경우의 그 대지 소유자, 대지를 매각하는 경우의 그 지상 건물 소유자, ⑥ 가압류채권자, 가처분채권자(점유이전금지가처분 채권자를 포함한다)에 한정된다.

경매기록에 대한 복사를 신청하는 자는 경매기록 전체에 대한 복사신청을 하여서는 아니되고 경매기록 중 복사할 부분을 특정하여 신청하여야 한다.

〈대법원 경매정보 사이트(www.courtauction.go.kr)〉

아. 남을 가망이 없는 경우의 경매취소

집행법원은 최저매각가격으로 압류채권자의 채권에 우선하는 부동산의 모든 부담과 절차비용을 변제하면 남을 것이 없겠다고 인정한 때에는 압류채권자에게 이를 통지하여야 한다. 압류채권자가 위 통지를 받은 날부터 1주 이내에 위 부담과 비용을 변제하고 남을 만한 가격을 정하여 그 가격에 맞는 매수신고가 없을 때에는 자기가 그 가격으로 매수하겠다고 신청하면서 충분한 보증을 제공하지 아니하는 한, 집행법원은 경매절차를 취소하여야 한다(민집 102조).

다만 위 기간이 지난 뒤라도 취소결정 전에 적법한 매수신청 및 보증의 제공을 하면 경매절차를 계속하여 진행한다. 그러나 압류채권자가 매각부동산을 취득할 자격이 없는 경우에는 위 통지 및 매수신고의 절차를 생략하고 곧바로 경매절차를 취소할 수 있다.

(1) 압류채권자의 채권에 우선하는 부동산의 부담

압류채권자의 채권에 우선하는 부동산의 부담이란 매각부동산의 매각대금에서 압류채권자에 우선하여 변제받을 수 있는 채권으로서 당해 매각절차에서 밝혀진 것을 말한다.

(가) 저 당 권

부동산상의 저당권은 매각에 의하여 소멸하고 매각대금으로부터 배당을 받을 수 있으므로 선순위 저당권으로 담보되는 채권은 우선채권에 해당한다. 이때 우선채권의 범위는 피담보채권의 원본과 이자 및 원본의 이행기를 경과한 후의 1년분의 지연손해금이다. 이자나 지연손해금에 관하여 우선권을 인정받기 위해서는 그에 관한 약정을 등기하여야 한다(부등법 140조). 근저당권의 경우에는 근저당권자의 신고액이나 집행당사자가 증명하는 피담보채권액을 우선채권액으로 하되, 이러한 실제의 채권액이 밝혀지지 아니하는 한 등기된 채권최고액을 우선채권액으로 한다.

공공저당권의 목적이 된 여러 개의 부동산 중 1개만이 이시매각되는 경우 또는 여러 개의 부동산이 개별매각되는 경우에도 피담보채권 전액이 우선채권으로 된다. 그러나 공동저당권의 목적이 된 여러 개의 부동산이 동시에 일괄매각되는 경우에는 그 피담보채권 전액이 한번만 우선채권의 범위에 산입될 뿐이고 각 부동산마다의 피담보채권액을 합산한 액이 우선채권으로 되는 것은 아니다. 공동저당의 부동산이 일괄매각이 아니더라도 한 절차에서 함께 매각되어 동시배당의 가능성이 있는 경우에는 함께 매각되는 각 부동산이 부담하여야 할 부담부분을 계산하여 무잉여를 판단하여야 하고, 어느 한 부동산에만 전액을 우선채권으로 계산해서는 안된다.

근저당권자가 집행권원을 가지고 강제경매를 신청한 경우에는 채권자에게 근저당권의 피담보채권과 집행권원상의 채권이 동일성 여부를 밝히도록 보정을 명한 후 그 결과 집행권원상의 채권과 근저당권의 피담보채권이 동일한 채권인 경우에는 근저당권의 피담보채권액을 선순위채권액의 계산에서 제외하여 남을 가망 여부를 판단하고, 집행권원상의 채권과 근저당권의 피담보채권이 별개인 경우에는 근저당권의 피담보채권액을 선순위채권액의 계산에 포함시켜 잉여 여부를 판단하여 집행권원상의 채권에 관하여 배당을 받을 수 없다면 남을 가망이 없다는 통지를 한다.

(나) 전 세 권

선순위 전세권 중 민사집행법 91조 3항의 적용을 받아 매각으로 인하여 소멸할 전세권인 경우에는 그 전세금반환채권도 우선채권에 해당한다. 최선순위 전세권은 매각으로 인하여 소멸하지 않으므로(민집 91조 4항 본문), 원칙적으로 우선채권에 포함시키지 않으나, 그 전세권자가 민사집행법 88조에 따라 배당요구의 종기까지 배당요구를 하면 매각으로 소멸하므로(민집 91조 4항 단서), 우선채권에 포함된다.

(다) 가등기담보권

선순위 가등기담보권에 의하여 담보되는 채권은 우선채권에 포함되나, 권리자가 채권을 증명하여 집행법원에 신고하지 않으면 담보가등기인지 순위보전의 가등기인지 알 수 없으므로, 담보가등기로 신고된 경우에만 우선채권의 범위에 들어간다.

(라) 국세, 지방세, 국민건강보험료, 국민연금보험료, 고용보험료, 산업재해보상보험료, 지방자치단체의 사용료·수수료·공과금

국세, 지방세, 국민건강보험료, 국민연금보험료, 고용보험료, 산업재해보상보험료, 지방자치단체의 사용료·수수료·공과금은 실체법상 우선권이 인정되므로 그 순위가 압류채권자의 권리에 우선하는 때에는 우선채권에 해당한다. 당해세인가 여부를 묻지 아니한다.

경매개시결정등기 이후에 체납처분에 의한 압류등기가 마쳐진 경우에는 교부청구 또는 참가압류를 하여야만 배당에 참가할 수 있다. 이때 우선채권으로 되는 액은 교부청구서 또는 참가압류통지서에 기재된 금액이다.

(마) 임금·퇴직금·재해보상금 그 밖의 근로관계로 말미암은 채권

임금·퇴직금·재해보상금 그 밖의 근로관계로 말미암은 채권도 우선채권에 포함된다(근기 38조). 다만 우선채권으로 인정받기 위해서는 채권자의 배당요구가 필요하다.

(바) 임차보증금

주택임대차보호법 8조 1항의 요건을 갖춘 소액보증금 중 일정액 및 같은 법 3조의2 2항의 요건을 갖춘 임차보증금 및 상가건물임대차보호법 14조 1항의 요건을 갖춘 소액보증금 중 일정액 및 같은 법 5조 2항의 요건을 갖춘 임차보증금은 우선채권에 포함된다. 다만 우선채권으로 인정받기 위해서는 채권자의 배당요구가 필요하다.

(사) 저당물의 제3취득자의 비용상환청구권

저당권이 설정된 부동산을 강제경매하는 경우 필요비·유익비를 지출한 제3취득자는 민법 367조의 규정에 따라 우선권을 가지므로 그 비용상환청구권도 우선채권에 포함된다. 다만 우선채권으로 인정받기 위해서는 채권자의 배당요구가 필요하다.

(2) 절차비용

매각절차비용은 항상 매각대금으로부터 우선변제 받으므로 이것도 우선채권에 해당한다. 이미 지출되었음이 기록상 명백한 경매개시결정등기의 등록세와 지방교육세, 감정료, 현황조사비용, 각종 증명서 작성비용 등뿐만 아니라 장차 매각절차를 완결할 때까지 지출될 것이 예상되는 매각수수료 등 제반비용도 포함시켜 법원이 산정하여야 한다.

(3) 일괄매각의 경우

여러 개의 부동산을 동시에 매각하는 경우 각개의 부동산에 대하여 남을 가망이 있는지 여부를 심사하여야 한다. 그러나 여러 개의 부동산에 관하여 일괄매각의 결정을 한 경우 여러 개의 부동산을 1개의 부동산으로 보아 심사한다. 민법 365조에 의한 일괄매각(저당지상의 건물에 대한 경매청구권)의 경우 건물의 매각대금에서 남을 것이 없다고 하여도 토지 부분에 대한 매각대금에서 배당받을 수 있는 한 경매를 속행한다.

(4) 절 차

집행법원은 ① 매각절차의 시초부터 최저매각가격이 우선채권 총액에 미달하는 경우, ② 매각기일에 매수신고가 없어 새 매각에 있어서 최저매각가격을 저감한 결과 우선채권 총액에 미달하는 경우, ③ 압류가 경합되어 먼저 개시결정한 경매신청이 취하되거나 매각절차가 취소되어 뒤의 개시결정에 의하여 경매가 진행되는 경우 뒤의 경매신청인에 대한 관계에 있어서 우선채권총액이 최저매각가격을 초과하는 경우, ④ 매수인이 대금지급기한에 대금을 납부하지 아니하여 재매각을 하게 되는 경우 최저매각가액과 전의 매수인이 제공한 보증금의 합계액이 우선채권 총액을 넘지 않을 때, 압류채권자에게 그 취지를 통지하여야 한다(민집 102조 1항).

압류채권자가 위 통지를 받은 날부터 1주 안에 최저매각가격으로 압류채권자의 채권에 우선하는 부동산의 모든 부담과 절차비용을 변제하고 남을 것이 있다는 사실을 증명한 때에는 법원은 경매절차를 계속하여 진행하여야 한다(민집규 53조). 압류채권자는 최저매각가격이 지나치게 낮게 결정되었다고 다투거나, 집행비용액의 산정에 오류가 있다고 다투거나, 우선채권이 신고가 잘못되었거나 소멸·부존재 한다고 다툴 수 있다.

압류채권자가 위 통지를 받은 날부터 1주 이내에 압류채권자의 채권에 우선하는 부동산의 모든 부담과 절차비용을 변제하고 남을 만한 가격을 정하여 그 가격에 맞는 매수신고가 없을 때에는 자기가 그 가격으로 매수하겠다고 신청하면서 충분한 보증을 제공하지 아니하면, 법원은 경매절차를 취소하여야 한다(민집 102조 2항). 다만 위 기간경과 후라 할지라도 취소결정 전에 적법한 매수신청 및 보증제공이 있으면 경매절차를 속행하여야 한다. 매수신청액은 모든 우선채권액을 넘는 금액이어야 하며, 실무상 보증액은 매수신청액에서 최저매각가격을 뺀 액수이다. 예를 들어 우선채권액이 1억 원이고 절차비용이 300만 원인데 최저매각가격이 9,000만 원에 불과한 경우, 집행법원은 압류채권자에게 남을 가망이 없음을 통지하여야 하고, 압류채권자는 최소한 1억 300만 원 이상의 금액으로 매수신청을 하고, 보증으로는 1,300만 원(= 매수신고액 1억 300만 원 - 최저매각가격 9,000만 원) 이상을 제공하여야 한다. 보증의 제공 방법은 금전, 유가증권 및 지급보증위탁계약체결 증명문서의 세 가지가 있고, 이 가운데 어느 하나를 집행법원에 제출하는 방법으로 제공하여야 한다. 다만 법원은 상당하다고 인정하는 때에는 보증의 제공방법을 제한할 수 있다(민집규 54조 1항). 압류채권자는 위 취소결정에 대하여 즉시항고 할 수 있다(민집 102조 3항).

남을 가망이 없는데도 집행법원이 이를 간과하고 경매절차를 진행한 경우 최고가 매수신고인의 매수가격이 우선채권 총액과 절차비용을 초과하는 한 그 절차 위반의 하자가 치유된다. 그러나 그 매수가액이 우선채권총액과 절차비용에 미달하는 때에는 집행법원은 매각불허가결정을 하여야 한다. 남을 가망이 없음에도 매각허가결정을 한 경우 즉시항고를 할 수 있는 자는 압류채권자와 우선채권자에 한하고 채무자와 소유자는 항고 할 수 없다. 다만 매각결정기일까지도 그 과오를 발견하지 못하여 매각허가결정이 확정되고 매수인이 대금을 지급하였으면 그 후에는 그 하자를 이유로 매수인의 소유권취득을 부정할 수 없다.

자. 매각조건의 결정

(1) 매각조건의 의의

매각조건이란 법원이 부동산을 매각하여 그 소유권을 매수인에게 이전시키는데 있어서 지켜야 할 조건을 말한다.

(2) 매각조건의 종류

(가) 법정매각조건

법정매각조건이란 민사집행법이 정한 매각조건을 말하는바, 강제경매는 소유자의 의사와 관계없이 이루어지고 이해관계인도 많으므로 법이 매각조건을 획일적으로 정할 필요가 있다.

(나) 특별매각조건

특별매각조건이란 이해관계인의 합의 또는 법원의 직권으로 변경한 매각조건을 말하는바, 법정매각조건 중에서 공공의 이익이나 경매의 본질과 관계가 없는 조건들은 관련되는 이해관계인 전원의 합의가 있거나 법원의 직권으로 변경할 수 있다.

(3) 법정매각조건

(가) 최저매각가격 미만의 매각 불허

강제경매에서는 미리 결정·공고된 최저매각가격 미만의 가격으로는 매각을 허가할 수 없다. 이 조건은 이해관계인의 합의로도 변경할 수 없다(민집 110조 1항).

(나) 부동산 위의 담보권·용익권의 소멸·인수

매각부동산 위의 모든 저당권·가등기담보권은 매각으로 소멸된다(민집 91조 2항, 가담 15조). 다만 담보가등기와 달리 소유권이전등기청구권의 순위보전을 위한 가등기는 선순위의 담보권이나 가압류가 없는 이상 말소되지 않고 인수된다. 만일 최선순위의 가등기에 대해 권리신고가 되지 않아 담보가등기인지 순위보전의 가등기인지 알 수 없는 경우 그 가등기가 등기부상 최선순위이면 집행법원으로서는 일단 이를 순위보전을 위한 가등기로 보아 낙찰인에게 그 부담이 인수될 수 있다는 취지를 입찰물건명세서에 기재한 후 그에 기하여 경매절차를 진행하면 족하다.

지상권·지역권·전세권 및 등기된 임차권은 저당권·압류채권·가압류채권에 대항할 수 없는 경우에는 매각으로 소멸된다(민집 91조 3항). 그러나 대항할 수 있는 경우에는 매수인이 인수한다. 다만, 그중 전세권의 경우에는 전세권자가 배당요구를 하면 매각으로 소멸된다(민집 91조 4항).

담보물권 중 우선변제권이 없는 유치권에 관하여는 인수주의[52]를 취한다(민집 91조 5항).

(다) 경매이익의 존재

우선채권을 변제하고 남을 것이 있는 등 압류채권자 입장에서 그 매각을 실시할 이익이 있는 경우가 아니면 매각하지 못한다(민집 91조 1항, 102조).

(라) 매수신청인의 의무

매수신청인은 대법원규칙이 정하는 바에 따라 집행법원이 정하는 금액과 방법에 맞는 보증을 집행관에게 제공하여야 한다(민집 113조).

---

52) 민사집행법 제91조 제5항에서는 유치권의 경우 매수인이 그 부담을 인수한다고 하는 인수주의를 채택하고 있으나, 여기서 매수인이 인수하는 유치권이라고 하는 것은 원칙적으로 경매절차의 압류채권자에게 대항할 수 있는 것이라고 보아야 할 것인데, 이 사건의 경우처럼 경매부동산의 압류 당시에는 이를 점유하지 아니하여 유치권을 취득하지 못한 상태에 있다가 압류 이후에 경매부동산에 관한 기존의 채권을 담보할 목적으로 뒤늦게 채무자로부터 그 점유를 이전받음으로써 유치권을 취득하게 된 경우에는 위 법리에 비추어 이로써 경매절차의 매수인에게 대항할 수 없다고 보아야 할 것이므로, 이 부분 상고이유의 주장도 받아들일 수 없다(대법원 2005. 8.19. 선고 2005다22688 판결).
채무자 소유의 건물 등 부동산에 경매개시결정의 기입등기가 경료되어 압류의 효력이 발생한 후에 채무자가 위 부동산에 관한 공사대금 채권자에게 그 점유를 이전함으로써 그로 하여금 유치권을 취득하게 한 경우, 그와 같은 점유의 이전은 목적물의 교환가치를 감소시킬 우려가 있는 처분행위에 해당하여 민사집행법 제92조 제1항, 제83조 제4항에 따른 압류의 처분금지효에 저촉되므로 점유자로서는 위 유치권을 내세워 그 부동산에 관한 경매절차의 매수인에게 대항할 수 없다. 그러나 이러한 법리는 경매로 인한 압류의 효력이 발생하기 전에 유치권을 취득한 경우에는 적용되지 아니하고, 유치권 취득시기가 근저당권설정 후라거나 유치권 취득 전에 설정된 근저당권에 기하여 경매절차가 개시되었다고 하여 달리 볼 것은 아니다(대법원 2009. 1.15. 선고 2008다70763 판결).

(마) 매수인의 대금지급의무와 그 지급시기

매수인은 대금지급기한까지 매각대금을 지급하여야 한다(민집 142조 2항).

(바) 매수인의 소유권취득시기

매수인은 매각대금을 다 낸 때에 매각의 목적인 권리를 취득한다(민집 135조).

(사) 매수인이 인도청구를 할 수 있는 시기

매수인은 대금을 낸 후 6월 이내에 인도명령을 신청하여 인도를 받을 수 있다(민집 136조 1항).

(아) 소유권취득등기의 시기, 방법 및 등기비용부담

매각대금이 지급되면 법원사무관등은 매각허가결정의 등본을 붙여 매수인 앞으로 소유권을 이전하는 등기, 매수인이 인수하지 아니한 부동산의 부담에 관한 기입을 말소하는 등기, 경매개시결정등기를 말소하는 등기를 촉탁하고(민집 144조 1항), 그 비용은 매수인이 부담한다(민집 144조 2항).

(자) 개별매각(분할매각)의 원칙

여러 개의 부동산에 관하여 동시에 경매신청이 있는 경우에는 각 부동산별로 최저매각가격을 정하여 매각하여야 한다. 법에 명문규정은 없으나 이 원칙은 한 개의 부동산의 매각대금으로 각 채권자의 채권과 집행비용의 변제에 충분한 때에는 다른 부동산에 대한 매각을 허가하지 아니하며 이 경우 채무자는 매각할 부동산을 지정할 수 있다는 규정(민집 124조)과 일괄매각에 관한 특칙(민집 98조)에 비추어 보면 명백하다. 이와 같은 개별입찰의 원칙은 법정매각조건이라고는 할 수 없으나 이에 준하여 취급된다.

(4) 특별매각조건

(가) 합의에 의한 매각조건변경

최저매각가격 외의 매각조건은 이해관계인 전원의 합의에 따라 바꿀 수 있다(민집 110조 1항). 합의는 배당요구의 종기까지 할 수 있다(민집 110조 2항). 매각대금의 지급방법과 시기, 부동산 위의 담보권·용익권의 소멸·인수에 관한 매각조건 등은 합의로 변경이 가능하다. 그러나 매수인에 대한 소유권이전과 같은 경매의 근본에 관한 매각조건은 이해관계인의 합의가 있어도 변경할 수 없다. 합의할 이해관계인은 민사집행법 90조 소정의 자 중 당해 매각조건의 변경에 의하여 자기의 권리에 영향을 받는 자이다. 따라서 부동산상의 저당권을 존속시키기로 하는 합의에 있어서는 그 저당권자만이 이해관계인이고 그보다 후순위의 저당권자는 이해관계인이 아니다. 집행법원은 이해관계인으로부터 합의에 따른 변경신청이 있으면 그 합의가 유효하게 성립된 이상 이에 구속되고, 그에 따른 매각조건변경결정을 해야 할 것이다. 매각조건변경의 효과는 법원의 매각조건변경결정이 있어야 발생한다. 매각조건변경결정은 합의에 참가한 이해관계인에게 고지하여야 하고, 고지의 방법은 매각기일공고에 기재하든가 결정정본을 송달하는 방법에 의한다. 이 결정에 대하여는 즉시항고를 할 수 없다.

(나) 직권에 의한 매각조건변경

거래의 실상을 반영하거나 경매절차를 효율적으로 진행하기 위하여 필요한 경우에 법원은 배당요구의 종기까지 매각조건을 바꾸거나 새로운 매각조건을 설정할 수 있다(민집 111조). 합의로는 바꿀 수 없는 최저매각가격까지도 직권으로 바꿀 수 있고, 합의변경조건 및 직권변경조건을 다시 직권으로 변경할 수도 있으나, 경매의 근본에 관한 매각조건은 변경할 수 없다. 법원이 직권으로 법정매각조건을 변경하는 경우에도 매각조건변경결정을 하고 결정의 고지방법도 합의변경의 경우와 같다. 직권에 의한 매각조건변경결정에 대하여 이해관계인은 즉시항고를 할 수 있다.

(다) 일괄매각

법원은 여러 개의 부동산의 위치·형태·이용관계 등을 고려하여 이를 일괄매수하게 하는 것이 알맞다고 인정하는 경우에는 직권으로 또는 이해관계인의 신청에 따라 일괄매각하도록 결정할 수 있다(민집 98조). 예컨대 토지와 그 지상건물, 면적이 적어 합쳐야만 건축이 가능한 두개의 인접토지 등과 같이 상호간에 견련성이 있어 이를 일괄매수하여 이용하게 하는 것이 경제적 효용을 증대시키고 높은 가격에 매각할 수 있겠다고 보이는 경우가 이에 해당한다.

일괄매각은 부동산 이외의 다른 종류의 재산(금전채권 제외)에 대하여도 할 수 있다.

예컨대 같은 채무자에게 속하는 공장건물과 대지, 기계 설비 등에 대하여 강제집행을 하는 경우, 부동산 집행, 동산 집행에 따라 각각 다른 사람에게 매각되어 생산시설이 모두 해체됨으로써 저가로 매각되게 하는 것보다는 이를 일괄하여 매각하게 하는 것이 바람직하다. 부동산 외의 다른 종류의 재산에 대하여는 각 해당 압류절차를 밟아야 하고, 그 중에서 집행관의 압류에 따르는 재산의 압류는 집행법원이 집행관에게 압류를 하도록 명하는 방법으로 하여야 한다(민집 101조).

일괄매각의 일반적인 요건을 충족하는 경우에 법원은 자유재량으로 일괄매각여부를 결정한다. 일괄매각의 결정은 그 목적물에 대한 매각기일 이전까지 할 수 있다(민집 98조). 법원은 각각 경매신청된 여러 개의 재산 또는 다른 법원이나 집행관에 계속된 경매사건의 목적물에 대하여도 일괄매각결정을 할 수 있고, 이 경우 그 다른 법원 또는 집행관은 그 목적물에 대한 경매사건을 일괄매각결정을 한 법원에 이송한다(민집 99조). 일괄매각을 하는 경우에도 각 재산별로 매각대금이나 집행비용을 정할 필요가 있는 경우에는 각 재산별로 최저매각가격을 정한 후 그 합계액을 전체의 최저매각가격으로 한다.

집행법원의 일괄매각결정이 없어도 법에 의하여 당연히 일괄매각하여야 하는 경우가 있다.

대지권등기가 되어 있는 집합건물은 대지권의 분리처분이 불가능하고 전유부분 및 공용부분에 대한 경매개시결정의 효력이 대지사용권에 미치므로 건물부분과 대지사용권에 관하여 일괄매각결정을 할 필요가 없다. 공장저당법에 의한 저당권의 실행으로 경매가 이루어지는 경우에 공장저당물건인 토지 또는 건물과 그에 설치된 기계, 기구 기타 공장의 공용물과는 유기적인 일체성이 있으므로 반드시 일괄하여 경매하여야 한다(대법원 1992. 8.29.자 92마576 결정).

토지를 목적으로 한 저당권을 설정한 후 그 저당권설정자가 그 토지에 건물을 축조한 때에는 저당권자는 민법 제365조에 의하여 토지와 건물을 일괄하여 경매를 청구할 수 있고, 저당권자가 우선 토지에 대하여 경매를 신청한 후에도 그 토지상의 건물에 대하여 토지에 관한 경매기일 공고시까지는 일괄경매의 추가신청을 할 수 있다. 이 경우 집행법원은 두 개의 경매사건을 병합하여 일괄경매절차를 진행한다. 건물에 대한 일괄경매를 추가신청 하는 경우, 그 신청서에는 민사소송규칙 제204조에 정해진 기재사항과 아울러 민법 제365조의 일괄경매의 요건사실 이외에 이미 선행하여 토지에 대하여 부동산경매사건이 계속되어 있다는 취지와 그 토지의 경매신청에 추가하여 지상건물에 대하여 일괄경매를 신청하는 취지를 기재하여 소정의 인지를 붙여야 하며, 반드시 담보권의 등기가 되어 있는 토지등기부등본을 첨부하여 법원에 제출하여야 한다(대법원 2001. 6.13.자 2001마1632 결정).

여러 개의 재산을 일괄매각하는 경우에 그 가운데 일부의 매각대금으로 모든 채권자의 채권액과 강제집행비용을 변제하기에 충분하면 다른 재산의 매각을 허가하지 아니한다. 이 경우 채무자는 매각허가결정이 선고되기 전까지 서면으로 그 재산 가운데 매각할 것을 지정할 수 있다. 다만, 토지와 그 위의 건물을 일괄매각하는 경우나 재산을 분리하여 매각하면 그 경제적 효용이 현저하게 떨어지는 경우 또는 채무자의 동의가 있는 경우에는 그러하지 아니하다(민집 101조). 집합건물의 전유부분과 대지사용권(단, 규약으로 달리 정한 경우는 제외), 공장저당권의 목적인 토지, 건물과 그 토지 또는 건물에 설치된 기계기구 그 밖의 공장공용물 등의 경우도 과잉매각금지의 규정이 적용되지 않는다.

(라) 특별매각조건의 고지

특별매각조건은 기일입찰 또는 호가경매의 방법에 의한 매각기일에 집행관이 이를 고지하여야 한다(민집 112조). 매각기일 공고 전에 특별매각조건이 정하여졌으면 이를 공고하여야 할 것이다. 일괄매각의 결정은 매각기일의 2주 전까지 공고하여야 한다(민집규 56조).

차. 매각방법·매각기일·매각결정기일의 지정·공고·통지

(1) 매각방법의 지정

부동산의 매각은 매각기일에 하는 호가경매(呼價競賣), 매각기일에 입찰 및 개찰하게 하는 기일입찰 또는 입찰기간 이내에 입찰하게 하여 매각기일에 개찰하는 기간입찰의 세 가지 방법으로 한다(민집 103조). 부동산의 경우 호가경매의 방법은 거의 이용되지 않고 있고 대부분 기일입찰의 방법을 택하고 있다. 실무에서는 매각명령을 발하면서 매각방법을 함께 지정하고 있다.

[서식 51] 법원의 매각명령과 매각방법의 지정

○○지방법원

매각명령

○○지방법원 소속 집행관 김○○ 귀하

사 건 20○○타경 ○○○○ 부동산임의경매

별지 기재 부동산에 대하여 아래 매각기일에 이 법원 안에서 「기일입찰의 방법」으로 매각할 것을 명한다. 다만, 제2회 이후의 매각기일은 선행매각기일에서 허가할 매수가격의 신고가 없이 매각기일이 최종적으로 마감된 때에 한하여 실시한다.

기일 순번	매각일시	매각결정일시
제1회	20○○. 12. 13. 10:00	20○○. 12. 20. 14:00
제2회	20○○. 01. 17. 10:00	20○○. 01. 24. 14:00
제3회	20○○. 02. 21. 10:00	20○○. 02. 28. 14:00
제4회	20○○. 03. 28. 10:00	20○○. 04. 04. 14:00

20○○. ○. ○.

판사 장○○ (인)

㊟ 매각기일 및 매각결정기일통지서에도 기일별 최저매각가격이 일괄하여 통지된다(예, 위 사례에서, 제1회 55,000,000원, 제2회 44,000,000원, 제3회 35,200,000원, 제4회 28,160,000원).

(2) 매각기일의 지정

매각기일이란 집행법원이 매각부동산에 대한 매각을 실시하는 기일을 말한다. 법원은 최저매각가격으로 민사집행법 102조 1항의 부담과 비용을 변제하고도 남을 것이 있다고 인정하거나 압류채권자가 민사집행법 102조 2항의 신청을 하고 충분한 보증을 제공한 때에는 직권으로 매각기일과 매각결정기일을 정하여 대법원규칙이 정하는 방법으로 공고한다(민집 104조).

법원은 일단 정해진 매각기일을 자유재량에 의하여 변경할 수 있다. 특히 법원은 경매절차 과정에 위법한 점이 있음을 발견하였다든지 불가피한 사정이 발생하여 매각기일에 경매를 실시할 수 없는 경우에는 매각기일을 취소하거나 변경하여 적법한 경매절차가 이루어지도록 하여야 한다. 민사집행법 49조에서 정한 집행정지서류가 제출된 경우에는 직권으로 매각기일의 지정을 취소하는 것이 원칙이나, 실무에서는 기일을 변경하여 추후 지정하는 방식으로 처리하고 있다. 변제를 받았다는 취지를 적은 증서를 제출하여 강제집행이 정지되는 경우 그 정지기간은 2월로 하고, 의무이행을 미루도록 승낙하였다는 취지를 적은 증서를 제출하여 강제집행이 정지되는 경우 그 정지는 2회에 한하며 통산하여 6월을 넘길 수 없다(민집 51조).

경매개시결정에 대한 이의가 제기되고 그 사유가 상당하다고 인정되는 경우에는 매각기일을 직권으로 변경하고 채권자·채무자에게 통지하여 심문한 후 그 결과에 따라 경매개시결정을 취소하거나 절차를 속행한다.

이외 실무에서는 경매신청채권자가 연기신청한 경우 1회의 연기기간을 2개월 이내로 하여 2회까지 허용하고 있고, 채무자 또는 소유자가 연기신청할 경우에는 채권자의 동의가 없는 한 허가하지 않고 있다.

[서식 52] 경매기일 연기 신청서

경매기일 연기 신청

사　　건　2013타경 ○○○　부동산강제경매

채 권 자　장 ○ ○

채 무 자　문 ○ ○

위 당사자간 귀원 2013타경 ○○○ 부동산강제경매사건에 관하여 20○○. ○. ○. 10:00에 매각기일이 정하였다는 통지서를 받았으나 채무자가 목적 경매부동산의 채무액

상환을 의사표시하는바, 매각기일을 연기하여 주시기 바랍니다.

20○○. ○. ○.

위 채권자 장 ○ ○ (인)

○○지방법원 경매○○계 귀중

(3) 매각결정기일의 지정

매각결정기일이란 매각이 실시되어 최고가매수인이 있을 때 법원이 출석한 이해관계인의 진술을 듣고 매각절차의 적법여부를 심사하여 매각허가 또는 불허가의 결정을 선고하는 기일을 말한다. 매각결정기일은 매각기일부터 1주 이내로 정하여야 하나 이는 훈시규정에 불과하다.

(4) 매각명령

매각기일과 매각결정기일은 원칙적으로 매각을 실시할 때마다 정하여야 하나, 3~4회 정도의 기일을 일괄하여 정할 수도 있다. 법원은 매각기일과 매각결정기일을 정하면 매각명령을 발한다.

(5) 매각기일·매각결정기일의 공고

집행법원은 매각기일의 2주 전까지 부동산의 표시, 강제집행으로 매각한다는 취지와 그 매각방법, 부동산의 점유자, 점유의 권원, 점유하여 사용할 수 있는 기간, 차임 또는 보증금약정 및 그 액수, 매각기일의 일시·장소, 매각기일을 진행할 집행관의 성명 및 기간입찰의 방법으로 매각할 경우에는 입찰기간·장소, 최저매각가격, 매각결정기일의 일시·장소, 매각물건명세서·현황조사보고서 및 평가서의 사본을 매각기일 전에 법원에 비치하여 누구든지 볼 수 있도록 제공한다는 취지, 등기부에 기입할 필요가 없는 부동산에 대한 권리를 가진 사람은 채권을 신고하여야 한다는 취지, 이해관계인은 매각기일에 출석할 수 있다는 취지 등 민사집행법 106조에 규정된 사항과 일괄매각결정을 한 때에는 그 취지, 취득이 제한되는 부동산에 관하여 매수신청인의 자격을 제한한 때에는 그 제한의 내용, 매수신청의 보증금액과 보증제공방법 등의 사항을 공고하여야 한다(민집규 56조).

민사집행절차에서 공고는 특별한 규정이 없으면 법원게시판 게시, 관보·공보 또는 신문 게재, 전자통신매체를 이용한 공고 중 어느 하나의 방법으로 한다(민집규 11조). 실무에서는 매각기일의 공고는 법원게시판에 하고 첫 매각기일의 공고는 그와는 별도로 공고사항의 요지를 신문에 게재하며, 법원사무관 등은 위 두 경우 모두 매각기일 2주 전까지 인터넷 법원경매공고란에 게시한다(대법원 재판예규 1326호).

공고의 흠은 매각허가에 대한 이의사유(민집 121조), 매각불허가사유(민집 123조), 매각허가결정에 대한 항고사유(민집 129, 130조)가 된다. 불복없이 매각허가결정이 확정되면 하자는 치유된다.

(6) 매각기일·매각결정기일의 통지

법원은 매각기일과 매각결정기일을 이해관계인에게 통지하여야 한다(민집 104조). 그러나 매각기일의 공고 및 다른 이해관계인에 대한 매각기일·매각결정기일의 통지절차가 끝난 뒤에 비로소 권리신고가 있는 경우에는 비록 그 신고가 매각기일 전에 행하여졌다고 할지라도 당해 이해관계인에게 매각기일·매각결정기일을 통지하지 않아도 된다. 수회 매각 및 매각결정기일을 일괄 지정하는 경우 이해관계인에 대한 매각 및 매각결정기일의 통지는 일괄하여 하고, 선행 매각기일에 매각불능이 되어 두 번째 이후의 매각 및 매각결정기일을 실시하는 경우에 다시 기일에 대한 통지를 하지 아니한다. 다만 수회 매각 및 매각결정기일을 일괄 지정한 이후에 새로 이해관계인의 지위를 취득한 자에 대하여는 즉시 아직 실시하지 아니한 기일에 대한 통지를 하여야 한다(대법원 재판예규 969호). 집행기록에 표시된 이해관계인의 주소에 등기우편으로 발송하는 방법으로 통지한다(민집 104조 3항, 민집규 9조). 통지가 발송된 때에 송달된 것으로 본다(대법원 1994. 7.30.자 94마1107 결정).

통지의 흠은 매각허가에 대한 이의사유(민집 121조), 매각불허가사유(민집 123조), 매각허가결정에 대한 항고사유(민집 129,130조)가 된다. 불복없이 매각허가결정이 확정되면 하자는 치유된다.

(7) 기간입찰의 경우

기간입찰의 방법으로 매각할 경우에는 입찰기간도 정하여 이를 이해관계인에게 통지하여야 한다(민집 104조). 입찰기간은 1주 이상 1월 이하의 범위 안에서 정하고, 매각기일은 입찰기간이 끝난 후 1주 안의 날로 정하여야 한다(민집규 68조).

5. 매각의 실시

가. 기일입찰의 실시

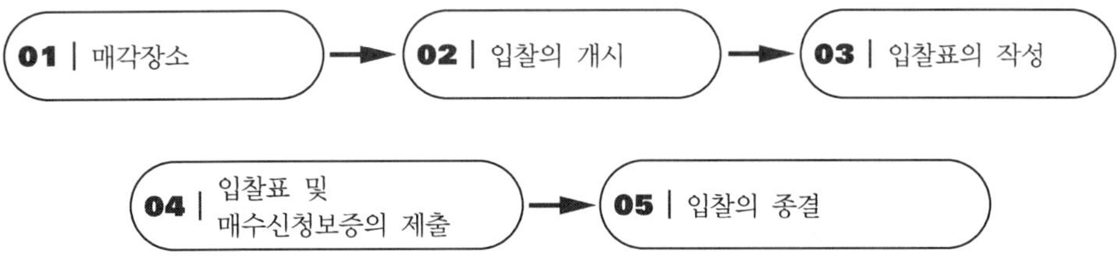

(1) 개시선언

매각기일은 집행관의 개시선언 즉 출석한 이해관계인과 일반매수희망자에 대하여 적당한 방법으로 매각을 개시한다는 취지를 선언함에 의하여 개시된다. 매각절차는 담임집행관이 주재한다. 집행관은 매각기일공고에 기재된 일시와 장소에서 매각기일을 열어야 한다. 집행관은 매각기일에 매각물건명세서, 현황조사보고서 및 평가서의 사본을 볼 수 있게 하고, 특별매각조건이 있으면 이를 고지하여야 한다(민집 112조).

(2) 매수신청의 최고

매수신청은 절차법적으로는 매각허가결정을 구하는 신청이고, 실체법적으로는 매매계약의 청약의 성질을 가진다. 입찰의 경우 매각절차에서의 매수신청의 최고에 해당하는 입찰절차는 입찰표 제출의 최고이다. 집행관은 입찰표의 제출을 최고하고 입찰마감시각과 개찰시각을 최고함으로써 입찰이 시작된다(민집규 65조).

입찰자는 권리능력과 행위능력이 필요하다(민집 121조 2호). 따라서 행위무능력자는 법정대리인을 통해서만 입찰에 참가할 수 있다.

채무자, 매각절차에 관여한 집행관, 매각부동산을 평가한 감정인은 입찰에 참가할 수 없으며(민집규 59조), 입찰부동산이 일정한 자격을 가진 자만이 취득할 수 있는 것인 때에는 그 자격이 있어야 한다. 다만 입찰부동산을 취득하는데 관청의 증명이나 허가를 필요로 하는 경우(농지취득자격증명)에 그 증명이나 허가는 매각결정기일까지만 보완하면 되므로 입찰 시 이를 증명할 필요는 없다.

구 분	매수·입찰신청대리
변호사 법무사	법상 대리권 ○
공인중개사	- 대법원규칙이 정하는 자격요건 - 등록 - 감독을 받을 것을 조건

(3) 매수신청

입찰의 경우 매각절차에서의 매수신청에 해당하는 입찰절차는 입찰표의 제출이다. 한번 제출한 입찰표는 취소·변경·교환할 수 없다(민집규 62조). 동일인이 다시 입찰표를 제출하는 것도 허용되지 않는다. 동일인이 2개의 다른 매수신고를 하는 경우에는 2개의 입찰 모두를 무효로 보아야 한다.

입찰표에는 사건번호와 부동산의 표시(실제 사용하는 입찰표의 양식에는 부동산의 표시는 생략하고 사건번호와 물건번호를 기재하도록 되어 있다), 입찰자의 이름과 주소(법인의 경우 대표자의 지위와 이름을 적지 아니하면 그 입찰은 무효로 처리된다, 실제 사용하는 입찰표의 양식에는 주민등록번호·법인등록번호·전화번호를 추가로 기재하도록 되어 있다), 대리인을 통하여 입찰을 하는 때에는 대리인의 이름과 주소(실제 사용하는 입찰표의 양식에는 주민등록번호·전화번호·본인과의 관계를 추가로 기재하도록 되어 있다), 입찰가격(입찰가격은 수정할 수 없으므로 새 용지를 사용한다)을 적어야 하고, 법인인 입찰자는 대표자의 자격을 증명하는 문서(법인등기부등본)를, 입찰자의 대리인은 대리권을 증명하는 문서(임의대리인은 본인의 위임장 및 인감증명, 법정대리인은 가족관계증명서 등)를 첨부하여야 하며, 공동으로 입찰하는 때에는 입찰표에 각자의 지분을 분명하게 표시(실제 사용하는 입찰표의 본인 란에 '별첨 공동입찰자 목록 기재와 같음'이라고 적은 후 공동입찰신고서를 입찰표와 함께 제출하되 공동입찰신고서와 입찰표 사이에 공동입찰자 전원이 간인한다)하여야 한다(민집규 62조).

입찰표를 제출할 때에는 매수신청의 보증도 함께 하여야 한다(민집규 64조). 기일입찰에서 매수신청의 보증금액은 최저매각가격의 10분의 1로 하되, 법원은 상당하다고 인정하는 때에는 보증금액을 달리 정할 수 있다(민집규 63조). 보증은 금전, 금융기관이 발행한 자기앞수표, 은행 등과 사이에 지급보증위탁계약이 체결된 사실을 증명하는 문서(지급보증서)의 방법으로 제공하되, 법원은 상당하다고 인정하는 때에는 보증의 제공방법을 제한할 수 있다(민집규 64조). 매수신청의 보증으로 금전이 제공된 경우에 그 금전은 매각대금에 넣으므로 매수인은 이를 공제한 잔액만을 대금으로 지급하면 된다(민집 142조). 수표의 지급제시기간은 10일로 법정되어 있는데(수표법 29조), 매수신청의 보증으로 금융기관이 발행한 자기앞수표가 제공된 경우 지급제시기간이 끝나는 날까지 5일 이상의 기간이 남아 있어야 한다. 정해진 보증금액을 넘는 액면의 수표가 제출된 경우에도 매수인은 이를 공제한 잔액만을 대금으로 지급하면 된다. 매수신청의 보증으로 지급보증위탁계약이 체결된 사실을 증명하는 문서가 제공된 경우 매수인은 대금 전액을 지급하여야 한다. 매수인이 보증액을 공제한 나머지 금액만을 지급하면 법원은 은행 등에 그 보증액을 납부할 것을 최고하여 이를 납부 받아 대금에 충당한다. 매수인이 대금을 납부하지 아니하여 보증금이 몰취되는 경우에도 마찬가지의 방법으로 환가한다.

집행관이 입찰표의 제출을 최고하면 입찰이 시작되며 집행관은 입찰표 기재대에 입실하는 사람에게 입찰표, 입찰보증봉투(흰색 작은 봉투), 입찰봉투(황색 큰 봉투) 3종의 규격용지를 무상교부 한다. 입찰자는 매수신청보증을 입찰보증봉투에 넣고 1차로 봉한 후 입찰보증봉투의 앞면에는 사건번호, 물건번호, 제출자의 이름을 기재하고 날인하며, 뒷면에는 표시된 세 곳에 날인한 다음, 기재한 입찰표와 입찰보증봉투를 다시 입찰봉투에 넣어 스테이플러로 찍어 봉하고 입찰봉투에는 사건번호, 물건번호, 입찰자의 이름(공동입찰의 경우에는 모두자의 이름만 기재하고 그의 인원수를 기재한다)을 기재한 후(날인은 하지 않는다), 입찰봉투와 주민등록증을 집행관에게 제출하여 입찰봉투 제출자의 본인 여부를 확인받은 다음 입찰봉투에 연결번호와 집행관의 간인을 받은 후 수취증을 떼어내 보관하고 입찰봉투를 입찰함에 투입한다. 수취증은 나중에 입찰에서 떨어졌을 때 그것과 상환하여 보증금을 반환 받는다.

[서식 53] 입 찰 표

(기일입찰표 앞면)

기 일 입 찰 표

○○지방법원 ○○지원 집행관 귀하 　　　　　　　　　　　　20○○년 ○월 ○일

사건번호	20○○타경○○호	물건번호	55 * 물건번호가 여러 개 있는 경우에는 꼭 기재

입찰자					
본 인	성 명	장 ○ ○ (인)	전화번호	010-1234-5678
	주민(사업자)등록번호	6○○○○○-1○○○○○○	법인등록번호	
	주 소	○○ ○○시 ○○동 ○○		
대리인	성 명	문 ○ ○ (인)	본인과의 관계	처
	주민등록번호	6○○○○○-2○○○○○○	전화번호	010-2345-6789
	주 소	○○ ○○시 ○○동 ○○		

입찰가액	천억	백억	십억	억	천만	백만	십만	만	천	백	십	일	
				1	7	8	5	0	0	0	0	0	원

보증금액	천억	백억	십억	억	천만	백만	십만	만	천	백	십	일	
													원

보증의 제공방법	보증을 반환 받았습니다.
□ 현금·자기앞 수표 ■ 보증서	입찰자 장 ○ ○ (인)

주의사항

1. 입찰표는 물건마다 별도의 용지를 사용하십시오. 다만, 일괄입찰시에는 1매의 용지를 사용하십시오.
2. 한 사건에서 매각물건이 여러 개 있고 그 물건들이 개별적으로 입찰에 부쳐진 경우에는 사건번호 외에 물건번호를 기재하십시오.
3. 입찰자가 법인인 경우에는 본인의 성명란에 법인의 명칭과 대표자의 지위 및 성명을 주민등록란에는 입찰자가 개인인 경우에는 주민등록번호를, 법인인 경우에는 사업자등록번호를 기재하고, 대표자의 자격을 증명하는 서면(법인의 등기부 등·초본)을 제출하여야 합니다.
4. 주소는 주민등록상의 주소를, 법인은 등기부상 본점소재지를 기재하시고, 신분확인상 필요하오

니 주민등록증을 꼭 지참하십시오.

5. 입찰가격은 수정할 수 없으므로, 수정을 요하는 때에는 새 용지를 사용하십시오.
6. 대리인이 입찰하는 때에는 입찰자란에 본인과 대리인의 인적사항 및 본인과의 관계 등을 모두 기재하는 외에 본인의 위임장(입찰표 뒷면을 이용)과 인감증명을 제출하십시오.
7. 위임장, 인감증명 및 자격증명서는 이 입찰표에 첨부하십시오.
8. 일단 제출된 입찰표는 취소, 변경이나 교환이 불가능합니다.
9. 공동으로 입찰하는 경우에는 공동입찰신고서를 입찰표와 함께 제출하되, 입찰표의 본인 란에는 "별첨 공동입찰자목록 기재와 같음"이라고 기재한 다음, 입찰표와 공동입찰신고서 사이에는 공동입찰자 전원이 간인하십시오.
10. 입찰자 본인 또는 대리인 누구나 보증을 반환받을 수 있습니다.
11. 보증의 제공방법(현금·자기앞 수표 또는 보증서) 중 하나를 선택하여 ㅁ표를 기재하십시오.

㈜ 최고가매수신고인 등이 정하여진 보증금액을 넘어 보증을 냈을 때에는 적당한 여백에 "보증 가운데 ○/10에 해당하는 금 ○○원을 넘는 금액은 돌려받았음"이라는 붉은 고무인을 찍고 영수자의 날인을 받는다.

〈매수신청보증봉투(앞면)〉

○○지방법원 ○○지원

매수신청보증봉투

사 건 번 호	20○○타경○○호
물 건 번 호	55
제 출 자	장 ○ ○ (인)

※ 매수신청봉투의 뒷면

㉠ 날인할 수 있는 세 곳이 표시되어 있고,

㉡ 다음과 같은 문구가 기재되어 있다. 즉,

"1. 매수신청을 넣고 봉한 후 날인의 표시가 있는 부분에 꼭 날인하십시오."

"2. 입찰표와 함께 입찰봉투(황색 큰 봉투)에 넣으십시오."

〈입찰봉투(앞면)〉

입찰자용 수취증

주의 : 이 부분은 절취하여 보관하다가 매수신청 보증을 반환받을 때 제출하십시오.

분실시에는 매수신청보증을 반환받지 못 할 수가 있으니 주의하십시오.

○○지방법원 ○○지원(연결번호 번)

(절 취 선)

(접 는 선)

○○지방법원 ○○지원(연결번호 번)

사건번호	20○○타경○○호
물건번호	55
제 출 자	장 ○ ○ (인)

입

찰

(접 는 선)

봉

투

1. 매수신청보증봉투와 입찰표를 넣고 호치키스로 봉하십시오.
2. 입찰자용 수취증의 절취선에 집행관의 날인을 받으십시오.
3. 사건번호를 타인이 볼 수 없도록 접어서 입찰함에 넣으십시오.

※ 매수신청봉투의 뒷면

㉠ 날인할 수 있는 세 곳이 표시되어 있고,

㉡ "날인의 표시가 있는 부분에는 꼭 날인하시기 바랍니다."라는 문구가 인쇄되어 있습니다.

〈입찰표의 유·무효 처리기준표〉

번호	흠결사항	처리기준
1	입찰기일을 적지 아니하거나 잘못 적은 경우	입찰봉투의 기재에 의하여 그 매각기일의 것임을 특정할 수 있으면 개찰에 포함시킨다.
2	사건번호를 적지 아니한 경우	입찰봉투, 매수신청보증봉투, 위임장등 첨부서류의 기재에 의하여 사건번호를 특정할 수 있으면 개찰에 포함시킨다.
3	매각물건이 여러 개인데, 물건번호를 적지 아니한 경우	개찰에서 제외된다. 다만, 물건의 지번, 건물의 호수 등을 적거나 입찰봉투에 기재가 있어 매수신청 목적물을 특정할 수 있으면 개찰에 포함시킨다.
4	입찰자 본인 또는 대리인의 이름을 적지 아니한 경우	개찰에서 제외한다. 다만, 고무인, 인장 등이 선명하여 용이하게 판독할 수 있거나, 대리인의 이름만 기재되어 있으나 위임장, 인감증명서에 본인의 기재가 있는 경우에는 개찰에 포함시킨다.
5	입찰자 본인과 대리인의 주소, 이름이 함께 적혀 있지만(이름 아래 날인이 있는 경우 포함) 위임장이 붙어 있지 아니한 경우	본인의 입찰로서 개찰에 포함시킨다.
6	입찰자 본인의 주소, 이름이 적혀 있고 위임장이 붙어 있지만, 대리인의 주소, 이름이 적혀 있지 않은 겨우	본인의 입찰로서 개찰에 포함시킨다.
7	위임장이 붙어 있고 대리인의 주소, 이름이 적혀 있으나 입찰자 본인의 주소, 이름이 적혀 있지 아니한 경우	위임장의 기재로 보아 본인의 주소, 이름을 특정할 수 있으면 입찰에 포함시킨다.
8	한 사건에서 동일인이 본인인 동시에 다른 사람의 대리인이거나, 동일인이 2인 이상의 대리인을 겸하는 경우	쌍방의 입찰을 개찰에서 제외한다.
9	입찰자 본인 또는 대리인의 주소나 이름이 위임장 기재와 다른 경우	이름이 다른 경우에는 개찰에서 제외한다. 이름이 같고 주소만 다른 경우에는 개찰에 포함시킨다.
10	입찰자가 법인인 경우 대표자의 이름을 적지 아니한 경우(날인만 있는 경우도 포함)	개찰에서 제외한다. 다만 법인등기부등본으로 그 자리에서 자격을 확인할 수 있거나, 고무인 인장 등이 선명하여 용이하게 판독할 수 있는 경우에는 개찰에 포함시킨다.
11	본인 또는 대리인의 이름 다음에 날인이 없는 경우	본인의 입찰로서 개찰에 포함시킨다.
12	입찰가격의 기재를 정정한 경우	정정인 날인 여부를 불문하고, 개찰에서 제외한다.

13	입찰가격의 기재가 불명확한 경우	개찰에서 제외한다.
14	보증금액의 기재가 없거나 그 기재된 보증금액이 매수신청보증과 다른 경우	매수신청보증봉투 도는 보증서에 의해 정하여진 매수신청보증 이상의 보증제공이 확인되는 경우에는 개찰에 포함시킨다.
15	보증금액을 정정하고 정정인이 없는 경우	
16	하나의 물건에 대하여 같은 사람이 여러 장의 입찰표를 제출한 경우	입찰표 모두를 개찰에서 제외한다.
17	보증의 제공방법에 관한 기재가 없으나 기간입찰표를 작성, 제출한 경우	개찰에 포함시킨다.
18	위임장은 붙어 있으나 위임장이 사문서로서 인감증명서가 붙어 있지 아니한 경우, 위임장과 인감증명서의 인영이 틀린 경우	최고가매수신고인 결정전까지 인감증명서를 제출하거나 그 밖에 이에 준하는 확실한 방법으로 위임장의 진정성립을 증명한 때에는 그 입찰자를 최고가매수신고인(차순위매수신고인)으로 결정할 수 있다.

(4) 입찰의 마감·개찰·최고가매수신고인의 결정·차순위매수신고인의 결정

입찰을 마감하면 바로 입찰표의 개봉, 즉 개찰을 실시한다. 집행관은 입찰표를 개봉할 때에 입찰을 한 사람을 참여시켜야 한다. 입찰을 한 사람이 아무도 참여하지 아니하는 때에는 적당하다고 인정하는 사람을 참여시켜야 한다(민집규 65조). 이에 위반할 경우 매각허가에 관한 이의 또는 항고의 사유가 된다. 집행관은 입찰표를 개봉할 때에 입찰목적물, 입찰자의 이름 및 입찰가격을 불러야 한다(민집규 65조). 매수신청보증봉투는 최고 가격으로 입찰한 자의 것만 개봉하여 매각조건에서 정하여진 보증금액에 해당하는지의 여부를 확인한다. 매수신청보증이 정하여진 보증금액에 미달하는 경우에는 당해 입찰자의 입찰을 무효로 하고, 차순위 가격으로 입찰한 자의 매수신청보증봉투를 개봉한다.

개찰결과 최고 가격으로 응찰하고 정해진 매수신청의 보증을 제출한 자로 판명된 자를 최고가매수신고인으로 결정한다. 최고가매수신고를 한 사람이 둘 이상인 때에는 집행관은 그 사람들에게 다시 입찰하게 하여 최고가매수신고인을 정한다(민집규 66조). 이 경우 입찰자는 전의 입찰가격에 못 미치는 가격으로는 입찰할 수 없다. 다시 입찰하는 경우에 입찰자 모두가 입찰에 응하지 아니하거나(전의 입찰가격에 못 미치는 가격으로 입찰한 경우에는 입찰에 응하지 아니한 것으로 본다) 두 사람 이상이 다시 최고의 가격으로 입찰한 때에는 추첨으로 최고가매수신고인을 정한다. 추첨을 하는 경우 입찰자가 출석하지 아니하거나 추첨을 하지 아니하는 때에는 집행관은 법원사무관 등 적당하다고 인정하는 사람으로 하여금 대신 추첨하게 할 수 있다.

최고가매수신고인 외의 매수신고인 중 그 신고액이 최고가매수신고액에서 그 보증액을 뺀 금액을 넘는 가격으로 입찰한 자는 매각기일을 마칠 때까지 집행관에게 최고가매수신고인이 대금지급기한까지 그 의무를 이행하지 아니하면 자기의 매수신고에 대하여 매각을 허가하여 달라는 취지의 신고(차순위매수신고)를 할 수 있다(민집 114조).

〈매수신청보증의 제공방법〉

입 찰 방 법	매수신청보증 금액	매수신청의 제공방법
기 일 입 찰	최저매각가격의 1/10	현금, 자기앞수표, 지급보증서
기 간 입 찰	최저매각가격의 1/10	계좌입금, 지급보증서
호 가 경 매	집행관이 정함	현금, 자기앞수표, 지급보증서

공유자는 매각기일까지 매수신청보증을 제공하고 최고매수신고가격과 같은 가격으로 채무자의 지분을 우선매수하겠다는 신고를 할 수 있다(민집 140조). 이 경우 법원은 최고가매수신고가 있더라도 그 공유자에게 매각을 허가하여야 한다. 그러나 집행법원이 여러 개의 부동산을 일괄매각하기로 결정한 경우, 집행법원이 일괄매각결정을 유지하는 이상 매각대상 부동산 중 일부에 대한 공유자는 특별한 사정이 없는 한 매각대상 부동산 전체에 대하여 공유자의 우선매수권을 행사할 수 없다고 봄이 상당하다(대법원 2006. 3.13.자 2005마1078 결정). 공유물분할 판결에 기하여 공유물 전부를 경매에 붙여 그 매각대금을 분배하기 위한 현금화의 경우에도 공유자우선매수가 적용되지 않는다(대법원 1991.12.16.자 91마239 결정). 여러 사람의 공유자가 우선매수하겠다는 신고를 하고 그 절차를 마친 때에는 특별한 협의가 없으면 공유지분의 비율에 따라 채무자의 지분을 매수하게 한다. 공유자가 우선매수신고를 한 경우에는 최고가매수신고인을 차순위매수신고인으로 본다. 이때 최고가매수신고인은 집행관이 매각기일을 종결한다는 고지를 하기 전까지 차순위매수신고인의 지위를 포기할 수

있다(민집규 76조). 공유자가 우선매수신고를 하였으나 다른 매수신고인이 없는 때에는 최저매각가격을 최고매수신고가격으로 본다(민집규 76조). 임대주택을 경매하는 경우 임대주택의 임차인도 매각 기일까지 최고매수신고가격과 같은 가격으로 채무자인 임대사업자의 임대주택을 우선매수하겠다는 신고를 할 수 있다(임대주택법 22조).

[서식 54] 공유자의 지분우선 매수신고서

공유자의 지분우선 매수신고서

사 건 2013타경 ○○○ 임의경매

채 권 자 장 ○ ○

채 무 자 문 ○ ○

공 유 자 홍 ○ ○

부동산의 표시 : 별지기재와 같음.

공유자는 민사집행법 제140조 제1항의 규정에 의하여 매수신청보증을 제공하고 최저매각대금과 같은 가격으로 채무자의 지분을 우선매수하겠다는 신고를 합니다.

보증의 선제공에 관하여 최저매각대금이 1억 원이므로 보증금으로 그 10분의 1에 해당하는 금 1,000만 원의 자기앞수표를 집행관에게 20○○. ○. ○. 보관하였습니다.

첨 부 서 류

1. 집행관보증금보관영수증 1통
1. 등기부등본 1통
1. 주민등록표초본 1통

20○○. ○. ○.

우선매수신공인 홍 ○ ○

○○지방법원 제○민사부 귀중

작성방법

1. 공유자는 매각기일까지 신고하며, 인지등 비용은 없다.
2. 신고서 1부를 담당경매계에 제출한다.

[서식 55] 공유자 우선 매수신고서

공유자 우선매수신고서

사 건 20○○타경 ○○○ 부동산강제(임의)경매

채 권 자 김 ○ ○

채 무 자 이 ○ ○

소 유 자 채무자와 같음

공 유 자 1. 박 ○ ○
2. 최 ○ ○

우선매수신고대상물 : 별지 목록 기재와 같음.

1. 위 당사자간의 귀원 20○○타경 ○○○호 부동산공유지분 강제경매사건에 관하여 매각기일이 20○○. ○. ○. 10:○○로 지정되었는 바, 공유자 ○○○, 같은 ○○○은 이 사건 공유지분에 대하여 최고매수신고가격과 같은 가격으로 우선 매수할 것을 신고합니다.

2. 보증의 제공 기타 매각절차에 관하여는 매각기일에 출석하여 절차를 거치겠습니다.

첨 부 서 류

1. 부동산등기부등본 1통
1. 주민등록등(초)본(공유자 것) 3통

20○○. ○. ○.

우선매수신고인 공유자 이 ○ ○ (인)
공유자 박 ○ ○ (인)
공유자 최 ○ ○ (인)

○○지방법원 ○○지원 귀중

[서식 56] 임대주택법에 따른 임차인 우선매수신고서

임대주택법에 따른 임차인 우선매수신고서

사　　건　20○○타경 ○○○　부동산강제(임의)경매

채 권 자　○ ○ ○

채 무 자　○ ○ ○

소 유 자　채무자와 같음

매각기일　20○○. ○. ○. 10:○○

부동산의 표시 : 별지 목록 기재와 같음.

임차인은 임대주택법 제15조의 2 제1항의 규정에 의하여 매각기일까지(집행관이 민사집행법 제115조 제1항에 따라 최고가매수신고인의 성명과 가격을 부르고 매각기일을 종결한다고 고지하지 전까지) 민사집행법 제113조에 따른 매수신청보증을 제공하고 최고매수신고가격과 같은 가격으로 채무자인 임대사업자의 임대주택을 우선매수하겠다는 신고를 합니다.

첨 부 서 류

1. 부동산등기부등본　1통
1. 주민등록등(초)본(임차인의 것)　1통

20○○. ○. ○.

우선매수신고인 임차인 ○ ○ ○ (인)
(전화 :)

○○지방법원 ○○지원 귀중

[서식 57] 공유자 우선 매수신고서

공유자 우선매수신고서

사 건 20○○타경 ○○○ 부동산강제(임의)경매

채 권 자 김 ○ ○

채 무 자 이 ○ ○

소 유 자 채무자와 같음

공 유 자 1. 박 ○ ○
2. 최 ○ ○

우선매수신고대상물 : 별지 목록 기재와 같음.

1. 위 당사자간의 귀원 20○○타경 ○○○호 부동산공유지분 강제경매사건에 관하여 매각기일이 20○○. ○. ○. 10:○○로 지정되었는 바, 공유자 ○○○, 같은 ○○○은 이 사건 공유지분에 대하여 최고매수신고가격과 같은 가격으로 우선 매수할 것을 신고합니다.

2. 보증의 제공 기타 매각절차에 관하여는 매각기일에 출석하여 절차를 거치겠습니다.

첨 부 서 류

1. 부동산등기부등본 1통
1. 주민등록등(초)본(공유자 것) 3통

20○○. ○. ○.

우선매수신고인 공유자 이 ○ ○ (인)
공유자 박 ○ ○ (인)
공유자 최 ○ ○ (인)

○○지방법원 ○○지원 귀중

(5) 매각기일종결의 고지·매수신청보증의 반환

집행관은 최고가매수신고인의 성명과 그 가격을 부르고 차순위매수신고를 최고한 뒤, 적법한 차순위매수신고가 있으면 차순위매수신고인을 정하여 그 성명과 가격을 부른 다음 매각기일을 종결한다고 고지한다(민집 115조).

최고가매수신고인과 차순위매수신고인을 제외한 다른 매수신고인은 매각기일종결의 고지에 따라 매수의 책임을 벗게 되고, 즉시 매수신청의 보증을 돌려 줄 것을 신청할 수 있다(민집 115조).

(6) 새 매 각

새매각이란 매각을 실시하였으나 매수인이 결정되지 않았기 때문에 다시 기일을 지정하여 실시하는 경매를 말한다. 매수인이 매각대금을 지급하지 않아 실시하는 재매각과는 구별된다.

허가할 매수가격의 신고가 없이 매각기일이 최종적으로 마감된 때에는 법원은 최저매각가격을 상당히 낮추고 새 매각기일을 정하여야 한다(민집 119조). 저감의 정도는 법원의 자유재량이나 실무상 보통 20%씩 저감하고 있다. 새 매각기일에서도 허가할 매수가격의 신고가 없으면 순차로 최저매각가격의 저감 및 새 매각기일의 지정 절차를 되풀이 할 수 있다. 다만 최저매각가격을 계속 저감한 결과 남을 가망이 없게 된 경우에는 민사집행법 102조의 통지절차를 이행하여야 한다.

집행법원이 매각결정기일에 민사집행법 121조 소정의 매각허가에 대한 이의사유가 있음을 이유로 이해관계인의 이의신청 또는 직권으로 매각불허가결정을 한 경우에 그 사유가 종국적으로 매각을 불허하거나 일시정지 하여야 할 사유가 아니고 다시 매각을 허용할 수 있는 때에는 직권으로 새 매각기일을 정하여야 한다(민집 125조). 매각허가결정이 있었으나 항고에 의하여 취소되고 다시 경매를 실시할 경우 또는 매각허가결정이 확정되어 대금지급까지 마친 후에 추후보완항고에 의하여 매각허가결정이 취소된 경우에도 새 매각을 명하여야 한다. 이 경우 최저매각가격을 저감할 수 없다.

매수가격의 신고 후에 천재지변, 그 밖에 자기가 책임을 질 수 없는 사유로 부동산이 현저하게 훼손된 사실 또는 부동산에 관한 중대한 권리관계가 변동된 사실이 경매절차의 진행 중에 밝혀진 때 최고가매수신고인은 매각허가에 대한 이의신청, 매수인은 대금을 지급할 때까지 매각허가결정의 취소신청을 할 수 있는바, 이에 따라 법원이 매각불허가결정을 하거나 매각허가결정을 취소한 때에는 다시 감정인으로 하여금 평가를 하게 하여 최저매각가격결정부터 새로 한 후 새 매각기일을 지정한다(민집 121조, 127조, 134조, 97조). 다만 부동산에 관한 중대한 권리관계가 변동되었음을 사유로 매각허가결정이 취소된 경우 반드시 재감정을 하여야 하는 것은 아니고, 필요한 경우에 하여야 한다.

부동산이 없어지거나 매각 등으로 말미암아 권리를 이전할 수 없는 사정이 명백하게 된 때에는 법원은 강제경매의 절차를 취소하여야 하므로(민집 96조), 새 매각절차를 밟을 여지가 없다.

나. 기간입찰의 실시

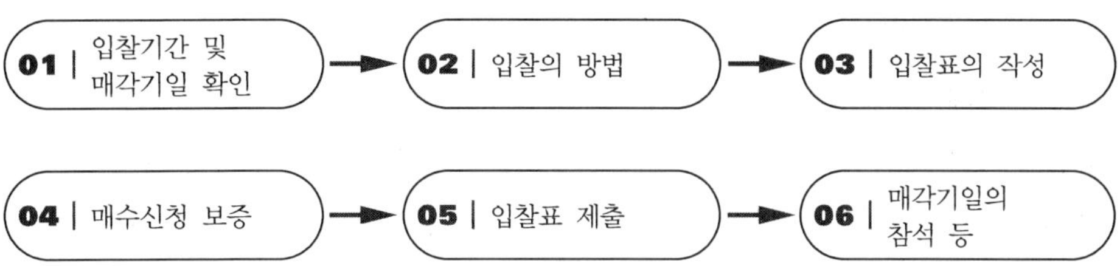

(1) 의 의

기간입찰은 특정한 매각기일에 특정한 입찰장소에서 입찰을 실시하는 기일입찰제도와는 달리 일정한 입찰기간을 정하여 그 기간 내에 입찰표를 직접 또는 우편으로 법원에 제출하게 하면서 법원이 정한 최저매각가격의 1할을 일률적으로 법원의 은행 계좌에 납입한 뒤 그 입금표를 입찰표에 첨부하게 하거나 또는 지급보증위탁계약체결증명서를 첨부하게 하며, 입찰 기간 종료 후 일정한 날짜 안에 별도로 정한 매각기일(개찰기일)에 개찰을 실시하여 최고가매수신고인, 차순위매수신고인을 정하고, 매각결정기일에서 매각허가결정을 하는 매각방법으로서 법이 정하고 있는 부동산에 대한 매각방법의 하나이다(민집 103조).

(2) 입찰기간의 지정

법원은 입찰기간을 지정하여 공고하고 이를 이해관계인에게 통지하여야 한다(민집 104조). 입찰기간은 1주 이상 1월 이하의 범위 안에서 정하고, 매각기일은 입찰기간이 끝난 후 1주 안의 날로 정하여야 한다(민집 68조). 매각결정기일은 매각기일부터 1주 이내로 정하여야 한다(민집 109조).

(3) 입찰방법

기간입찰에서 입찰은 입찰표를 넣고 봉함을 한 봉투의 겉면에 매각기일을 적어 집행관에게 제출하거나 그 봉투를 등기우편으로 부치는 방법으로 한다(민집규 69조).

(4) 입찰의 취소·변경·교환의 금지

기간입찰에서도 입찰은 취소·변경 또는 교환할 수 없다(민집규 62조, 71조).

(5) 매수신청의 보증

기간입찰에서 매수신청보증은 법원의 예금계좌에 일정액의 금전을 입금하였다는 내용으로 금융기관이 발행한 증명서, 지급보증위탁계약체결증명서 중 어느 하나를 입찰표와 같은 봉투에 넣어 집행관에게 제출하거나 등기우편으로 부치는 방법으로 제공하여야 한다(민집규 70조).

(6) 기일입찰의 준용

기간입찰에는 입찰을 하는 방법, 입찰기일의 절차 등에 관하여 특별한 규정이 없는 한 기일입찰의 규정을 준용한다(민집규 71조).

[서식 58] 기간입찰표

(앞면)

기 간 입 찰 표

○○지방법원 ○○지원 집행관 귀하　　　　매각(개찰)기일 : 20○○년 ○월 ○일

사건번호	20○○타경○○호	물건번호	55 * 물건번호가 여러 개 있는 경우에는 꼭 기재

입찰자					
입찰자	본 인	성 명	장 ○ ○ (인)	전화번호	010-1234-5678
		주민(사업자)등록번호	6○○○○○-1○○○○○○	법인등록번호	
		주 소	○○ ○○시 ○○동 ○○		
	대리인	성 명	문 ○ ○ (인)	본인과의 관계	처
		주민등록번호	6○○○○○-2○○○○○○	전화번호	010-2345-6789
		주 소	○○ ○○시 ○○동 ○○		

	천억	백억	십억	억	천만	백만	십만	만	천	백	십	일	
입찰가액				1	7	8	5	0	0	0	0	0	원
보증금액													원

보증의 제공방법	보증을 반환 받았습니다.
□ 현금·자기앞 수표 ■ 보증서	입찰자 장 ○ ○ (인)

주의사항

1. 입찰표는 물건마다 별도의 용지를 사용하십시오. 다만, 일괄입찰시에는 1매의 용지를 사용하십시오.
2. 한 사건에서 매각물건이 여러 개 있고 그 물건들이 개별적으로 입찰에 부쳐진 경우에는 사건번호 외에 물건번호를 기재하십시오.

3. 입찰자가 법인인 경우에는 본인의 성명란에 법인의 명칭과 대표자의 지위 및 성명을 주민등록란에는 입찰자가 개인인 경우에는 주민등록번호를, 법인인 경우에는 사업자등록번호를 기재하고, 대표자의 자격을 증명하는 서면(법인의 등기부 등·초본)을 제출하여야 합니다.
4. 주소는 주민등록상의 주소를, 법인은 등기부상 본점소재지를 기재하시고, 신분확인상 필요하오니 주민등록증을 꼭 지참하십시오.
5. 입찰가격은 수정할 수 없으므로, 수정을 요하는 때에는 새 용지를 사용하십시오.
6. 대리인이 입찰하는 때에는 입찰자란에 본인과 대리인의 인적사항 및 본인과의 관계 등을 모두 기재하는 외에 본인의 위임장(입찰표 뒷면을 이용)과 인감증명을 제출하십시오.
7. 위임장, 인감증명 및 자격증명서는 이 입찰표에 첨부하십시오.
8. 일단 제출된 입찰표는 취소, 변경이나 교환이 불가능합니다.
9. 공동으로 입찰하는 경우에는 공동입찰신고서를 입찰표와 함께 제출하되, 입찰표의 본인 란에는 "별첨 공동입찰자목록 기재와 같음"이라고 기재한 다음, 입찰표와 공동입찰신고서 사이에는 공동입찰자 전원이 간인하십시오.
10. 입찰자 본인 또는 대리인 누구나 보증을 반환받을 수 있습니다.
11. 보증의 제공방법(현금·자기앞 수표 또는 보증서) 중 하나를 선택하여 ㅁ표를 기재하십시오.

㈜ 최고가매수신고인 등이 정하여진 보증금액을 넘어 보증을 냈을 때에는 적당한 여백에 "보증 가운데 ○/10에 해당하는 금 ○○원을 넘는 금액은 돌려받았음"이라는 붉은 고무인을 찍고 영수자의 날인을 받는다.

[서식 59] 입금증명서

입 금 증 명 서

〔입찰자 기재란〕

사건번호	20○○타경123	매각기일	20○○년 ○월 ○일
성명, 날인	이 ○ ○ (인)		

법원보관금 영수필통지서(법원제출용) 첨부 장소
이곳에 법원보관금 영수필통지서를 붙여 주십시오.

〔확 인 란〕

환 급 금 종 류	ㅁ 집행관	ㅁ 사건담임자		출납공무원	
	환급사유	환급통지일	기명,날인	환급지시일	기명,날인
기간입찰 환 급 금	미낙찰, 취하, 취소, 미입찰(기타)	20○ ○. . .	(인)	20○ ○. . .	(인)

작성방법

입찰기간동안 법원보관금 취급점(취급점의 은행납부는 법원별로 달리할 수 있음)에 매수신청보증금을 납입하고, 은행으로부터 받은 법원보관금영수필통지서를 위 입금증명서에 기간입찰표와 함께 기간입찰봉투에 넣어 제출한다.

[서식 60] 법원보관금 납부서

법원보관금 납부서

실명확인	(인)

납부당사자	○ ○ 지방법원			
	사건번호	20○ ○타경123	물건번호	
	납부금액	23,000,000원	보관금종류	기간입찰매수 신청보증금

<table>
<tr><td rowspan="4">사용란</td><td>납 부
당 사 자</td><td>이 ○ ○</td><td>주민등록번호
(사업자등록번호)</td><td colspan="2">7○○○○○－1234567</td></tr>
<tr><td>주 소</td><td colspan="4">서울시 ○○구</td></tr>
<tr><td rowspan="2">잔액환급
계좌번호</td><td>국민은행</td><td>○○ 지점</td><td>예금주</td><td>이 ○ ○</td></tr>
<tr><td>계좌번호</td><td colspan="3">○○○－○○－○○○○</td></tr>
</table>

위 보관금을 납부합니다.

20○○. ○. ○.

납부당사자 이 ○ ○ (인)

〈기간입찰표의 처리기준표〉

번호	흠결사상	처리기준
1	매각기일을 적지 아니하거나 잘못 적은 경우	입찰봉투의 기재에 의하여 그 매각기일의 것임이 특정할 수 있으면 개찰에 포함시킨다.
2	사건번호를 적지 아니한 경우	입찰봉투, 보증서, 입금증명서등 첨부서류의 기재에 의하여 사건번호를 특정할 수 있으면 개찰에 포함시킨다.
3	매각물건이 여러 개인데, 물건번호를 적지 아니한 경우	개찰에서 제외한다. 다만, 물건의 지번, 건물의 호수 등을 적거나 보증서, 입금증명서 등 첨부서류의 기재에 의하여 특정할 수 있는 경우, 물건이 1개인 경우, 여러 개의 물건이 일괄매각되는 경우에는 개찰에 포함시킨다.
4	본인 또는 대리인의 이름을 적지 아니한 경우	개찰에서 제외한다. 다만, 고무인, 인장 등이 선명하여 용이하게 판독할 수 있거나, 대리인의 이름만 기재되어 있으나 위임장, 임감증명서에 본인의 기재가 있는 경우에는 개찰에 포함시킨다.
5	본인과 대리인의 주소, 이름이 함께 적혀 있지만(이름 아래 날인이 있는 경우 포함) 위임장이 붙어 있지 아니한 경우	본인의 입찰로서 개찰에 포함시킨다.

6	본인의 주소, 이름이 적혀 있고 위임장이 붙어 있지만, 대리인의 주소, 이름이 적혀 있지 않은 경우	본인의 입찰로서 개찰에 포함시킨다.
7	위임장이 붙어 있고 대리인의 주소, 이름이 적혀 있으나 본인의 주소, 이름이 적혀 있지 아니한 경우	위임장의 기재로 보아 본인의 주소, 이름을 특정할 수 있으면 개찰에 포함시킨다.
8	한 사건에서 동일인이 본인인 동시에 다른 사람의 대리인이거나, 동일인이 2인 이상의 대리인을 겸하는 경우	쌍방의 입찰을 개찰에서 제외시킨다.
9	입찰자 본인 또는 대리인의 주소나 이름이 위임장 기재와 다른 경우	이름이 다른 경우에는 개찰에서 제외한다. 이름이 같고 주소만 다른 경우에는 개찰에 포함시킨다.
10	입찰자가 법인인 경우 대표자의 이름을 적지 아니한 경우(날인만 있는 경우도 포함)	개찰에서 제외한다. 다만, 법인등기사항전부증명서로 그 자리에서 자격을 확인할 수 있거나, 고무인, 인장 등이 선명하여 용이하게 판독할 수 있는 경우에는 개찰에 포함시킨다.
11	본인 또는 대리인의 성명 다름에 날이 없는 경우	개찰에 포함시킨다.
12	입찰가격의 기재를 정정한 경우	정정인 날인 여부를 불문하고, 개찰에서 제외한다.
13	입찰가격의 기재가 불명확한 경우	개찰에서 제외한다.
14	보증금액의 지개가 없거나 그 기재된 보증금액이 매수신청보증과 다른 경우	보증서 또는 입금증에 이해 정하여진 매수신청보증 이상의 보증제공이 확인되는 경우에는 개찰에 포함시킨다.
15	보증금액을 정정하고 정정인이 없는 경우	
16	동일인이 2개 이상의 입찰봉투를 제출한 경우	입찰봉투에 날인된 접수인을 기준으로 먼저 제출된 것을 유효한 것으로 하여 개찰에 포함시킨다.
17	동일인이 하나의 입찰봉투속에 2개 이상의 입찰표를 제출한 경우	하나의 물건에 대한 여러 장의 입찰표를 제출한 경우에는 개찰에서 제외한다.
18	보증의 제공방법에 관한 기재가 없으나 기일입찰표를 작성, 제출한 경우	개찰에 포함시킨다.
19	위임장은 붙어 있으나 위임장이 사문서로서 인감증명서가 붙어	최고가매수신고인 결정전까지 인감증명서를 제출하거나 그 밖에 이에 준하는 확실한 방법으로 위임장의

	있지 아니한 경우, 위임장과 인감증명서의 인영이 틀린 경우	진정성립을 증명한 때에는 그 입찰자를 최고가매수신고인(차수위매수신고인)으로 결정할 수 있다.
20	매각물건이 여러 개인데 입찰표에는 매각번호를 특정하여 기재하였으나 보증서에는 물건번호 기재가 누락된 경우	집행법원이 정한 보증금액과 비교하여 당해 매각물건에 관하여 발행된 보증서라는 것이 명백한 경우 개찰에 포함시킨다.
21	입금증명서와 함께 붙어 있는 법원보관금 영수필통지서에 보관금 종류가 기간입찰 매수신청보증금으로 기재되어 있지 않고 경매예납금으로 기재된 경우	개찰에 포함시키고, 집행관은 취급점에 정정통지서를 작성하여 즉시 통지하고 납입여부를 확인한다.

〈첨부서류 등의 처리기준표〉

번호	흠결사항	처리기준	비 고
1	입금증명서 또는 보증서, 법인등기사항증명서, 등록사항별증명서, 공동입찰자목록이 같은 입찰봉투에 함께 봉함되지 않고 별도로 제출된 경우	직접제출 : 접수하지 않는다.	입찰봉투에 넣어 제출하도록 한다
		우편제출 : 접수하고, 개찰에 포함시킨다.	클립 등으로 입찰봉투에 편철하고, 입찰봉투와 접수부에 그 취지를 부기한다.
2	입금증명서 또는 보증서, 법인등기사항증명서, 등록사항별증명서, 공동입찰자목록이 누락된 경우	개찰에 포함시키지 않는다.	
3	주민등록등, 초본, 대표자나 관리인의 자격 또는 대리인의 권한을 증명하는 서면으로서 관공서에서 작성하는 증명서 및 인감증명서는 발행일이 입찰기간 만료 전 6개월을 초과한 경우	개찰에 포함시킨다.	6월 이내 발행된 것을 다시 제출하도록 한다.
4	주민등록등본, 대리위임장, 인감증명서가 누락된 경우	본인의 입찰로 개찰에 포함시킨다.	

6. 매각결정절차

가. 매각결정기일

(1) 의 의

법원은 매각기일의 종료 후 미리 정해진 기일에 매각결정기일을 열어 매각허가여부에 관하여 이해관계인의 진술을 듣고 직권으로 법정의 이의사유가 있는지 여부를 조사한 다음, 매각의 허가 또는 불허가결정을 선고한다.

매각기일을 종결한 뒤에 매각결정기일이 변경된 때에는 법원사무관 등은 최고가매수신고인·차순위매수신고인 및 이해관계인에게 변경된 기일을 통지하여야 한다(민집규 73조). 그 통지는 집행기록에 표시된 주소지에 등기우편으로 발송하는 방법으로 할 수 있다.

법원은 매각결정기일에 출석한 이해관계인에게 매각허가에 관한 의견을 진술하게 하여야 한다(민집 120조). 여기서 이해관계인이란 민사집행법 90조의 이해관계인보다 넓은 개념으로서 최고가매수신고인 또는 자기에게 매각을 허가할 것을 구하는 그 외의 매수신고인도 포함한다. 다만 자기가 최고가매수신고인으로서 매각허가를 받아야 한다고 주장하려는 자는 매수신고시에 제공한 보증을 찾아가지 아니하고 맡겨둔 채로 있어야 한다. 전의 매수인은 재매각의 매각결정기일에 이의진술권을 가지지 못한다. 이해관계인의 진술은 원칙적으로 매각결정기일에 말로 하여야 하나 서면으로 제출하여도 무방하다. 이해관계인이 매각허가에 관한 의견을 진술할 수 있는 시기는 매각허가가 있을 때까지 즉 매각허가여부의 결정의 선고가 있을 때까지이다(민집 120조).

(2) 매각허가에 관한 이의사유

매각허가에 관한 이의는 ① 강제집행을 허가할 수 없을 때(강제집행의 요건, 강제집행 개시의 요건, 강제경매신청의 요건에 흠이 있는 경우), ② 집행을 계속 진행할 수 없을 때(집행의 정지취소의 사유가 있을 때, 경매개시결정이 채무자에게 송달되지 아니하거나 이해관계인에 대한 매각통지가 누락된 때, 경매신청이 취하된 것을 간과하고 경매기일을 진행한 후 뒤늦게 발견한 때), ③ 최고가매수신고인이 부동산을 매수할 능력이 없는 때(미성년자, 금치산자, 한정치산자와 같이 독립하여 법률행위를 할 수 없는 자가 독립하여 매수신청을 한 경우), ④ 최고가매수신고인이 부동산을 매수할 자격이 없는 때(사회복지법인의 기본재산인 부동산에 관한 낙찰에 대하여 주무관청의 허가가 없는 경우, 학교법인의 기본재산이 감독청의 허가 없이 강제경매절차에 의하여 매각허가결정이 된 경우, 전통사찰보전법 소정의 경내지 등이 문화체육부장관의 허가 없이 강제경매절차에 의하여 처분된 경우, 채무자인 경우,[53] 재매각에서 전의 매수인인 경우, 집행관과 감정인인 경우, 농지매각에서 농지취득자격이 없는 경우, 다만 관청의 증명 또는 허가는 매각허부결정시까지 보완하면 이의사유가 되지 아니한다), ⑤ 부동산을 매수할 자격이 없는 사람이 최고가매수신고인을 내세워 매수신고를 한 때, ⑥ 최고가매수신고인, 그 대리인 또는 최고가매수신고인을 내세워 매수신고를 한 사람이 제108조 각호 가운데 어느 하나에 해당되는 때(다른 사람의 매수신청을 방해한 사람, 부당하게 다른 사람과 담합하거나 그 밖에 매각의 적정한 실시를 방해한 사람, 위 행위를 교사(敎唆)한 사람, 민사집행절차에서의 매각에 관하여 형법 제136조·제137조·제140조·제140조의2·제142조·제315조 및 제323조 내지 제327조에 규정된 죄로 유죄판결을 받고 그 판결확정일부터 2년이 지나지 아니한 사람), ⑦ 최저매각가격의 결정에 중대한 흠이 있는 때(최저매각가격결정이 법에 정한 절차에 반하여 이루어지거나 감정인의 자격 또는 평가방법에 위법사유가 있어 이에 기초한 결정이 위법한 것으로 되는 등의 사정이 있는 경우, 매각의 대상이 된 목적물의 일부를 누락하고 평가하여 최저매각가격의 결정에 중대한 흠이 생긴 경우, 최저매각가격저감이 잘못된 경우), ⑧ 일괄매각의 결정에 중대한 흠이 있는 때(일괄매각의 결정 절차 또는 결정 자체에 위법이 있는 경우), ⑨ 매각물건명세서의 작성에 중대한 흠이 있는 경우(매각물건명세서에 기재할 사항에 중대한 흠 또는 그 기재내용에 중대한 오류가 있거나 현황조사를 생략하는 등 그 작성 절차에 중대한 흠이 있는 경우), ⑩ 천재지변, 그 밖에 자기가 책임을 질 수 없는 사유로 부동산이 현저하게 훼손된 사실 또는 부동산에 관한 중대한 권리관계가 변동된 사실이 경매절차의 진행 중에 밝혀진 때(매각대상 부동산이 물리적으로 현저하게 훼손된 경우, 매각대상 부동산이 수용된 경우, 1순위로 저당권이 등기되어 있는 부동산에 관하여 대항력 있는 임차권 또는 처분금지가처분의 소멸을 전제로 경매절차가 진행되는 도중에 집행법원도 모르는 사이에 1순위 저당권이 말소되어 대항력 있는 임차권 또는 가처분이 소멸하지 아니하고 매수인에게 인수되어 매각부동산의 권리관계에 중대한 변경을 초래한 경우, 부동산 임의경매절차에서 매수신고인이 당해 부동산에 관하여 유치권이 존재하지 않는 것으로 알고 매수신청을 하여 이미 최고가매수신고인으로 정하여졌음에도 그 이후 매각결정기일까지 사이에 유치권의 신고가 있을 뿐만 아니라 그 유치권이 성립될 여지가 없음이 명백하지 아니한 경우), ⑪ 경매절차에 그 밖의 중대한

53) 임의경매의 경우 채무자 아닌 소유자는 매수신청인이 될 수 있다.

잘못이 있는 때(매각부동산의 표시가 동일성을 식별하는데 지장을 주거나 평가를 그르치게 할 정도인 경우, 최저매각가격의 기재가 누락되었거나 착오로 잘못 기재한 것이 사소한 것이 아닌 경우, 매각기일의 공고를 규정된 방법에 의하지 아니하거나 민사집행규칙 56조에 규정한 공고기간을 두지 아니한 경우, 입찰표의 제출을 최고한 뒤 1시간이 지나야 입찰을 마감할 수 있음에도 이를 위반한 경우, 매각기일에 집행법원이 정하는 금액과 방법에 맞는 보증을 제공하여야만 매각을 허가할 수 있음에도 이를 위반한 경우)의 사유에 한정된다(민집 121조).

[서식 61] 매각허가에 대한 이의신청서

매각허가에 대한 이의신청서

사　　건	○○지원 20○○타경 ○○○　부동산강제경매
신 청 인(채무자)	장 ○ ○ (6○○○○○ − 1234567) ○○시 ○동 ○○ (전화 : 010 − 1234 − 5678)
피신청인(채권자)	문 ○ ○ (6○○○○○ − 1234567) ○○시 ○○읍 ○○리 ○○

신 청 취 지

위 당사자간 귀원 20○○타경 ○○○ 부동산강제경매사건의 별지목록 기재 부동산에 대한 매각은 이를 불허한다.
라는 재판을 구합니다.

신 청 이 유

1. 이 사건 최고가매수신고인인 김○○은 이 신청서에 첨부한 가족관계증명서에 의하여 명백한 바와 같이, 미성년자이므로 단독으로 부동산을 취득할 수 없는 자입니다.

2. 그런데 집행관이 이를 간과하고 그에게 최고가매수신고인임을 허용한 것은 불법이므로 이에 이의신청을 하는 바입니다.

첨 부 서 류

1. 가족관계증명서　　　　1통

20○○. ○. ○.

위 신청인 장 ○ ○ (인)

○○지방법원 ○○지원 귀중

[서식 62] 매각허가에 대한 이의신청서(임대기간 등 미공고)

매각허가에 대한 이의신청

신 청 인(채무자) 홍 길 동

피신청인(채권자) 이 몽 룡

위 당사자간 귀원 20○○타경 ○○○호 부동산강제경매신청사건의 매각허가에 관하여 신청인은 다음과 같이 이의신청을 합니다.

신 청 취 지

별지 목록 기재 부동산에 대한 매각은 이를 불허한다.
라는 재판을 구합니다.

신 청 이 유

1. 본건 강제경매는 위 당사자간의 ○○지방법원 20○○가단 ○○○호 대여금 청구사건의 집행력 있는 판결정본에 기하는 것이기는 하나, 신청인의 신청으로 인하여 ○○지방법원이 20○○. ○. ○.에 한 강제집행 정지결정을 받았으므로 그 속행은 허용되어서는 안됩니다.

2. 그런데 신청인은 그 정지결정의 정본을 제출하지 않았기 때문에 이 사건 매각을 보게 된 것이므로 매각허가는 허용될 수 없습니다.

3. 이 사건 매각부동산에는 임대차가 있는 것임에도 불구하고 20○○. ○. ○. 행하여진

매각기일 및 매각결정기일의 공고에는 그 임대의 기한 및 차임의 기재도 없었으므로 이 사건 매각절차는 이를 허용하지 않는다는 결정을 하여 주시기 바라며 민사집행법 제120조, 제121조에 의하여 이에 이의신청을 하는 바입니다.

20○○. ○. ○.

신청인(채무자) 홍 길 동 (인)

○○지방법원 귀중

(3) 이의의 제한

이의는 다른 이해관계인의 권리에 관한 이유로 신청하지 못한다(민집 122조). 따라서 남을 가망이 없을 경우에 민사집행법 102조의 절차를 밟도록 한 것은 압류채권자나 우선채권자의 보호를 위한 것이므로 채무자는 위 절차를 거치지 아니하였다는 이유로 이의를 할 수 없고, 다른 이해관계인에게 매각기일의 통지가 없었음을 이유로 이의신청할 수 없으며, 법정매각조건의 변경에 합의한 이해관계인이 다른 이해관계인의 합의가 없다는 것을 이유로 이의를 할 수 없다. 이러한 이의의 제한은 매각허가결정에 대한 항고에도 준용된다(민집 131조). 따라서 다른 이해관계인에 대한 매각기일통지의 송달에 흠이 있음을 항고이유로 주장할 수 없다. 그러나 채무자에 대한 경매개시결정의 고지 없이는 유효하게 매각절차를 속행할 수 없으므로 채무자에 대한 경매개시결정 송달의 흠을 매각허가결정에 대한 항고사유로 삼을 수 있다.

나. 매각에 관한 재판

(1) 의 의

집행법원은 매각결정기일에 출석한 이해관계인에게 매각허가에 관한 의견을 진술하게 하여 이를 참고로 하는 외에 직권으로 매각불허가사유의 유무를 기록에 의하여 조사한 다음 매각허가 여부를 결정한다. 매각허가는 결정으로 재판하고 매각결정기일에 선고하여야 한다(민집 126조). 매각을 허가하거나 허가하지 아니하는 결정은 선고한 때에 고지의 효력이 생기고(민집규 74조), 확정되어야 효력을 가진다(민집 126조).

(2) 매각불허가결정

법원은 이의신청이 정당하다고 인정한 때에는 매각을 허가하지 아니한다(민집 123조). 매각결정기일에 이해관계인의 이의신청이 없더라도 법원이 직권으로 조사한 결과 민사집행법 121조 1호 내지 7호에 열거된 사유가 있다고 인정되는 때에는 직권으로 매각을 허가하지 아니한다. 다만, 매각허부 재판 시까지 법정대리인의 추인이나 관청의 증명 또는 허가로 말미암아 부동산을 매수할 능력이나 자격의 흠이 보완된 경우에는 그러하지 아니하다(민집 123조).

여러 개의 부동산을 매각하는 경우에 한 개의 부동산의 매각대금으로 모든 채권자의 채권액과 강제집행비용을 변제하기에 충분하면 다른 부동산의 매각을 허가하지 아니한다(민집 124조). 여러 개의 재산을 일괄매각하는 경우에도 그 가운데 일부의 매각대금으로 모든 채권자의 채권액과 강제집행비용을 변제하기에 충분하면 다른 재산의 매각을 허가하지 아니한다. 다만, 토지와 그 위의 건물을 일괄매각하는 경우나 재산을 분리하여 매각하면 그 경제적 효용이 현저하게 떨어지는 경우 또는 채무자의 동의가 있는 경우에는 그러하지 아니하다(민집 101조). 이러한 과잉매각금지에 해당하는 경우 채무자는 그 부동산 가운데 매각할 것을 지정할 수 있고(민집 124조), 채무자가 지정권을 행사하지 아니한 때에는 법원이 자유재량으로 매각을 허가할 부동산을 선택할 수 있다. 과잉매각금지 규정에 위반하여 매각을 허가하였을 경우에는 항고이유로 되나, 항고법원이 직권으로 조사할 사항은 아니다.

매각을 허가하지 아니한 것이 종국적으로 매각을 불허할 사유와 관계없는 경우 매각불허가결정이 확정되면 새 매각기일을 정한다(민집 125조). 다만 집행의 일시정지를 명하는 서류(민집 49조 2호)의 제출에 따라 허가하지 아니한 경우에는 그 뒤의 절차를 사실상 정지한다.

이에 반하여 매각을 허가하지 아니한 것이 종국적으로 매각을 불허할 사유와 관계있는 경우, 즉 부동산이 멸실되거나 집행취소사유가 있어서 불허가결정이 선고된 경우에는 매각불허가결정이 확정되면 경매절차는 종결된다. 이때에는 별도로 경매개시결정의 취소나 경매신청각하결정을 할 필요없이 매각불허가결정 정본을 원인증서로 붙여 경매개시결정 기입등기의 말소촉탁을 한다.

과잉매각을 이유로 여러 개의 부동산 중 일부에 대하여 매각불허가결정을 한 경우에는 그 불허가결정이 확정되더라도 매각이 허가된 부동산에 대한 매각대금을 다 낼 때를 기다려 경매개시결정 기입등기의 말소촉탁을 한다.

[서식 63] 최고가(차순위)매수신고인 증명신청서

최고가매수신고인 증명신청

사　　건　　20○○타경 ○○○　부동산강제경매

위 사건에 관하여 신청인이 최고가 매수신고인임을 증명하여 주시기 바랍니다.

20○○.　○.　○.

신청인　김 ○ ○

○○지방법원 경매○계　귀중

작성방법

1. 증명신청서 2부를 작성하여 증명을 받는다.
2. 인지 500원 첩부한다.

(3) 매각허가결정

민사집행법에 의한 부동산 경매절차에서는 민사집행법 121조 각 호 및 124조 1항에 규정된 사유가 아닌 이상 매각을 불허할 수 없고 매각을 허가하여야 한다(대법원 2010. 2.16.자 2009마2252 결정). 매각허가결정에는 매각한 부동산, 매수인과 매각가격을 적고 특별한 매각조건으로 매각한 때에는 그 조건을 적어야 하며, 매각허가결정을 선고하는 외에 공고도 하여야 한다(민집 128조).

매각허가결정의 확정 뒤에 천재지변, 그 밖에 자기가 책임을 질 수 없는 사유로 부동산이 현저하게 훼손된 사실 또는 부동산에 관한 중대한 권리관계가 변동된 사실이 밝혀진 경우에는 매수인은 대금을 낼 때까지 매각허가결정의 취소신청을 할 수 있다(민집 127조). 그 결과 매각허가결정을 취소한 경우에는 그 훼손의 정도에 따라 재평가 후 최저매각가격을 새로 정하여 새 매각을 진행하거나(민집 134조), 훼손이 심하여 부동산으로서의 존재를 잃은 때에는 경매절차를 취소하고 경매개시결정 기입등기를 말소하도록 촉탁한다.

다. 매각허가 여부에 대한 즉시항고

이해관계인은 매각허가여부의 결정에 따라 손해를 볼 경우에만 그 결정에 대하여 즉시항고를 할 수 있고, 매각허가에 정당한 이유가 없거나 결정에 적은 것 외의 조건으로 허가하여야 한다고 주장하는 매수인 또는 매각허가를 주장하는 매수신고인도 즉시항고를 할 수 있다(민집 129조).

> 경매법원이 이해관계인에게 입찰기일 및 낙찰기일을 통지하지 아니한 채 입찰기일의 경매절차를 속행하여 낙찰이 이루어지게 하였다면, 이해관계인이 이러한 기일통지를 받지 못하였더라도 입찰기일을 스스로 알고 그 기일에 출석하여 입찰에 참가함으로써 자신의 권리보호에 필요한 조치를 취할 수 있었다는 등의 사정이 없는 한 그 이해관계인은 이로 인하여 법이 보장하고 있는 절차상의 권리를 침해당한 손해를 받았다고 할 것이어서 낙찰허가결정에 대하여 즉시항고를 할 수 있다고 할 것이며, 입찰기일 또는 낙찰기일을 통지받지 못함으로 인하여 그 이해관계인에게 구체적 또는 추상적으로 재산상의 손해가 발생한 경우에 한하여 그 이해관계인이 즉시항고를 할 수 있는 것은 아니다(대법원 2002.12.24.자 2001마1047 전원합의체 결정).

매각허부의 결정에 대한 불복방법으로는 즉시항고만 인정되고, 통상항고나 특별항고는 허용되지 아니하며, 집행에 관한 이의로 불복할 수도 없다. 따라서 경락허가결정에 대한 불복방법으로서는 즉시항고만이 인정되고 이의의 방법은 허용되지 아니하므로 이의신청이라는 제목으로 제출된 불복은 이를 즉시항고로 보아 처리함이 상당하다(대법원 1994. 7.11.자 94마1036 결정).

즉시항고는 재판을 고지 받은 날부터 1주 이내에 제기하여야 하고(민집 15조), 매각허부의 결정은 이를 선고한 때에 고지의 효력이 생기므로(민집규 74조), 매각허부 결정 선고일부터 1주 이내에 즉시항고를 하여야 한다.

> 경매법원이 이해관계인 등에게 경매기일 등의 통지를 하지 아니하여 그가 경락허가결정에 대한 항고기간을 준수하지 못하였다면 특단의 사정이 없는 한 그 이해관계인은 자기책임에 돌릴 수 없는 사유로 항고기간을 준수하지 못한 것으로 보아야 하며, 그러한 경우에는 형평의 원칙으로부터 인정된 구제방법으로서의 추완이 허용되어야 할 것이다. 경락허가결정에 대하여 이해관계인이 추완에 의한 항고를 제기한 경우 항고법원에서 추완신청이 허용되었다면 비록 다른 이유로 항고가 이유 없는 경우에도 경락허가결정은 확정되지 아니하고 따라서 그 이전에 이미 경락허가결정이 확정된 것으로 알고 경매법원이 경락대금 납부기일을 정하여 경락인으로 하여금 경락대금을 납부하게 하였다고 하더라도 이는 적법한 경락대금의 납부라고 할 수 없는 것이어서, 배당절차가 종료됨으로써 경매가 완결되었다고 하여 그 추완신청을 받아들일 수 없는 것은 아니다(대법원 2002.12.24.자 2001마1047 전원합의체 결정).

매각허가결정에 대한 항고는 매각허가에 대한 이의신청사유가 있다거나, 그 결정 절차에 중대한 잘못이 있다는 것을 이유로 드는 때에만 할 수 있다. 그러나 재심사유가 있는 때에는 위 제한에 구애받지 않고 항고의 이유로 삼을 수 있다(민집 130조).

매각불허가결정에 대한 항고는 그 매각불허가결정에 기재된 사유에 대하여 다투면 족하고, 민사집행법에 규정한 모든 불허가원인(민집 96조, 121조, 123조, 124조)이 없음을 이유로 하는 때에 한하여 할 수 있는 것은 아니다. 따라서 항고법원은 항고인의 주장이 정당하다고 인정되면 항고를 인용한다. 매각허가 또는 불허가 결정에 재심사유가 있는 때에는 그 자체로 항고사유가 된다. 매각허가여부에 대한 결정이 확정된 후에는 재심사유를 주장하여 준재심을 신청할 수 있다(민소 461조).

즉시항고는 매각허가여부의 결정을 선고한 원심법원에 대하여 항고장을 제출하는 방식으로 제기한다(민집 15조). 항고장에 항고이유를 적지 아니한 때에는 항고인은 항고장을 제출한 날부터 10일 이내에 항고이유서를 원심법원에 제출하여야 한다. 항고이유는 원심재판의 취소 또는 변경을 구하는 사유를 구체적으로 적어야 하는바, 그 사유가 법령위반인 때에는 그 법령의 조항 또는 내용과 법령에 위반되는 사유를, 사실의 오인인 때에는 오인에 관계되는 사실을 구체적으로 밝혀야 한다. 항고인이 항고이유서를 제출하지 아니하거나 항고이유가 구체적으로 적시되지 아니한 때 또는 항고가 부적법하고 이를 보정(補正)할 수 없음이 분명한 때에는 원심법원은 결정으로 그 즉시항고를 각하하여야 한다(민집 15조).

매각허가결정에 대한 항고를 제기하면서 항고장에 보증으로 매각대금의 10분의 1에 해당하는 금전 또는 법원이 인정한 유가증권을 공탁하였음을 증명하는 서류를 붙이지 아니한 때에는 원심법원은 항고장을 받은 날부터 1주 이내에 결정으로 이를 각하하여야 한다(민집 130조). 채무자 및 소유자가 한 항고가 기각된 때에는 항고인은 보증으로 제공한 금전이나 유가증권을 돌려 줄 것을 요구하지 못한다(민집 130조). 이는 배당할 금액에 포함되어 배당의 대상이 된다(민집 147조). 채무자 및 소유자 외의 사람이 한 항고가 기각된 때에는 항고인은 보증으로 제공한 금전이나, 유가증권을 현금화한 금액 가운데 항고를 한 날부터 항고기각결정이 확정된 날까지의 매각대금에 대한 연 1.5할[54]의 이율에 의한 금액(보증으로 제공한 금전이나, 유가증권을 현금화한 금액을 한도로 한다)에 대하여는 돌려 줄 것을 요구할 수 없다. 다만, 보증으로 제공한 유가증권을 현금화하기 전에 위의 금액을 항고인이 지급한 때에는 그 유가증권을 돌려 줄 것을 요구할 수 있다(민집 130조). 다만 이들 항고인은 채권자에게 배당하고 남은 금액이 있으면 돌려받게 된다(민집 147조). 항고인이 항고를 취하한 경우 항고가 기각된 경우와 마찬가지로 본다(민집 130조). 항고가 인용된 경우에는 확정증명을 제출하여 바로 보증금을 회수할 수 있으며, 따라서 담보취소절차를 밟을 필요가 없다. 항고인이 공탁물을 회수할 경우에는 공탁서와 항고인용의 재판이 확정되었음을 증명하는 서면, 당해 보증금이 배당할 금액에 포함될 필요가 없게 되었음을 증명하는 서면(집행법원 법원사무관 등이 발급)을 첨부하여 공탁물회수청구를 한다.

통상 항고에는 집행정지의 효력이 없으나 즉시항고에는 집행정지의 효력이 있다(민소 447조), 그러나 민사집행절차에 관한 집행법원의 재판에 대한 즉시항고에는 집행정지의 효력이 없다(민집 15조). 그러나 매각허가결정은 확정되어야 효력이 있는바(민집 126조), 매각허가결정에 대한 즉시항고가 있는 경우 매각허가결정이 확정되지 아니하므로 그 허가결정에 따른 후속조치(대금지급, 배당기일, 새 매각기일의 지정·실시)를 할 수 없다. 그러나 원심법원에서 한 항고장각하명령이나 항고각하결정에 대하여 즉시항고가 있는 경우 그 즉시항고는 매각허가결정을 차단시키지 못하므로 즉시항고

54) 개정 민사집행규칙은 이율을 연 1할 5푼으로 변경〈2015.10.29.〉. 소송촉진 등에 관한 특례법 제3조제1항 본문의 법정이율에 관한 규정(대통령령 제26553호, 2015. 9. 25. 공포, 2015. 10. 1. 시행)의 개정취지를 감안.

기간의 도과로 매각허가결정은 확정되게 된다. 따라서 집행법원은 집행기록을 항고법원에 송부한 후 매각절차를 진행한다.

집행법원은 항고가 정당한 이유가 있다고 인정하는 때에는 스스로 그 재판을 경정한다(민소 446조, 민집 15조). 경정결정에 대하여 이해관계인이 즉시항고 할 수 있으므로, 실무에서는 이해관계인 모두에게 경정결정을 송달하고 있다.

항고법원은 항고장 또는 항고이유서에 적힌 이유에 대하여서만 조사한다. 다만, 원심재판에 영향을 미칠 수 있는 법령위반 또는 사실오인이 있는지에 대하여 직권으로 조사할 수 있다(민집 15조). 항고법원이 항고사건을 심리함에 있어서 변론을 열거나 이해관계인을 심문할 것인지 여부를 결정하는 것은 그 항고법원의 자유재량에 속한다(대법원 2001. 3.22.자 2000마6319 결정). 항고법원은 항고가 이유 없는 경우에는 항고기각결정을 하고, 이유 있는 경우에는 원결정을 취소한다. 그러나 그 매각허가 여부의 결정은 집행법원이 한다(민집 132조). 항고심에서 항고를 기각할 때에는 그 결정을 당사자인 항고인에게만 고지하면 충분하나, 항고인용의 경우에는 항고인의 상대방뿐만 아니라 그 결정에 대하여 항고권이 있다고 인정되는 이해관계인 전원에게 고지하여야 한다(민집 23조).

[서식 64] 매각허가결정에 대한 즉시항고장

항 고 장

사건번호　　○○지원 20○○타경 ○○○　부동산강제경매

항 고 인　　장 ○ ○ (6○○○○○－1234567)
　　　　　　○○시 ○동 ○○

위 항고인은 ○○지원 20○○타경 ○○○ 부동산강제경매사건에 관하여, 동 법원으로부터 20○○. ○. ○. 매각허가결정을 송달받았으나 동 결정에 불복하므로 항고를 제기합니다.

원 결 정 의 표 시

김○○, 별지 기재 부동산에 대하여 최고가로 매수신고한 위 사람에게 매각을 허가

한다.

항 고 취 지

원 결정을 취소하고, 다시 상당한 재판을 구합니다.

항 고 이 유

1. 본 건 부동산은 사실상 시가가 3억 5천만 원인데, 감정평가사가 감정평가를 함에 있어서 너무도 낮게 평가를 하였고, 이를 근거로 하여 경매가 진행되었으므로 항고인에게 막대한 손해를 입힌 것이므로 이는 공서양속에 반하는 행위로 사료됩니다.

2. 그러므로 항고인은 항고취지와 같은 재판을 구하고자, 항고하기에 이른 것입니다.

20○○. ○. ○.

위 항고인 장 ○ ○ (인)

○○지방법원 ○○지원 귀중

작성방법

1. 항고장은 선고일로부터 1주일의 불변기간 내에 원심법원에 제출해야 한다.
2. 인지는 금 2,000원, 송달료는 5회분을 납부한다.

7. 부동산관리명령

법원은 매수인 또는 채권자가 신청하면 매각허가가 결정된 뒤 인도할 때까지 관리인에게 부동산을 관리하게 할 것을 명할 수 있다(민집 136조). 이는 매수인이 매각허가결정을 받은 후 대금을 지급하고 그 부동산의 인도를 받을 때까지 사이에 채무자인 그 부동산의 소유자의 법률상의 처분행위 또는 사실상의 행위에 의하여 그 부동산의 가치가 감소되어 매수인이나 채권자의 이익을 해할 경우를 대비하여 매각부동산의 현상유지를 목적으로 마련된 일종의 보전처분에 해당한다.

채무자가 관리인에게 매각부동산을 임의로 인도하지 아니하는 경우 관리인은 관리명령만으로는 인도를 강제할 수 없다. 부동산의 관리를 위하여 필요하면 법원은 매수인 또는 채권자의 신청에 따라 담보를 제공하게 하거나 제공하게 하지 아니하고 인도명령을 할 수 있다(민집 136조). 법원이 인도명령의 정본을 신청인에게 송달하면 신청인은 이에 기해 집행관에게 집행을 위임하여 인도를 집행한다. 인도명령정본은 집행 전에 채무자에게 송달하거나 집행관으로 하여금 집행과 동시에 채무자에게 송달하게 한다.

관리인은 매수인이 매각대금을 다 내고 관리인의 관리 하에 있는 매각부동산의 인도를 청구한 때에는 관리사무를 청산하고 그 부동산을 매수인에게 인도하여야 한다.

관리인에 대한 보수 그 밖의 관리에 소요되는 비용은 관리명령을 신청한 매수인이나 채권자가 부담하여야 하며 이것이 집행비용으로 되어 채무자의 부담으로 되는 것은 아니다.

[서식 65] 부동산강제관리신청서

부동산강제관리신청

채 권 자　박 ○ ○ (7○○○○○－1234567)
　　　　　○○시 ○○구 ○○동 ○○ (T.010－123－4567)

채 무 자　정 ○ ○ (7○○○○○－1234567)
　　　　　○○시 ○○구 ○○동 ○○

제3채무자　정 ○ ○ (7○○○○○－1234567)
　　　　　○○시 ○○구 ○○동 ○○

집행권원의 표시

채권자의 채무자에 대한 ○○지방법원 20○○가단 ○○○ 대여금청구사건의 집행력 있는 판결정본

청구채권의 표시

금 20,000,000원(원금 15,000,000원 및 이에 대한 20○○. ○. ○.부터 20○○. ○. ○.까지 연 20%의 비율에 의한 지연손해금 50,000,000원)

관리하는 부동산의 표시

별지목록 기재와 같음.

신 청 취 지

1. 채무자소유 별지목록 기재 부동산에 대한 강제관리를 개시하고 채권자를 위하여 이를 압류한다.
2. 채무자는 관리인의 관리사무에 간섭하거나 또는 위 부동산의 수익을 처분하여서는 아니 된다.
3. 제3채무자는 위 부동산의 임대료를 관리인에게 지급하여야 한다.
4. 관리인으로 아래 사람을 선임한다.
   성명: 김○○, 주소: ○○시 ○○구 ○○동 ○○

라는 판결을 구합니다.

신 청 이 유

1. 채권자는 위 청구채권의 표시와 같이 채권을 가지고 있는바, 채무자는 차일피일 미루며 변제하지 않고 있으며 채무자 소유의 별지목록 기재 부동산에 다액의 저당권이 설정되어 있어서 이를 매각하여도 목적을 달할 수 없는 형편입니다.

2. 그런데 위 별지목록 기재 부동산은 이○○에 임대되어 매월 금 ○○만 원의 수익이 있으므로 이를 강제관리하고 제3자로부터 수익을 얻어 변제에 충당하면 채권자는 용이하게 변제 받을 수 있다고 보여 이 신청에 이른 것입니다.

첨 부 서 류

1. 집행력 있는 판결정본	1통
1. 송달, 확정증명원	1통
1. 부동산등기부등본	1통

20○○. ○. ○.

위 채권자 박 ○ ○ (인)

○○지방법원 귀중

작성방법

1. 강제경매와 같이 그 부동산이 있는 지방법원에 신청서 1부를 제출한다.
2. 등록세, 인지대, 송달료 기타 소요되는 집행비용을 예납하여야 한다.

[서식 66] 부동산강제관리집행정지신청서

부동산강제관리집행정지신청

사 건 2○○○타기○○○ 부동산강제관리

채 권 자 홍 길 동 (000000-0000000)
○○시 ○○구 ○○동 ○○○

채 무 자 이 몽 룡 (000000-0000000)
○○시 ○○구 ○○동 ○○○

위 사건의 목적물건인 별지 목록 기재의 부동산의 전부에 대하여 집행정지결정이 있었으므로 상기 사건의 절차를 정지시키기 위하여 본 신청을 합니다.

첨 부 서 류

1. 강제관리정지결정정본 1통

20○○. ○. ○.

신청인(채무자) 이 몽 룡 (인)

○○지방법원 ○○지원 귀중

[서식 67] 부동산강제관리취소신청서

부동산강제관리취소신청

사 건 2○○○타기○○○ 부동산강제관리

채권자 홍 길 동

채무자 이 몽 룡

제 3 자 김 갑 동

위 사건의 별지 기재 부동산은 국세체납처분으로 20○○. ○. ○. 공매에 의하여 그 소유권이 제3자에게 이전되었으므로 강제관리개시결정을 취소하여 주시기 바랍니다.

20○○. ○. ○.

위 채권자 홍 길 동 (인)

○○지방법원 ○○지원 귀중

8. 매각대금의 납부

가. 대금지급의 기한·방법

매각허가결정이 확정되면 법원은 대금의 지급기한을 정하고, 이를 매수인과 차순위매수신고인에게 통지하며, 매수인은 그 대금지급기한까지 매각대금을 지급하여야 한다(민집 142조).

대금은 현금으로 납부하여야 한다. 매수신청의 보증으로 금전이 제공된 경우에 그 금전은 매각대금에 넣는다. 매수신청의 보증으로 금전 외의 것이 제공된 경우로서 매수인이 매각대금 중 보증액을 뺀 나머지 금액만을 낸 때에는, 법원은 보증을 현금화하여 그 비용을 뺀 금액을 보증액에 해당하는 매각대금 및 이에 대한 지연이자에 충당하고, 모자라는 금액이 있으면 다시 대금지급기한을 정하여 매수인으로 하여금 내게 한다(민집 142조).

매수인은 매각조건에 따라 부동산의 부담을 인수하는 외에 배당표(配當表)의 실시에 관하여 매각대금의 한도에서 관계채권자의 승낙이 있으면 대금의 지급에 갈음하여 채무를 인수할 수 있다(민집 143조).

채권자가 매수인인 경우에는 매각결정기일이 끝날 때까지 법원에 신고하고 배당받아야 할 금액을 제외한 대금을 배당기일에 낼 수 있다(민집 143조).

그러나 위 매수인이 인수한 채무나 배당받아야 할 금액에 대하여 이의가 제기된 때에는 매수인은 배당기일이 끝날 때까지 이에 해당하는 대금을 내야 한다.

[서식 68] 매각대금납부신청서

매각대금납부신청서

사　　건　20○○타경 ○○○　임의경매

채 권 자　장 ○ ○

채 무 자　김 ○ ○

소 유 자　문 ○ ○

매 수 인　김 ○ ○

위 당사자간 귀원 20○○타경 ○○○ 부동산임의경매사건에 있어 매수인은 매각대금을 납부하고자 하오니 허가하여 주시기 바랍니다.

매각대금 : 금 23,000,000원
잔 대 금 : 금 32,980,000원

20○○. ○. ○.

위 매수인 김 ○ ○ (인)

○○지방법원 ○○지원 귀중

[서식 69] 낙찰대금완납증명원

낙찰대금완납증명원

사　　건　20○○타경○○○ 임의경매

채 권 자　장 ○ ○

채 무 자　김 ○ ○

소 유 자　문 ○ ○

매 수 인　김 ○ ○

위 당사자간 귀원 20○○타경○○○ 부동산임의경매사건에 있어 매수인은 별지목록 기재 부동산에 대한 경락대금 금 23,000.000원을 20○○. ○. ○. 완납하였음을 증명하여 주시기 바랍니다.

20○○. ○. ○.

위 매수인 ○ ○ ○ (인)

○○지방법원 ○○지원 귀중

작성방법

1. 인지 500원 첩부한다.

2. 증명원 2부를 제출하고 1부를 증명받아 돌려받는다.

[서식 70] 상계신청서(차액지급신청서)

상 계 신 청 서

사건번호 ○○지법 ○○지원 20○○타경○○○

채권자겸 장 ○ ○
매 수 인

채 무 자 김 ○ ○

소 유 자 문 ○ ○

위 당사자간 귀원 20○○타경○○○ 부동산강제경매사건에 있어 채권자가 20○○. ○. ○.자로 매수하였는바, 동 사건의 매각대금지급에 있어서 상계신청인(채권자 겸 매수인)이 배당받을 채권액과 상계하여 주시기를 민사집행법 제143조 제2항에 의하여 신청합니다.

20○○. ○. ○.

위 신청인(채권자 겸 매수인) 장 ○ ○ (인)

○○지방법원 ○○지원 귀중

작성방법

1. 인지, 송달료 없음.
2. 매각결정허가기일까지 채권계산서를 첨부하여 1부를 경매계에 제출한다.

[서식 71] 채권상계에 대한 이의신청서

채권상계에 대한 이의신청

사　　건　　20○○타경○○○　임의경매

채 권 자　　장 ○ ○

채 무 자　　김 ○ ○

이의신청인　　문 ○ ○
○○시 ○○구 ○○동 ○○ (010－1234－5678)

위 당사자간 귀원 20○○타경○○○ 부동산임의경매사건에서 경매신청 매수인 겸 채권자가 20○○. ○. ○.자로 채권 상계신청을 한바, 이의신청인은 이 사건에 배당요구한 이해관계인으로서 위 상계할 채권에 관하여 상계적상이 없다고 사료되므로 민사집행법 제268조 제143조에 의하여 이의신청을 합니다.

20○○.　○.　○.

위 신청인(배당요구채권자)　장 ○ ○　(인)

○○지방법원 경매○계　귀중

작성방법

1. 인지등 비용 없음.
2. 배당기일 전까지 신청서1부를 경매계에 제출한다.

[서식 72] 채무인수신청서

채무인수신청서

사 건 번 호　　○○지법 ○○지원 20○○타경○○○

채　권　자　　장 ○ ○

채　무　자　　김 ○ ○

신 청 인(매수인)　　문 ○ ○

위 당사자간 귀원 20○○타경○○○ 부동산강제경매사건에서 신청인은 20○○. ○. ○.자로 위 부동산을 매수하는바, 신청인은 위 매각대금을 납입함에 있어, 다음과 같이 관계 채권자 정길상의 채무인수승낙서를 첨부하여 민사집행법 제143조 제1항에 의하여 매각대금납부에 갈음한 채무인수신청을 합니다.

첨 부 서 류

1. 채권자 정길상의 채무인수승낙서　　1통
1. 인감증명서　　1통

20○○. ○. ○.

위 신청인(매수인) 문 ○ ○ (인)

○○지방법원 ○○지원 귀중

작성방법

1. 대금납부기한이 정하여지기 이전에 채권계산서와 채무인수승낙서를 첨부하여 경매법원에 1부 제출한다.
2. 인지등 비용 없다.

[서식 73] 채무인수승낙서

채무인수에 관한 승낙서

사건번호 20○○타경○○○

채 권 자 장 ○ ○

채 무 자 김 ○ ○

위 당사자간 귀원 20○○타경○○○ 부동산강제경매사건에서 경매의 목적물을 귀하가 매수하고 그 매수대금으로 1번 근저당권 채권자로부터 채무자가 부담하는 아래 다음 채무를 인수하여 매수대금일부의 지급에 갈음할 것을 승낙합니다.

다 음

금 20,000,000원 및 20○○. ○. ○.부터 20○○. ○. ○.까지 연 20%의 비율에 의한 이자 손해금

20○○. ○. ○.

위 채권자 장 ○ ○ (인)

매수인 ○○○ 귀중

나. 대금납부의 효과

매수인은 매각대금을 다 낸 때에 매각의 목적인 권리를 취득한다(민집 135조). 차순위매수신고인은 매수인이 대금을 모두 지급한 때 매수의 책임을 벗게 되고 즉시 매수신청의 보증을 돌려줄 것을 요구할 수 있다(민집 142조). 법원은 매수인이 대금을 낸 뒤 6월 이내에 신청하면 채무자·소유자 또는 부동산 점유자에 대하여 부동산

을 매수인에게 인도하도록 명할 수 있다. 다만, 점유자가 매수인에게 대항할 수 있는 권원에 의하여 점유하고 있는 것으로 인정되는 경우에는 그러하지 아니하다(민집 136조).

다. 대금지급의무불이행에 따른 법원의 조치

(1) 차순위매수신고인에 대한 매각허부결정

차순위매수신고인이 있는 경우에 매수인이 대금지급기한까지 그 의무를 이행하지 아니한 때에는 차순위매수신고인에게 매각을 허가할 것인지를 결정하여야 한다(민집 137조). 차순위매수신고인에 대한 매각허가결정이 있는 때에는 매수인은 매수신청의 보증을 돌려 줄 것을 요구하지 못한다. 위 보증은 배당할 금액에 포함된다.

(2) 재 매 각

매수인(차순위매수신고인이 매각허가를 받은 경우 포함)이 대금지급기한까지 그 의무를 완전히 이행하지 아니하고(일괄매각된 부동산 중 일부 부동산의 대금만 낸 경우, 공동매수인 중 일부가 내부관계상 자신의 분담부분의 대금만 낸 경우 포함), 차순위매수신고인이 없는 때에는 법원은 직권으로 부동산의 재매각을 명하여야 한다(민집 138조).

재매각절차에도 종전에 정한 최저매각가격, 그 밖의 매각조건을 적용한다(민집 138조). 법원은 재매각을 명한 때에는 즉시 재매각기일을 정하고 일반의 매각절차와 같은 방법으로 이를 공고하여야 한다. 재매각기일의 절차는 일반의 매각기일 절차와 동일하다.

재매각절차에서는 전의 매수인은 매수신청을 할 수 없으며 매수신청의 보증을 돌려 줄 것을 요구하지 못한다(민집 148조).

매수인이 재매각기일의 3일 이전까지 대금 및 지연이자와 절차비용을 지급한 때에는 재매각절차를 취소하여야 한다. 이 경우 차순위매수신고인이 매각허가결정을 받았던 때에는 위 금액을 먼저 지급한 매수인이 매매목적물의 권리를 취득한다(민집 138조).

9. 소유권이전등기 등의 촉탁

가. 소유권의 취득

매수인은 매각대금을 다 낸 때에 매각의 목적인 권리를 취득한다(민집 135조). 매수인이 취득하는 부동산 소유권의 범위는 매각허가결정서에 적힌 부동산과 동일성이 인정되는 범위 내에서 그 소유권의 효력이 미치는 범위와 같다.

경매개시결정이 채무자에게 송달되지 아니한 것과 같이 강제경매절차를 무효로 하는 하자가 아닌 한 경매절차에 하자가 있더라도 매각허가결정이 확정되고 매수인이 대금을 납부한 이상 경매절차 밖에서 별소로 매각허가결정의 무효를 주장하여 매수인의 소유권취득의 효과를 다툴 수 없다.

그러나 사회복지법인의 기본재산인 부동산에 관한 낙찰에 대하여 주무관청의 허가가 없는 경우, 학교법인의 기본재산이 감독청의 허가 없이 강제경매절차에 의하여 매각허가결정이 된 경우, 전통사찰보전법 소정의 경내지 등이 문화체육부장관의 허가 없이 강제경매절차에 의하여 처분된 경우 그 매각허가결정을 원인으로 하여 이루어진 소유권이전등기는 효력이 없다.

집행권원이 부존재하거나 집행권원이 무효인 경우 매수인이 대금을 납부하더라도 소유권을 취득할 수 없다. 무권대리인의 촉탁에 의하여 공정증서가 작성된 경우 그 공정증서는 집행권원으로서의 효력이 없으므로 무효인 공정증서에 기한 경매절차에서 부동산을 매수한 자는 소유권을 취득할 수 없다.

변제증서(민집 49조 4호)가 제출되더라도 2월의 집행정지의 효과가 있음에 그칠 뿐 그 이상으로 경매절차의 진행이나 효력을 저지 또는 부정하는 사유가 될 수 없다.

확정된 종국판결에 터 잡아 경매절차가 진행된 경우 그 뒤 그 확정판결이 재심소송에서 취소되었다고 하더라도 그 경매절차를 미리 정지시키거나 취소시키지 못한 채 경매절차가 계속 진행된 이상 경락대금을 완납한 경락인은 경매 목적물의 소유권을 적법히 취득한다(대법원 1996.12.20. 선고 96다42628 판결).

가집행선고 있는 판결에 기한 강제집행은 확정판결에 기한 경우와 같이 본집행이므로 상소심의 판결에 의하여 가집행선고의 효력이 소멸되거나 집행채권의 존재가 부정된다 하더라도 그에 앞서 이미 완료된 집행절차나 이에 기한 경락인의 소유권취득의 효력에는 아무런 영향을 미치지 아니한다 할 것이고, 다만 강제경매가 반사회적 법률행위의 수단으로 이용된 경우에는 그러한 강제경매의 결과를 용인할 수 없다(대법원 1993. 4.23. 선고 93다3165 판결).

[서식 74] 법원의 등기촉탁서

○○지방법원논산지원 등기촉탁서

등기관 귀하

사 건	○○지원 20○○타경○○○ 부동산강제경매
부동산의 표시	별지와 같음 (임야)
등 기 권 리 자	장 ○ ○ (6○○○○－1234567) ○○시 ○동 ○○
등 기 의 무 자	문 ○ ○ (6○○○○○－1234567) ○○시 ○○읍 ○○리 ○○
등기원인과 그 연월일	20○○. ○. ○.자 강제경매로 인한 매각
등 기 목 적	1. 소유권이전등기 2. 저당권설정등기의 말소(20○○. ○. ○. 접수 제○○호)
과 세 표 준	금 100,000,000원
등 록 세	(이전등기) 금 2,400,000원(지방교육세 포함) (말소등기) 금 3,600원(지방교육세 포함)
국민주택채권	금 5,000,000원
등기신청수수료	금 10,000원
첨 부	1. 매각허가결정등본 1통, 촉탁서 부본 2통 2. 주민등록초본 3. 토지 및 건축물대장등본

위 등기를 촉탁합니다(등본작성 : . . .).

20○○. ○. ○.

법원사무관 ○ ○ ○ (인)

접수	. .	처리인	접 수	조 사	기 입	교 합	등기필 통지	비 고
	제 호							

➢ **경매절차에서 매수인이 매각대금을 납부한 경우에, 말소될 등기와 존속할 등기**

(1) 말소될 등기

① 모든 가압류·압류등기

② 모든 저당권설정등기

③ 경매개시결정등기

④ 선순위의 담보권·압류·가압류등기가 존재하는 경우에, 후순위의 가처분등기

⑤ 가등기 중 담보가등기로 권리신고가 된 가등기

⑥ 선순위의 담보권·압류·가압류등기가 존재하는 경우에, 후순위의 지상권·지역권·전세권·등기된 임차권

⑦ 국세 및 지방세체납처분에 의한 압류등기

(2) 존속할 등기

① 선순위의 담보권·압류·가압류등기가 존재하지 아니한 경우에, 선순위의 가처분등기

② 선순위의 담보권·압류·가압류등기가 존재하지 아니한 경우에, 담보가등기로 권리신고가 되지 아니하였거나, 소유권이전청구권보전의 가등기로 신고된 가등기

③ 선순위의 담보권·압류·가압류등기가 존재하지 아니한 경우에, 선순위의 지상권·지역권·등기된 임차권·전세권(다만, 전세권의 경우에는 배당요구를 하게 되면 말소됨)

④ 최선순위의 대항력과 우선변제권을 겸유한 주택(또는 상가건물)의 임차권등기명령에 의한 임차권등기

⑤ 예고등기

나. 촉탁의 시기

매각대금이 지급되면 법원사무관 등은 매각허가결정의 등본을 붙여 소유권이전등기 등을 촉탁하여야 한다(민집 144조).

다. 촉탁할 등기

(1) 매수인 앞으로 소유권을 이전하는 등기

매수인이 사망한 경우 상속인의 명의로 소유권이전등기를 촉탁한다. 법인의 합병의 경우에도 마찬가지다. 매수인이 그 매수인의 지위를 제3자에게 양도한 경우 매수인 명의로 소유권이전등기를 촉탁한다. 경매개시결정 전에 소유권이전등기를 받은 제3취득자가 매수인이 된 경우 소유권이전등기를 촉탁하지 않는다. 경매개시결정 후에 소유권이전등기를 받은 제3취득자가 매수인이 된 경우 제3취득자 명의의 소유권이전등기의 말소촉탁과 동시에 매각을 원인으로 한 소유권이전등기를 촉탁한다.

매수인으로부터 부동산을 담보로 제공받으려고 하는 사람은 매각대금을 지급할 때까지 매수인과 공동으로 소유권이전등기촉탁신청을 할 수 있다(민집 144조).

(2) 매수인이 인수하지 아니한 부동산의 부담에 관한 기입을 말소하는 등기

매수인이 인수하지 아니한 부동산의 부담에 관한 기입인지 여부는 오로지 부동산등기부에 적힌 것을 기준으로 판단하여야 하고 등기부에 기입되지 아니한 권리로서 특별법에 의하여 우선변제권이 인정되는 권리가 성립한 때를 기준으로 판단하여서는 안 된다.

(가) 저당권(근저당권)설정등기·담보가등기

저당권(근저당권)설정등기·담보가등기 등은 압류채권자보다 선순위라도 매각에 의하여 소멸되므로 각 그 등기는 말소촉탁의 대상이 된다(민집 91조, 가담 15조).

말소될 저당권에 관하여 채권압류의 등기가 되어 있는 경우 주등기의 말소만 촉탁하면 된다. 저당권이전의 부기등기가 되어 있는 경우 주등기인 저당권설정등기의 말소만 촉탁하면 된다.

권리신고가 되지 않아 담보가등기인지 청구권보전가등기인지 알 수 없는 경우 일단 청구권보전가등기로 보아 그 가등기가 최선순위이면 말소하여서는 안되고, 그 가등기보다 선순위의 담보권이나 가압류가 있으면 함께 말소한다.

(나) 용익물권·임차권등기

지상권·지역권·전세권 및 등기된 임차권은 저당권·압류채권·가압류채권에 대항할 수 없는 경우에는 매각으로 소멸되므로 각 그 등기는 말소촉탁의 대상이 된다(민집 91조). 그 밖의 경우에는 매각으로 소멸되지 않고 존속하나 선순위 전세권자가 배당요구를 하면 매각으로 소멸되므로 이 경우에는 말소촉탁의 대상이 된다.

주택임차권은 임차주택에 대하여 민사집행법에 따른 경매가 행하여진 경우에는 그 임차주택의 경락(競落)에 따라 소멸한다. 다만, 보증금이 모두 변제되지 아니한, 대항력이 있는 임차권은 그러하지 아니하다(주임 3조의5). 상가건물임대차보호법의 적용대상인 상가건물임차권은 임차건물에 대하여 민사집행법에 따른 경매가 실시된 경우에는 그 임차건물이 매각되면 소멸한다. 다만, 보증금이 전액 변제되지 아니한 대항력이 있는 임차권은 그러하지 아니하다(상임 8조). 여기서 전액 변제되어야 할 보증금은 매각으로 인하여 소멸하는 최선순위의 담보권이나 압류·가압류의 효력 발생 전의 보증금을 가리키고 그 후에 증액된 부분은 그에 해당하지 않는다. 따라서 위 특별법의 적용을 받는 임차권등기는 원칙적으로 말소촉탁의 대상이 되지만 배당표에 대항력 있는 보증금 중 일부라도 배당받지 못하는 것으로 적혀 있는 경우 집행법원의 법원사무관 등으로서는 말소촉탁을 할 수 없다.

임차권등기명령에 의한 임차권등기가 압류 후에 기입되었어도 대항력을 갖춘 때가 매각에 의하여 소멸하는 최선순위의 권리보다 앞서고 그 대항력이 임차권등기가 될 때까지 중단없이 계속 유지되었으며 임차권자가 보증금을 전액 변제받지 못한 경우에는 그 임차권은 말소촉탁의 대상이 되지 아니한다. 이 경우 임차권등기를 말소촉탁하지는 못하지만 등기된 보증금의 액수를 변제받지 못한 잔액으로 변경하는 변경등기촉탁은 하여야 할 것이다.

(다) 소유권이전등기·청구권보전가등기

압류의 효력 발생 후에 제3자 명의로 마쳐진 소유권이전등기·청구권보전가등기는 매수인에게 대항할 수 없으므로 말소촉탁의 대상이 된다. 경매개시결정으로 인한 압류의 효력 발생 이전에 기입된 국세체납처분에 의한 압류등기 또는 가압류등기가 있고, 그 압류 또는 가압류등기가 매각으로 인하여 소멸하는 경우에는 그 압류·가압류 기입 후의 가등기뿐 아니라 소유권이전등기도 말소촉탁의 대상이 된다.

(라) 가압류등기

압류의 효력 발생 전에 가압류등기를 한 가압류채권자는 당연히 매각대금으로부터 배당을 받을 수 있으므로(민집 160조), 압류의 효력 발생 후에 가압류등기를 한 가압류채권자는 매수인에게 대항할 수 없으므로, 결국 가압류등기는 매각에 의하여 소멸한다. 부동산에 다른 선순위의 부담이 없는 상태에서 가압류등기 후 소유권이 이전되어 현소유자의 채권자가 경매신청을 하여 매각이 된 경우 전 소유자에 대한 가압류는 말소되고 다만 그 가압류채권자에 대한 배당액은 공탁하는 것이 타당하다.

(마) 가처분등기

압류의 효력 발생 전에 된 가처분등기는 말소되지 아니한다. 다만 그보다 선순위로서 매각으로 소멸하는 담보권·압류·가압류등기가 존재하는 경우에는 역시 말소의 대상이 된다. 압류의 효력 발생 후에 된 가처분등기는 매수인에 대항할 수 없으므로 말소촉탁의 대상이 된다.

토지소유자가 그 지상 건물소유자에 대한 건물철거·토지인도청구권을 보전하기 위하여 건물에 대한 처분금지가처분을 한 때에는 처분금지가처분등기가 건물에 관한 강제경매개시결정등기 또는 담보권설정등기 이후에 이루어졌어도 매각으로 인하여 말소되지 아니한다.

(바) 국세체납처분에 의한 압류등기

국세체납처분에 의한 공매와 강제경매·임의경매절차는 각각 독자적으로 진행하고, 매각 후의 배당에 있어서 국세는 우선적으로 변제되어야 하므로 경매절차에서 국세체납처분에 의한 압류등기에 관계된 국세를 우선변제하고 그 압류등기를 말소하여야 한다. 지방세의 경우도 마찬가지이다. 체납처분에 의한 압류등기 후 소유권이 이전되어 새로운 소유자의 채권자가 경매신청을 하여 매각이 된 경우 체납처분에 의한 압류권자에게도 배당을 하고 그 압류등기도 말소할 수 있다고 할 것이다.

(3) 경매개시결정등기

매각이 완결되면 경매개시결정등기는 필요 없게 되므로 법원사무관 등은 직권으로 그 등기를 말소촉탁한다(민집 144조).

10. 부동산인도명령

가. 의 의

법원은 매수인이 대금을 낸 뒤 6월 이내에 신청하면 채무자·소유자 또는 부동산 점유자에 대하여 부동산을 매수인에게 인도하도록 명할 수 있다(민집 136조).

[서식 75] 부동산인도명령신청서

부동산인도명령신청서

사　　건　20○○타경○○○　부동산임의경매

신 청 인　홍 길 동 (○○○○○○-1234567)
○○시 ○○읍 ○○리 ○○

피신청인　김 ○ ○
○○시 ○○구 ○○동 ○○

부동산의 표시: 별지 기재와 같음.

신 청 취 지

신청인이 위임하는 집행관은 별지목록 부동산에 대하여 상대방의 점유를 풀고 이를 신청인에게 인도하라.
라는 재판을 구합니다.

신 청 원 인

신청인은 위 경매사건에 관하여 20○○. ○. ○. 매각대금을 전액을 완납하고 피신청인에게 별지목록 기재 부동산의 인도를 구하였으나 이에 응하지 않으므로 본 신청에 이른 것입니다.

20○○. ○. ○.

신청인 ○ ○ ○ (인)

○○지방법원 귀중

[서식 76] 부동산인도명령신청서

부동산인도명령신청서

신 청 인(매수인) 장 ○ ○ (6○○○○○-1234567)
○○시 ○동 ○○

피신청인(채무자) 문 ○ ○ (6○○○○○-1234567)
○○시 ○○읍 ○○리 ○○

신 청 취 지

○○지방법원 ○○지원 20○○타경○○○ 부동산강제경매사건에 관하여 피신청인은 신청인에게 별지목록 기재의 부동산을 인도하라.
라는 재판을 구합니다.

신 청 이 유

1. 신청인은 ○○지방법원 ○○지원 20○○타경○○○ 부동산강제경매사건의 경매절차에서 별지목록 기재 부동산을 매수한 매수인으로서 20○○. ○. ○. 매각허가결정을 받았고, 20○○. ○. ○. 매각대금을 전부 납부하여 소유권을 취득하였습니다.

2. 그렇다면 위 경매사건의 채무자인 피신청인은 별지목록 기재 부동산을 신청인에게

인도하여야 할 의무가 있는데, 이에 응하지 아니하고 있습니다.

3. 따라서 신청인은 매각대금납부 후 아직 6월이 지나지 아니하였으므로, 피신청인으로부터 별지목록 기재의 부동산을 인도받기 위하여 이 사건 인도명령을 신청합니다.

첨 부 서 류

1. 부동산 목록 1통
1. 대금납부확인서 1통
1. 송달료납부서 1통

20○○. ○. ○.

위 신청인(매수인) 장 ○ ○ (인)

○○지방법원 ○○지원 귀중

작성방법

1. 송달료 당사자수의 2회분, 인지 1,000원 첩부한다.
2. 신청서 1부를 목록 3부와 함께 경매계 접수처에 제출한다.

나. 인도명령의 당사자

(1) 신 청 인

인도명령을 신청할 수 있는 자는 매각대금을 모두 지급한 매수인과 그 매수인의 일반승계인에 한한다. 인도명령이 발하여진 후의 일반승계인은 승계집행문의 부여를 받아 인도명령의 집행을 할 수 있다. 매수인의 특별승계인은 신청인적격이 없고, 매수인이 매각부동산을 제3자에게 양도한 후에도 매수인의 인도명령신청권은 소멸하지 아니하며, 양수인은 매수인을 대위하여 인도명령을 신청하는 것도 허용되지 아니한다.

여럿이 공동으로 매수인이 되었거나 사망한 매수인을 여럿이 상속한 경우 공동매수인 또는 상속인 전원이 공동하여 인도명령을 신청할 수 있음은 물론이고 불가분채권에 관한 규정 또는 공유물 보존행위에 관한 규정에 의하여 각자가 단독으로도 인도명령을 신청할 수 있다고 할 것이다.

(2) 상 대 방

(가) 채 무 자

채무자는 경매개시결정에 표시된 채무자를 말한다. 채무자의 일반승계인도 포함한다. 부동산의 인도명령의 상대방이 채무자인 경우에 그 인도명령의 집행력은 당해 채무자는 물론 채무자와 한 세대를 구성하며 독립된 생계를 영위하지 아니하는 가족과 같이 그 채무자와 동일시되는 자에게도 미친다(대법원 1998. 4.24. 선고 96다30786 판결).

채무자의 점유는 요건이 아니나 채무자가 부동산을 직접 점유하고 있지 않은 경우에는 민사집행법 258조에 의한 인도집행을 할 수 없고 단지 채무자가 직접점유자에 대하여 인도청구권을 가지고 있을 때에 한하여 민사집행법 259조에 의하여 인도청구권을 넘겨받는 방법으로 집행할 수 있을 뿐이다.

채무자 소유의 건물이 존재하는 토지가 매각되어 건물을 위한 법정지상권이 발생한 경우와 같이 채무자가 매수인에게 대항할 수 있는 권원을 가지는 경우에는 단순점유자와 마찬가지로 인도명령의 대상이 되지 아니한다.

(나) 소 유 자

소유자는 경매개시결정 당시의 소유명의자를 말한다. 소유자의 점유도 인도명령의 요건이 아니다.

(다) 부동산점유자

점유를 시작한 시점과 관계없이 부동산의 직접점유자가 상대방이 되나, 점유자가 매수인에게 대항할 수 있는 권원에 의하여 점유하고 있는 것으로 인정되는 경우에는 그러하지 아니하다. 여기서 매수인에게 대항할 수 있는 권원이란 매각으로 인하여 소멸하는 저당권·압류·가압류 등에 우선하는 대항력 있는 용익권·유치권·법정지상권 등이 포함된다.

대항력과 우선변제권을 겸유하고 있는 임차인이 경매절차에서 배당요구를 한 경우 보증금을 전액 배당 받는 것으로 배당표가 확정될 때까지는 매수인에게 대항할 수 있는 권원에 의하여 점유하고 있는 것이다.

(3) 인도명령의 신청

인도명령의 신청은 집행법원에 서면 또는 말로 할 수 있다(민집 23조, 민소 161조). 채무자의 일반승계인을 상대방으로 하는 경우에는 가족관계증명서 또는 법인등기부등본을 제출하여야 하며 기록상 드러나지 않는 점유자를 상대방으로 하는 경우에는 채무자에 대한 인도명령에 기하여 인도의 집행을 실시하였으나 제3자의 점유로 집행불능이 되었다는 집행관이 작성한 집행조서(집행불능조서)등본 또는 주민등록표등본 등 그 점유사실과 점유개시시기를 증명할 수 있는 서면을 제출하여야 한다.

인도명령은 매각대금을 낸 뒤 6월 이내에 신청하여야 한다. 6월을 도과한 경우 소유권에 기한 인도 또는 명도소송을 제기할 수밖에 없다.

당해 부동산에 대한 경매사건이 현재 계속되어 있거나 또는 과거에 계속되어 있었던 집행법원을 전속관할로 한다.

(4) 인도명령의 재판

인도명령의 사유가 소명되면 법원은 인도명령을 발한다. 재판의 형식은 결정이지 소송법상 의미의 명령이 아니다. 대금을 낸 뒤 6월이 지난 뒤에 하는 등 인도명령신청이 부적법하면 신청을 각하할 것이고, 신청이 이유 없다고 인정되면 이를 기각할 것이다.

채무자 및 소유자 외의 점유자에 대하여 인도명령을 하려면 그 점유자를 심문하여야 한다. 다만, 그 점유자가 매수인에게 대항할 수 있는 권원에 의하여 점유하고 있지 아니함이 명백한 때 또는 이미 그 점유자를 심문한 때에는 그러하지 아니하다(민집 136조).

인도명령은 항고로만 불복을 신청할 수 있는 재판으로서 집행권원이 되는 것이고(민집 56조 1호), 집행을 받을 자에게 집행권원을 송달하는 것이 집행개시요건이므로(민집 39조), 신청인 및 상대방에게 인도명령정본을 송달하여야 한다. 다만 상대방에게 송달할 정본을 신청인에게 교부하여 집행관으로 하여금 집행시에 상대방에게 송달하게 하여도 무방하다. 인도명령은 이른바 확정되어야 효력이 생기는 재판으로는 규정되어 있지 아니하므로 송달만으로 즉시 효력(집행력)이 생기며 즉시항고가 제기되더라도 집행정지의 효력이 생기지 않는다(민집 15조).

상대방이 인도명령에 따르지 아니할 때에는 매수인 또는 채권자는 집행관에게 그 집행을 위임할 수 있다(민집 136조). 인도명령의 집행에는 집행문이 필요하다.

(5) 불복방법

인도명령의 신청에 관한 재판에 대하여는 즉시항고 할 수 있다(민집 136조). 즉시항고는 집행정지의 효력이 없으므로, 민사집행법 15조 6항의 집행정지명령을 받아 이를 집행관에게 제출하여 그 집행을 정지할 수 있고, 청구에 관한 이의의 소나 제3자 이의의 소를 제기한 경우에는 민사집행법 46조의 잠정처분을 받아 이를 집행관에게 제출하여 그 집행을 정지할 수 있다.

인도명령에 대한 불복사유는 인도명령의 발령시에 판단하여야 할 절차적실체적 사항, 인도명령 심리절차의 하자, 인도명령 자체의 형식적 하자, 인도명령의 상대방이 매수인에 대하여 부동산의 인도를 거부할 수 있는 점유권원의 존재에 한정된다. 따라서 매각절차 자체에 존재하는 하자는 매각허가결정에 대한 이의, 매각허가결정에 대한 즉시항고 등 대금지급 전에 허용되는 불복신청방법에 의할 것이며 이러한 하자로써 인도명령에 대하여 불복할 수 없다.

확정된 인도명령에 대하여는 인도명령의 상대방은 청구에 관한 이의의 소를(민집 44조), 인도명령의 상대방이 아닌 제3자가 인도집행을 받게 되는 경우에는 제3자 이의의 소를(민집 48조) 제기할 수 있다.

인도명령의 집행자체에 존재하는 위법에 대하여는 집행에 관한 이의에 의하여 다툴 수 있다(민집 16조).

11. 배당절차

가. 배당요구

〈배당절차 개요〉

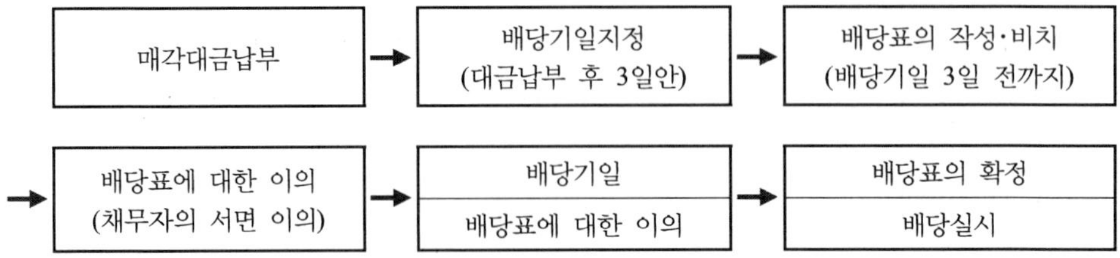

(1) 의 의

배당요구란 다른 채권자에 의하여 개시된 집행절차에 참가하여 동일한 재산의 매각대금에서 변제를 받으려는 집행법상의 행위를 말한다. 권리신고는 부동산 위의 권리자가 집행법원에 신고를 하고 그 권리를 증명하는 것을 말하며, 권리신고를 함으로써 이해관계인이 된다(민집 90조).

(2) 배당요구를 하지 않아도 당연히 배당에 참가하는 채권자

(가) 배당요구의 종기까지 경매신청을 한 압류채권자(민집 148조 1호)

선행사건의 배당요구의 종기까지 이중경매신청을 한 채권자는 별도의 배당요구를 하지 않아도 배당을 받는다.

(나) 첫 경매개시결정등기 전에 등기된 가압류채권자(민집 148조 3호)

(다) 저당권·전세권, 그 밖의 우선변제청구권으로서 첫 경매개시결정등기 전에 등기되었고 매각으로 소멸하는 것을 가진 채권자(민집 148조 4호)

이들은 매각으로 인하여 각 그 권리가 소멸되는 대신 당연히 순위에 따라 배당받을 수 있다. 임차권등기명령의 집행에 의한 임차권등기가 첫 경매개시결정 전에 등기된 경우 그 임차인인은 별도로 배당요구를 하지 않아도 배당받을 채권자에 속한다.

최선순위의 용익권(배당요구를 한 최선순위 전세권은 배당의 대상)은 인수의 대상이므로 배당에 참가할 수 없다.

가등기담보권은 저당권과 마찬가지로 우선변제청구권이 있으나, 등기부에 담보목적의 가등기인 취지가 기재되어 있지 않고 단지 소유권이전등기청구권보전을 위한 가등기라고만 기재되어 있는 대부분의 경우 그 가등기가 담보목적의 가등기인가의 여부를 알 수 없고, 담보목적의 가등기라고 하더라도 피담보채권의 공시가 없기 때문에 채권신고의 최고기간까지 채권신고를 한 경우에 한하여 배당받을 수 있다(가담 16조).

(라) 첫 경매개시결정등기 전에 체납처분에 의한 압류채권자

경매부동산에 관하여 국세체납처분의 절차로서 압류의 등기가 되어 있는 경우에는 교부청구를 한 효력이 있는 것으로 보아야 하고(대법원 1997. 2.14. 선고 96다51585 판결), 국가나 지방자치단체, 공동단체 등이 국세징수법상의 체납처분의 예에 의하여 징수할 수 있는 채권의 징수를 위하여 국세징수법 56조에 의하여 한 교부청구는 강제집행에서의 배당요구과 같은 성질의 것이므로(대법원 2001. 5. 8. 선고 2000다21154 판결), 별도의 배당요구가 없더라도 배당받게 된다. 첫 경매개시결정등기 후에 체납처분에 의한 압류등기가 된 경우에는 집행법원에 배당요구의 종기까지 배당요구로서 교부청구를 하여야만 배당을 받을 수 있다.

(3) 배당요구를 하여야 배당에 참가할 수 있는 채권자(민집 88조)

(가) 집행력 있는 정본을 가진 채권자

유체동산 집행절차에서는 집행력 있는 정본을 가진 채권자는 자신이 별도의 강제집행을 신청하여야만 하고 배당요구를 할 수 없으나, 부동산 집행절차에 있어서는 별도의 집행신청을 하든가 배당요구를 하든가 선택할 수 있다.

집행력 있는 정본이란 판결뿐만 아니라 민사집행법 56조 각호의 집행권원이 모두 포함되고 집행권원에 표시된 급부의 내용이 주된 청구이든 대상청구이든 금전의 지급을 내용으로 하는 것이어야 하며, 강제집행에 집행문이 필요한 것은 집행문을 부여받아야 하지만 집행문이 필요없는 지급명령이나 이행권고결정은 집행문이 없어도 된다.

(나) 경매개시결정이 등기된 뒤에 가압류를 한 채권자

이중경매개시결정이 있는데 먼저 개시결정된 사건의 경매개시결정 등기 후에 가

압류집행을 한 채권자는 설령 그 가압류등기가 뒤에 경매개시결정된 사건의 경매개시결정등기보다 먼저 등기되었고, 또한 뒤에 개시된 경매사건에 따라 절차가 진행되더라도 배당요구의 종기까지 배당요구하지 아니하면 배당받을 수 없으나 반면에 먼저 경매개시결정된 사건이 취하 또는 취소되어 존재하지 않게 된 경우에는 뒤에 경매개시결정된 사건의 경매개시결정등기가 민사집행법 148조 3호의 첫 경매개시결정등기가 되므로 그 전에 가압류를 한 채권자는 배당요구를 하지 않더라도 배당을 받을 수 있다.

(다) 민법·상법, 그 밖의 법률에 의하여 우선변제청구권이 있는 채권자

법률이 우선변제권을 인정하고 있으나 등기가 되어 있지 않아 배당요구를 하지 않으면 채권의 존부나 액수를 알 수 없는 채권으로서 주택임대차보호법이나 상가건물임대차보호법에 의하여 우선변제권이 인정되는 임차보증금반환채권, 임금채권이 이에 해당한다.

(라) 조세 기타 공과금 채권

조세 기타 체납처분의 예에 따라 징수할 수 있는 공과금채권의 경우에도 배당요구의 종기까지 국세징수법상의 체납처분의 예에 의한 압류·참가압류·교부청구를 하여야만 배당받을 수 있다.

(4) 배당요구의 방식

배당요구는 채권(이자, 비용, 그 밖의 부대채권을 포함한다)의 원인과 액수를 적은 서면으로 하고, 집행력 있는 정본 또는 그 사본, 그 밖에 배당요구의 자격을 소명하는 서면을 붙여야 한다(민집규 48조).

[서식 77] 권리신고 및 배당요구신청서

권리신고 및 배당요구신청

사　　건　20○○타경○○○　부동산임의경매

채 권 자　김 ○ ○

채 무 자　최 ○ ○

소 유 자　최 ○ ○

위 사건에 관하여 근저당권 가압류권자 홍길동은 다음과 같이 권리신고 및 배당요구신청을 합니다.

1. 원 금: 금 29,000,000원(20○○. ○. ○. 금 20,000,000원+20○○. ○. ○. 금 8,000,000원+20○○. ○. ○. 금 1,000,000원)

2. 이 자: 금 32,900,000원(20○○. ○. ○.부터 20○○. ○. ○.까지 연 24푼의 이자 32,000,000원+20○○. ○. ○.부터 20○○. ○. ○.까지 연 24푼의 이자 900,000원)

3. 합 계: 금 61,900,000원

첨 부: 가압류결정문

20○○. ○. ○.

가압류권자 김 ○ ○

○○지방법원 민사집행과 경매○계 귀중

[서식 78] 배당요구신청서

배 당 요 구 신 청 서

채 권 자 장 ○ ○ (6○○○○○－1234567)
○○시 ○동 ○○

채 무 자 문 ○ ○ (6○○○○○－1234567)
○○시 ○○읍 ○○리 ○○

배당요구채권자 박 ○ ○ (7○○○○○－1234567)
○○시 ○○동 ○○

배당요구채권

금 9,000,000원
○○지방노동청 제20○○－○○호 체불금품사실확인원에 의한 임금 및 퇴직금 청구채권

신 청 원 인

배당요구채권자는 위 채무자로부터 변제받아야 할 금 9,000,000원의 임금 및 퇴직금 청구채권이 있는바, 금번 귀원 20○○타경 ○○○ 임의경매 및 20○○타경 ○○○ 강제경매 사건에 있어서 위 배당요구채권을 배당받고자 이에 신청합니다.

첨 부 서 류

1. 체불금품사실확인원 1통
1. 건강보험자격득실확인서 1통
1. 법인등기부등본 1통
1. 납부서 1통

20○○. ○. ○.

위 배당요구채권자 박 ○ ○ (인)

○○지방법원 ○○지원 귀중

㊟ 경매부동산에 대하여 그 등기부등본을 열람하여 보면, 여러 개의 경매개시결정등기(예 : 임의경매, 강제경매…)가 되어 있는 경우가 있는데, 이 경우에 배당요구를 할 경우에는 모든 경매사건번호를 표시하여 줌으로써 모든 경매사건에 대하여 배당요구의 효력이 미치도록 하는 것이 현명합니다. 즉, 가장 먼저 경매개시결정되어 있는 경매사건번호만 표시하여 배당요구를 할 것이 아니라, 모든 경매사건번호를 표시하여 배당요구를 하라는 것입니다.

(5) 배당요구를 할 수 있는 기한

배당요구를 할 수 있는 시기는 채무자에 대한 경매개시결정 송달시와 경매개시결정등기시 중 먼저 도래한 시점인 압류의 효력발생시라 할 것이고, 배당요구를 할 수 있는 종기는 첫 매각기일이전으로 집행법원이 정한 배당요구의 종기라 할 것이다.

(6) 배당요구의 효력

배당요구는 배당요구서가 집행법원에 제출되면 배당요구의 요건이 구비되어 있는 한 채무자나 이해관계인에 대한 통지가 누락되었더라도 곧바로 효력이 발생한다.

배당요구채권자는 매각대금으로부터 배당받을 권리, 집행법원으로부터 배당기일 통지를 받을 권리(민집 146조), 배당기일에 출석하여 배당표에 대한 의견을 진술할 수 있는 권리(민집 151조)가 있고, 집행력 있는 정본으로 배당요구를 한 채권자는 경매절차의 이해관계인이 되므로(민집 90조), 다른 채권자로부터 배당요구가 있으면 법원으로부터 그 통지를 받고(민집 88조, 89조), 매각기일에 출석할 수 있으며(민집 116조), 배당요구의 종기까지 매각조건의 변경에 합의를 할 수 있고(민집 110조), 매각결정기일에 출석하여 매각허가에 관한 의견을 진술할 수 있으며(민집 120조), 또 매각허가여부의 결정에 대하여 손해를 볼 경우 즉시항고할 수 있는 권리(민집 129조)가 있다.

집행력 있는 정본에 의한 배당요구는 민법 168조 2호의 압류에 준하는 것으로서 시효중단의 효력이 있다.

경매신청서 등 서류나 증빙에 적힌 내용에 잘못이 있어 그곳에 적힌 채권액이 실제보다 소액이라고 하더라도 배당요구의 종기가 지난 후에는 채권을 보충할 수 없으며 집행기록상 명백하지 아니한 비용도 비용으로서 변제받지 못한다. 다만 이자 등 부대채권의 경우에는 경매신청서 또는 배당요구서에 이자지급을 구하는 취지가 적혀 있기만 하면 채권계산서의 제출에 의하여 배당기일까지의 이자 등 부대채권을 배당받을 수 있다. 반면에 경매신청서나 배당요구서에 적힌 금액이 실제보다 과다하여 이를 위 제출기간 후의 계산서에 의하여 감액하는 것은 허용되며, 또 배당요구서에 적힌 내용에 오기가 있을 때는 이를 보정할 수 있다. 다만 보정의 명목으로 새로운 배당요구를 하는 것은 민사집행법 84조 및 88조와의 관계상 허용되지 아니한다.

(7) 배당요구의 철회

배당요구는 채권자가 자유롭게 철회할 수 있으나, 다만 배당요구에 따라 매수인이 인수하여야 할 부담이 바뀌는 경우 배당요구를 한 채권자는 배당요구의 종기가 지난 뒤에 이를 철회하지 못한다(민집 88조).

나. 채권의 신고

법원사무관 등은 채권자 및 공공기관에 대하여 채권의 유무, 그 원인 및 액수(원금·이자·비용, 그 밖의 부대채권(附帶債權)을 포함한다)를 배당요구의 종기까지 법원에 신고하도록 최고하여야 한다(민집 84조). 채권자가 채권의 신고를 하지 아니한 때에는 그 채권자의 채권액은 등기사항증명서 등 집행기록에 있는 서류와 증빙(證憑)에 따라 계산한다. 이 경우 다시 채권액을 추가하지 못한다(민집 84조). 그 결과 배당받은 다른 채권자를 상대로 그 부분에 대한 부당이득반환을 청구할 수 없다.

배당기일이 정하여진 때에는 법원사무관 등은 각 채권자에 대하여 채권의 원금·배당기일까지의 이자, 그 밖의 부대채권 및 집행비용을 적은 계산서를 1주 안에 법원에 제출할 것을 최고하여야 한다(민집규 81조). 그러나 채권자가 이 최고에 응하여 반드시 계산서를 제출하여야 하는 것은 아니다.

다. 배당기일의 지정 및 통지

매수인이 매각대금을 지급하면 법원은 배당에 관한 진술 및 배당을 실시할 기일을 정하고 이해관계인과 배당을 요구한 채권자에게 이를 통지하여야 한다. 다만, 채무자가 외국에 있거나 있는 곳이 분명하지 아니한 때에는 통지하지 아니한다(민집 146조).

라. 배당할 금액

(1) 대금(민집 147조 1항 1호)

매각대금을 말하는 것으로서 매수신청의 보증으로 금전이 제공된 경우에 그 금전은 매각대금에 넣고(민집 142조 3항), 매수신청의 보증으로 금전 외의 것이 제공된 경우로서 매수인이 매각대금 중 보증액을 뺀 나머지 금액만을 낸 때에는 법원이 보증을 현금화하여 그 비용을 뺀 금액을 보증액에 해당하는 매각대금 및 이에 대한 지연이자에 충당하는데 이 중 매각대금에 충당된 것은 여기에 해당한다. 위의 보증이 유가증권인 경우에 이 유가증권은 공탁물이 아니라 민사보관물이므로 현금화절차는 민사보관물의 현금화절차에 의한다.

(2) 민사집행법 138조 3항 및 142조 4항의 경우에는 대금지급기한이 지난 뒤부터 대금의 지급·충당까지의 지연이자

재매각명령이 있은 후 전의 매수인이 매각대금과 지연이자 및 절차비용을 지급하여 재매각절차가 취소된 경우에 대금지급기한이 지난 뒤부터 지급일까지의 기간 동안에 해당하는 매수인이 지급한 지연이자(민집 138조 3항) 및 매수신청의 보증으로 금전 외의 것이 제공된 경우로서 법원이 민사집행법 142조 4항에 따라 보증을 현금화하여 그 비용을 뺀 금액을 보증액에 해당하는 매각대금 및 이에 대한 지연이자에 충당할 경우 지연이자에 충당된 것(민집 142조 4항) 이 여기에 해당한다.

(3) 민사집행법 130조 6항의 보증(130조 8항에 따라 준용되는 경우를 포함한다)

채무자 및 소유자가 한 매각허가결정에 대한 항고가 기각 또는 각하되거나 항고가 취하된 때에는 항고인이 보증으로 제공한 금전이나 유가증권은 그 반환을 청구하지 못하고(민집 130조 6항, 8항), 그 보증금은 배당할 금액에 산입되고, 그 보증이 유가증권인 경우에는 그 유가증권을 현금화하여 현금화비용을 뺀 금액이 배당할 금액에 산입된다(민집규 80조).

(4) 민사집행법 130조 7항 본문의 보증 가운데 항고인이 돌려 줄 것을 요구하지 못하는 금액 또는 130조 7항 단서의 규정에 따라 항고인이 낸 금액(각각 130조

8항에 따라 준용되는 경우를 포함한다)

채무자 및 소유자 외의 자가 한 매각허가결정에 대한 항고가 기각 또는 각하되거나 항고가 취하된 때에는 항고인이 보증으로 제공한 금전이나 유가증권을 현금화한 금액 가운데 항고를 한 날부터 항고기각 또는 각하결정이 확정된 날까지(항고가 취하된 경우에는 취하된 날까지)의 매각대금에 대한 연 2할에 의한 금액(민집규 75조)에 대하여는 돌려줄 것을 요구할 수 없고(민집 130조 7항, 8항), 그 보증금은 배당할 금액에 산입된다.

(5) 민사집행법 138조 4항의 규정에 의하여 매수인이 돌려줄 것을 요구할 수 없는 보증(보증이 금전 외의 방법으로 제공되어 있는 때에는 보증을 현금화하여 그 대금에서 비용을 뺀 금액)

재매각이 실시된 경우에 전의 매수인이 제공한 매수신청의 보증은 반환을 청구하지 못하고(민집 138조 4항) 그 보증은 배당할 금액에 산입된다. 그 보증이 유가증권인 경우에는 그 유가증권을 현금화하여 현금화비용을 뺀 금액이 배당할 금액에 산입된다.

(6) 민사집행법 137조 2항의 보증(보증이 금전 외의 방법으로 제공되어 있는 때에는 보증을 현금화하여 그 대금에서 비용을 뺀 금액)

차순위매수신고인에 대한 매각허가결정이 있는 경우 매수인이 매수신청의 보증으로 제공한 금전이나 유가증권 또는 은행 등과 지급보증위탁계약체결사실을 증명하는 문서를 현금화한 것도 배당할 금액에 산입된다.

(7) 위 각 금액에 대한 배당기일까지의 사이에 발생한 보관금이자

위 각 항목의 금원은 보관금이든 공탁금이든 별단예금으로 예탁하여 보관하므로 그에 대하여 예탁한 날부터 이자가 발생하는데, 그 이자 중 배당기일까지의 이자에서 이자소득세를 원천징수한 잔액은 당연히 배당할 금액에 포함된다.

마. 배당받을 채권자

배당할 금액을 배당받을 채권자는 ① 배당요구의 종기까지 경매신청을 한 압류채권자, ② 배당요구의 종기까지 배당요구를 한 채권자, ③ 첫 경매개시결정등기 전에 등기된 가압류채권자, ④ 저당권·전세권, 그 밖의 우선변제청구권으로서 첫 경매개시결정등기 전에 등기되었고 매각으로 소멸하는 것을 가진 채권자에 한한다(민집 148조).

바. 배당표원안의 작성과 비치

법원은 채권자와 채무자에게 보여 주기 위하여 배당기일의 3일전에 배당표원안(配當表原案)을 작성하여 법원에 비치하여야 한다(민집 149조). 비치된 배당표원안을 열람한 이해관계인 및 배당을 요구한 채권자들은 배당표원안에 적은 내용에 대하여 이의가 있을 경우에는 반드시 배당기일에 출석하여 이의를 진술하여야 하고 미리 서면으로 이의할 수 없다(민집 151조 1항, 3항). 다만 채무자는 법원에 배당표원안이 비치된 이후 배당기일이 끝날 때까지 채권자의 채권 또는 그 채권의 순위에 대하여 서면으로 이의할 수 있다(민집 151조 2항).

사. 배당순위

(1) 압류재산에 조세채권의 법정기일 전에 설정된 저당권·전세권으로 담보되는 채권이 있는 경우

조세(국세·지방세·관세 및 그 가산금과 체납처분비용 포함) 채권과 저당권·전세권의 피담보채권(등기된 임차보증금반환채권, 확정일자를 갖춘 임차보증금반환채권 포함) 사이의 우선순위는 조세의 법정기일과 설정등기일(우선변제권 발생일)의 선후를 따져 정한다.

국세나 지방세의 법정기일은 각 조세의 종류마다 규정되어 있는데(국세기본법 35조 1항 3호, 지방세기본법 99조 1항 3호), 통상 세무관서나 구청 등에서는 조세의 교부청구를 하면서 법정기일을 함께 기재한다.

① 1순위 : 소액임차보증금반환채권(주임 8조 1항, 국기 35조 1항 4호, 지기 99조 1항 4호), 최종3개월분 임금, 최종3년간의 퇴직급여 등, 재해보상금채권(근기 38조 2항, 근퇴 12 2항, 국기 35조 1항 5호, 지기 99조 1항 5호). 이들 상호간에는 같은 순위로 채권액에 비례하여 배당한다.

② 2순위 : 매각부동산 자체에 대하여 부과된 국세(상속세, 증여세, 종합부동산세), 지

방세(재산세, 자동차 소유에 대한 자동차세, 매각부동산에 대한 지역자원시설세) 및 지방교육세(재산세와 자동차세에 부가되는 지방교육세)와 가산금등 이른바 당해세(국기 35조 1항 3호, 국기 35조 5항, 지기 99조 1항 3호, 지기 99조 5항).

③ 3순위 : 국세 및 지방세의 법정기일 전에 설정된 저당권·전세권으로 담보되는 채권(국세기본법 35조 1항 3호, 지방세기본법 99조 1항 3호). 확정일자 있는 임차보증금 채권은 저당권으로 담보되는 채권과 같은 순위로 취급한다.

④ 4순위 : 근로기준법 38조 2항의 임금 등을 제외한 임금, 근로자퇴직급여 보장법 12조 2항의 퇴직급여 등을 제외한 퇴직급여 등, 그 밖의 근로관계로 말미암은 채권(근로기준법 38조 1항, 근로자퇴직급여보장법 12조 1항)

⑤ 5순위 : 국세, 지방세, 지방자치단체의 징수금(국세기본법 35조, 지방세기본법 99조)

⑥ 6순위 : 국세 및 지방세의 다음 순위로 징수하는 공과금 중 국민건강보험료, 국민연금보험료, 고용보험료 및 산업재해보상보험료(국건 85조, 국연 98조, 고징 30조). 단 위 보험료의 납부기한이 저당권·전세권의 설정등기보다 앞서는 경우는 선순위

⑦ 7순위 : 일반채권자의 채권

(2) 압류재산에 조세채권의 법정기일 후에 설정된 저당권·전세권으로 담보되는 채권이 있는 경우

① 1순위 : 소액임차보증금반환채권, 최종3개월분 임금, 최종 3년간의 퇴직급여 등, 재해보상금채권

② 2순위 : 매각부동산 자체에 대하여 부과된 국세(상속세, 증여세, 종합부동산세), 지방세(재산세, 자동차 소유에 대한 자동차세, 매각부동산에 대한 지역자원시설세) 및 지방교육세(재산세와 자동차세에 부가되는 지방교육세)와 가산금등 이른바 당해세

③ 3순위 : 국세, 지방세, 지방자치단체의 징수금

④ 4순위 : 국세 및 지방세의 다음 순위로 징수하는 공과금 중 납부기한이 저당권·전세권의 설정등기보다 앞서는 국민건강보험료, 국민연금보험료, 고용보험료 및 산업재해보상보험료

⑤ 5순위 : 저당권·전세권으로 담보되는 채권

⑥ 6순위 : 근로기준법 38조 2항의 임금 등을 제외한 임금, 근로자퇴직급여 보장

법 12조 2항의 퇴직급여 등을 제외한 퇴직급여 등, 그 밖의 근로관계로 말미암은 채권

⑦ 7순위 : 국세 및 지방세의 다음 순위로 징수하는 공과금 중 납부기한이 저당권·전세권의 설정등기보다 뒤인 국민건강보험료, 국민연금보험료, 고용보험료 및 산업재해보상보험료

⑧ 8순위 : 일반채권자의 채권

(3) 압류재산에 저당권·전세권으로 담보되는 채권이 없는 경우

① 1순위 : 소액임차보증금반환채권, 최종 3개월분 임금, 최종 3년간의 퇴직급여 등, 재해보상금채권

② 2순위 : 근로기준법 38조 2항의 임금 등을 제외한 임금, 근로자퇴직급여 보장법 12조 2항의 퇴직급여 등을 제외한 퇴직급여 등, 그 밖의 근로관계로 말미암은 채권

③ 3순위 : 매각부동산 자체에 대하여 부과된 국세(상속세, 증여세, 종합부동산세), 지방세(재산세, 자동차 소유에 대한 자동차세, 매각부동산에 대한 지역자원시설세) 및 지방교육세(재산세와 자동차세에 부가되는 지방교육세)와 가산금등 이른바 당해세

④ 4순위 : 국세, 지방세, 지방자치단체의 징수금

⑤ 5순위 : 국세 및 지방세의 다음 순위로 징수하는 공과금

⑥ 6순위 : 일반채권자의 채권

〈경매에서 배당을 받아가는 순위〉

구 분	저당권 등이 〉 조세채권 보다 먼저 설정된 경우	저당권 등이 〈 조세채권 보다 나중에 설정된 경우	저당권 등이 설정되지 않은 경우
1순위	◦ 집행비용	◦ 집행비용	◦ 집행비용
2순위	◦ 제3취득자의 필요비·유익비	◦ 제3취득자의 필요비·유익비	◦ 제3취득자의 필요비·유익비
3순위	◦ 소액임차인의 최우선변제금액 ◦ 최종 3개월분의 임금·퇴직금·재해보상금 * 경합하는 경우 동순위	◦ 소액임차인의 최우선변제금액 ◦ 최종 3개월분의 임금·퇴직금·재해보상금	◦ 소액임차인의 최우선변제금액 ◦ 최종 3개월분의 임금·퇴직금·재해보상금

4순위	◦ 당해세	◦ 당해세 ◦ 조세채권	◦ 위 3순위를 제외한 임금·퇴직금·근로관계채권
5순위	◦ 조세채권보다 먼저 설정된 저당권·전세권·확정일자 등	◦ 납부기한이 저당권 등 보다 앞선 공과금(각종 보험료)	◦ 당해세·가산금 ◦ 조세채권·체납처분비
6순위	◦ 위 3순위를 제외한 임금·퇴직금·근로관계채권	◦ 저당권·전세권·확정일자 등	◦ 공과금(각종 보험료)
7순위	◦ 당해세를 제외한 조세채권·체납처분비	◦ 위 3순위를 제외한 임금·퇴직금·근로관계채권	◦ 일반채권, 재산형·과태료 ◦ 사용료·대부료
8순위	◦ 공과금(산재보험료 등 각종 보험료)	◦ 납부기한이 저당권 등 보다 후인 공과금(각종 보험료)	
9순위	◦ 일반채권, 재산형·과태료 ◦ 사용료·대부료	◦ 일반채권, 재산형·과태료 ◦ 사용료·대부료	

㈜ 제목 설명

① 저당권 등 : 저당권, 전세권, 확정일자, 임차권등기 등

② 조세채권 : 국세·지방세 및 이에 대한 체납처분비·가산금

③ 당해세 : 상속세·증여세·재평가세·재산세·자동차세·종합토지세·도시계획세·공동시설세·종합부동산세

④ 공과금 : 조세채권 다음 순위의 공과금

⑤ 우선권 없는 임금은 담권보다는 항상 후순위이다.

⑥ 사회보장보험금은 성립일자에 상관없이 조세채권보다 항상 후순위이다.

⑦ 사회보장보험과 담보권은 그 성립일자에 따라서 그 우선순위가 결정된다.

⑧ 압류선착주의는 조세가 체납절차를 통하여 징수되는 경우뿐만 아니라 민사집행법에 의한 강제집행절차를 통하여 징수되는 경우에도 적용된다(대법원 2003. 7. 11. 선고 2001다83777 판결).

⑨ 압류선차주의에서 의미하는 압류에 관계되는 국세란 압류의 원인이 된 국세뿐만 아니라 압류등기 이후 발생한 체납세액도 포함한다(대법원 2007. 12. 14. 선고 2005다11848 판결).

⑩ 부동산 자체 대하여 부과된 조세와 가산금(당해세)에 대하여는 압류선착주의 원칙이 적용되지 않는다(대법원 2007. 5. 10. 선고 2007두2197 판결).

⑪ 압류선착주의는 조세채권 사이의 우선순위를 정하는 데 적용할 수 있을 분 조세채권과 공시를 수반하는 담보물권 사이의 우선순위를 정하는 데는 적용될 수 없다(대법원 2005. 11. 24. 선고 2005두9098 판결).

⑫ 압류선착주의는 산업재해보상보험료와 지방세 상호간에는 준용되지 않는다(대법원 2008. 10. 13. 선고 2008다47732 판결).

⑬ 사회보장보험금 상호간에는 압류선착주의가 준용되지 않는다(대법원 2005. 5. 27. 선고 2004다44383 판결).

아. 배당기일

(1) 배당표의 확정

배당표에는 매각대금, 채권자의 채권의 원금, 이자, 비용, 배당의 순위와 배당의 비율을 적어야 한다(민집 150조 1항). 법원은 미리 작성·비치된 배당표원안에 대해 배당기일에 출석한 이해관계인 및 배당을 요구한 채권자들의 의견을 듣거나 심문한 다음 이에 따라 배당표원안을 추가·정정하여 배당표를 완성·확정한다(민집 149조). 출석한 이해관계인과 배당요구채권자의 합의가 있는 때에는 이에 따라 배당표를 작성한다(민집 150조 2항). 배당표에 대한 이의가 있으면 그 부분에 한하여 배당표는 확정되지 아니한다(민집 152조 3항).

[서식 79] 배당표등본교부신청서

배당표등본교부신청

사　　건　　20○○타경○○○　부동산강제경매

채 권 자　　장 ○ ○

채 무 자　　문 ○ ○

배당요구채권자　　한 ○ ○

위 사건에 관하여 신청인은 배당표 1부를 교부하여 주시기를 신청합니다.

20○○.　○.　○.

위 채권자　○ ○ ○　(인)

○○지방법원 경매○계　귀중

작성방법

1. 인지 1,000원
2. 신청서 1부를 경매계에 제출한다.

(2) 차액지급 또는 채무인수시의 잔여액의 납부

매수인이 대금의 지급에 갈음하여 채무인수를 신청하였거나 또는 채권자인 매수인이 차액지급신고를 한 경우에는 매각대금에서 인수하거나 매수인이 배당받을 금액을 제외한 나머지 금액을 배당기일에 내야 한다.

한편 매수인이 인수한 채무나 배당받아야 할 금액에 대하여 이의가 제기된 때에는 매수인은 배당기일이 끝날 때까지 이에 해당하는 대금을 내야 한다. 예를 들어 매수인이 1억원의 채권으로 배당요구하였고, 배당표에도 매수인이 배당요구한 채권 전액을 배당받는 것으로 기재되어 있으나 다른 채권자가 매수인의 채권이 5,000만 원 밖에 안된다고 다투면서 5,000만 원에 관하여 이의하는 경우에는 이의있는 5,000만 원만을 내면 된다. 이를 내지 아니하면 재매각을 명한다. 실무에서는 매수인이 이의있는 금액을 현금으로 지급할 의사를 표시한 경우에는 배당기일을 속행하기도 한다.

이의가 있을 경우에 내야할 대금은 나중에 배당이의가 종료되면 그 결과에 따라 재배당 또는 추가 배당하여야 할 배당재단이 되는 것이므로 반드시 현금(금융기관발행 자기앞수표를 포함)만을 내야하고, 배당재단의 형성을 위하여 다시 현금화절차와 추가 비용이 필요한 유가증권이나 금융기관 발행의 지급보증서 등의 다른 담보는 제공할 수 없다.

(3) 배당표에 대한 이의

(가) 이의를 할 수 있는 자 및 이의의 방법

기일에 출석한 채무자 및 각 채권자는 배당표의 작성확정실시와 다른 채권자의 채권 또는 그 채권의 순위에 대하여(단 채권자는 자기의 이해에 관계되는 범위 안에서) 이의할 수 있다(민집 151조). 다만 채무자는 법원에 배당표원안이 비치된 이후 배당기일이 끝날 때까지 서면으로 이의할 수 있다. 여기서 채무자란 임의경매에 있어서는 담보부동산의 소유자를 포함한다. 이의를 위하여 반드시 본인이 출석하여야 하는 것은 아니고 대리인이 출석하여도 된다. 배당절차는 변호사대리원칙의 예외에 해당한다

(민소 88조, 민집 23조).

(나) 절차상의 사유에 기한 이의

채무자와 각 채권자는 배당표의 작성과정이나 배당실시 절차에 위법이 있음을 이유로 이의를 할 수 있다.

예를 들어 매각허가결정이 취소되었음에도 불구하고 배당기일을 지정하여 배당표를 작성한 경우, 최고가매수신청인에 대한 매각을 허가하지 아니하고 새로 매각을 실시한 경우에 매각을 허가하지 아니한 매수신청인의 매수신청보증금을 배당할 금액에 산입하여 배당표를 작성한 경우, 배당할 금액에 산입할 금액을 누락한 경우, 배당요구종기까지 배당요구하지 아니한 채권을 배당하는 것으로 배당표를 작성한 경우, 배당표상에 잘못된 계산이 있는 경우, 기일통지를 받지 못한 경우, 배당표열람기간이 준수되지 못한 경우가 이에 해당한다.

법원은 이러한 이의가 정당하다고 인정하는 때에는 배당표의 기재를 고쳐 바로잡거나 배당기일을 연기하고, 경우에 따라서는 배당표 작성절차를 다시 진행한다. 이의가 이유 없다고 판단되면 응답하지 아니한 채 배당절차를 진행한다. 이에 대하여는 집행에 관한 이의를 할 수 있다. 집행에 관한 이의가 제기되었으나 그대로 배당이 실시된 경우에는 이의를 한 채권자나 본래의 채권자는 배당표에 따른 배당을 받은 채권자에 대하여 부당이득반환을 구할 수 있다.

(다) 실체상의 사유에 기한 이의

채무자는 채권자의 채권의 존부·범위·순위에 대하여 실체상의 사유가 있으면 이의를 할 수 있고, 채권자는 자기의 이해에 관계되는 범위 안에서는 다른 채권자의 채권의 존부·범위·순위에 대하여 이의를 할 수 있다. 배당표에 대한 실체상의 이의는 민사집행법이 인정하는 특수한 불복방법으로서 배당표의 확정을 저지한다.

이의가 있으면 집행법원은 그 적법여부만을 심사할 수 있으며 이의사유의 존부에 관하여 심사할 수는 없다. 적법한 이의가 있으면 채권자가 한 이의신청의 당부는 배당이의의 소에서, 채무자가 한 이의신청의 당부는 배당이의의 소, 청구이의의 소, 정기금판결변경의 소에서 가려지게 된다. 부적법한 이의가 있으면 각하의 재판을 하며 (실무에서는 따로 각하의 재판을 하지 않고 이를 무시하고 그대로 배당을 실시하는 예가 많다) 적법한 이의에 관하여는 그 이의내용에 불명한 점이 있으면 석명을 구한 다음 이의에 관계된 다른 채권자에게 인부의 진술을 하게 한다. 이의에 관계된 채권자가 이의를 정당하다고 인정한 때에는 법원은 이에 따라 배당표를 경정하여 배당을 실시하여야 한다(민집 152조 2항). 이의를 정당한 것으로 인정한 경우가 아니더라도 이의를 신청한 채권자와 그 이의에 관계된 상대방채권자 사이에 다른 방법으로 합의가 성립되면 그 합의내용에 따라서 배당표를 경정하여야 한다(민집 152조 2항). 이의가 완결되지 아니하면 이의가 없는 부분에 한하여 배당을 실시한다.

집행력 있는 집행권원의 정본을 가진 채권자에 대하여 이의한 채무자는 청구이의의 소를 제기하여야 하고(민집 154조 2항), 배당기일부터 1주 이내에 집행법원에 이를 증명하여야 하며, 배당절차를 정지시키기 위하여는 위 기간 이내에 집행의 일시정지를 명하는 취지의 잠정처분을 받아 제출하여야 한다(민집 154조 3항). 다만 집행권원이 정기금의 지급을 명하는 판결이고, 그 판결이 확정된 뒤에 그 액수산정의 기초가 된 사정이 현저하게 바뀜으로써 당사자 사이의 형평을 크게 침해할 특별한 사정이 생긴 것을 이의의 사유로 하는 경우에는 민사소송법 252조 1항의 정기금판결변경의 소를 제기하여야 할 것이다.

집행력 있는 집행권원의 정본을 가지지 아니한 채권자(가압류채권자를 제외한다)에 대하여 채무자가 이의를 한 경우에는 그 이의를 한 당사자가 배당이의의 소를 제기하여야 하고(민집 154조 1항), 배당기일부터 1주 이내에 소제기 사실을 집행법원에 증명하면 이의 부분의 배당액은 공탁된다. 다른 채권자에 대하여 이의한 채권자는 어느 경우에나 배당이의의 소를 제기하여야 하고 배당기일부터 1주 이내에 소제기 사실을 집행법원에 증명하여야 한다.

(4) 배당표에 대한 이의와 부당이득

(가) 배당요구권자나 배당요구를 하지 않아도 당연히 배당에 참가할 수 있는 채권자가 배당이의를 하지 아니한 경우

배당표의 확정 및 실시는 단지 강제집행절차의 종료를 의미하는 것뿐이며, 그것으로 실체적인 채권의 존부까지 확정하지 않았으므로 배당요구권자나 배당요구를 하지 않아도 당연히 배당에 참가할 수 있는 채권자가 배당기일에 출석하지 아니하였거나 출석하였지만 이의를 신청하지 않았다 하더라도 배당표에 실질적으로 부당한 것이 있다면 부당이득반환을 구할 수 있다.

(나) 배당요구를 하여야만 배당에 참가할 수 있는 채권자가 배당요구를 하지 아니한 경우

배당요구를 하여야만 배당에 참가할 수 있는 채권자가 배당요구를 하지 아니한 경우 부당이득반환청구를 할 수 없다.

(다) 담보권실행을 위한 경매절차에서 경매신청채권자가 피담보채권의 일부만을 청구금액으로 기재한 경우

판례는 근저당권자가 경매신청서에 피담보채권 중 일부만을 청구금액으로 기재하여 담보권의 실행을 위한 경매를 신청한 후 청구금액을 확장한 채권계산서를 제출하였을 뿐 달리 경락기일까지 이중경매를 신청하는 등 필요한 조치를 취하지 아니한 채 그대로 경매절차를 진행시켜 경매신청서에 기재된 청구금액을 기초로 배당표가 작성·확정되고 그에 따라 배당이 실시되었다면, 신청채권자가 청구하지 아니한 부분의 해당 금원이 후순위채권자들에게 배당되었다 하여 이를 법률상 원인이 없는 것이라고 볼 수는 없다(대법원 1997. 2.28. 선고 96다495 판결)고 판시하면서 부당이득의 성립을 부정하고 있다.

자. 배당의 실시

(1) 배당을 실시하여야 할 경우

(가) 배당이의가 없는 경우

채무자·채권자로부터 적법한 이의가 없는 경우 또는 배당기일에 출석하지 아니함으로 인하여 배당표와 같이 배당을 실시하는 데에 동의한 것으로 보는 경우에는 법원이 작성한 배당표원안이 그대로 확정되므로 이에 따라 배당을 실시한다.

(나) 배당이의가 있는 경우

이해관계인이 이의를 정당하다고 인정하거나 다른 방법으로 합의한 때에는 이의가 완결되고(민집 152조), 완결된 내용대로 배당표가 확정되므로, 법원은 완결된 내용에 따라 배당표를 경정한 후 배당을 실시하여야 한다.

이의가 완결되지 아니하였으나 이의 없는 부분이 있는 경우 이의 없는 부분에 한

하여 배당을 실시하여야 한다.

이의가 있었으나 이의가 철회된 경우 종전의 배당표에 따라 배당을 실시하여야 한다. 실무에서는 따로 기일을 정하지 아니하고 법원사무관 등이 공탁을 한 다음 채권자에게 지급증명서를 교부하고 있다.

이의가 있었으나 이의한 채권자 또는 채무자가 배당이의의 소 등의 소제기증명을 제출하지 아니한 경우 이의가 철회된 경우에 준하여 종전의 배당표에 따라 배당을 실시하여야 한다.

이의한 채권자 또는 채무자가 배당이의의 소 등의 소제기증명을 제출하였으나 배당이의의 소 등이 취하 또는 취하간주 되거나 소각하 또는 청구기각의 판결이 확정되었음이 증명된 경우 위 사유가 배당기일부터 1주가 지난 후에 발생하여 배당이의의 소 등이 다시 제기될 여지도 없으면 배당표가 확정되므로 이때는 종전의 배당표에 따라 배당을 실시하여야 한다.

배당이의의 소 등의 승소판결이 확정되었음이 증명된 경우 그 판결내용에 따라 배당을 실시하여야 한다.

(2) 배당액 지급절차

(가) 채권자에게 채권 전부를 배당하는 경우

채권 전부의 배당을 받을 채권자에게는 배당액지급증을 교부하는 동시에 그가 가진 집행력 있는 정본 또는 채권증서를 받아 채무자에게 교부하여야 한다(민집 159조 2항).

(나) 채권자에게 채권 일부를 배당하는 경우

채권 일부의 배당을 받을 채권자에게는 집행력 있는 정본 또는 채권증서를 제출하게 한 뒤 배당액을 적어서 돌려주고 배당액지급증을 교부하는 동시에 영수증을 받아 채무자에게 교부하여야 한다(민집 159조 3항).

(다) 배당액을 공탁하여야 할 경우

배당을 받아야 할 채권자의 채권에 대하여, 채권에 정지조건 또는 불확정기한이 붙어 있는 때(민집 160조 1항 1호), 가압류채권자의 채권인 때(민집 160조 1항 2호), 집행의 일시정지를 명한 취지를 적은 재판의 정본, 담보권실행을 일시정지하도록 명한 재판의 정본이 제출되어 있는 때(민집 160조 1항 3호), 저당권설정의 가등기가 마쳐져 있는 때(민집 160조 1항 4호), 배당이의의 소가 제기된 때(민집 160조 1항 5호), 민법 340조 2항 및 같은 법 370조에 따른 배당금액의 공탁청구가 있는 때(민집 160조 1항 6호) 등의 사유 가운데 어느 하나의 사유가 있으면 그에 대한 배당액을 공탁하여야 한다(민집 160조 1항).

채권자가 배당기일에 출석하지 아니한 때에는 그에 대한 배당액을 공탁하여야 한다(민집 160조 2항).

(라) 공탁된 배당액의 처리

채권자가 전부를 배당받는 것으로 확정된 경우 배당법원은 배당액의 지급위탁서를 작성하여 공탁공무원에게 보내는 한편, 채권자에게는 지급증명서(배당액지급증)를 교부한다. 채권자는 지급증명서를 공탁공무원에게 제출하고 공탁금을 받는다.

배당이의의 소의 판결이 확정된 경우에는 그 판결 주문에서 명한 바에 따라 배당을 실시하거나 다른 배당절차를 밟는다.

가압류가 취소되거나, 근저당권의 피담보채무가 모두 없어진 때에는 추가로 배당을 실시한다. 추가배당절차에서는 종전의 배당기일 뒤에 생긴 사유로만 이의할 수 있다(민집 161조).

(마) 배당기일 조서의 작성

배당기일에 참여한 법원사무관등은 배당기일의 경과 및 내용에 관하여 조서에 명확히 적어야 한다(민집 159조).

배당기일조서에는 이미 작성된 배당표를 별지로 붙인다. 배당기일에 배당합의서가 제출되어 그 합의서대로 배당을 실시하는 경우에는 그 합의서에 기하여 배당을 실시한다는 취지를 적고 그 합의서를 위 조서에 별지로서 첨부한다.

차. 배당이의소송

(1) 의 의

배당이의의 소는 배당표에 대한 이의를 진술한 자가 그 이의를 관철하기 위하여 배당표의 변경을 구하는 소이다.

(2) 당사자적격

배당이의의 소의 원고는 배당기일에 출석하여 이의를 진술한 채권자이다. 채무자가 집행력있는 정본이 없는 채권자에 대하여 배당이의를 하는 경우 채무자도 원고가 될 수 있다. 한편 채무자는 집행력 있는 정본을 가진 채권자에 대하여는 청구이의의 소나 정기금판결변경의 소만을 제기할 수 있다. 채권자가 이의를 한 경우에는 집행력 있는 정본을 가지고 있는지 여부는 문제로 되지 아니하며 가압류채권자도 포함된다.

배당이의의 소의 피고는 채권자이다. 그러나 채무자에게 잉여금이 지급되는 것으로 배당표가 작성된 경우에는 채무자도 배당요구채권액을 전액변제 받지 못한 채권자가 제기한 배당이의의 소의 피고가 될 수 있다.

(3) 관할 법원

배당이의의 소는 배당을 실시한 집행법원이 속한 지방법원의 관할로 한다. 소송물이 단독판사의 관할에 속하지 아니할 경우에는 지방법원의 합의부가 이를 관할하고, 여러 개의 배당이의의 소가 제기된 경우에 한 개의 소를 합의부가 관할하는 때에는 그 밖의 소도 함께 관할하나, 이의한 사람과 상대방이 이의에 관하여 단독판사의 재판을 받을 것을 합의한 경우에는 단독판사가 관할할 수 있다(민집 156조).

(4) 판 결

(가) 소각하판결

배당이의의 소도 일반소송과 마찬가지로 소송요건이 갖추어져 있지 않으면 부적법한 소로서 각하하는 판결을 한다. 소각하의 판결이 확정되면 당초의 배당표가 그대로 확정된다.

(나) 청구기각판결

원고의 배당이의가 이유 없을 경우에는 청구기각의 판결을 한다. 청구기각의 판결이 확정되는 경우에도 당초의 배당표가 그대로 확정된다.

(다) 청구인용판결

채권자가 제기한 배당이의의 소에서 원고의 청구가 전부 또는 일부 이유 있는 경우에는 종국판결로써 그 이유 있는 한도에서 배당표상의 피고에 대한 배당액을 삭제 또는 감액함과 동시에 그 배당액을 원고에게 배당하도록 정하여야 하고, 다만 이를 정하는 것이 적당하지 아니하다고 인정한 때에는 판결에서 배당표를 다시 만들고 다른 배당절차를 밟도록 명하여야 한다(민집 157조).

> 채권자가 제기한 배당이의소송은 대립하는 당사자인 채권자들 사이의 배당액을 둘러싼 분쟁을 상대적으로 해결하는 것에 지나지 아니하고 그 판결의 효력은 오직 소송당사자인 채권자들 사이에만 미칠 뿐이므로, 배당이의소송의 판결에서 계쟁 배당 부분에 관하여 배당을 받을 채권자와 그 수액을 정함에 있어서는 피고의 채권이 존재하지 않는 것으로 인정되는 경우에도, 이의신청을 하지 아니한 다른 채권자의 채권을 참작함이 없이 그 계쟁 배당 부분을 원고가 가지는 채권액의 한도 내에서 구하는 바에 따라 원고의 배당액으로 하고, 그 나머지는 피고의 배당액으로 유지함이 상당하다(대법원 1998. 5.22. 선고 98다3818 판결).

채무자가 제기한 배당이의의 소에서 원고의 청구가 전부 또는 일부 이유 있는 경우에는 피고로 된 채권자가 집행으로부터 배제되기 때문에 법원은 배당에 대하여 이의하지 아니한 채권자를 위하여서도 배당표를 바꾸어야 하므로 피고의 배당액에서 감소된 부분을 구체적으로 어떻게 처리해야 할 것인지까지 명확히 할 필요는 없다. 따라서 '피고에 대한 배당액을 삭제한다' 또는 '피고에 대한 배당액 금0원을 금0원으로 경정한다', '피고에 대한 배당액 중 금0원을 초과한 부분을 취소한다' 등의 주문례와 같이 주문을 기재한다.

카. 부당이득반환청구의 소와의 관계

배당이의의 소제기의 증명기간을 지키지 아니한 경우라도 그것이 배당표에 따른 배당을 받은 채권자에 대하여 소로써 우선권 및 그 밖의 권리를 행사하는 데에는 영향을 미치지 아니한다(민법 155조). 따라서 배당이의의 여부, 형식상 배당절차의 확정 여부는 각 불문하고 부당이득반환청구를 할 수 있다.[55]

---

55) 대법원 1998.10. 2. 선고 98다27197 판결.

[서식 80] 배당이의의 소

소 장

원 고 장 ○ ○ (6○○○○○－1234567)
○○시 ○○구 ○○동 ○○

피 고 1 박 ○ ○ (7○○○○○－1234567)
○○시 ○○구 ○○동 ○○

피 고 2 정 ○ ○ (7○○○○○－1234567)
○○시 ○○구 ○○동 ○○

배당이의의 소

청 구 취 지

위 당사자간의 귀원 20○○타경 ○○○ 부동산강제경매사건의 배당에 관하여 법원이 작성한 배당표를 변경하여 원고에게 금 65,000,000원을 배당한다.

소송비용은 피고들의 부담으로 한다.

라는 판결을 구합니다.

청 구 원 인

1. 원고는 20○○. ○. ○. 소외 김○○를 채무자로 하는 귀원 20○○타경 ○○○ 부동산경매사건의 배당절차에서, 동 법원은 배당금액 6,500만 원 중 원고에게 배당액 4,500만 원(단, 배당요구채권액 6,500만 원), 피고 1 박○○에게 배당액 1,500만 원, 피고 2 정○○에게 배당액 500만 원으로 한 배당표를 작성하였습니다.

2. 그러나 피고 1 박○○의 배당액은 이미 변제받았음에도 불구하고 채무자가 회수하지 못한 수표가 수중에 있는 것을 기화로 채무자가 진실한 채권이 있는 것으로 오해하여 승인한 것이며, 또한 피고 2 정○○의 채권은 가공의 채권으로 사실은 존재하지 아니함에도 불구하고 채무자가 승인한 것입니다.

3. 따라서 배당표의 변경을 구하기 위하여 이 건 소에 이른 것입니다.

첨 부 서 류

1. 계약증서 1통
1. 등기부등본 1통

20○○. ○. ○.

위 원고 장 ○ ○ (인)

○○지방법원 귀중

작성방법

1. 원고의 기존 배당액은 4,500만 원이고 증가액은 2,000만 원이므로 소가는 금 2,000만 원이다.
2. 송달료는 3명×15회분×5,200원이다.
3. 소장은 집행법원 접수실에 접수하며 법원용 1부와 상대방수에 맞는 부본을 제출한다.

[기재례 6] 청구취지

1. ○○지방법원 20○○타경○○○ 부동산임의경매사건에 관하여 20○○. ○. ○. 같은 법원이 작성한 배당표 중 피고에 대한 배당액 금 27,451,000원을 금 9,876,400원으로 감액하고 그 나머지 금 20,000,000원을 원고에게 배당하는 것으로 경정한다.
2. 소송비용은 피고 부담으로 한다.

배당에서 배제된 원고가 배당액 일부를 배당이의한 경우로서 원고에게 배당증가된 1,000만 원이 소가이다.

1. ○○지방법원 20○○타경○○○ 부동산임의경매사건에 관하여 20○○. ○. ○. 같은 법원이 작성한 배당표 중 피고에 대한 배당액 금 17,451,000원을 삭제하고 원고에 대한 배당액 금 20,000,000원을 37,451,000원으로 경정한다.
2. 소송비용은 피고 부담으로 한다.

일부 배당받은 원고가 피고 배당액 전부를 배당이의한 경우로서 원고에게 배당증가된 17,451,000원이 소가이다.

1. ○○지방법원 20○○타경 ○○○ 부동산임의경매사건에 관하여 20○○. ○. ○. 같은 법원이 작성한 배당표 중 피고에 대한 배당액 금 17,451,000원을 삭제하고 동 배당에서 제외된 원고에 대한 배당액을 금 17,451,000원으로 경정한다.
2. 소송비용은 피고 부담으로 한다.

배당에서 완전 배제된 원고가 피고배당액 전액을 배당이의한 경우로서 원고에게 배당증가된 17,451,000원이 소가이다.

1. ○○지방법원 20○○타경 ○○○ 부동산임의경매사건에 관하여 20○○. ○. ○. 같은 법원이 작성한 배당표 중 피고 김○○에 대한 배당액 금 10,000,000원, 피고 박○○에 대한 배당금 20,000,000원, 피고 이○○에 대한 배당액 금 30,000,000원을 각 삭제하고 원고에 대한 배당액을 금 30,000.000원을 80,000,000원으로 경정한다.
2. 소송비용은 피고들 부담으로 한다.

일부 배당받은 원고가 피고들에 대해 전부를 배당이의한 사례로서 원고에게 배당증가된 50,000,000원이 소가이다.

1. ○○지방법원 20○○타경 ○○○ 부동산임의경매사건에 관하여 20○○. ○. ○. 같은 법원이 작성한 배당표 중 피고에 대한 배당액 금 10,000,000원을 삭제하고 각 채권자의 채권순위 및 채권액에 비례하여 이를 배당한다.
2. 소송비용은 피고 부담으로 한다.

채무자가 배당받은 채권자에 대해 전부이의한 경우로서 피고 배당감소액인 10,000,000원이 소가이다.

1. ○○지방법원 20○○타경 ○○○ 부동산임의경매사건에 관하여 20○○. ○. ○. 같은 법원이 작성한 배당표 중 피고에 대한 배당액 금 20,000,000원을 금 10,000,000원으로 경정한다.
2. 소송비용은 피고 부담으로 한다.

채무자가 배당받은 채권자에 대해 일부이의한 경우로서 피고 배당감소액인 10,000,000원이 소가이다.

[서식 81] 배당이의의 소제기증명원

배당이의의 소제기증명원

원 고 장 ○ ○

피 고 1 박 ○ ○

피 고 2 정 ○ ○

위 당사자간의 귀원 20○○타경 ○○○호 배당이의의 소송사건은 별지 소장과 같이 20○○. ○. ○. 귀원에 제기된 사실을 증명하여 주시기 바랍니다.

20○○. ○. ○.

위 원고 장 ○ ○ (인)

○○지방법원 귀중

[서식 82] 배당이의의 소제기에 의한 배당절차정지신청서(집행정지를 명하는 잠정처분)

배당절차정지신청서

신 청 인 장 ○ ○ (6○○○○○－1234567)
○○ 북구 ○○동 ○○

피신청인 1 박 ○ ○ (7○○○○○－1234567)
○○ 서구 ○○동 ○○

피신청인 2 정 ○ ○ (7○○○○○－1234567)
○○ ○○구 ○○동 ○○

귀원 20○○타경 ○○○호 부동산강제경매사건에 관하여, 신청인은 20○○. ○. ○. 배당기일에 있어서 배당표에 관한 이의신청을 하여 동 기일이 완결되지 아니하여 20○○. ○. ○. 귀원에 배당이의의 소를 제기하였으므로, 배당절차에 대하여 소송완결에 이르기까지 정지명령을 내려주실 것을 배당이의의 소제기증명원를 첨부하여 신청합니다.

첨 부 서 류

1. 배당이의의 소제기증명원 1통

20○○. ○. ○.

위 신청인 장 ○ ○ (인)

○○지방법원 귀중

12. 경매신청의 취하

가. 취하할 수 있는 자

경매신청을 취하할 수 있는 자는 경매신청인이다.

강제경매의 경우 경매신청의 기본인 권리에 관하여 승계가 생긴 경우 승계인이 승계집행문을 집행법원에 제출할 때까지는 종전의 집행채권자가 취하할 수 있고, 그 후에는 승계인이 취하할 수 있다.

임의경매절차가 개시된 후 경매신청의 기초가 된 담보물권이 대위변제에 의하여 이전된 경우에는 경매절차의 진행에는 아무런 영향이 없고, 대위변제자가 경매신청인의 지위를 승계하므로, 종전의 경매신청인이 한 취하는 효력이 없다(대법원 2001.12.28.자 2001마2094 결정).

나. 취하의 시기 및 요건

(1) 매수신고가 있기 전의 취하

경매신청인은 매각기일에 적법한 매수신고가 있을 때까지는 다른 사람의 동의를 받을 필요없이 임의로 취하할 수 있다.

(2) 매수신고가 있는 후의 취하

매수신고가 있은 뒤 경매신청을 취하하는 경우에는 최고가매수신고인 또는 매수인과 차순위매수신고인의 동의를 받아야 그 효력이 생긴다(민집 93조 2항). 여기서 최고가매수신고인 및 차순위매수신고인은 매각기일의 절차에서 집행관에 의하여 최고가매수신고인 및 차순위매수신고인으로 이름과 가격이 불리워진 자를 말하는 것이고, 매수인은 최고가매수신고인 또는 차순위매수신고인 중 매각허가결정이 확정된 자를 말한다.

이중경매개시결정이 내려진 경우에 먼저 개시결정된 경매의 신청인이 취하하는 경우에 뒤의 경매신청인의 동의는 필요 없다. 먼저 경매개시결정을 한 경매신청이 취하되거나 그 절차가 취소되더라도 뒤의 경매개시결정에 따라 경매절차는 계속 진행된다(민집 87조 2항).

매수인이 대금지급기한까지 대금을 지급하지 아니하고 차순위매수신고인이 없거나 차순위매수신고인도 대금을 지급하지 아니하여 재매각명령을 한 후에 경매신청인이 경매신청 자체의 취하로써 경매절차를 종결시키고자 하는 경우 원래의 대금지급기한까지 그 의무를 이행하지 아니하여 재매각절차를 야기한 전 매수인은 경매신청 취하에 대한 동의권자에 해당하지 아니한다. 재매각을 명할 사유가 발생한 이후 실제로 재매각명령이 있기 전까지 사이에 경매신청을 취하하는 경우에도 마찬가지이다.

다. 취하의 방식

집행법원에 대하여 취하의 의사표시를 말 또는 서면으로 하여야 하며, 실무에서는 경매신청채권자 본인, 소송대리인, 제출대행권이 있는 법무사 등이 취하서 2통을 제출하는 방식으로 하되, 경매신청서의 인영과 취하서의 인영이 상이한 때에는 경매신청채권자에게 인감증명서의 제출 등의 보정명령을 한 후 보정명령이 송달된 때로부터 상당기간 내에 경매신청채권자의 이의가 없으면 인감증명서의 제출이 없더라도 취하처리를 하고 있다.

취하에 최고가매수신고인 등의 동의를 필요로 하는 경우에는 동의서를 제출하는 방법에 의한다. 취하서와 동의서가 1개의 문서로 작성되어도 무방하다.

[서식 83] 경매신청취하서

경 매 신 청 취 하 서

사　　건　　20○○타경○○○　부동산임의경매

채 권 자(근저당권자)　　김 ○ ○

채 무 자(소　유　자)　　최 ○ ○

위 당사자간 20○○타경○○○ 부동산임의경매 사건에 관하여 채권자는 경매신청을 취하하오니 집행을 해제하여 주시기 바랍니다.

20○○. ○. ○.

채권자 김 ○ ○

○○지방법원 경매○계 귀중

라. 취하의 효과

(1) 경매절차의 종료

경매신청이 취하되면 압류의 효력은 소멸된다(민집 93조). 별도로 경매절차 내지 경매개시결정을 취소할 필요가 없다.

(2) 집행비용의 부담

경매신청이 취하되면 그때까지 소요되었던 경매절차의 비용은 경매신청인이 부담한다. 다만 압류가 경합되어 있어 먼저 개시된 사건의 신청인이 지출한 절차비용 중 뒤에 개시된 사건에 그대로 이용된 절차에 관한 비용은 공익비용으로서 매각대금에서 당연히 우선적으로 상환을 받을 수 있다. 따라서 집행법원은 취하된 사건의 경매신청인에게도 계산서제출최고 및 배당기일 통지를 해야 한다.

(3) 경매개시결정등기의 말소촉탁

법원사무관등은 직권으로 경매개시결정의 기입등기를 말소하도록 등기관에게 촉탁한다(민집 141조). 말소등기의 촉탁에 관한 비용은 경매를 신청한 채권자가 부담한다(민집규 77조).

13. 청구이의의 소

가. 의 의

청구에 관한 이의의 소는 채무자가 집행권원의 내용인 사법상의 청구권이 현재의 실체상태와 일치하지 않는 것을 주장하여 그 집행권원이 가지는 집행력의 배제를 구하는 소이다(민집 44조).

이 소는 집행권원의 성립절차와 집행절차를 분리하고 있는 제도에서 실체적 권리상태를 제대로 반영하지 않는 집행권원의 집행력을 배제하여 집행을 막는 구제방법이다.

나. 적용범위

이 소는 원칙적으로 모든 종류의 집행권원에 대하여 인정된다.

그러나 집행권원 그 자체의 취소를 구하는 경우에는 상소나 재심의 소에 의하여야 한다. 가집행선고가 붙은 판결에 대하여는 상소로 다투어야 한다. 가압류·가처분명령에 대하여는 이의(민집 283조, 301조)나 취소(민집 288조, 301조)로 다투어야 한다. 대체집행의 수권결정에 대하여는 기본 집행권원에 대하여 다투어야 한다(민집 260조 1

항). 검사의 집행명령에 대하여는 이론상 이 소의 적용의 부정되고 있다. 의사의 진술을 명하는 재판도 조건이 붙어 있지 않는 한 확정되면 그것으로 집행이 종료하기 때문에 이 소의 대상이 되지 아니한다.

다. 이의이유

(1) 종 류

(가) 청구권의 전부 또는 일부의 소멸

변제, 대물변제, 경개, 소멸시효의 완성, 면제, 포기, 상계, 공탁, 화해, 채무자의 책임없는 사유로 말미암은 이행불능, 부작위청구권에 대한 작위를 할 수 있는 권리의 취득 등이 이에 해당한다.

(나) 청구권의 불성립 또는 무효

집행권원이 집행증서, 확정된 지급명령, 확정된 이행권고결정과 같이 기판력이 없는 경우에는 청구권의 불성립이나 무효도 이의이유가 된다.

(다) 청구권의 귀속주체의 변동

청구권의 양도, 전부명령의 확정, 면책적 채무인수 등이 이에 해당한다.

(라) 청구권의 효력정지 또는 제한

기한의 유예, 합의에 따른 연기, 이행조건의 변경 등이 이에 해당한다.

(마) 부집행의 합의

> 부집행의 합의는 실체상의 청구의 실현에 관련하여 이루어지는 사법상의 채권계약이라고 봄이 상당하고, 이것에 위반하는 집행은 실체상 부당한 집행이라고 할 수 있으므로 청구이의의 사유가 된다(대법원 1996. 7.26. 선고 95다19072 판결).

(바) 상속한정승인

집행권원이 성립하기 전 상속인이 한정승인을 하고서도 한정승인을 주장하지 않아 책임재산의 유보 없는 판결이 확정된 경우 채무자는 자기의 고유재산에 대한 집행에 대하여는 위 한정승인 사실을 내세워 청구에 관한 이의를 제기할 수 있다.

채권자가 피상속인의 금전채무를 상속한 상속인을 상대로 그 상속채무의 이행을 구하여 제기한 소송에서 채무자가 한정승인 사실을 주장하지 않으면 책임의 범위는 현실적인 심판대상으로 등장하지 아니하여 주문에서는 물론 이유에서도 판단되지 않으므로 그에 관하여 기판력이 미치지 않는다. 그러므로 채무자가 한정승인을 하고도 채권자가 제기한 소송의 사실심 변론종결시까지 그 사실을 주장하지 아니하여 책임의 범위에 관한 유보가 없는 판결이 선고되어 확정되었다고 하더라도, 채무자는 그 후 위 한정승인 사실을 내세워 청구에 관한 이의의 소를 제기할 수 있다(대법원 2006.10.13. 선고 2006다23138 판결).

채무자가 한정승인을 하였으나 채권자가 제기한 소송의 사실심 변론종결시까지 이를 주장하지 아니하는 바람에 책임의 범위에 관하여 아무런 유보 없는 판결이 선고·확정된 경우라 하더라도 채무자가 그 후 위 한정승인 사실을 내세워 청구에 관한 이의의 소를 제기하는 것이 허용되는 것은, 한정승인에 의한 책임의 제한은 상속채무의 존재 및 범위의 확정과는 관계없이 다만 판결의 집행 대상을 상속재산의 한도로 한정함으로써 판결의 집행력을 제한할 뿐으로, 채권자가 피상속인의 금전채무를 상속한 상속인을 상대로 그 상속채무의 이행을 구하여 제기한 소송에서 채무자가 한정승인 사실을 주장하지 않으면 책임의 범위는 현실적인 심판대상으로 등장하지 아니하여 주문에서는 물론 이유에서도 판단되지 않는 관계로 그에 관하여는 기판력이 미치지 않기 때문이다. 위와 같은 기판력에 의한 실권효 제한의 법리는 채무의 상속에 따른 책임의 제한 여부만이 문제되는 한정승인과 달리 상속에 의한 채무의 존재 자체가 문제되어 그에 관한 확정판결의 주문에 당연히 기판력이 미치게 되는 상속포기의 경우에는 적용될 수 없다(대법원 2009. 5.28. 선고 2008다79876 판결).

집행권원이 성립한 후 상속인이 한정승인을 한 경우 채무자의 고유재산에 대한 집행에 대하여는 청구이의의 소, 제3자이의의 소, 집행문부여에 관한 이의의 소, 집행에 관한 이의의 송 따라야 한다는 견해가 대립하고 있다.

집행권원인 판결에 한정승인의 취지가 반영된 경우에는 채무자의 고유재산에 대한 집행에 대하여는 제3자이의의 소를 제기할 수 있다.

(2) 제 한

(가) 집행권원이 판결인 경우

이의는 그 이유가 변론이 종결된 뒤(변론 없이 한 판결의 경우에는 판결이 선고된 뒤)에 생긴 것이어야 한다(민집 44조 2항).

가집행선고가 붙은 제1, 2심 판결에 기한 금원 지급에 의한 채권소멸의 효과는 확정적인 것이 아니라 상소심에서 가집행선고가 붙은 판결이 취소 또는 변경되지 아니하고 확정된 때에 비로소 발생한다(대법원 2000.12.22. 선고 2000다56259 판결).

가집행이 붙은 제1심 판결을 선고받은 채무자가 선고일 약 1달 후에 그 판결에 의한 그때까지의 원리금을 추심 채권자에게 스스로 지급하기는 하였으나 그 제1심 판결에 대하여 항소를 제기하여 제1심에서 인용된 금액에 대하여 다투었다면, 그 채무자는 제1심 판결이 인용한 금액에 상당하는 채무가 있음을 스스로 인정하고 이에 대한 확정적 변제행위로 추심 채권자에게 그 금원을 지급한 것이 아니라, 제1심 판결이 인용한 지연손해금의 확대를 방지하고 그 판결에 붙은 가집행 선고에 기한 강제집행을 면하기 위하여 그 금원을 지급한 것으로 봄이 상당하고, 이와 같이 제1심 판결에 붙은 가집행선고에 의하여 지급된 금원은 확정적으로 변제의 효과가 발생하는 것이 아니어서 채무자가 그 금원의 지급 사실을 항소심에서 주장하더라도 항소심은 그러한 사유를 참작하지 않으므로, 그 금원 지급에 의한 채권 소멸의 효과는 그 판결이 확정된 때에 비로소 발생한다고 할 것이며, 따라서 채무자가 그와 같이 금원을 지급하였다는 사유는 본래의 소송의 확정판결의 집행력을 배제하는 적법한 청구이의사유가 된다(대법원 1995. 6.30. 선고 95다15827 판결).

변론종결 전에 소멸시효가 완성되어 있었음에도 불구하고 이를 주장하지 않다가 변론종결 후에 이를 이의이유로 하여 이 소를 제기할 수 없다.

형성권이 기판력의 표준시 이전에 이미 존재하고 있었으나 그 뒤에 형성권을 행사하여 이를 이의이유로 하여 이 소를 제기할 수 있는지가 문제된다.

변론종결 전에 취소·해제의 원인이 있었으나 변론종결 뒤에 취소·해제의 의사표시를 한 경우 이의의 이유가 변론종결 전에 생긴 것으로 보아 이 소로써 주장할 수 없다. 반면 변론종결 전에 상계적상에 있었으나 상계의 의사표시를 하지 않고 변론종결 뒤에 집행채무자가 그 의사표시를 한 경우 상계의 의사표시를 한 때 이의이유가 생긴 것으로 보아 이 소의 이의이유로 된다.

기판력은 후소와 동일한 내용의 전소의 변론종결 전에 있어서 주장할 수 있었던 모든 공격방어방법에 미치므로 해제사유가 전소의 변론종결 전에 존재하였다면 그 변론종결 후에 해제의 의사표시를 하였다고 하여도 이는 기판력에 저촉된다(대법원 1981. 7. 7. 선고 80다2751

판결).

당사자 쌍방의 채무가 서로 상계적상에 있다 하더라도 그 자체만으로 상계로 인한 채무소멸의 효력이 생기는 것은 아니고, 상계의 의사표시를 기다려 비로소 상계로 인한 채무소멸의 효력이 생기는 것이므로, 채무자가 채무명의인 확정판결의 변론종결 전에 상대방에 대하여 상계적상에 있는 채권을 가지고 있었다 하더라도 채무명의인 확정판결의 변론종결 후에 이르러 비로소 상계의 의사표시를 한 때에는 구 민사소송법(2002. 1. 26. 법률 제6626호로 전문개정되기 전의 것. 이하 같다) 제505조 제2항이 규정하는 '이의원인이 변론종결 후에 생긴 때'에 해당하는 것으로서, 당사자가 채무명의인 확정판결의 변론종결 전에 자동채권의 존재를 알았는가 몰랐는가에 관계없이 적법한 청구이의 사유로 된다(대법원 2005.11.10. 선고 2005다41443 판결).

(나) 집행권원이 집행판결인 경우

외국판결에 대한 집행판결이 집행권원인 경우 집행판결은 법정요건의 존부만을 심사의 대상으로 하고 청구권의 존부는 심사의 대상으로 하지 아니하므로 외국판결의 기판력 표준시 후에 발생한 사유는 모두 청구이의의 소에서 주장할 수 있다.

(다) 집행권원이 항고로만 불복을 신청할 수 있는 재판, 청구의 인낙조서, 화해조서인 경우

항고로만 불복을 신청할 수 있는 재판, 청구의 인낙조서, 화해조서에 있어서는 재판 또는 조서의 성립 후에 생긴 이유에 한한다.

(라) 집행권원이 확정된 지급명령, 확정된 이행권고결정, 집행증서, 배상명령인 경우

이의이유의 발생시기에 관하여 아무런 제한이 없다.

(마) 집행권원이 회생채권자표, 회생담보권자표, 파산채권자표, 개인회생채권자표인 경우

확정채권이 회생채권자표, 회생담보권자표, 파산채권자표, 개인회생채권자표에 기재된 뒤에 이의의 이유가 생긴 때에 한하여 이 소에서 주장할 수 있다.

(3) 이의이유의 동시주장

이의이유가 여러 가지인 때에는 동시에 주장하여야 한다(민집 44조 3항). 따라서 청구이의의 소의 사실심 변론종결시까지 이의이유를 주장하여야 한다.

라. 소송절차

(1) 소제기의 시기

본소는 집행권원이 성립하여 유효하게 존속하고 있는 이상 언제나 제기할 수 있다. 따라서 채무자는 집행문의 부여 전이거나 집행권원에 기한 구체적 강제집행의 개시 전이라도 제기할 수 있다. 집행을 당할 우려가 있는가의 여부도 문제되지 아니한다. 집행권원에 기한 개개의 집행행위를 종료한 경우에도 청구권의 일부만의 만족에 그칠 때에는 집행권원의 효력이 전부 소멸된 것은 아니므로 본소를 제기할 수 있으나, 전체로서의 강제집행이 이미 완료되어 채권자가 권리의 만족을 얻은 뒤라면 본소로써 집행불허를 구할 이익이 없다. 그 후에는 부당이득반환청구나 불법행윌 인한 손해배상청구의 소로 변경할 수 있다.

(2) 당사자적격

원고적격은 집행권원에 채무자로 표시된 자 또는 승계 그 밖의 원인으로 집행력을 받는 자이다(민집 25조). 이들의 채권자도 채권자대위권에 의하여 원고가 될 수 있다.

피고적격은 집행권원에 채권자로 표시된 자 또는 승계 그 밖의 원인으로 채권자에 대신하여 강제집행을 신청할 수 있는 자이다. 집행문이나 승계집행문의 부여 여부는 문제되지 않는다.

(3) 관할 법원

(가) 확정판결·심판

채무자가 판결에 따라 확정된 청구에 관하여 이의하려면 제1심 판결법원에 청구에 관한 이의의 소를 제기하여야 한다(민집 44조 1항).

(나) 항고로만 불복을 신청할 수 있는 재판

그 재판을 한 제1심 법원의 관할에 속한다(민집 57조, 56조, 44조 1항).

(다) 확정된 지급명령

지급명령을 발한 법원의 관할에 속한다(민집 58조 4항). 단 시·군법원에서 한 지급명령에 관한 청구이의의 소로서 집행권원에서 인정된 권리가 소액사건심판법의 적용대상이 아닌 사건의 경우에는 시·군법원이 있는 곳을 관할하는 지방법원 또는 지방법원지원이 관할법원으로 된다(민집 22조 1호).

(라) 소송상의 화해조서, 청구의 인낙조서

소송이 계속한 바 있는 제1심 수소법원의 관할에 속한다. 항소심(고등법원)에서 화해가 성립한 경우에도 제1심 법원이 관할 법원이다.

(마) 제소전화해조서, 조정조서

그 절차를 행한 지방법원의 관할에 속한다. 항소심(고등법원)에서 조정이 성립한 경우에도 제1심 법원이 관할 법원이다.

(바) 가사조정조서, 가사판결

가사조정조서나 가사판결에 대한 청구이의의 소는 가정법원의 전속관할에 속한다.

(사) 집행증서

채무자(원고)의 보통재판적이 있는 곳의 법원이 관할한다. 다만, 그러한 법원이 없는 때에는 민사소송법 11조의 규정에 따라 채무자에 대하여 소를 제기할 수 있는 법원이 관할한다(민집 59조 4항).

(4) 심 리

원고인 채무자는 청구원인사실(권리소멸)에 관하여 입증책임을 부담한다. 다른 청구와의 병합도 가능하며 소송계속 중 강제집행이 종료한 경우에는 채무자는 부당이득반환청구의 소 또는 손해배상청구의 소로 변경할 수 있다.

(5) 판 결

심리의 결과 청구의 전부 또는 일부를 인용할 때에는 청구취지에 응하여 그 집행권원에 기한 집행의 일시적 혹은 영구적 불허, 집행의 일부 내지 전부의 불허를 선고하는 판결을 한다.

집행권원의 집행력을 영구적으로 배제하는 경우의 주문례는 '피고의 원고에 대한 ○○법원 20○○. ○. ○. 선고 20○○가단○○ 판결에 기한 강제집행을 불허한다.', 변제기 유예 등의 사유로 집행력의 일시적 배제를 명하는 경우의 주문례는 '피고의 원고에 대한 ○○법원 20○○. ○. ○. 선고 20○○가단○○ 판결에 기한 강제집행은 20○○. ○. ○.까지 이를 불허한다.', 집행권원의 집행력의 일부만을 배제하는 경우의 주문례는 '피고의 원고에 대한 ○○법원 20○○. ○. ○. 선고 20○○가단○○ 판결에 기한 강제집행은 금 50,000,000원을 초과하는 부분에 한하여 이를 불허한다.'이다.

청구이의판결이 확정되면 집행권원의 집행력이 소멸되므로 집행문의 부여를 막을 수 있고, 채무자가 그 정본을 집행기관에 제출하여 집행의 개시·속행을 막을 수 있을 뿐만 아니라 이미 행해진 집행처분의 취소를 구할 수 있다(민집 49조 1호, 50조).

(6) 잠정처분

청구에 관한 이의의 소는 강제집행의 개시 및 속행에 영향이 없으므로(민집 46조 1항), 채무자가 강제집행의 속행을 저지하기 위해서는 청구에 관한 이의의 소를 제기한 후 법원으로부터 강제집행의 정지를 명하는 잠정처분을 받아 집행기관에 이를 제출하여야 한다. 위 잠정처분에 의하지 아니하고 일반적인 가처분의 방법에 의한 강제집행정지는 허용되지 아니한다.

청구이의를 주장한 사유가 법률상 정당한 이유가 있다고 인정되고, 사실에 대한 소명(疎明)이 있을 때에는 청구이의의 소가 계속 중인 수소법원(受訴法院)은 당사자의 신청에 따라 판결이 있을 때까지 담보를 제공하게 하거나 담보를 제공하게 하지 아니하고 강제집행을 정지하도록 명할 수 있으며, 담보를 제공하게 하고 그 집행을 계속하도록 명하거나 실시한 집행처분을 취소하도록 명할 수 있다. 그러나 급박한 경우에는 재판장 또는 집행법원이 권한을 행사할 수 있으며 이 경우 집행법원은 상당한 기간 이내에 수소법원의 재판서를 제출하도록 명하여야 한다(민집 46조).

담보권 실행을 위한 경매절차를 정지시키기 위하여는 채권자를 상대로 채무부존재확인소송 또는 저당권말소청구소송을 제기하고 수소법원으로부터 경매절차의 일시정지를 명하는 잠정처분을 받거나, 경매법원에 경매개시결정에 대한 이의신청을 하고 경매법원으로부터 경매절차의 일시정지를 명하는 잠정처분을 받아야 하고, 위와 같은 방법에 의하지 않고 직접 담보권 실행을 위한 경매의 불허를 구하는 소를 제기하는 방법으로는 할 수 없다.

잠정처분 또는 그 신청을 기각한 결정에 대하여는 불복할 수 없고(민소 500조 3항), 특별항고만 할 수 있다.

본안판결 선고시까지 강제집행정지처분을 한 경우, 원고승소판결에는 강제집행정지결정을 인가한다는 주문을, 본안판결 확정시까지 강제집행정지처분을 한 경우, 원고패소판결에는 강제집행정지결정을 취소한다는 주문을 반드시 기재하여야 한다.

[서식 84] 청구이의의 소장

소 장

원 고 박 ○ ○ (7○○○○○－1234567)
○○시 ○○구 ○○동 123 (T.010－1234－5678)

피 고 정 ○ ○ (7○○○○○－1234567)
○○시 ○○구 ○○동 234 (T.010－1234－5678)

청구이외의 소

청 구 취 지

1. 피고의 원고에 대한 공증인가 법무법인 ○○ 작성 20○○년 제1234호 약속어음공정증서에 기한 강제집행을 불허한다.
2. 제1항은 가집행할 수 있다.
3. 소송비용은 피고의 부담으로 한다.

라는 판결을 구합니다.

청 구 원 인

1. 원고의 모친 ○○○는 20○○. ○. ○. 피고를 찾아와 금 ○○만 원을 연 ○%의 고리로, 차용하였는데 위 차용에 대하여 원고는 모친의 보증인이 될 의도로 인감증명서를 맡긴 바 있습니다.

2. 그런데 피고는 원고와 원고의 모친이 전혀 생각할 수 없었던 금 1,000만 원에 기한 채권으로 ○○소재 공증인가 법무법인 ○○에서 20○○년 제1234호 약속어음공정증

서를 임의로 작성하여 금전을 차용한지 불과 1달이 지나지 않아 이미 변제한 금전은 고려하지 않은 채 20○○. ○. ○.자로 이 사건 원고의 부동산에 대해 부동산강제경매 신청을 하였습니다(갑제1호증 강제집행신청서).

3. 원고는 위 강제경매 신청이 있자 곧 피고에게 연락하여 잔여 채무를 모두 변제하겠다고 하였으나 피고는 말도 안 되는 억측을 쓰는 바, 원고는 부득이 20○○. ○. ○.자로 ○○지방법원 공탁공무원에게 20○○. ○. ○. 금 제○○호로 차용잔대금과 대여원금에 대한 연 ○%의 이자금 합계 금 ○○만 원을 변제공탁 한 바 있습니다(갑제2호증 공탁서).

4. 따라서 원고는 피고에 대하여 모든 채무를 변제하였으므로 귀원에 진행 중인 강제경매사건은 취소되어야 하기에 원고는 이건 소를 제기한 것입니다.

입 증 방 법

1. 갑제1호증 강제집행신청서
1. 갑제2호증 공탁서

첨 부 서 류

1. 위 입증방법 1통
1. 납부서 1통
1. 소장부본 2통

20○○. ○. ○.

위 원고 박 ○ ○ (인)

○○지방법원 귀중

작성방법

1. 소장은 법원용 1부와 상대방수에 의한 부본을 1심 법원에 제출한다.
2. 송달료는 당사자수 × 15회 × 5,200원이다.

3. 집행력 배제의 대상인 집행권에서 인정된 권리의 가액이므로 위 사례에서 집행권원상의 채권인 1,000만 원이 소가가 된다. 따라서 인지액은 50,000원(= 1,000만 원 × 5/1,000)이 된다.

[서식 85] 청구이의의 소장(한정승인자의 대응)

소 장

원 고 김 ○ 준 (000000 - 0000000)
○○시 ○○구 ○○로 12(○○동) (우 : 00000)

피 고 이 ○ 숙 (000000 - 0000000)
○○시 ○○구 ○○로 23(○○동) (우 : 00000)

청구이의의 소

청 구 취 지

1. 피고가 원고에 대하여 ○○지방법원 20○○가단○○○ 집행력 있는 판결정본에 의한 강제집행은 이를 불허한다.
2. 소송비용은 피고의 부담으로 한다.
3. 제1항은 가집행할 수 있다.

라는 판결을 구합니다.

청 구 원 인

1. 피고는 소외 망 ○○○에 대하여 대여금 채권을 가지고 있음을 기화로 위 망 ○○○의 상속인인 원고에 대하여 대여금 20,000,000원의 지급을 구하는 민사소송을 제기하여 ○○지방법원 가단 1234호 집행력 있는 확정판결을 받았고, 이에 의하여 원고 소유의 별지 목록 기재 부동산에 대하여 강제집행을 실시하였습니다.

2. 그러나 원고는 위 판결이 확정되기 전인 20○○. ○. ○. ○○지방법원 20○○스○○○로 한정승인심판결정을 받은 사실이 있습니다. 다만, 피고가 원고를 상대로 대여금 청구소송을 제기할 당시 원고는 송달장소에 주민등록만 되어 있었을 뿐 타지역에 있었던 터라 위 판결도 공시송달에 의하여 것입니다. 위와 관련하여 "한정승인에 의

한 책임의 재산은 상속채무의 존재 및 범위의 확정과는 관계가 없고 다만 판결의 집행대상을 상속재산의 한도로 한정함으로써 판결의 집행력을 제한할 뿐이다. 특히 채권자가 피상속인의 금전채무를 상속한 상속인을 상대로 그 상속채무의 이행을 구하여 소송에서 채무자가 한정승인 사실을 주장하지 않으면, 책임의 범위는 현실적인 심판대상으로 등장하지 아니하여 주문에서는 물론 이유에서도 판단되지 않는 것이므로 그에 관하여는 기판력이 미치지 않는다. 그러므로 채무자가 한정승인을 하고도 채권자가 제기한 소송의 사실심 변론종결시까지 그 사실을 주장하지 아니하는 바람에 책임의 범위에 관하여 아무런 유보가 없는 판결이 선고되어 확정되었다고 하더라도, 채무자는 그 후 위 한정승인 사실을 내세워 청구에 관한 이의의 소를 제기하는 것이 허용된다고 봄이 옳다."라고 판시하고 있습니다(대법원 2006.10.13. 선고 2006다23138 판결).

3. 따라서 원고는 피고를 상대로 청구취지와 같은 판결을 받고자 본 소 청구에 이른 것입니다.

입 증 방 법

1. 갑 제1호증 압류집행조서등본
1. 갑 제2호증 한정승인심판결정문
1. 갑 제3호증 부동산등기부등본

기타 입증서류는 변론시 수시 제출하겠습니다.

첨 부 서 류

1. 위 입증서류 사본 각 1통
1. 주민등록초본 2통
1. 소장부본 1통

20○○. ○. ○.

위 원고 김 ○ ○ (인)

○○지방법원 귀중

[서식 86] 집행정지신청서

집행정지신청서

신 청 인(원고) 박 ○ ○ (7○○○○○－1234567)
○○시 ○○구 ○○동 123 (T.010－1234－5678)

피신청인(피고) 정 ○ ○ (7○○○○○－1234567)
○○시 ○○구 ○○동 234 (T.010－1234－5678)

신 청 취 지

위 당사자간 ○○지방검찰청 소속 공증인가 법무법인 ○○에서 20○○. ○. ○. 작성된 20○○년 제123호 약속어음공정증서에 기한 강제집행은 ○○지방법원 20○○가단 ○○○ 청구이의 사건의 본안판결 선고시까지 이를 정지한다.
라는 재판을 구합니다.

신 청 이 유

1. 신청인의 모친 ○○○는 20○○. ○. ○. 피신청인을 찾아와 금 ○○만 원을 연 ○%의 고리로, 차용하였는데 위 차용에 대하여 신청인은 모친의 보증인이 될 의도로 인감증명서를 맡긴 바 있습니다.

2. 그런데 피신청인은 신청인과 신청인의 모친이 전혀 생각할 수 없었던 금 1,000만 원에 기한 채권으로 ○○소재 공증인가 법무법인 ○○에서 20○○년 제123호 약속어음공정증서를 임의로 작성하여 금전을 차용한지 불과 1달이 지나지 않아 이미 변제한 금전은 고려하지 않은 채 20○○. ○. ○.자로 이 사건 신청인의 부동산에 대해 부동산강제경매 신청을 하였습니다(소갑제1호증 강제집행신청서).

3. 신청인은 위 강제경매 신청이 있자 곧 피신청인에게 연락하여 잔여 채무를 모두 변제하겠다고 하였으나 피신청인은 말도 안되는 억측을 쓰는 바, 신청인은 부득이 20○○. ○. ○.자로 ○○지방법원 공탁공무원에게 20○○. ○. ○. 금 제○○호로 차용잔대금과 대여원금에 대한 연 ○%의 이자금 합계 금 ○○만 원을 변제공탁 한 바 있습니다(소갑제2호증 공탁서).

4. 따라서 신청인은 피신청인에 대하여 모든 채무를 변제하였으므로 귀원에 진행중인

강제경매사건은 취소되어야 하기에 20○○. ○. ○.자로 귀원에 20○○가단○○○ 청구이의의 소를 제기하였습니다(소갑제3호증 소장증명원).

소 명 방 법

1. 소갑제1호증 강제집행신청서
1. 소갑제2호증 공탁서
1. 소갑제3호증 소장접수증명원

첨 부 서 류

1. 위 입증방법 1통
1. 납부서 1통

20○○. ○. ○.

위 신청인 박 ○ ○ (인)

○○지방법원 귀중

작성방법

1. 신청서 1부를 청구이의의 소를 제기한 법원에 제출한다.
2. 송달료 당사자수×2회×5,200원이다.
3. 인지 1,000원이다.

[서식 87] 담보제공명령

○ ○ 법 원

제○단독

담보제공명령

사　　건　20○○카기○○○　강제집행정지

신 청 인　박 ○ ○

피신청인　○ ○ ○

위 사건에 대하여 신청인에게 담보로 이 명령을 고지받은 날부터 5일 이내에 피신청인을 위하여 금 ○○만 원을 공탁할 것을 명한다.

20○○. ○. ○.

재판장 판사 ○ ○ ○ (인)

[서식 88] 금전공탁서

<table>
<tr><td colspan="2">공탁번호</td><td>20○○년 금호</td><td colspan="2">년 월 일 신청</td><td>법령
조항</td><td>민집법 제46조
제2항, 제44조</td></tr>
<tr><td rowspan="4">공탁자</td><td>성 명
(상호, 명칭)</td><td>○○○</td><td rowspan="4">피공탁자</td><td>성 명
(상호, 명칭)</td><td colspan="2">○○○</td></tr>
<tr><td>주민등록번호
(법인등록번호)</td><td></td><td>주민등록번호
(법인등록번호)</td><td colspan="2"></td></tr>
<tr><td>주 소
(본점, 주사무소)</td><td></td><td>주 소
(본점, 주사무소)</td><td colspan="2"></td></tr>
<tr><td>전화번호</td><td></td><td>전화번호</td><td colspan="2"></td></tr>
</table>

<table>
<tr><td rowspan="2">공탁금액</td><td colspan="2">한글 ○○만 원</td><td colspan="2" rowspan="2">보관은행</td><td rowspan="2">○○은행 ○○지점</td></tr>
<tr><td colspan="2">숫자 원</td></tr>
<tr><td rowspan="2">법원의 명칭과 사건</td><td colspan="5">○○지방법원 20○○카기○○ 강제집행정지</td></tr>
<tr><td>당사자</td><td>신청인</td><td>○○○</td><td>피신청인</td><td>○○○</td></tr>
<tr><td>공탁 원인 사실</td><td colspan="5">1. 가압류보증
2. 가처분보증
3. 가압류취소보증
4. 가처분 취소보증
6. 강제집행 취소의 보증
7. 강제집행 속행의 보증
8. 소송비용 담보
9. 가집행 담보
10. 가집행을 면하기 위한 담보
11. 기타( )</td></tr>
<tr><td>비고(첨부서류 등)</td><td colspan="5">담보제공명령서, 위임장 □ 계좌납입신청</td></tr>
<tr><td colspan="3">1. 공탁으로 인하여 소멸하는 질권, 전세권 또는 저당권
2. 반대급부 내용</td><td colspan="3"></td></tr>
<tr><td colspan="3">위와 같이 신청합니다.

공탁자 ○ ○ ○</td><td colspan="3">대리인 ○○도 ○○시 ○○동 ○○
010－1234－5678
○ ○ ○ (인)</td></tr>
<tr><td colspan="6">위 공탁을 수리합니다.
공탁금을 년 월 일까지 위 보관은행의 공탁관 계좌에 납입하시기 바랍니다.
위 납입기일까지 공탁금을 납입하지 않을 때는 위 공탁 수리결정의 효력이 상실됩니다.
20○○년 월 일
○○지방법원 공탁관 (인)</td></tr>
<tr><td colspan="6">(영수증) 위 공탁금이 납입되었음을 증명합니다.
20○○년 월 일
공탁금 보관은행 (공탁관) (인)</td></tr>
</table>

14. 제3자이의의 소

가. 의 의

제3자이의의 소는 제3자가 집행의 목적물에 대하여 소유권을 가지거나 목적물의 양도·인도를 막을 수 있는 권리를 가진 때 이를 침해하는 강제집행에 대하여 이의를 주장하여 집행의 배제를 구하는 소이다(민집 48조).

강제집행은 채무자의 책임재산만을 대상으로 하여야 하나, 집행기관은 외관에 따라서만 책임재산 여부를 판단하고, 그 실체적 심사를 할 권한이나 의무가 없으므로, 책임재산 외의 물건에 대하여 집행이 행하여지더라도 당연히 위법이 되는 것은 아니므로, 집행에 관한 이의신청이나 즉시항고로 불복할 수 없는 것이 보통이다. 이 소는 이와 같이 실체적으로 부당한 집행에 의하여 권리 침해를 받는 제3자를 구제할 목적으로 인정된 것이다.

나. 적용범위

제3자이의의 소는 모든 재산권을 대상으로 하는 집행에 대하여 적용된다. 금전채권의 집행이건 비금전채권의 집행이건, 본집행이건 가집행이건, 만족집행이건 보전집행이건 묻지 않고 인정된다. 담보권의 실행을 위한 경매절차에서도 이 소를 제기할 수 있다. 그러나 이 소로써 집행권원 자체의 집행력 배제를 구할 수는 없다.

적 용	- 집행목적인 재산의 종류 불문 - 부동산, 동산, 채권과 그 밖의 재산권, 유체물인도청구권 등 모두 가능 - 금전채권을 위한 집행, 비금전채권을 위한 집행 불문 - 담보권 실행을 위한 경매, 가압류, 가처분 - 집행기관이 집행법원이 집행관이이든 불문
미적용	- 파산관재인의 현금화

다. 이의의 원인

제3자이의의 소에서 이의의 원인은 제3자가 강제집행의 목적물에 대하여 소유권이 있다고 주장하거나 목적물의 양도나 인도를 막을 수 있는 권리가 있다고 주장하는 것이다. 이 경우 양도·인도를 막을 수 있는 권리는 집행채권자에게 대항할 수 있는 것이어야 하고, 압류가 행하여질 당시 이미 제3자에게 귀속되어 있는 동시에 이 소의 사실심 변론종결시까지 존재하여야 한다. 양도·인도를 막을 수 있는 권리는 다음과 같다.

(1) 소 유 권

소유권이전등기청구권자는 압류채권자에게 대항할 수 없으므로 이 소를 제기할 수 없으며, 명의신탁자도 대외적으로는 소유권을 주장할 수 없으므로 이 소를 제기할 수 없다.

지상권에 기초한 토지인도청구의 경우 토지소유권을 근거로 이 소를 제기할 수 없다.

압류의 효력이 생긴 뒤에 소유권이전등기를 한 자도 이 소를 제기할 수 없다. 다만 압류가 집행된 뒤에 권리를 취득하였더라도 먼저 한 집행이 반사회적이거나 사망자를 상대로 한 것이어서 무효인 경우나 가압류 후 목적물을 취득한 제3취득자가 변제한 경우와 같이 그로써 집행채권자에게 대항할 수 있는 경우에는 이 소가 가능하다.

(2) 공 유 권

공유자 중 1인에 대한 집행권원으로 공유물 전부에 대하여 집행이 행하여 질 때에는 다른 공유자는 제3자이의의 소를 제기할 수 있다. 다만 부부공유인 유체동산은 예외이다(민집 190조).

(3) 점유·사용을 내용으로 하는 제한물권

지상권·전세권·유치권 등은 인도를 저지하는 권리로서 이러한 권리를 침해하는 집행에 대하여는 이 소를 제기할 수 있다. 그러나 부동산강제경매에서는 이러한 권리에 기한 점유·사용이 방해받지 아니하므로 이의사유로 되지 아니한다. 반면 강제관리에 있어서는 이의사유가 된다.

(4) 점 유 권

점유권자는 채권자에 대하여 집행을 수인할 이유가 없다면 직접점유, 간접점유를 불문하고 점유가 방해되는 한 이 소를 제기할 수 있다.

이는 주로 유체동산집행에서 문제가 되며 부동산 강제경매는 점유를 방해하지 아니하므로 점유권을 이의의 원인으로 할 수 없다.

제3자가 점유하는 유체동산에 대하여 그의 승낙 없이 압류가 이루어진 때에는 제3자는 집행에 관한 이의신청도 할 수 있다.

(5) 채무자에 대한 채권적 청구권

집행목적물이 채무자의 재산에 속하는 경우 제3자가 채무자와의 사이에 매매, 증여, 임대차계약 등에 근거하여 채무자에 대하여 인도나 이전등기를 구할 수 있다 하더라도 이러한 채권적 청구권만으로는 채권자에 대항할 수 없으므로 이 소를 제기할 수 없다.

집행목적물이 집행채무자의 재산에 속하지 아니한 경우에 집행채무자와의 사이에 임대차, 사용대차, 위임, 임치 등의 계약관계에 의거하여 채무자에 대하여 목적물의 반환을 구하는 채권적 청구권을 가지고 있는 제3자는 집행에 의한 양도나 인도를 막을 이익이 있으므로 이 소를 제기할 수 있다.

제3자이의의 소의 이의원인은 소유권에 한정되는 것이 아니고 집행목적물의 양도나 인도를 막을 수 있는 권리이면 족하며, 집행목적물이 집행채무자의 소유에 속하지 아니한 경우에는 집행채무자와 사이의 계약관계에 의거하여 집행채무자에 대하여 목적물의 반환을 구할 채권적 청구권을 가지고 있는 제3자는 집행에 의한 양도나 인도를 막을 이익이 있으므로 그 채권적 청구권도 제3자이의의 소의 이의원인이 될 수 있다(대법원 2003. 6.13. 선고 2002다16576 판결).

(6) 양도담보권

양도담보권자는 제3자에 대하여 소유권을 주장할 수 있으므로 그 목적물에 대하여 설정자의 일반채권자가 집행을 한 경우에는 이 소를 제기할 수 있다.

(7) 가등기담보권

가등기담보권이 설정된 부동산에 대하여 설정자의 일반채권자가 강제경매 등의 집행을 한 경우에 강제경매 등의 신청 전에 가등기담보권자가 이미 소정의 절차를 거쳐 청산금을 지급한 때(청산금이 없는 경우에는 청산기간이 지난 뒤)에는 가등기담보권자는 가등기에 기초한 본등기를 마치기 전이라도 이 소를 제기할 수 있다.

다만 가등기담보권자보다 선순위의 저당권자 등이 담보권실행을 위하여 경매신청을 한 경우에는 이 소를 제기할 수 없다.

집행의 신청이 청산금 지급 전인 때에는 가등기담보권자는 채권신고에 의하여 매각대금의 배당 또는 변제금의 교부를 받을 수 있고, 가등기담보권은 그 부동산의 매각에 의하여 소멸하므로 이 경우에는 가등기담보권자는 이 소를 제기할 수 없다.

(8) 처분금지가처분

처분금지 가처분이 된 부동산에 대하여 다른 채권자로부터 강제집행이 있을 때 가처분권리자는 그 가처분의 존재를 이유로 하여 이 소를 제기할 수 없다. 그러나 가처분권리자가 본안소송에서 승소판결을 받으면 강제집행의 결과를 부인할 수 있기 때문에 실무에서는 일단 강제집행을 개시하여 압류절차까지만 진행하고 가처분의 운명이 최종적으로 결정될 때까지 사실상 정지하여 둔다.

라. 소송절차

(1) 소제기의 시기

본소는 강제집행을 전제로 하므로 강제집행 개시 후 그 종료 전에 한하여 제기할 수 있다. 다만 특정물의 인도 또는 부동산인도청구의 집행에서는 집행권원에 의하여 집행 대상물과 그 내용을 알 수 있고, 또 이에 대한 집행은 개시 후 즉시 끝나버리므로 집행권원의 성립과 동시에 제기할 수 있다고 하여야 한다.

본소 계속 중에 강제집행이 종료된 경우에는 소의 이익이 없어 부적법하게 된다. 다만 가압류·가처분의 경우는 그 집행이 끝났다 하더라도 이는 보전집행에 불과할 뿐 본집행이 아니므로 당해 가압류·가처분의 효력이 존속하는 한 이 소를 제기할 수 있다.

(2) 당사자적격

(가) 원고적격

원고적격은 강제집행의 목적물에 대하여 소유권이 있다고 주장하거나 목적물의 양도나 인도를 막을 수 있는 권리가 있다고 주장하는 자이다. 이의의 원인인 권리의 귀속자인 제3자나 그 권리를 관리하는 제3자(파산관재인, 유언집행자)가 이에 해당한다. 또한 직무상의 파산관재인을 채무자로 한 집행권원에 터 잡아 파산관재인 개인의 재산에 집행을 한 때에는 파산관재인 개인의 재산에 집행을 한 때에는 파산관재인은 그 자격을 떠나 제3자로서 이 소를 제기할 수 있다.

여러 사람의 공유에 속하는 물건 또는 권리에 대하여는 공유물의 보존에 필요한 때에 각 공유자는 보존행위로서 단독으로 이 소를 제기할 수 있다.

제3자의 채권자는 제3자를 대위하여 이 소를 제기할 수 있다.

채무자는 그 목적물이 제3자의 재산인 것을 이유로 이의를 주장할 수 없으나, 한정승인을 한 상속인이 자기의 고유재산에 대하여 집행을 받은 경우 집행권원 자체에 유한책임의 취지가 명시되어 있는 때에는 이 소를 제기할 수 있다.

(나) 피고적격

피고적격은 목적물에 대하여 집행을 하는 채권자이다. 집행채권이 양도된 때에는 승계집행문의 부여에 따라 채권자의 승계인이 피고가 된다.

채무자가 집행목적물의 귀속 또는 목적물에 대한 제3자의 권리의 존부를 다투는 때에는 제3자는 채권자와 채무자를 공동피고로 할 수 있다. 이 경우 채무자에 대한 소는 실체법상의 권리에 기초한 이행의 소 또는 확인의 소가 될 것이다.

(3) 관할 법원

본소는 집행법원의 관할에 속한다(민집 48조 2항). 대체집행의 경우 대체집행을 실시할 강제집행의 목적물 소재지를 관할하는 지방법원이 집행법원으로서 관할법원이 되고, 부동산·채권 가압류와 부동산처분금지가처분의 집행법원은 보전처분을 한 법원이 되며, 유체동산에 대한 보전처분의 집행법원은 집행절차를 실시할 곳이나 실시한 곳을 관할하는 지방법원이 되고, 시·군법원에서 한 보전처분에 대한 집행법원은 시·군법원이 있는 곳을 관할하는 지방법원 또는 지방법원지원이 된다.

(4) 심 리

본소의 심리는 제3자가 주장하는 이의 원인의 존부에 한정되며, 집행의 적부에는 미치지 아니한다. 원고인 제3자는 청구원인사실(실체적 권리의 존재)에 관하여 입증책임을 부담한다. 이의 원인인 실체적 권리는 변론종결시에 존재하여야 하며 소송계속 중에 소멸한 때에는 청구가 배척된다.

(5) 판 결

심리의 결과 이의가 이유 있다고 인정될 때에는 강제집행의 불허를 선언한다. 이 판결은 제3자의 집행이의권의 존부를 확정하는 것이고 제3자의 소유권의 존부를 확정하지 아니한다.

원고승소판결이 확정되면 집행이 당연히 효력을 잃는 것이 아니고 그 재판의 정본을 집행기관에 제출하여야 비로소 집행처분이 취소되고 집행은 종국적으로 끝을 맺게 된다(민집 49조 1호, 50조).

(6) 잠정처분

본소는 강제집행의 개시 및 속행에 영향이 없으므로(민집 48조 3항, 46조 1항), 제3자가 강제집행의 속행을 저지하기 위해서는 제3자이의의 소를 제기한 후 법원으로부터 강제집행의 정지를 명하는 잠정처분을 받아 집행기관에 이를 제출하여야 한다.

청구이의의 소와 다른 점은 담보를 제공하게 하지 아니하고도 집행처분의 취소를 할 수 있다는 점, 정지·취소의 대상이 원고가 주장하는 피압류재산에 대한 집행에만 한정되고 집행권원에 기한 집행의 일반적 정지·취소는 허용되지 않는다는 점이다.

[서식 89] 제3자 이의의 소장

소 장

원 고 박 ○ ○ (7○○○○○－1234567)
○○시 ○○구 ○○동 123 (T.010－1234－5678)

피 고 정 ○ ○ (7○○○○○－1234567)
○○시 ○○구 ○○동 234 (T.010－1234－5678)

제3자 이의의 소

청 구 취 지

1. 피고가 귀원 20○○카단○○○ 유체동산가압류결정에 의하여 한 가압류집행은 이를

불허한다.
2. 소송비용은 피고의 부담으로 한다.
3. 위 제1항은 가집행할 수 있다.
라는 판결을 구합니다.

청 구 원 인

1. 피고는 귀원 20○○카단○○○에 의하여 별지목록 기재 유체동산에 대하여 금 1,000만 원 채권에 기하여 가압류를 하였으나 동 유체동산은 20○○. ○. ○. 원고가 소외 ○○○로부터 의뢰받은 보관품입니다.
   그런데 피고는 압류물건이 채무자 ○○○의 물건인 줄 잘못 알고 가압류 한 것입니다. 원고는 20○○. ○. ○.자로 채무자 ○○○이 사용하던 소재지 건물 지층을 건물주로부터 임차하여 개인사업을 운영하고 있습니다(갑제1호증 사업자등록증).

2. 그런데 20○○. ○. ○. ○○지방법원 집행관이 원고의 영업소에 와서 보관중인 별첨 유체동산가압류 집행조서에 기재된 물건을 압류하였는 바, 이에 대해 직원들이 항의하였으나 이의신청을 하라는 말만 하고 가버렸습니다(갑제2호증 압류조서).

3. 원고가 알아본 바에 의하면 먼저 임차인 이었던 소외 ○○○의 개인 재산인 줄 알고 압류하였다는 것인데 원고는 가압류 물건을 보관할 뿐만 아니라 물건의 도난 훼손방지 등 일체의 보관책임을 져야 하므로 이 소를 제기하는 바이며 소외 ○○○와는 상관이 없는데도 이 사건 물건에 대해 가압류를 한 것은 불법입니다.

4. 따라서 이 건 가압류결정에 대한 집행을 불허하여 주시기 바랍니다.

입 증 방 법

1. 갑제1호증	사업자등록증
1. 갑제2호증	압류조서

첨 부 서 류

1. 위 입증방법	1통
1. 납부서	1통

20○○. ○. ○.

위 원고 박 ○ ○ (인)

○○지방법원 귀중

작성방법

1. 소장은 법원용 1부와 상대방수에 의한 부본을 수소 법원에 제출한다.
2. 송달료는 당사자수×15회×5,200원이다.
3. 위 사례에서 집행권원상의 채권인 1,000만 원이 소가가 된다. 따라서 인지액은 50,000원(=1,000만 원×5/1,000)이 된다.

[서식 90] 강제집행정지결정신청서(제3자이의)

강제집행정지결정신청

신 청 인 홍 길 동 (000000-0000000)
○○시 ○○구 ○○동 ○○○(우 :)

피신청인 이 몽 룡 (000000-0000000)
○○시 ○○구 ○○동 ○○○(우 :)

신 청 취 지

피신청인의 신청인에 대한 공증인가 ○○합동법률사무소 작성의 증서 20○○년 제○○○호 집행력있는 공정증서정본에 기하여 별지 목록 기재 부동산에 대하여 한 강제집행은 위 당사자간의 귀원 20○○가단 ○○○ 제3자이의의 소의 본안판결 선고시까지 이를 정지한다.
라는 재판을 구합니다.

청 구 원 인

1. 피신청인은 신청외 정○○에 대한 공증인가 ○○합동법률사무소 작성의 증서 20○○년 제○○○호 집행력있는 공정증서정본에 기하여 별지 목록 기재 부동산에 대하

여 강제집행을 하였습니다.

2. 그러니 위 물건은 이미 20○○. ○. ○. 신청인이 신청외 박○○과 법무법인 ○○합동법률사무소에서 20○○년 증서 제○○○호로써 동산양도담보금전소비대차계약 공정증서를 작성한 것으로서 피신청인은 채무자인 신청외 정○○에 대하여 강제집행하였으며, 동 강제집행의 경매기일이 20○○. ○. 10:00로 지정되었습니다.

3. 따라서 신청인은 귀원 20○○가단 ○○○호로 피신청인을 상대로 이 건 동산에 대한 강제집행을 배제하기 위하여 제3자이의의 소를 제기하고 있는 바, 제3자이의의 소에 대한 본안판결 전에 경매되면 신청인은 회복할 수 없는 막대한 손해를 입게 될 것입니다.

4. 따라서 신청인은 본안판결선고시까지 강제집행정지의 결정을 구하기 위하여 이 건 신청에 이른 것입니다.

첨 부 서 류

1. 동산양도담보소비대차공정증서	1통
1. 입류집행조서등본	1통
1. 소제기증명원(제3자이의의 소)	1통

20○○. ○. ○.

위 신청인 홍 길 동 (인)

○ ○ 지 방 법 원 귀중

작성방법

1. 소장은 법원용 1부와 소제기증명원을 첨부한다.
2. 송달료는 당사자수×2회×5,200원이다.

제3절 담보권의 실행 등을 위한 경매(임의경매)

1. 의 의

임의경매란 그 실행에 집행권원을 요하지 아니하는 경매를 말하는바, 이에는 저당권·질권·전세권 등 담보물권의 실행을 위한 이른바 실질적 경매와 민법·상법·그 밖의 법률의 규정에 의한 현금화를 위한 이른바 형식적 경매가 있고, 유치권에 기초한 경매도 형식적 경매와 동일하게 취급되고 있다.

민사집행법은 제3편에서 담보권 실행 등을 위한 경매라는 이름 아래 264조에서 275조까지 임의경매에 관한 규정을 두고 있다.

2. 임의경매와 강제경매의 절차상 이동(異同)

가. 강제경매에 관한 규정의 준용

민사집행법은 부동산을 목적으로 하는 담보권 실행을 위한 경매절차에 제79조 내지 제162조의 규정을 준용하고(민집 268조), 민사집행규칙도 강제경매에 관한 규정 전부와 총칙 규정을 준용하도록 하였으므로(민집규 194조, 202조), 부동산에 대한 임의경매는 원칙적으로 압류에서 배당에 이르기까지(경매절차의 개시, 준비절차, 입찰, 매각, 대금납부, 배당요구, 배당의 실시) 강제경매와 동일한 절차에 따라 실시하도록 규정하고 있다.

나. 집행권원의 요부, 경매절차 정지사유의 차이

임의경매는 담보권에 내재하는 현금화할 수 있는 권능에 터 잡아 경매신청권이 인정되므로 집해권원의 존재를 요하지 아니하며, 그 신청서에도 집행력 있는 정본은 요구되지 않고, 그 대신 담보권이 있다는 것을 증명하는 서류를 내도록 되어 있다(민집 264조 1항). 담보권의 존재를 증명하는 서류 이외에 채권증서와 같은 피담보채권의 존재를 증명하는 서류를 반드시 제출하여야 하는 것은 아니다.

담보권의 등기가 말소된 등기부의 등본, 담보권 등기를 말소하도록 명한 확정판결의 정본, 담보권이 없거나 소멸되었다는 취지의 확정판결의 정본, 채권자가 담보권을 실행하지 아니하기로 하거나 경매신청을 취하하겠다는 취지 또는 피담보채권을 변제받았거나 그 변제를 미루도록 승낙한다는 취지를 적은 서류, 담보권 실행을 일시정지 하도록 명한 재판의 정본이 경매법원에 제출되면 경매절차를 정지하여야 한다(민집 266조 1항).

다. 송달방법의 특례

일정한 금융기관 등의 신청에 의하여 진행하는 민사집행법에 따른 경매절차(담보권 실행을 위한 경매절차만 해당한다)에서의 통지 또는 송달은 경매 신청 당시 해당 부동산의 등기부에 적혀 있는 주소(주민등록법에 따른 주민등록표에 적혀 있는 주소와 다른 경우에는 주민등록표에 적혀 있는 주소를 포함하며, 주소를 법원에 신고한 경우에는 그 주소로 한다)에 발송함으로써 송달된 것으로 본다. 다만, 등기부 및 주민등록표에 주소가 적혀 있지 아니하고 주소를 법원에 신고하지 아니한 경우에는 공시송달(公示送達)의 방법으로 하여야 한다(금융부실 45조의2 1항).

위와 같은 송달방법의 특례를 인정한 대신 금융기관은 경매 신청 전에 경매실행 예정사실을 해당 채무자 및 소유자에게 부동산의 등기부에 적혀있는 주소(주민등록법에 따른 주민등록표에 적혀 있는 주소와 다른 경우에는 주민등록표에 적혀 있는 주소를 포함한다)로 통지하여야 한다. 이 경우 발송함으로써 송달된 것으로 본다(금융부실 45조의2 2항).

라. 공신적 효과

강제경매에는 공신적 효과가 있으나, 임의경매는 담보권자의 담보권에 내재하는 현금화하는 권능의 실행을 국가기관이 대행하는 것에 불과하므로 담보권에 흠이 있으면 그것이 매각의 효력에 영향을 미친다.

따라서 임의경매에서는 경매법원은 담보권 및 피담보채권의 존부를 심사하여 담보권의 부존재·무효, 피담보채권의 불발생·소멸 등과 같은 실체법상의 흠이 있으면 경매개시결정을 할 수 없고, 나아가 이러한 사유는 매각불허가사유에 해당하며 또 이를 간과하여 매각허가결정이 확정되고 매수인이 매각대금을 다 내고 소유권이전등기를 넘겨받았다 하더라도 매수인은 목적물의 소유권을 취득하지 못한다.

그러나 임의경매에서도 실체상 존재하는 저당권에 터 잡아 경매개시결정이 내려진 이상 그 뒤에 저당권이 소멸하거나 변제 등으로 피담보채권이 소멸하게 되었더라도 경매절차가 취소 또는 정지되지 아니한 채 진행된 결과 매각허가결정이 확정되고 매각대금이 모두 지급된 경우에는 매수인이 적법하게 매각부동산의 소유권을 취득한다.

매각대금을 납부하였으나 소유권을 취득하지 못한 매수인은 경매절차가 유효한 경우라면 담보책임을 추급할 수 있고, 경매절차가 무효인 경우에는 매수인은 배당 전이면 집행법원에 대하여, 배당이 실시된 이후이면 배당받은 채권자를 상대로 부당이득반환을 구할 수 있다.

민사소송법은 부동산에 대한 담보권실행을 위한 경매의 개시요건으로서 민사소송규칙 제204조에 정해진 채권자·채무자 및 소유자(제1호), 담보권과 피담보채권의 표시(제2호), 담보권의 실행 대상이 될 재산의 표시(제3호), 피담보채권의 일부에 대하여 담보권을 실행하는 때에는 그 취지 및 범위(제4호)를 기재한 신청서와 민사소송법 제724조에 정해진 담보권의 존재를 증명하는 서류를 제출하면 되는 것이고, 집행법원은 담보권의 존재에 관해서 위 서류의 한도에서 심사를 하지만, 그 밖의 실체법상의 요건인 피담보채권의 존재 등에 관해서는 신청서에 기재하도록 하는 데 그치고, 담보권실행을 위한 경매절차의 개시요건으로서 피담보채권의 존재를 증명하도록 요구하고 있는 것은 아니므로 경매개시결정을 함에 있어서 채권자에게 피담보채권의 존부를 입증하게 할 것이 아니고, 피담보채권의 존재는 민사소송법 제725조에 기한 채무자 또는 소유자로부터 제기된 경매개시결정에 대한 이의 등의 절차에서 심리·판단함에 있어서 채권자가 피담보채권을 증명하여야 하는 것이며, 이를 증명을 할 수 없는 때에는 담보권실행의 개시결정을 취소하게 되는 것이고, 따라서 신청채권자로서는 피담보채권의 표시로서 채권발생의 원인 및 그 일자, 채권액, 원본채권 이외에 지연손해금에 대하여 배당을 받으려고 하는 때에는 그 금액 또는 이율 및 기산일을 기재할 필요가 있으나, 이를 증명하는 문서를 제출할 필요까지는 없고, 집행법원은 담보권실행을 위한 경매절차를 개시함에 있어서 단지 담보권의 형식적 존재를 증명하는 서류를 조사함으로써 충분하다고 할 것이다(대법원 2000.10.25.자 2000마5110 결정).

마. 실체상의 흠이 경매절차에 미치는 영향

강제경매에서는 집행채권의 부존재·소멸·변제기의 연장 등과 같은 실체상의 흠은 청구이의의 소로써만 이를 주장할 수 있고, 경매개시결정에 대한 이의나 매각허가에 대한 이의 또는 매각허가결정에 대한 항고의 사유가 되지 못한다.

그러나 임의경매에서는 담보권의 부존재·소멸, 피담보채권의 불발생·소멸·변제기의 연장 등과 같은 실체상의 흠도 경매절차에 영향을 미치므로 이해관계인은 이러한 실체상의 흠을 이유로 경매개시결정에 대한 이의를 할 수 있고(민집 265조), 또한 매각허가에 대한 이의 및 매각허가결정에 대한 항고를 할 수 있다.

구 분	차 이 점
강제경매	- 공신력 인정 - 집행권원 필요 - 송달특례 부적용
임의경매	- 공신력 불인정 - 집행권원 불요 - 송달특례적용

▶ 참고 : 송달특례 - 금융기관 부실자산 등의 효율적 처리 및 한국자산관리공사의 설립에 관한 법률 제45조의2 제1항 등

3. 임의경매의 신청

신청은 서면으로 하고, 신청서에는 다음 사항을 기재하며, 첨부서류 및 영수증 등과 함께 신청서를 제출하고, 집행비용을 예납한다.

임의경매신청서의 기재사항 및 제출서류	비 고
채권자·채무자·소유자의 표시	
대리인의 표시	
담보권·피담보채권·청구금액의 표시	
담보권의 실행 대상이 될 재산(부동산)의 표시	
담보권의 존재를 증명하는 서류	
담보권의 승계를 증명하는 서류	
채무자 또는 담보권설정자의 소유를 증명할 서류	
자격증명서의 제출	
위임장의 제출	

인지·송달료·증지	
등록면허세 영수필 통지서·영수필 확인서	
집행비용예납	
부동산목록 10통	
이해관계인표	법원사무관 등이 이해관계인표를 작성하여 기록에 가철하여 두는 것이 원칙이나, 실무에서는 통상 접수담당직원이 경매신청서를 접수함에 있어서 경매신청 채권자에게 신청서 첫 장에 이해관계인표를 작성하여 제출하도록 하고 있다.

가. 채권자·채무자·소유자의 표시

신청인	저 격	- 채무의 전액을 대위변제한 자(이전등기여부 무관) - 저당권의 포괄승계 후 이전등기를 경료하지 아니한 자 - 저당권의 양도 후 이전등기를 경료하였으나 대항요건을 부비하지 못한다.[56]
	부적격	- 저당권의 양도 후 대항요건은 구비하였으나 이전등기를 경료하지 못한다. - 채무의 일부를 대위변제한 자(기존의 채권자와 함께 권리행사를 하여야 함)

채권자·채무자·소유자를 특정할 수 있도록 그 이름과 주소를 기재하여야 한다.

여기서 채권자라 함은 저당권자·전세권자 등 임의경매를 신청하는 자를 말한다. 저당권부채권양도의 대항요건을 갖추고 저당권이전의 부기등기를 경료한 자도 임의경매를 신청할 수 있다. 저당권부채권을 질권의 목적으로 하고 질권의 부기등기를 경료한 자도 임의경매를 신청할 수 있다. 저당권의 공유자도 피담보채권이 가분인 한 지분에 관하여 단독으로 경매신청을 할 수 있다. 그러나 저당권이 조합재산인 경우 조합원 전원이 공동으로 신청을 하여야 한다. 전액 대위변제자도 채권자를 대위하여 경매신청을 할 수 있다. 일부대위변제자가 단독으로 경매신청을 한 경우 실무

56) 대법원 2005. 6.23. 선고 2004다29279 판결.

는 채권자가 담보권을 행사하는 경우에만 이를 받아들이고 있다.

채무자라 함은 피담보채권의 채무자를 말하고, 소유자는 담보권실행 대상이 될 재산(부동산)의 소유자를 말한다. 채무자·소유자의 현주소와 등기부상의 주소가 다른 경우에는 양자를 병기하여야 한다. 보증인은 여기의 채무자가 아니다. 그러나 보증인이 보증과 동시에 자기 소유의 부동산에 저당권을 설정해 준 경우 보증인이 물상보증을 하였으면 주채무자를 채무자로 표시하여야 하나, 보증인이 보증채무 자체의 이행을 위하여 저당권을 설정하였으면 보증인을 채무자로 표시하여야 한다.

채권자·채무자·소유자가 법인인 경우에는 그 명칭, 주된 사무소 또는 영업소, 대표자를 표시한다. 국가가 저당권자인 경우 신청인은 국가이며, 그 대표자는 법무부장관으로 하여야 한다.

공유부동산의 지분에 대한 강제경매신청에 있어서는 채무자인 공유자 이외의 공유자 전원의 이름·주소 및 채무자가 가지는 지분을 적어야 한다.

가압류등기 후 채무자로부터 제3자에게 소유권이전등기가 된 경우 채무자란에는 가압류채무자를 소유자란에는 현 소유자를 제3취득자로 기재한다.

집행채권자 또는 채무자로 되기 위해서는 당사자능력이 있어야 한다. 강제경매의 경우 경매개시결정 전에 채무자가 사망하였다면 승계집행문을 부여받아 경매신청을 한다. 임의경매의 경우에는 상속인을 채무자나 소유자로 하여 경매신청을 한다. 채무자나 소유자가 상속등기를 하지 않은 경우에는 상속인을 대위하여 상속등기를 한 후에 경매신청을 한다. 상속인불명의 경우에는 상속재산관리인이나 특별대리인을 선임하여 경매신청을 한다. 사망자를 그대로 채무자나 소유자로 표시하여 경매신청을 하였다가 경매개시결정 후에 경정신청을 하는 것도 허용된다.

경매개시결정 당시에 이미 채무자·소유자가 사망하였음에도 이를 간과하여 진행한 경우 강제경매에 있어서는 승계집행문을 받지 않고 집행을 개시하였으므로 무효이고(따라서 강제경매개시결정을 취소한다), 임의경매에 있어서는 개시결정 자체의 효력에는 아무런 영향이 없으며 당사자표시정정으로 족하다.

강제집행을 개시한 뒤에 채무자가 사망한 때에는 상속재산에 대하여 강제집행을 계속하여 진행한다. 채무자에게 알려야 할 집행행위를 실시할 경우에 상속인이 없거나 상속인이 있는 곳이 분명하지 아니하면 집행법원은 채권자의 신청에 따라 상속재산 또는 상속인을 위하여 특별대리인을 선임한다.

나. 대리인의 표시

대리인에 의하여 임의경매의 신청을 하는 경우에는 신청서에 대리인의 이름·주소를 표시하여야 한다.

채권자·채무자·소유자가 소송무능력자인 경우에는 법정대리인을 표시하여야 한다. 채무자·소유자에게 법정대리인이 없는 경우에는 특별대리인의 선임을 신청하여 그 선임된 자를 표시하여야 한다.

상법상 지배인, 부재자가 선임한 재산관리인, 선적항 이외에서의 선장, 선박관리인, 농업협동조합 및 중앙회의 간부직원, 국가를 당사자로 하는 소송에서의 소송수행자, 각종 특수은행 및 정부투자기관의 장으로부터 등기된 대리인 등은 법률상 대리인이므로 이 자들에 의한 경매신청도 가능하다.

다. 담보권·피담보채권·청구금액의 표시

담보권을 특정할 수 있도록 기재하여야 한다. 담보권의 존재를 증명하는 서류 또는 담보권의 승계를 증명하는 서류를 붙여야 한다(민집 264조). 통상 등기부등본을 제출한다. 등기 없이 법률의 규정에 의하여 당연히 담보권이 이전되는 경우(변제자대위, 공동저당에서 후순위자의 대위)에는 대위변제사실을 증명하는 공정증서 또는 후순위저당권자로 기입된 등기부등본과 배당표등본 등을 첨부한다.

피담보채권에 관하여는 신청인이 경매신청서에 이를 기재하고 소명하는 정도로 족하다. 피담보채권의 표시는 그 채권이 어떠한 채권인가를 명백히 하기 위하여 채권의 종류와 청구금액을 표시하는 것이 통례이다. 근저당권의 경우 채권최고액 범위 내의 원금이자지연손해금을 표시하는 것이 통상이지만 근저당권설정자와 채무자가 동일한 경우에 후순위 담보권자나 제3취득자 또는 가압류권자 등 다른 이해관계인이 없는 경우에는 채권최고액을 초과하는 채권도 배당을 받는 경우가 있으므로 채권은 전액을 기재해도 된다. 피담보채권이 금전 이외의 대체물의 일정 수량의 지급을 목적으로 하는 경우 본래의 채권을 표시하는 이외에 본래의 채권의 번제기 당시의 시가상당액을 채권액으로 표시하여야 한다.

이행기 도래 전에 한 경매신청은 부적법하므로 제출된 자료에 의하여 이행기 도래 전에 한 경매신청임이 밝혀지면 경매신청을 각하하여야 한다. 전세권자인 채권자가 전세목적물에 대한 경매를 신청하려면 우선 전세권설정자에 대하여 전세목적물의 인도의무 및 전세권설정등기말소의무의 이행제공을 하여 전세권설정자를 이행지체에 빠뜨려야 한다.

라. 담보권의 실행 대상이 될 재산(부동산)의 표시

담보권의 실행 대상이 될 재산(부동산)을 특정하여 표시한다. 등기되어 있는 부동산의 경우에는 동일성이 인정되는 한 등기부의 표제부에 기재되어 있는 대로 표시하여야 한다.

공유지분에 관하여 저당권을 실행하는 경우 공유부동산 전부를 기재하고 공유자 전원의 이름·주소·지분비율을 표시하여야 한다.

저당권의 목적인 토지가 다른 토지와 합병되어 1필의 토지로 될 경우 분할등기를 한 연후에 그 저당권의 목적이 된 부분에 관하여만 경매신청을 하여야 한다.

건물 일부에 대한 전세권자의 경우 건물 전부에 대한 경매신청은 불가능하다. 이 경우 전세권자는 전세금반환청구소송을 제기하여 승소판결을 받은 후 강제경매를 신청하고 그 매각절차에서 전세권에 기한 우선변제를 받을 수 있다.

공장저당법에 의한 저당권의 실행으로 경매가 이루어지는 경우에 공장저당물건인 토지 또는 건물과 그에 설치된 기계, 기구 기타 공장의 공용물과는 유기적인 일체성이 있으므로 반드시 일괄하여 경매하여야 한다(대법원 1992. 8.29.자 92마576 결정). 따라서 공장저당권에 기한 경매신청 시에는 매각부동산뿐만 아니라 공장저당권의 효력이 미치는 기계·기구 등의 목록도 함께 표시하여야 한다. 공장저당의 목적인 토지 또는 건물에 관하여 선순위 또는 보통 저당권이 설정되어 있는 경우 보통의 저당권자가 경매신청을 하는 때에도 일괄매각을 위해 그 신청서에는 기계·기구 등의 목록을 함께 표시하여야 한다.

공장재단저당권·광업재단저당권을 실행하는 경우 경매신청서에는 일괄매각을 위해 재단에 속하는 물건목록을 표시하여야 한다.

마. 담보권의 존재를 증명하는 서류

부동산에 대한 담보권의 경우 등기부등본이 주로 이용될 것이나, 선박우선특권과 같이 등기를 요하지 아니하는 담보권의 경우에는 피담보채권의 발생을 증명하는 서류(선원의 임금대장사본 또는 급여지급담당자의 임금미지급증명서 등)가 곧 담보권의 존재를 증명하는 서류가 될 것이다. 등기부등본은 적어도 1개월 이내에 교부받은 것이어야 하고, 담보권설정계약서를 제출할 필요는 없다.

바. 담보권의 승계를 증명하는 서류

담보권에 관하여 승계가 있는 경우에는 승계를 증명하는 서류를 붙여야 한다(민집 264조 2항).

상속·합병 등 일반승계의 경우 가족관계증명서·제적등본 등 또는 법인등기부등본을 제출하여야 하며, 저당권부채권양도와 같은 특정승계의 경우 저당권부채권양도증서와 양도승낙서, 저당권이전의 부기등기가 된 등기부등본을 붙여야 한다.

사. 채무자 또는 담보권설정자의 소유를 증명할 서류

담보권의 존재를 증명할 서류로서 등기부등본을 제출한 경우에는 따로 목적물이 담보권설정자의 소유임을 증명할 서류를 첨부할 필요가 없으나, 가령 선박우선특권과 같이 피담보채권의 발생을 증명하는 서류로서 담보권의 존재를 증명한 경우라든가 민법 365조에 의하여 지상건물을 저당목적물인 토지와 함께 경매를 신청하는 경우에는 그 선박 또는 지상건물이 채무자 또는 저당권설정자의 소유임을 증명하는 서류를 붙여야 한다.

경매목적물이 등기부에 기입되어 있지 아니하면 즉시 채무자 등의 명의로 등기할 수 있음을 증명하는 서류를 붙여야 한다(민집 81조). 건축허가나 신고를 마친 뒤 사용승인을 받지 못한 미등기 건물에 대한 임의경매를 신청함에는 그 건물이 채무자 등의 소유임을 증명할 서류, 그 건물의 지번·구조·면적을 증명할 서류 및 그 건물에 관한 건축허가 또는 건축신고를 증명할 서류를 제출하면 족하다.

아. 자격증명서의 제출

채권자, 채무자가 행위무능력자인 경우 또는 법인인 경우에는 무능력자의 법정대리인, 법인의 대표자의 자격을 증명하는 서면(가족관계증명서, 법인등기부등본 등)을 붙여야 한다.

자. 위임장의 제출

소송대리인에 의한 경매신청의 경우에는 그 대리권을 증명하기 위하여 소송위임장을 붙여야 한다.

차. 인지·송달료·증지

5,000원의 수입인지를 신청서에 붙여야 한다.

부동산등 경매사건의 송달료는 송달료규칙 및 송달료규칙의 시행에 따른 업무처리요령이 정하는 바에 따라 송달료 수납은행에 현금[(신청서상 이해관계인수+3)×10회분×5,200원]을 납부하고, 그 은행으로부터 송달료납부서, 송달료영수증을 교부받은 다음 그 중 송달료납부서를 신청서에 첨부한다. 부동산 1개당 3,000원의 증지를 클립 혹은 호치킷으로 신청서 상단에 고정한다. 증지는 경매개시결정 이후 담당 경매계에서 등기소로 촉탁할 시에 떼어서 사용한다. 증지 대신 등기신청수수료 납부영수증을 제출할 수 있다.

카. 등록세·지방교육세

신청인은 등록면허세(청구채권금액의 2/1,000) 및 지방교육세(청구채권금액의 등록세액의 20/100) 영수필통지서 1통과 영수필확인서 1통을 적어도 법원의 등기촉탁까지는 제출하여야 한다. 실무상으로는 통상 경매신청 시에 위 영수필통지서 등을 함께 제출하고 있다.

타. 집행비용예납

신청인은 아래와 같은 집행비용을 법원보관금규칙이 정하는 바에 따라 예납하여야 한다.

경매수수료	10만 원까지 5,000원
	10만 원 초과 1천만 원까지

경매수수료	5,000원+[(청구금액−10만 원)/10만 원×2,000원]
	1천만 원 초과 5천만 원까지 203,000원+[(청구금액−1천만 원)/10만 원×1,500원]
	5천만 원 초과 1억 원까지 803,000원+[(청구금액−5천만 원)/10만 원×1,000원]
	1억 원 초과 3억 원까지 1,303,000원+[(청구금액−1억 원)/10만 원×500원]
	3억 원 초과 5억 원까지 2,303,000원+[(청구금액−3억 원)/10만 원×300원]
	5억 원 초과 10억 원까지 2,903,000원+[(청구금액−5억 원)/10만 원×200원]
	10억 원 초과 3,903,000원
감 정 료	1억 5,500만 원 이하 200,000원
	1억 5,500만 원 초과 50억 원까지 청구금액×0.0004+138,000원
	50억 원 초과 청구금액×0.0002+1,138,000원
현황조사료	63,260원
유찰수수료	6,000원
신문공고료	부동산(기본 2개당) 220,000원 1개 추가당 110,000원

[부동산경매수수료]

◉ 경매수수료 예납

▸ 경매신청인은 경매절차를 진행함에 있어서 필요한 신문공고료, 현황조사수수료, 매각수수료, 감정수수료, 송달료 등의 비용에 대한 대략의 계산액을 예납하여야 한다.

구 분	수 수 료
신문공고료	건당 200,000원
현황조사수수료	건당 63,260원
매각수수료	• 매각대금 1천만원 이하 : 매각대금×0.02+5,000원 • 매각대금 1천만원 초과 5천만원 이하 : (매각대금-1천만원)×0.015+203,000원 • 매각대금 5천만원 초과 1억원 이하 : (매각대금-5천만원)×0.01+803,000원 • 매각대금 1억원 초과 3억원까지 : (매각대금-1억원)×0.005+1,303,000원

	• 매각대금 3억원 초과 5억원까지 : (매각대금-3억원)×0.003+2,303,000원 • 매각대금 5억원 초과 10억원까지 : (매각대금-5억원)×0.002+2,903,000원 • 매각대금 10억원 초과 : 3,903,000원(상한선)
감정수수료	• 평가가액 5천만원까지 : 금 150,000원 • 평가가액 5천만원 초과 5억원까지 : (평가가액×0.0011+95,000원)×0.8 • 평가가액 5억원 초과 10억원까지 : (평가가액×0.0009+195,000원)×0.8 • 평가가액 10억원 초과 50억원까지 : (평가가액×0.0008+295,000원)×0.8 • 평가가액 50억원 초과 100억원까지 : (평가가액×0.0007+795,000원)×0.8 • 평가가액 100억원 초과 500억원까지 : (평가가액×0.0006+1,795,000원)×0.8 • 평가가액 500억원 초과 1,000억원까지 : (평가가액×0.0005+6,795,000원)×0.8 • 평가가액 1,000억원 초과 : (평가가액×0.0004+16,795,000원)×0.8 ※ 감정수수료는 매각대금 대신 평가가액으로 계산함.
송 달 료	(신청서상 이해관계인수 + 3) × (1회분 5,200원, 2021.9.1. 현재)

파. 부동산목록

경매개시결정과 그 후의 각종 촉탁 등에 필요한 부동산목록은 본래는 집행법원이 이를 작성하여야 할 것이나 법원의 사무처리의 편의를 위하여 실무상 신청인에게 10통을 제출시키고 있다.

[서식 91] 부동산임의경매신청서

부동산임의경매신청

채 권 자 장 ○ ○ (6○○○○○ – 1234567)
○○시 ○○구 ○○동 ○○

채 무 자 문 ○ ○ (6○○○○○ – 1234567)

겸 소유자 ○○시 ○○구 ○○동 ○○
(등기부등본상의 주소 : ○○시 ○○읍 ○○리 ○○)

청구금액의 표시

금 20,000,000원(대여금 원금)

위 금원에 대한 20○○. ○. ○.부터 완제일까지 연 20%의 비율에 의한 이자

매각할 부동산의 표시

별지목록 기재와 같음.

신 청 취 지

채권자가 채무자에 대하여 가지는 위 청구채권의 변제에 충당하기 위하여 별지목록 기재 부동산에 대하여 담보권실행을 위한 임의경매개시결정을 한다.
라는 재판을 구합니다.

신 청 원 인

1. 채권자는 채무자에게 20○○. ○. ○. 별지목록 기재 부동산을 담보로 채권최고액금 50,000,000원의 근저당설정계약을 체결하고, 20○○. ○. ○. ○○지방법원 ○○등기소 접수 제123호로서 근저당설정등기를 필하였습니다. 근저당설정 기간은 20○○. ○. ○.부터 20○○. ○. ○.까지 하기로 약정하였습니다.

2. 그런데, 채무자는 위 근저당설정기간이 만료되었어도 불구하고 위 청구금액을 임의로 변제하지 아니하고 있으므로, 채권자는 부득이 위 근저당권을 실행하고자 이 건 신청을 하기에 이른 것입니다.

첨 부 서 류

1. 부동산등기부등본	1통
1. 근저당설정계약서 사본	1통
1. 매각물건 목록(매각할 부동산의 표시)	10통
1. 납부서	1통

20○○. ○. ○.

위 채권자 장 ○ ○ (인)

○○지방법원 귀중

[별지] 부동산의 표시

부 동 산 의 표 시

1. ○○시 ○○구 ○○동 ○○번지 ○○㎡

작성방법

1. 신청서 1부를 비용납부 후 경매계에 접수한다.
2. 등록세 송달료 인지 증지는 신청서 접수 전 납부하거나 첩부를 하여지만 경매예납금의 경우에는 신청서 접수 후 사건번호를 부여 받지 않아도 납부가 가능하다.
3. 등록세 : 청구금액 × 0.0024　　인　지 : 설정계약서 × 5,000원
   증　지 : 부동산 1개당 3,000원　　송달료 : (이해관계인수 + 3) × 5,200원

[서식 92] 부동산임의경매신청서

부동산임의경매신청서

신 청 인　1. 김 ○ ○ (○○○○○○ - 1234567)
　　　　　　○○도 ○○시 ○○구 ○○동 ○○
　　　　　2. 김 ○ ○ (○○○○○○ - 1234567)
　　　　　　○○도 ○○시 ○○구 ○○동 ○○

상 대 방　1. 김 ○ ○ (○○○○○○ - 1234567)
　　　　　　○○도 ○○시 ○○구 ○○동 ○○
　　　　　2. 김 ○ ○ (○○○○○○ - 1234567)
　　　　　　○○도 ○○시 ○○구 ○○동 ○○

경매할 부동산의 표시

별지목록 기재와 같음.

경매신청권원의 표시

○○지방법원 20○○느합○○○ 판결정본에 의한 상속재산분할

신 청 취 지

신청인은 귀원 20○○느합○○○ 상속재산분할심판 청구사건에 대한 배당을 위하여 별지목록 기재 부동산에 대한 경매 개시 결정을 한다.
라는 재판을 구합니다.

신 청 이 유

1. 별지목록 기재 부동산은 신청인의 공유부동산이었던바, 귀원 20○○느합○○○ 상속재산분할심판 청구 소송을 제기하여 판결주문과 같이 경매를 실시하여 각 지분에 의한 배당을 하라는 판결이 확정되었으므로 신청인은 판결에 의한 경매 개시의 절차를 구하기 위하여 본 신청에 이른 것입니다.

첨 부 서 류

1. 부동산등기부등본 2통
1. 판결문 정본 1통
1. 동 확정증명원 1통

20○○. ○. ○.

신청인 1. 김 ○ ○
2. 김 ○ ○

○○지방법원 귀중

4. 임의경매개시결정

가. 형식적·실질적 심사

임의경매신청이 있으면 집행법원은 신청서의 기재 및 첨부서류에 의하여 임의경매의 요건 에 관하여 심사를 한다. 형식적 요건이란 당사자능력, 대리권의 흠, 인지의 불첩용, 신청서 기재사항의 흠, 첨부서류의 미비 등을 말하고, 실질적 요건이란 저당권실행의 요건을 말한다. 저당권을 실행하기 위해서는 저당권과 피담보채권이 존재하고 피담보채무가 이행지체의 상태에 있어야 하나 경매신청의 단계에 있어서는 저당권의 존재만 증명되면 법원은 매각절차를 개시한다.

나. 임의경매개시결정

심리결과 신청이 적법하면 임의경매개시결정을 하고 만약 그 요건에 흠이 있고, 그 하자가 보정될 수 없는 것인 때에는 결정으로 신청을 각하한다. 보정할 수 있는 것이면 그 보정을 명한다. 임의경매의 요건이 구비되었는지 여부는 개시결정 당시를 기준으로 한다. 임의경매신청을 기각하거나 각하하는 재판에 대하여는 즉시항고 할 수 있다(민집 83조, 268조).

신청을 허용하는 때에는 신청인으로 하여금 집행비용을 예납시킨 후에 개시결정을 한다. 비용을 미리 내지 아니한 때에는 법원은 신청을 각하하거나 집행절차를 취소할 수 있다(민집 18조).

개시결정은 경매신청 접수일로부터 2일 이내에 하여야 한다. 개시결정에는 동시에 그 부동산의 압류를 명하여야 한다(민집 83조). 경매개시결정에 의한 압류의 효력은 그 결정이 소유자에게 송달된 때 또는 경매개시결정의 기입등기가 된 때에 발생한다(민집 83조).

다. 경매개시결정의 송달

경매개시결정은 부동산 소유자에게 송달하여야 하며 담보권을 승계한 경우에는 승계를 증명하는 서류의 등본을 붙여야 한다(민집 264조 2항, 3항).

실무상으로는 채권자·채무자에게도 이를 송달하고 있다.

라. 경매개시결정의 기입등기의 촉탁

법원이 경매개시결정을 하면 법원사무관 등은 즉시 그 사유를 등기부에 기입할 것을 등기관에게 직권으로 촉탁하여야 하며, 등기관은 위 촉탁에 따라 경매개시결정의 기입등기를 하여야 한다(민집 94조, 268조). 등기관은 경매개시결정 사유를 등기부에 기입한 뒤 등기부등본을 작성하여 이를 집행법원에 보내야 한다.

마. 금융기관의 임의경매 신청시 송달의 특례

(1) 특례 적용 금융기관

한국자산관리공사, 은행법의 규정에 의하여 인가를 받은 시중은행, 한국산업은행, 중소기업은행, 한국수출입은행, 농업협동조합중앙회, 수산업협동조합중앙회, 은행법의 규정에 의하여 인가를 받은 외국금융기관의 지점 또는 대리점, 예금보험공사, 보험사업자, 상호저축은행, 신용보증기금, 여신전문금융회사, 기술신용보증기금, 단위농업협동조합 등이 특례가 적용되는 금융기관이다.

(2) 특례 배제 금융기관

단위수산업협동조합, 신용협동조합, 신용협동조합중앙회, 새마을금고, 증권회사, 중소기업창업투자회사, 증권투자신탁업법에 의한 위탁회사 등은 특례가 적용되지 않는다.

(3) 발송송달의 특례

담보권 실행을 위한 경매절차에서의 통지 또는 송달은 경매신청 당시 해당 부동산의 등기부에 적혀 있는 주소(주민등록법」에 따른 주민등록표에 적혀 있는 주소와 다른 경우에는 주민등록표에 적혀 있는 주소를 포함하며, 주소를 법원에 신고한 경우에는 그 주소로 한다)에 발송함으로써 송달된 것으로 본다. 다만, 등기부 및 주민등록표에 주소가 적혀 있지 아니하고 주소를 법원에 신고하지 아니한 경우에는 공시송달(公示送達)의 방법으로 하여야 한다(금융융회사부실자산 등의 효율적 처리 및 한국자산관리공사의 설립에 관한 법률 45조의2 1항).

다만 경매신청 전에 경매실행 예정 사실을 해당 채무자 및 소유자에게 부동산의 등기부에 적혀 있는 주소(주민등록법」에 따른 주민등록표에 적혀 있는 주소와 다른 경우에는 주민등록표에 적혀 있는 주소를 포함한다)로 통지하여야 한다. 이 경우 발송함으로써 송달된 것으로 본다(금융융회사부실자산 등의 효율적 처리 및 한국자산관리공사의 설립에 관한 법률 45조의2 2항).

5. 매각절차의 정지·취소

가. 매각절차의 정지

① 담보권의 등기가 말소된 등기사항증명서, ② 담보권 등기를 말소하도록 명한 확정판결의 정본(화해·포기·인낙·조정조서 포함), ③ 담보권이 없거나 소멸되었다는 취지의 확정판결의 정본(저당권부존재확인판결, 채권존재확인청구의 기각판결, 제3자이의의 소에서의 청구인용판결 포함), ④ 채권자가 담보권을 실행하지 아니하기로 하거나 경매신청을 취하하겠다는 취지[57] 또는 피담보채권을 변제받았거나 그 변제를 미루도록 승낙한다는 취지[58]를 적은 서류, ⑤ 담보권 실행을 일시정지하도록 명한 재판의 정본(채무부존재확인의 소 또는 근저당권설정등기말소청구의 소에 따른 매각절차의 일시정지결정, 경매개시결정에 대한 이의신청에 따른 집행의 일시정지결정 포함) 중 어느 하나에 해당하는 문서가 집행법원에 제출되면 경매절차를 정지하여야 한다(민집 266조).

[서식 93] 매각절차 정지결정제출서

매각절차 정지결정제출서

채 권 자 ○ ○ ○ (○○○○○○-○○○○○○○) (전화 :)
전남 ○○군 ○○읍 ○○리 ○○○

채 무 자 ○ ○ ○ (○○○○○○-○○○○○○○)

---

57) 강제집행을 하지 아니한다거나 강제집행의 신청이나 위임을 취하한다는 취지를 적은 화해조서(和解調書)의 정본 또는 공정증서(公正證書)의 정본이 제출되면 이미 행한 집행처분을 취소한다(민집 49조, 50조). 담보권을 실행하지 아니하기로 하거나 경매신청을 취하하겠다는 취지를 기재한 서류가 화해조서의 정본 또는 공정증서의 정본으로 제출된 경우에는 경매법원은 이미 실시한 경매절차를 취소하여야 하며, 화해조서의 정본 또는 공정증서의 정본이 아니면 경매절차가 정지된다(민집 266조).

58) 집행할 판결이 있은 뒤에 채권자가 변제를 받았거나, 의무이행을 미루도록 승낙한 취지를 적은 증서가 제출되면 이미 행한 집행처분은 일시유지되고 강제집행이 정지된다(민집 49조 50조). 그 중 변제를 받았다는 취지를 적은 증서를 제출하여 강제집행이 정지되는 경우 그 정지기간은 2월로 한다(민집 51조). 피담보채권을 변제받았거나 그 변제를 미루도록 승낙한다는 취지를 적은 서류가 화해조서의 정본 또는 공정증서의 정본으로 제출된 경우에는 경매법원은 이미 실시한 경매절차를 취소하여야 하며, 화해조서의 정본 또는 공정증서의 정본이 아니면 경매절차가 정지되고(민집 266조), 그 정지기간은 2월로 한다(민집 275조, 51조).

전남 ○○군 ○○읍 ○○리 ○○○

위 당사자간 귀원 20○○타경○○○ 부동산 임의경매사건에 관하여 같은 법원에 20○○. ○. ○.에 한 부동산임의경매개시결정에 대하여 귀원 20○○타기○○○ 집행정지결정에 의하여 이 사건 매각절차가 정지되었으므로 이를 정지하는 조치를 하여 주시기 바랍니다.

첨 부 서 류

1. 집행정지결정정본 1통

20○○. ○. ○.

위 채무자 ○ ○ ○ (인)

○○지방법원 귀중

나. 매각절차의 취소

① 담보권의 등기가 말소된 등기사항증명서, ② 담보권 등기를 말소하도록 명한 확정판결의 정본(화해·포기·인낙·조정조서 포함), ③ 담보권이 없거나 소멸되었다는 취지의 확정판결의 정본(저당권부존재확인판결, 채권존재확인청구의 기각판결, 제3자이의의 소에서의 청구인용판결 포함), ④ 채권자가 담보권을 실행하지 아니하기로 하거나 경매신청을 취하하겠다는 취지 또는 피담보채권을 변제받았거나 그 변제를 미루도록 승낙한다는 취지를 적은 서류가 화해조서의 정본 또는 공정증서의 정본인 경우에는 경매법원은 이미 실시한 경매절차를 취소하여야 한다(민집 266조).

경매절차를 취소하는 경우에는 정지의 경우와는 달리 경매의 신청인과 상대방(채무자와 소유자)에게 고지하여야 한다(민집규 7조).

취소결정에 대하여는 즉시항고 할 수 없다(민집 266조 3항).

다. 정지·취소문서의 제출시기

(1) 매수대금의 지급시

집행할 판결 또는 그 가집행을 취소하는 취지나, 강제집행을 허가하지 아니하거나 그 정지를 명하는 취지 또는 집행처분의 취소를 명한 취지를 적은 집행력 있는 재판의 정본(민집 49조 1호), 강제집행의 일시정지를 명한 취지를 적은 재판의 정본(민집 49조 2호), 집행할 판결, 그 밖의 재판이 소의 취하 등의 사유로 효력을 잃었다는 것을 증명하는 조서등본 또는 법원사무관등이 작성한 증서(민집 49조 5호), 담보권의 등기가 말소된 등기사항증명서(민집 266조 1항 1호), 담보권 등기를 말소하도록 명한 확정판결의 정본(민집 266조 1항 2호), 담보권이 없거나 소멸되었다는 취지의 확정판결의 정본(민집 266조 1항 3호), 담보권 실행을 일시정지하도록 명한 재판의 정본(민집 266조 1항 5호)의 서류는 매수인이 매각대금을 내기 전까지 제출하면 된다(민집규 50조, 194조).

(2) 매수신고시(최고가매수신고인을 정하기 전)

집행을 면하기 위하여 담보를 제공한 증명서류(민집 49조 3호), 집행할 판결이 있은 뒤에 채권자가 변제를 받았거나, 의무이행을 미루도록 승낙한 취지를 적은 증서(민집 49조 4호), 강제집행을 하지 아니한다거나 강제집행의 신청이나 위임을 취하한다는 취지를 적은 화해조서(和解調書)의 정본 또는 공정증서(公正證書)의 정본(민집 49조 6호), 집행할 판결이 있은 뒤에 채권자가 변제를 받았거나, 의무이행을 미루도록 승낙한 취지를 적은 증서(민집 266조 1항 4호)의 서류는 매수신고가 있기 전까지 제출하여야 하고, 매수신고가 있은 뒤에는 위 서류의 제출에 대하여 최고가매수신고인의 동의를 받아야 그 효력이 생긴다(민집 93조, 268조).

6. 배당절차

가. 공동저당에 있어서의 배당

(1) 의 의

공동저당이란 동일한 채권을 담보하기 위하여 여러 개의 부동산 위에 설정된 저당권 또는 근저당권을 말한다. 공동저당은 동시에 설정하여야 하는 것은 아니고 이른바 추가담보로서 이시에 설정할 수도 있다. 목적물도 동일인 소유에 속할 필요가 없고, 목적물에 있어서 공동저당권의 순위가 반드시 동일할 필요도 없다.

공동저당권자는 저당권의 불가분성에 의하여 공동저당목적부동산의 어느 것으로부터도 채권의 전부나 일부를 자유로 우선변제 받을 수 있으므로 저당권자의 의사여하에 따라 후순위 저당권자, 물상보증인, 제3취득자에게 불공평한 결과를 초래하게 된다.

따라서 민법은 일부의 부동산만이 매각되어 그 매각대금으로부터 변제받는 경우에는 그로 인하여 불이익을 받는 후순위저당권자가 공동저당권자가 가지는 다른 부동산의 저당권을 대위할 수 있는 규정을 두고 있다(민법 368조).

(2) 동시배당

동일한 채권의 담보로 수개의 부동산에 저당권을 설정한 경우에 그 부동산의 경매대가를 동시에 배당하는 때에는 각 부동산의 경매대가에 비례하여 그 채권의 분담을 정한다(민법 368조 1항). 여기서 각 부동산의 경매대가란 매각대금에서 당해 부동산이 부담할 경매비용과 선순위채권을 공제한 잔액을 말한다.

(가) 공동저당권자가 선순위인 경우

아래 표는 공동저당권자 갑이 A, B, C 각 부동산에 관하여 1순위 공동저당권을 가지는 경우의 동시배당의 예이다.

부동산	매각대금	경매비용	경매대가	순위1번	순위2번	잔 액
A	5억 원	500만 원	4억 9,500만 원	갑 6억 원 [3억 원 배당=6억 원×4억 9,500만 원/(4억 9,500만 원+2억 9,700만 원+1억 9,800만 원)]	을 1억 5,000만 원 (1억 5,000 만 원 배당)	4,500만 원 (소유자 or 보증제공자)
B	3억 원	300만 원	2억 9,700만 원	갑 6억 원 [1억 8,000만 원 배당=6억 원×2억 9,700만 원/(4억 9,500만 원+2억 9,700만 원+1억 9,800만 원)]	병 1억 원 (1억 원 배당)	1,700만 원 (소유자 or 보증제공자)

C	2억 원	200 만 원	1억 9,800만 원	갑 6억 원 [1억 2,000만 원 배당=6억 원×1억 9,800만 원/(4억 9,500만 원+2억 9,700만 원+1억 9,800만 원)]	정 5,000만 원 (5,000만 원 배당)	2,800만 원 (소유자 or 보증제공자)

(나) 공동저당권자가 후순위인 경우

아래 표는 공동저당권자 갑이 A, B, C 각 부동산에 관하여 2순위 공동저당권을 가지는 경우의 동시배당의 예이다.

부동산	매각대금	경매비용	순위1번	경매대가	순위2번	잔 액
A	5억 원	500 만 원	을 1억 5,000만 원 (1억 5,000만 원 배당)	3억 4,500 만 원	갑 6억 원 [3억 원 배당=6억 원×3억 4,500만 원/(3억 4,500만 원+1억 9,700만 원+1억 4,800만 원)]	4,500만 원 (소유자 or 보증제공자)
B	3억 원	300 만 원	병 1억 원 (1억 원 배당)	1억 9,700 만 원	갑 6억 원 [1억 7,130만 원 배당=6억 원×1억 9,700만 원/(3억 4,500만 원+1억 9,700만 원+1억 4,800만 원)]	2,570만 원 (소유자 or 보증제공자)
C	2억 원	200 만 원	정 5,000 만 원 (5,000만 원 배당)	1억 4,800 만 원	갑 6억 원 [1억 2,870만 원 배당=6억 원×1억 4,800만 원/(3억 4,500만 원+1억 9,700만 원+1억 4,800만 원)]	1,930만 원 (소유자 or 보증제공자)

(3) 이시배당

저당부동산중 일부의 경매대가를 먼저 배당하는 경우에는 그 대가에서 그 채권전부의 변제를 받을 수 있다. 이 경우에 그 경매한 부동산의 차순위저당권자는 선순위저당권자가 전항의 규정에 의하여 다른 부동산의 경매대가에서 변제를 받을 수 있는 금액의 한도에서 선순위자를 대위하여 저당권을 행사할 수 있다(민법 368조 2항).

근로기준법에 규정된 임금 등에 대한 우선특권은 사용자의 총재산에 대하여 저당권에 의하여 담보된 채권, 조세 등에 우선하여 변제받을 수 있는 이른바 법정담보물권으로서, 사용자 소유의 수 개의 부동산 중 일부가 먼저 경매되어 그 경매대가에서 임금채권자들이 우선특권에 의하여 우선변제 받은 결과 그 경매한 부동산의 저당권자가 민법 제368조 제1항에 의하여 위 수 개의 부동산으로부터 임금채권이 동시배당되는 경우보다 불이익을 받은 경우에는 같은 조 제2항 후문을 유추적용하여, 위 저당권자로서는 임금채권자가 위 수 개의 부동산으로부터 동시에 배당받았다면 다른 부동산의 경매대가에서 변제를 받을 수 있었던 금액의 한도 내에서 선순위자인 임금채권자를 대위하여 다른 부동산의 경매절차에서 우선하여 배당받을 수 있다 (대법원 2000. 9.29. 선고 2000다32475 판결).

아래 표는 공동저당권자 갑이 A, B 각 부동산에 관하여 1순위 공동저당권을 가지는 경우의 이시배당의 예이다.

(가) A부동산 매각 후 배당

부동산	매각 대금	경매 비용	경매 대가	순위1번	순위2번	잔 액
A	5억 원	500 만 원	4억 9,500 만 원	갑 6억 원 (4억 9,500만 원 배당)	을 1억5,000 만 원 배당	0원

만일 A, B 부동산 동시매각 후 배당하였다면 이루어졌을 배당

부동산	매각 대금	경매 비용	경매 대가	순위1번	순위2번	잔 액
A	5억 원	500 만 원	4억 9,500 만 원	갑 6억 원 [3억 7,500만 원 배당=6억 원×4억 9,500만 원/(4억 9,500만 원+2억 9,700만 원)]	을 1억5,000 만 원 (1억 2,000만 원 배당)	0원
B	3억 원	300 만 원	2억 9,700 만 원	갑 6억 원 [2억 2,500만 원 배당=6억 원×2억 9,700만 원/(4억 9,500만 원+2억 9,700만 원)]	병 1억 원 (7,200만 원 배당)	0원

(나) B부동산 매각 후 배당

부동산	매각대금	경매비용	경매대가	순위1번	순위2번	잔 액
B	3억 원	300만 원	2억9,700만 원	갑 6억 원 (1억 500만 원 배당=6억 원－4억 9,500만 원) 을 1억 5,000만 원 (1억 2,000만 원 배당=2억 2,500만 원－1억 500만 원)	병 1억 원 (7,200만 원 배당)	0원

나. 공장저당권과 보통저당권 사이의 배당관계

공장저당권의 목적인 토지 또는 건물에 설정된 보통저당권과 공장저당권 사이의 우선순위는 그 설정등기의 선후에 의하여 결정된다.

공장저당권과 보통저당권이 경합된 경우에 선순위 또는 후순위의 보통저당권자가 그 저당권의 실행으로서 경매신청을 한 경우에도 공장저당법 10조에 의하여 토지·건물만을 분리 매각할 수 없고 그 공장에 설치된 기계·기구 기타 공장의 공용물도 토지건물과 일괄하여 매각하여야 한다. 이 경우 보통저당권자는 경매신청시에 공장저당권의 효력이 미치는 기계·기구 등의 목록을 제출하여야 한다.

다만 이 경우 보통저당권자의 저당권의 효력은 공장에 설치된 기계·기구 기타 공장의 공용물에는 미치지 아니하므로 그 기계·기구 등의 매각대금에서 우선변제 받을 권리는 없다. 따라서 공장저당권자와 보통저당권자 사이의 배당을 위해서는 그 기계·기구 등의 매각대금을 토지나 건물 자체의 매각대금과 구별할 필요가 있는바, 이와 같은 경우 각 그 매각대금액은 총 매각대금액을 각 목적물의 최저매각가격비율에 의하여 안분한 금액으로 함이 상당하다.

7. 형식적 경매

가. 의 의

민사집행은 크게 그 집행에 집행권원이 필요한 강제집행과 집행권원이 필요하지 않은 임의경매로 나눌 수 있고, 여기서 임의경매는 다시 저당권, 질권, 전세권 등 담보물권의 실행을 위한 이른바 실질적 경매와 민법·상법 기타 법률의 규정에 따른 현금화를 위한 이른바 형식적 경매로 나눌 수 있다.

민사집행법 274조는 유치권에 의한 경매와 민법·상법, 그 밖의 법률이 규정하는 바에 따른 경매는 담보권 실행을 위한 경매의 예에 따라 실시한다고 규정하고 있는데 여기에 규정된 민법·상법 그 밖의 법률이 규정하는 바에 따른 경매를 흔히 협의의 형식적 경매라 부르고 여기에 유치권에게 의한 경매를 포함시켜 광의의 형식적 경매라고 부른다.

나. 종 류

(1) 유치권에 의한 경매

유치권에는 경매신청권은 있으나 우선변제권은 없으므로 경매신청의 목적은 피담보채권의 강제적 실현이 아니라 그 물건을 채무변제시까지 무작정 보관하고 있어야 한다는 부담에서 해방되기 위하여 유치권자에게 부여된 현금화권의 행사이다.

(2) 공유물분할을 위한 경매

이는 공유물을 그 가치에 의하여 분할하기 위하여 현금화하는 것을 목적으로 하는 경매로서 민법 269조 2항, 278조, 1013조 2항에 의한 경매가 그 예이다.

(3) 자조매각

특정물의 인도의무를 부담하는 자가 그 인도의무를 면하기 위하여 물건을 금전으로 현금화하는 것을 목적으로 경매를 신청하는 경우가 있는데 이것을 자조매각이라고 한다. 민법 490조, 민사집행법 258조 6항, 민사집행규칙 142조 3항, 200조 2항, 상법 67조, 70조, 71조, 109조, 113조, 123조, 142조, 143조 1항, 149조 2항, 165조, 753조, 808조 등이 그 예이다.

자조매각의 경우에는 대부분 해당조문에서 그 매각대금을 공탁하도록 규정하고 있으나, 다만 상법상의 자조매각에 있어서는 경우에 따라 위와 같은 목적을 초과하여 경매신청인이 그 매각대금 중에서 자신의 채권의 변제를 받는 수도 있다(상법 67조

3항 등).

(4) 단주의 경매

주식회사는 여러 가지의 경우에 단주를 경매하여 그 대금을 주주에게 교부할 의무를 부담한다. 상법 443조 1항, 461조 2항, 530조 3항 등이 그 예이다.

(5) 타인의 권리를 상실시키는 경매

어떤 물건에 대한 타인의 권리를 상실시키는 것 자체를 직접적인 목적으로 하여 그 권리에 대한 경매를 인정하는 경우가 있다. 상법 760조, 집합건물의 소유 및 관리에 관한 법률 45조 1항이 그 예이다.

(6) 청산을 위한 경매

어떤 범위의 재산을 한도로 하여 각 채권자에 대하여 채권액의 비율에 따라 일괄하여 변제하기 위하여 청산을 목적으로 당해 재산을 현금화하는 것이다. 민법 1037조, 1051조 3항, 1056조 2항이 그 예이다.

다. 절 차

유치권에 의한 경매와 민법·상법, 그 밖의 법률이 규정하는 바에 따른 경매(이하 "유치권등에 의한 경매"라 한다)는 담보권 실행을 위한 경매의 예에 따라 실시한다(민집 274조 1항).

담보권실행을 위한 경매는 목적재산의 종류에 따라 그 절차를 달리하므로 형식적 경매의 절차도 목적재산의 종류에 따라 달라진다. 따라서 형식적 경매의 목적물이 부동산이라면 부동산경매절차의 예에 따라 실시하고(민집 264조~268조), 선박·자동차·건설기계·항공기라면 선박·자동차·건설기계·항공기의 예에 따라 실시하며(민집 269조~270조), 유체동산이라면 유체동산경매절차의 예에 따라 실시하여야 한다(민집 271조~272조).

제4절 부동산 강제관리

1. 의 의

강제관리란 채무자 소유의 부동산으로부터 생기는 천연과실이나 법정과실 등의 수익을 총괄하여 집행의 목적물로 삼아 그 부동산을 압류하고 국가가 채무자의 관리·수익기능을 박탈하여 관리인으로 하여금 그 부동산을 관리하게 하고 그 수익을 추심·현금화하여 변제에 충당하는 강제집행절차이다. 부동산에 대한 강제경매를 원본집행이라 한다면 강제관리는 수익집행이라고 한다.

강제관리는 목적부동산의 가격이 오를 가능성이 있는 경우 당장 강제경매를 하기보다 강제관리를 통하여 수익을 얻으면서 적절한 강제경매시기를 기다릴 필요가 있거나, 임대용 빌딩 등 매각을 통한 현금화보다 임대료를 통한 고수익을 얻을 수 있거나, 선순위 채권자들 때문에 부동산의 매각대금으로는 집행의 실효성이 없을 때, 집행채권이 비교적 소액일 때 등에 활용될 수 있다.

2. 대 상

강제관리는 채무자 소유의 부동산의 수익을 직접적인 대상으로 하는 것이므로 현재 수익을 발생할 수 있는 부동산임을 요한다. 여기서 수익이란 부동산의 사용으로부터 직접 발생하는 천연과실 및 그 부동산을 타인으로 하여금 사용시켜서 얻을 수 있는 법정과실을 말한다.

강제관리는 부동산을 매각하는 것이 아니고 부동산의 수익에 대한 집행이므로 강제경매에 적합하지 아니한 부동산, 예컨대 양도금지된 부동산이나 선순위 저당권의 존재로 말미암아 남을 가망이 없어 경매할 수 없는 부동산이라도 수익이 발생할 수 있는 한 강제관리의 대상이 될 수 있다.

그러나 천연과실에 효력을 미치는 저당권이 있거나 그 법정과실(임료채권)이 질권의 목적인 경우에는 강제관리의 대상이 될 수 없다.

[직접적인 수익이 있는 부동산의 유형]

	구 분	내 용
직접적인 수익이 있는 부동산	대상 인정	- 양도금지된 부동산 - 천연과실 - 법정과실 - 남을 가망이 없어 경매를 할 수 없는 부동산
	대상 불인정	- 강제관리에 따른 압류 전에 질권의 목적이 된 법정과실 - 강제관리에 따른 압류 전에 저당목적물인 부동산에 대하여 강제경매가 개시된 경 그 부동산에서 생기는 과실(저당권 우선 - 민 제357조) - 채무자가 현재 주거용 건물 또는 영업용 점포로서 사용하는 것으로서 명도를 필요로 하는 것 - 건축 중인 건물 - 천연과실을 원료로 하여 제출된 물품 - 부동산이 채무자의 영업, 기업의 물적 설비로 이용되고 있는 경우(여관 등) - 강제관리에 따른 압류 전에 동산집행, 담보권실행을 위한 동산경매와 채권집행에 의하여 압류된 과실

3. 관 할

강제관리는 부동산에 대한 강제집행의 일종이므로 부동산이 있는 곳의 지방법원이 관할한다. 부동산이 여러 지방법원의 관할구역에 있는 때에는 각 지방법원에 관할권이 있다. 이 경우 법원이 필요하다고 인정한 때에는 사건을 다른 관할 지방법원으로 이송할 수 있다(민집 79조).

4. 절 차

강제관리는 강제경매와 같이 금전체권에 기초한 부동산에 대한 강제집행이므로 그 신청에 집행력 있는 정본이 요구된다. 채권자는 부동산의 강제경매와 강제관리 중 한 가지 방법으로 집행하게 하거나 두 가지 방법을 함께 사용하여 집행하게 할 수 있다(민집 78조). 강제관리는 법원이 관리인을 임명하여 실시한다. 관리인은 부동산을 관리·점유하고 수익을 추심한다(민집 166조).

5. 수익의 처리

관리인은 부동산수익에서 그 부동산이 부담하는 조세, 그 밖의 공과금을 뺀 뒤에 관리비용을 변제하고, 그 나머지 금액을 채권자에게 지급한다. 이 경우 모든 채권자를 만족하게 할 수 없는 때에는 관리인은 채권자 사이의 배당협의에 따라 배당을 실시하여야 한다(민집 169조).

제 2 장
자동차·건설기계·소형선박에 대한 금전집행

제1절 준용 규정

1. 부동산강제경매절차 준용

자동차관리법에 따라 등록된 자동차, 건설기계관리법에 따라 등록된 건설기계, 자동차 등 특정동산 저당법에 따른 소형선박에 대한 강제집행절차는 대법원규칙으로 정하도록 하고 있고(민집 187조), 민사집행규칙은 자동차에 대한 강제집행에 관하여 109조 내지 128조를 두고 이를 제외하고는 부동산에 대한 강제경매 규정을 준용하도록 하고 있으며(민집규 108조), 건설기계·소형선박에 관하여는 자동차에 대한 규정을 준용하도록 하고 있다(민집규 130조). 다만 자동차·건설기계·소형선박의 공유지분에 대한 강제집행은 민사집행법 251조 그 밖의 재산권에 대한 강제집행의 예에 따라 실시한다(민집규 129조).

2. 집행대상

(1) 부동산경매절차 준용

자동차에 대한 집행은 등록된 자동차가 집행대상이다(승용, 승합, 화물, 특수차동자 등).

(2) 부동산경매절차 준용불가

(가) 등록이 되지 아니한 자동차 또는 말소된 자동차 – 이 경우에는 유체동산의 집행방법에 의한다.

(나) 이륜자동차 – 등록을 하지 않고 사용신고만 한 이륜자동차는 유체동산의 집행방법에 의한다.

(3) 건설기계

건설기계의 경우 건설기계의 집행방법에 따른다.

[서식 94] 자동차강제경매신청서

자동차강제경매신청서

채 권 자 홍 길 동 (○○○○○○－1234567)
○○도 ○○시 ○○구 ○○동 ○○

채 무 자 ○○○ 주식회사
겸 소유자 ○○시 ○○구 ○○동 ○○

경매할 자동차의 표시
별지목록 기재와 같음.

청구금액
금 67,100,000원 및 이에 대한 20○○. ○. ○.부터 완제일까지 연 20%에 의한 지연손해금 및 독촉절차비용 54,760원

청구채권의 표시
채권자의 채무자에 대한 ○○지방법원 20○○차○○○ 물품대금사건의 집행력 있는 판결정본

신 청 취 지

채권자는 채무자에 대하여 위 채권의 변제에 충당하기 위하여 별지목록 기재 자동차에 대하여 강제경매 개시결정을 한다.
라는 재판을 구합니다.

신 청 이 유

1. 위 청구금액은 ○○지방법원 20○○차○○○ 물품대금 청구사건의 집행력 있는 지급명령결정 정본에 의하여 채무자가 채권자에게 변제할 금원임에도 불구하고 채무자는 그 변제를 하지 아니하므로 위 채권의 변제를 받고자 채무자 소유의 별지목록

기재 자동차에 대하여 강제경매 개시절차를 구하기 위하여 본 신청에 이르렀습니다.

첨 부 서 류

1. 집행력 있는 결정정본 1부
1. 법인등기부등본 1부
1. 자동차등록원부 1부

20○○. ○. ○.

채권자 홍 길 동 (인)

○○지방법원 귀중

[서식 95] 자동차강제경매신청서

자동차강제경매신청서

신 청 인 장 ○ ○ (6○○○○○－1234567)
○○시 ○동 ○○

피신청인 문 ○ ○ (6○○○○○－1234567)
○○시 ○○읍 ○○리 ○○

청구금액

10,000,000원 (○○지법 ○○지원 20○○가소○○○ 집행력 있는 확정판결에 의한 대여금) 및 위 금원에 대하여 20○○. ○. ○.부터 완제일까지 연 20%의 비율에 의한 지연손해금

경매할 자동차의 표시

별지목록과 같음.

신 청 취 지

채권자는 채무자에 대하여 위 청구금액의 변제에 충당하기 위하여 별지목록 기재의 자동차에 대하여 강제경매개시결정을 구한다. 라는 재판을 구합니다.

신 청 원 인

1. 위 청구금액은 귀원 20○○가소○○○ 집행력 있는 이행권고결정정본에 의한 대여금 채권으로서 채무자가 채권자에게 변제하여야 할 금원입니다.

2. 그런데 채무자는 이를 아직까지 변제하지 아니하고 있으므로, 채권자는 부득이 위 청구금액의 변제를 받고자 채무자 소유인 별지목록 기재 의 자동차에 대하여 강제경매개시절차를 구하고자 이 건 신청에 이른 것입니다.

첨 부 서 류

1. 집행력 있는 이행권고결정 정본 1통
1. 자동차등록원부 1통
1. 자동차 목록 10통

20○○. ○. ○.

위 신청인 장 ○ ○ (인)

○○지방법원 ○○지원 귀중

[별 지] 자동차목록

자 동 차 목 록

자동차등록번호 구 ○○○○○

차 명	소나타
형식 및 연식	1－○○○－○○○－123 20○○년식
차 대 번 호	K○○○○○○○
원 동 기 형 식	XD○○
사 용 본 거 지	○○남도
등 록 연 월 일	20○○. ○. ○.
등록원부상 채무자의 주소	○○ ○○시 ○○읍 ○○리 ○○

작성방법

1. 인 지 : 집행권원당 5,000원, 증지비용은 없다.
2. 송달료 : (이해관계인수＋3)×10회분
3. 등록세 : 자동차 1대당 15,000원
4. 경매예납금 : 법원보관금납부서로 납부하며 금액은 경매담당자에게 문의한다.
5. 신청서 1부를 자동차, 건설기계의 등록원부에 기재된 채무자 주소지를 관할하는 법원을 관할로 해서 접수한다.

[서식 96] 건설기계강제경매신청서

건설기계강제경매신청서

채 권 자 장 ○ ○ (6○○○○○－1234567)
○○시 ○○동 ○○

채 무 자 문 ○ ○ (○○○○○－○○○○)
○○시 ○○읍 ○○리 ○○

집행권원의 표시

채권자의 채무자에 대한 ○○지방법원 20○○가단○○○ 대여금청구사건의 집행력 있는 판결정본

청구채권의 표시

10,000,000원 (원금 10,000,000원 및 이에 대한 20○○. ○. ○.부터 완제일까지 연 20%의 비율에 의한 지연손해금

경매할 건설기계의 표시
별지목록과 같음.

신 청 취 지

채권자는 채무자에 대하여 가지고 있는 위 채권의 변제에 충당하기 위하여 채무자 소유의 별지목록 기재의 건설기계에 대한 강제경매절차를 개시한다.
라는 재판을 구합니다.

신 청 이 유

채권자는 위 청구채권의 표시와 같이 채권을 가지고 있는바, 채무자는 차일피일 미루며 변제하지 않고 있으므로 채무자 소유의 별지목록 기재 건설기계에 대하여 강제경매를 구하고자 이 신청에 이른 것입니다.

첨 부 서 류

1. 집행력 있는 판결정본 1통
1. 건설기계등록원부 1통
1. 송달, 확정증명원 1통

20○○. ○. ○.

위 채권자 장 ○ ○ (인)

○○지방법원 귀중

작성방법

1. 신청서 1통, 목록 10통을 건설기계등록원부에 기재된 채무자의 주소지를 관할하는 지방법원에 제출한다.
2. 건설기계 등록지를 관할하는 시군구청에 신고하고 고지서를 받아 등록세 10,000원, 교육세 2,000원을 납부하고, 인지(5,000원)와 송달료와 집행비용을 예납한다.

제2절 관 할

자동차등록원부에 기재된 사용본거지를 관할하는 지방법원을 집행법원으로 한다.[59] 다만 강제경매신청 전의 인도명령에 따라 집행관이 자동차를 인도받은 경우에는 자동차가 있는 곳을 관할하는 지방법원도 집행법원으로 한다(민집규 109조).

제3절 특 례

1. 인도명령

법원은 강제경매개시결정을 하는 때에는 채무자에 대하여 이를 집행관에게 인도할 것을 명하여야 한다. 다만, 미리 자동차·건설기계·소형선박을 인도받아 신고가 된 경우에는 채무자에 대하여 인도명령을 할 필요가 없다(민집규 111조).

강제경매개시결정에 기초한 인도집행은 그 개시결정이 채무자에게 송달되기 전에도 할 수 있다. 강제경매개시결정이 송달되거나 등록되기 전에 집행관이 자동차를 인도받은 경우에는 그때에 압류의 효력이 생긴다(민집규 111조).

한편, 자동차 인도명령은 자동차를 점유하고 있는 제3자에 대하여는 할 수 없다. 하지만 압류의 효력이 발생하였을 당시 채무자가 점유하고 있다가 그 이후에 제3자에게 점유가 이전된 경우에는 그 제3자에게도 인도명령을 할 수 있다(민규 112조 전문, 민집 193조).

59) "자동차등록원부"라고 규정된 것은 건설기계·소형선박의 강제집행에 관하여 각 "건설기계등록원부", "선박원부·어선원부·수상레저기구등록원부"로 본다. "특별시장·광역시장 또는 도지사"라고 규정된 것은 소형선박에 대한 강제집행의 경우 "지방해양항만청장(지방해양항만청해양사무소장 포함)"이나 "시장·군수 또는 구청장(자치구의 구청장을 말한다)", "사용본거지"라고 규정된 것은 "선적항" 또는 "보관장소"로 본다(민집규 130조).

[서식 97] 자동차인도명령신청서

자동차인도명령신청

채 권 자　홍 길 동
　　　　　○○○도 ○○시 ○○구 ○○동 ○○

채 무 자　김 ○ ○
겸 소유자　○○도 ○○군 ○○읍 ○○

신 청 취 지

채무자는 채권자의 위임을 받은 집행관에게 별지목록 기재의 자동차를 인도하라.
라는 결정을 구합니다.

신 청 이 유

1. 채권자는 채무자에 대하여 20○○. ○. ○.자로 저당권설정계약을 체결하고, 저당권 설정을 마쳐 금 20,000,000원의 채권이 있으므로 채무자 소유의 별지목록 기재 자동차에 대하여 20○○타경○○○ 자동차임의경매신청을 하여 20○○. ○. ○.자로 개시결정 되었습니다.

2. 그런데 위 자동차는 현재 사용본거지인 ○○시 ○○구 ○○동 ○○ 소재에서 운행 중이지만 자동차를 집행관에게 인도하지 아니하면 자동차의 은닉 등에 의하여 그 집행이 현저히 곤란하게 될 우려가 있으므로 신청취지와 같은 명령을 구하기 위하여 본 신청을 합니다.

20○○. ○. ○.

위 채권자　홍 길 동 (인)

○○지방법원 귀중

[서식 98] 자동차인도명령신청서

자동차인도명령신청서

신 청 인(채권자) 장 ○ ○ (6○○○○○－1234567)
○○시 ○○동 ○○ (전화 : 010－1234－5678)

피신청인(채무자) 문 ○ ○ (6○○○○○－1234567)
○○시 ○○읍 ○○리 ○○

1. 신청인은 피신청인에 대하여 ○○지방법원 ○○지원 20○○가소○○○ 대여금 사건의 이행권고결정 정본에 기한 대여금 채권 금 10,000,000원에 기하여 피신청인 소유의 별지목록 기재 자동차를 강제경매신청하고자 합니다.

2. 따라서 미리 자동차를 집행관에게 인도시키지 아니하면, 피신청인이 채무관계 등으로 도주할 우려가 있어 나중에는 자동차인도집행이 곤란할 것이 예상되므로, 채무자로 하여금 집행관에게 자동차를 인도할 것을 명하는 결정을 민사집행규칙 제113조에 의하여 신청합니다.

첨 부 서 류

1. 자동차등록원부 1통
1. 집행력 있는 이행권고결정 정본 1통
1. 납부서 1통

20○○. ○. ○.

위 신청인 장 ○ ○ (인)

○○지방법원 ○○지원 귀중

작성방법

1. 자동차가 있는 곳을 관할하는 법원에 신청서 1부를 제출한다.
2. 인지 1,000원을 첨부한다.
3. 강제경매신청 전 인도명령신청의 경우에는 송달료(당사자수 2회분)

[서식 99] 야간·휴일 자동차인도집행허가신청서

야간·휴일 자동차인도집행허가신청서

신 청 인(채권자) 장 ○ ○ (6○○○○○－1234567)
○○시 ○동 ○○

피신청인(채무자) 문 ○ ○ (6○○○○○－1234567)
○○시 ○○읍 ○○리 ○○

위 당사자간 20○○타기○○○ 자동차인도명령사건에 관하여, 신청인은 귀원으로부터 20○○. ○. ○. 피신청인 소유의 자동차인도명령을 허가받았으나, 주간에는 그 집행이 어려우므로 야간 및 휴일에도 그 집행을 할 수 있도록 허가하여 주시기 바랍니다.

20○○. ○. ○.

위 신청인 장 ○ ○ (인)

○○지방법원 ○○원 귀중

[서식 100] 압류자동차 운행허가신청서

압류자동차 운행허가신청서

신 청 인(채무자) 문 ○ ○ (6○○○○○－1234567)
○○시 ○○읍 ○○리 ○○

피신청인(채권자) 장 ○ ○ (6○○○○○－1234567)
○○시 ○○동 ○○

귀원 20○○타경○○○ 자동차강제경매신청사건에 관하여, 신청인 소유의 별지목록 기재 자동차가 압류되어 귀원 소속 집행관이 20○○. ○. ○. 인도집행을 하였으나, 신청인은 위 차량으로 과일과 채소 등 행상을 하며 생계를 유지하고 있고, 또한 위 채무에 대하여는 곧 마련하여 변제하려고 준비 중에 있으므로, 이 건 자동차를 운행할 수 있도록 허가하여 주시기 바랍니다.

첨 부 서 류

1. 자동차인도집행조서 1통
1. 납부서 1통

20○○. ○. ○.

위 신청인 문 ○ ○ (인)

○○지방법원 ○○지원 귀중

2. 강제경매신청 전의 인도명령

강제경매신청 전에 자동차·건설기계·소형선박을 집행관에게 인도하지 아니하면 강제집행이 매우 곤란할 염려가 있는 때에는 그 자동차·건설기계·소형선박이 있는 곳을 관할하는 지방법원은 신청에 따라 채무자에게 자동차를 그 소속 집행관에게[60] 인도할 것을 명할 수 있다(민집규 113조).

[서식 101] 자동차 강제경매신청 전 인도명령신청서

자동차 강제경매신청 전 인도명령신청

채 권 자　박 ○ ○ (7○○○○○－1234567)
　　　　　○○시 ○○구 ○○동 ○○ (T.010－1234－5678)

채 무 자　정 ○ ○ (7○○○○○－1234567)
　　　　　○○시 ○○구 ○○동 ○○

목적자동차의 표시
별지목록 기재와 같음.

신 청 취 지

채무자는 채권자가 위임한 집행관에게 별지목록 기재의 자동차를 인도하라.
라는 재판을 구합니다.

신 청 이 유

1. 채권자는 채무자에 대하여 ○○지방법원 20○○가소○○○ 손해배상청구사건의 집행력 있는 판결정본에 기하여 별지목록 기재 자동차에 대한 강제경매신청을 준비중에 있습니다.

2. 그런데 채무자는 강제집행을 회피하려는 목적으로 위 자동차를 가지고 잠적할지도 모르는 실정이어서 채무자가 고의로 위 자동차를 잠적시킨다면 집행법원의 자동차

60) 개정 민사집행규칙은 인도명령을 발령한 소속법원 집행관이 아니라도 발령 후 자동차 현재 소재지 관할법원 집행관이 집행할 수 있도록 제113조 제1항 중 '그 소속 집행관에게'를 '집행관에게'로 개정〈2015.8.27.〉. 구 민사집행규칙은 인도명령을 발령한 소속법원 집행관에게 인도할 것을 명하도록 하고 있어, 인도명령 발령 후 자동차 소재지가 변경되었을 경우 다시 경매신청 전 인도명령을 받아야 했음.

강제경매개시 시 결정을 받아서 위 자동차의 인도집행을 하도록 한다 하더라도 압류가 불가능하게 되어 경매절차를 진행할 수 없게 되므로 신청 취지와 같이 신청합니다.

첨 부 서 류

1. 판결정본	1통
1. 집행문	1통
1. 송달증명원	1통
1. 자동차등록원부	1통
1. 별지목록	1통

20○○. ○. ○.

위 원고 박 ○ ○ (인)

○○지방법원 귀중

작성방법

1. 인지대 1,000원
2. 송달료 당사자수×2회분
3. 법원보관금 집행계에 문의해서 선납한다.
4. 신청서 1부를 자동차의 소재지를 관할하는 지방법원 기타집행계에 접수한다.

3. 인도집행 불능시의 집행절차 취소

강제경매개시결정이 있은 날부터 2월이 지나기까지 집행관이 자동차·건설기계·소형선박을 인도받지 못한 때에는 법원은 집행절차를 취소하여야 한다(민집규 116조).

4. 운행의 허가

법원은 영업상의 필요, 그 밖의 상당한 이유가 있다고 인정하는 때에는 이해관계를 가진 사람의 신청에 따라 자동차·건설기계·소형선박의 운행을 허가할 수 있다(민집규 117조).

5. 매각허가

법원은 상당하다고 인정하는 때에는 압류채권자의 매수신청에 따라 그에게 자동차·건설기계·소형선박의 매각을 허가할 수 있다(민집규 124조).

제4절 자동차·건설기계·소형선박을 목적으로 하는 담보권 실행을 위한 경매

자동차·건설기계·소형선박을 목적으로 하는 담보권 실행을 위한 경매는 자동차강제경매와 부동산임의경매, 선박임의경매에 관한 규정을 준용한다(민집 270조, 민집규 197조~198조).

신청서에는 채권자·채무자·소유자와 그 대리인의 표시, 담보권과 피담보채권의 표시, 담보권 실행 또는 권리행사의 대상인 재산의 표시, 피담보채권의 일부에 대하여 담보권 실행 또는 권리행사를 하는 때에는 그 취지와 범위 외에 자동차등록원부(건설기계등록원부, 선박원부·어선원부·수상레저기구등록원부)에 기재된 사용본거지(선적항, 보관장소)을 적고, 자동차등록원부등본(건설기계등록원부등본, 선박원부·어선원부·수상레저기구등록원부등본)을 붙여야 한다.

[서식 102] 자동차임의경매신청서

자동차임의경매신청서

신 청 인　장 ○ ○ (6○○○○○－1234567)
　　　　　○○시 ○동 ○○

피신청인　문 ○ ○ (6○○○○○－1234567)
　　　　　○○시 ○○읍 ○○리 ○○

청구금액
10,600,000원 (대여금 및 이자)

불이행 채무액
별지목록과 같음.

신 청 취 지

채권자는 채무자에 대하여 위 청구금액의 변제에 충당하기 위하여 별지목록 기재의 자동차에 대하여 임의경매개시결정을 구한다.
라는 재판을 구합니다.

신 청 원 인

1. 채권자는 채무자와 20○○. ○. ○. 근저당권설정계약을 체결하고, 채권최고액 10,000,000원으로 하여 위 자동차에 ○○시 20○○. ○. ○. 접수 제123호로써 근저당권설정 등록을 필하였습니다.

2. 즉, 채무자는 채권자에게 20○○. ○. ○. 금 10,000,000원의 차용증을 써 주고(근저당설정계약서 포함), 이자는 매월 100,000원, 변제기는 20○○. ○. ○.로 하였습니다.

3. 그런데 채무자는 이후 6개월분의 이자만 지급하고 나머지 6개월분의 이자 금 600,000원은 지급하지 아니할 뿐더러, 위 채무의 변제기일이 지난 후 채권자의 수차례에 걸친 변제독촉에도 불구하고 아직까지 위 채무를 변제하지 아니하고 있어 부득이 임의경매개시절차를 구하고자 이 건 신청에 이른 것입니다.

첨 부 서 류

1. 근저당권설정계약서 등본	1통
1. 차용증 사본	1통
1. 자동차등록원부	1통
1. 납부서	1통
1. 자동차목록	30통

20○○. ○. ○.

위 신청인 장 ○ ○ (인)

○○지방법원 ○○지원 귀중

㈜ 자동차강제경매신청 및 임의경매신청시에 첨부하여야 할 자동차 목록은 별지를 사용하여 작성할 수도 있으나, 자동차등록원부의 「갑구」를 복사하여 제출하여도 됩니다.

[서식 103] 임의경매개시결정에 대한 이의신청서

임의경매개시결정에 대한 이의신청

채 권 자 ○○신용협동조합
전남 ○○군 ○○읍 ○○로 ○○

채 무 자 ○○○주식회사
전남 ○○군 ○○읍 ○○로 ○○
대표이사 ○ ○ ○

제3취득자 ○ ○ ○
전남 ○○군 ○○읍 ○○로 ○○

신 청 취 지

1. 위 당사자간 귀원 20○○타경 ○○○호 담보권실행 등을 위한 부동산경매신청사건에 관하여 20○○. ○. ○.자 별지 목록 기재 제2부동산에 대한 경매개시결정은 이를 취소한다.
2. 본건의 경매신청은 이를 기각한다.

라는 재판을 구합니다.

신 청 이 유

1. 채권자는 채무자겸 소유자를 상대로 귀원에 별지 부동산의 표시 기재 부동산 에 대하여 임의경매신청을 하여 20○○. ○. ○. 동 법원으로부터 위 부동산 중 제2부동산을 포함하지 않고 일부 기각하여 경매개시결정이 되어, 동월 ○일 ○○지방법원 ○○등기소 등기 접수 제○○호로 임의경매신청등기가 경료되었으나, 별지 목록 기재 제1부동산 중 '냉동창고 169.28㎡부분'은 채무자겸 소유자 ○○○가 20○○. ○. ○. 등기접수 제○○○○호로 소유권보존등기를 경료하고, 그 후 20○○. ○. ○. 증축하여 건축물대장에 등재되지 않은 건물로 소유자는 ○○○로 동인이 점유 사용하여 온 건물임에도 불구하고 감정인은 위 부동산을 존재를 무시한 채, 다른 건물이 존재하는 것처럼 하였고, 동 건물의 소유자를 확인하지 않고 건물의 감정평가를 함에 있어 지상건물을 정확히 표시하지 아니하여 경매개시결정이 되었습니다.

2. 그런데 위 부동산은 감정을 소홀히 한 채, 감정평가서 기재와 같이 별도의 건물이 아니고 전남 ○○군 ○○읍 ○○로 ○○○ 기존 건물을 등기된 건물에 증축만하고 건축물대장을 증축에 관한 내용을 등재를 않고 채무자 소유로 점유 사용함으로 소유권을 행사하고 있습니다.

3. 따라서 위와 같이 근저당권 설정을 기초로 별지 기재 부동산을 포함하여 담보권실행을 위한 경매신청을 하였으나 귀원에서는 위 부동산을 포함하지 않고 일부 기각하여 20○○. ○. ○.자로 임의경매개시결정을 하였으므로, 채무자 소유의 별지 부동산을 제외한 이 사건 경매개시결정은 잘못임이 명백함으로, 이 경매개시결정은 위 부동산을 포함하여 개시결정을 하여야 함이 마땅합니다.

첨 부 서 류

1. 부동산등기사항증명서	1통
1. 건축물관리대장	1통

20○○. ○. ○.

신청인 ○○신용협동조합
이사장 ○ ○ ○ (인)

○○지방법원 ○○지원 귀중

제 3 장
선박에 대한 금전집행

제1절 준용규정

선박은 본래 동산이지만 등기와 등록을 필요로 하고, 또 저당권의 목적이 될 수 있으며, 그 값이나 경제적 효용이 다른 동산에 비하여 높으므로 등기할 수 있는 선박에 대한 강제집행을 부동산의 강제경매에 관한 규정에 따르도록 하고 있다(민집 172조).

제2절 대 상

1. 집행대상

선박에 대한 금전집행의 대상은 선박등기를 할 수 있는 선박에 한한다. 여기서 선박등기를 할 수 있는 선박이란 총톤수 20톤 이상의 기선과 범선 및 총톤수 100톤 이상의 부선(선박계류용·저장용 등으로 사용하기 위하여 수상에 고정하여 설치하는 부선은 제외)을 말한다(선등 2조).

자동차나 건설기계가 등록된 것만 강제집행의 대상이 되는 것에 비해 선박은 등기되어 있을 필요는 없다. 외국선박도 강제집행의 대상이 된다.

2. 집행제한

항해의 준비를 완료한 선박은 압류 또는 가압류를 하지 못하므로 집행의 대상이 되지 아니한다. 그러나 항해를 준비하기 위하여 생긴 채무에 대하여는 그러하지 아니하다(상법 744조). 여기서 항해준비의 완료한 선박의 의미는 선박의자, 생필품보급, 선원의 승선, 적하의 선적, 여객의 승선, 법정서류의 비치 등을 완료한 상태를 말하며, 집행제한 기간은 항해종료{최종항 기항(중간기항이 아님)}까지 이다.

제3절 관 할

선박에 대한 강제집행의 집행법원은 압류 당시에 그 선박이 있는 곳을 관할하는 지방법원으로 한다(민집 173조). 경매개시결정 이전에 감수보존처분이 있는 때에는 그 처분 당시의 선박소재지 법원이 관할권을 가진다. 이는 감수·보존처분시 압류의 효력이 발생하기 때문이다.

제4절 특 례

1. 경매신청 첨부서류(민집 177조)

가. 채무자가 소유자인 경우 소유자로서 선박을 점유함을 소명할 수 있는 증서

선박이 타에 임대되어 임차인이나 선체용선자가 선박을 점유하고 있는 때에는 그 점유로써 압류채권자에게 대항할 수 있는지 여부를 불문하고 경매신청이 불가하다. 이 경우에는 채무자가 임차인에 대하여 가지는 선박인도청구권을 압류하는 방법으로 집행하여야 한다.

나. 채무자가 선장인 경우 선장이 선박을 지휘하고 있음을 소명하는 증서

채무자가 선장이 되는 경우란 구조료의 채무자를 위하여 자기 이름으로 소송당사자가 되어 패소판결을 받은 경우를 말한다.

다. 선박에 관한 등기사항을 포함한 등기부의 초본

라. 정박증명서·항해미준비완료보고서

행운관청의 정박증명서를 첨부해야 하며, 항해준비 미완료 증ㅁ여서는 위 정박증명서로 갈음할 수 있다.

마. 대한민국 선박외의 선박

총톤 수 20톤 이상의 기선 또는 범선임을 증명하는 선명을 첨부하여야 하고, 총톤 수 100톤 이상의 부선임을 증명하는 서면을 첨부하여야 한다.

2. 선박국적증서 등의 제출(민집 174조)

법원은 경매개시결정을 한 때에는 집행관에게 선박국적증서 그 밖에 선박운행에 필요한 문서(선박검사증서, 임시항해검사증서, 승무원명부, 항해일지, 화물에 관한 서류)를 선장으로부터 받아 법원에 제출하도록 명하여야 한다. 경매개시결정이 송달 또는 등기되기 전에 집행관이 선박국적증서등을 받은 경우에는 그 때에 압류의 효력이 생긴다.

3. 선박집행 신청 전의 선박국적증서 등의 인도명령(민집 175조)

선박에 대한 집행의 신청 전에 선박국적증서등을 받지 아니하면 집행이 매우 곤란할 염려가 있을 경우에는 선적(船籍)이 있는 곳을 관할하는 지방법원(선적이 없는 때에는 대법원규칙이 정하는 법원)[61]은 신청에 따라 채무자에게 선박국적증서등을 집행관에게 인도하도록 명할 수 있다. 급박한 경우에는 선박이 있는 곳을 관할하는 지방법

61) 서울중앙지방법원·인천지방법원·수원지방법원평택지원·춘천지방법원강릉지원·춘천지방법원속초지원·대전지방법원홍성지원·대전지방법원서산지원·대구지방법원포항지원·부산지방법원·울산지방법원·창원지방법원·창원지방법원진주지원·창원지방법원통영지원·광주지방법원목포지원·광주지방법원순천지원·광주지방법원해남지원·전주지방법원군산지원 또는 제주지방법원으로 한다(민집규 98조).

원도 이 명령을 할 수 있다. 선박의 정박이 확보되지 않으면 경매절차를 실시할 수 없으므로 선박집행의 효율성을 확보하기 위하여 일종의 보전처분으로서 인정하는 제도이다.

신청인은 이 인도명령에 따라 인도집행을 할 수 있다. 인도명령에 대하여는 즉시항고를 할 수 있다.

2주간의 집행기간이 있으며, 집행관은 선박국적증서 등을 인도받은 날부터 5일(자동차 집행의 경우는 자동차를 인도받은 날부터 10일) 이내에 채권자로부터 선박집행을 신청하였음을 증명하는 문서를 제출받지 못한 때에는 그 선박국적증서등을 돌려주어야 한다.

4. 선박 소재 불명시의 집행취소(민집 183조)

경매개시결정이 있은 날부터 2월이 지나기까지 집행관이 선박국적증서등을 넘겨받지 못하고, 선박이 있는 곳이 분명하지 아니한 때에는 법원은 강제경매절차를 취소할 수 있다.

5. 선장에 대한 판결의 집행(민집 179조)

선장에 대한 판결로 선박채권자를 위하여 선박을 압류하면 그 압류는 소유자에 대하여도 효력이 미친다. 이 경우 소유자도 이해관계인으로 본다. 압류한 뒤에 소유자나 선장이 바뀌더라도 집행절차에는 영향을 미치지 아니한다. 압류한 뒤에 선장이 바뀐 때에는 바뀐 선장만이 이해관계인이 된다.

6. 관할위반으로 말미암은 절차의 취소(민집 180조, 182조)

압류 당시 선박이 그 법원의 관할 안에 없었음이 판명된 때에는 그 절차를 취소하여야 한다.

그러나 압류된 선박이 관할구역 밖으로 떠난 때에는 집행법원은 선박이 있는 곳을 관할하는 법원으로 사건을 이송할 수 있다.

7. 정박명령과 운행허가(민집 176조)

법원은 집행절차를 행하는 동안 선박이 압류 당시의 장소에 계속 머무르도록 명하여야 한다. 법원은 영업상의 필요, 그 밖에 상당한 이유가 있다고 인정할 경우에는 채무자의 신청에 따라 선박의 운행을 허가할 수 있다. 이 경우 채권자·최고가매수신고인·차순위매수신고인 및 매수인의 동의가 있어야 한다.

선박운행허가결정에 대하여는 즉시항고를 할 수 있고, 선박운행허가결정은 확정되어야 효력이 생긴다.

운행허가에 의하여 발생한 채무자의 수익에 대하여는 압류의 효력이 미치지 아니하므로 별도의 집행절차를 밟아야 한다.

8. 감수·보존처분(민집 178조)

법원은 채권자의 신청에 따라 선박을 감수(監守)하고 보존하기 위하여 필요한 처분을 할 수 있다. 감수·보존처분의 신청은 강제경매신청과 동시에 또는 개시결정의 전후를 묻지 않고 할 수 있다.

감수·보존처분을 한 때에는 경매개시결정이 송달되기 전에도 압류의 효력이 생긴다. 그러나 압류의 등기가 없는 한 제3자에게 대항할 수 없으므로 감수·보존처분의 집행 후라도 압류의 등기 전에 선박이 제3자에게 양도되어 소유권이전등기가 경료된 때에는 경매절차를 취소해야 한다.

9. 보증의 제공에 따른 강제경매절차의 취소(민집 181조)

채무자가 집행의 일시정지를 명한 재판서 또는 변제증서·변제유예증서를 제출하고 압류채권자 및 배당을 요구한 채권자의 채권과 집행비용에 해당하는 보증을 매수신고 전에 제공한 때에는 법원은 신청에 따라 배당절차 외의 절차를 취소하여야 한다. 선박이 압류되면 압류장소에 정박시키고 운행이 금지되는데 선박의 특성상 채무자는 선박을 이용하지 못함으로 인하여 커다란 경제적 불이익을 받게 되므로 당사자의 이익을 조정하기 위하여 마련된 제도이다.

집행정지서류의 제출에 따른 집행정지가 나중에 효력을 잃은 때에는 법원은 위 보증금을 배당하여야 한다.

보증의 제공에 따른 강제경매절차의 취소결정에는 민사집행법 17조 2하이 적용되지 아니하므로 즉시 효력이 발생한다. 위 취소신청을 기각한 재판에 대하여는 즉시항고를 할 수 있다.

10. 사건의 이송(민집 182조)

압류된 선박이 관할구역 밖으로 떠난 때에는 집행법원은 선박이 있는 곳을 관할하는 법원으로 사건을 이송할 수 있다.

11. 매각기일의 공고(민집 184조)

매각기일의 공고에는 선박의 표시와 그 정박한 장소를 적어야 한다.

[서식 104] 선박강제경매신청서

선박강제경매신청

채 권 자　○ ○ ○ (주민등록번호)
○○시 ○○구 ○○길 ○○(우편번호 ○○○○○)
전화·휴대폰번호 :
팩스번호, 전자우편(e-mail)주소 :

채 무 자　◇◇해운주식회사
○○시 ○○구 ○○길 ○○(우편번호 ○○○○○)
대표이사 ◇◇◇
선　　장 ◈◈◈
전화·휴대폰번호 :
팩스번호, 전자우편(e-mail)주소 :

청구채권의 표시

금 ○○○원 및 이에 대한 20○○. ○. ○.부터 다 갚는 날까지 연 ○○%의 비율에 의한 이자 및 지연손해금

집행권원의 표시

채권자는 채무자에 대하여 위 표시 집행권원을 가지고 있고 채무자는 이를 변제하지 아니하고 있으므로 민사집행법 제61조에 의하여 채무자에 대한 재산관계명시명령을 신청합니다.

경매할 선박의 표시

별지목록 기재와 같음.

신 청 취 지

1. 채권자의 채무자에 대한 위 청구채권의 변제에 충당하기 위하여, 채무자소유의 별지목록 기재 선박에 대한 강제경매절차를 개시하고, 채권자를 위하여 이를 압류한다.
2. 채무자는 위 선박을 ○○○항에 정박하여야 한다.
3. 귀원소속 집행관은 위 선박의 선박국적증서 기타 항행에 필요한 문서를 수취하여 이 법원에 제출하여야 한다.

라는 재판을 구합니다.

신 청 이 유

1. 채권자는 채무자에 대하여 ○○지방법원 20○○. ○. ○. 선고 20○○가합○○○ 대여금청구사건의 집행력 있는 판결정본에 기초한 위 청구채권을 가지고 있습니다.

2. 그런데 채무자는 지금까지 채권자에게 위 청구채권을 지급하지 않고 있습니다.

3. 따라서 채권자는 위 채권을 변제 받기 위하여 채무자소유의 별지목록 기재 선박에 대하여 강제경매를 신청합니다.

4. 그리고 위 선박은 ○○시 ○○구 ○○동 ○○ ○○○에 정박중입니다.

첨 부 서 류

1. 집행력 있는 판결정본 1통
1. 판결정본송달증명서 1통

1. 선박등기부초본 1통
1. 선박정박증명 1통
1. 출항준비미완료보고서 1통
1. 선박목록 30통
1. 법인등기사항증명서 1통
1. 등록면허세·지방교육세영수필확인서,
영수필통지서 각 1통
1. 송달료납부서 1통

20○○. ○. ○.

위 채권자 ○ ○ ○ (서명 또는 날인)

○○지방법원 귀중

[별지] 선박의 표시

선박의 표시

선박의 종류와 명칭	기선 제○○○호
선 적 항	○ ○ ○
선 질	강(鋼)
총 톤 수	○○○t
순 톤 수	○○○t
기관의 종류 및 수	디젤발동기 ○기
추진기의 종류 및 수	나선추진기 ○개
진수연월일	20○○년 ○월 ○일
정 박 장 소	○○○항
소 유 자	○○해운주식회사
선 장	◈◈◈(위 선박 안에 있음)

임 대 차	없음. 끝.

작성방법
1. 인지 : 집행권원당 5,000원 2. 송달료 : (이해관계인의 수+3)×10회분 3. 증지(등기신청수수료) : 선박 1대당 3,000원 4. 등록면허세 : 1대당 15,000원 5. 지방교육세 : 1대상 3,000원 6. 법원보관금 : 집행계에 문의해서 선납한다.

제5절 선박지분에 대한 강제집행

선박의 지분에 대한 강제집행은 민사집행법 251조 그 밖의 재산권에 대한 집행에서 규정한 강제집행의 예에 따른다(민집 185조).

제6절 선박을 목적으로 하는 담보권 실행을 위한 경매(민집 269조)

선박을 목적으로 하는 담보권에는 선박저당권과 선박우선특권이 있으며, 선박강제경매와 부동산경매에 관한 규정을 준용한다. 다만 동일한 채권의 담보로 부동산과 선박에 대하여 저당권이 설정된 경우에는 공동저당권과 차순위자의 대위권(민법 368조 2항)이 적용되지 아니한다.62)

62) 근로자의 임금채권 우선변제권이 선박경매절차에서 행사된 뒤 그 사용자의 부동산이 경매되는 경우에는 민법 제368조가 유추적용되지 아니하므로, 선박에 대한 경매절차가 먼저 진행되어 근로자들이 임금채권 우선변제권에 따라 배당 받음으로써 선박에 대한 저당권자가 부동산과 선박에 대한 경매절차가 함께 진행되어 동시에 배당이 이루어졌다면 받을 수 있었던 금액보다 적은

신청서에는 채권자·채무자·소유자와 그 대리인의 표시, 담보권과 피담보채권의 표시, 담보권 실행 또는 권리행사의 대상인 재산의 표시, 피담보채권의 일부에 대하여 담보권 실행 또는 권리행사를 하는 때에는 그 취지와 범위, 선박의 정박항 및 선장의 이름과 현재지를 적어야 한다.

근로기준법 38조 2항의 임금우선특권과 상법 777조 1항의 선박우선특권 사이에는 전자가 배당에서 우선순위에 있다.

[서식 105] 선박담보권실행을 위한 경매신청서

선박담보권실행을 위한 경매신청

채 권 자　○ ○ ○ (주민등록번호)
　○○시 ○○구 ○○길 ○○ (우편번호 ○○○○○)
　전화·휴대폰번호 :
　팩스번호, 전자우편(e-mail)주소 :

채 무 자　◇ ◇ ◇ (주민등록번호)
겸 소유자　○○시 ○○구 ○○길 ○○ (우편번호 ○○○○○)
　전화·휴대폰번호 :
　팩스번호, 전자우편(e-mail)주소 :

선　　장　◈ ◈ ◈ (주민등록번호)
　○○시 ○○구 ○○길 ○○ (우편번호 ○○○○○)
　전화·휴대폰번호 :
　팩스번호, 전자우편(e-mail)주소 :
　선장의 현재지 : ○○시 ○○구 ○○길 ○○○

집행권원의 표시

원금 ○○○원 및 이에 대한 20○○. ○. ○.부터 다 갚는 날까지 연 ○○%의 비율에 의한 이자 및 지연손해금

금액만을 배당 받거나 또는 배당을 받지 못하게 되었다고 하더라도 선박에 대한 저당권자는 사용자의 부동산에 대한 경매절차에서 그 근로자들의 임금채권 우선변제권을 대위 행사할 수 없다(대법원 2002.10. 8. 선고 2002다34901 판결).

경매할 선박의 표시

별지목록 기재와 같음.

신 청 취 지

1. 채권자의 채무자에 대한 위 청구채권의 변제를 위하여, 채무자 소유의 별지목록 기재 선박에 대한 담보권실행을 위한 경매절차를 개시하고, 채권자를 위하여 이를 압류한다.
2. 채무자는 위 선박을 ○○○항에 정박하여야 한다.
3. 귀원소속 집행관은 위 선박의 선박국적증서 기타 항해에 필요한 문서를 수취하여 이 법원에 제출하여야 한다.

라는 재판을 구합니다.

신 청 이 유

1. 채권자는 채무자에게 20○○. ○. ○. 금 ○○○원을 이자는 연 ○○%, 갚을 날짜는 1년 뒤로 정하여 빌려 주면서 위 채권의 담보를 위하여 별지목록 기재 선박에 대하여 ○○지방법원 ○○지원 20○○. ○. ○. 접수 제○○○호로, 채권최고액 금 ○○○원의 근저당권을 설정하였습니다.

2. 그런데 채무자는 위 채무를 갚을 날짜가 지났음에도 전혀 갚지 아니하였으므로, 채권자는 여러 차례에 걸쳐 위 채무를 갚을 것을 독촉하였으나 채무자는 지금까지 위 채무를 갚지 않고 있습니다.

3. 따라서 채권자는 채무자에 대하여 위 대여금을 받기 위하여 이미 설정된 별지목록 기재 선박에 대한 근저당권을 실행하고자 이 사건 경매신청을 하기에 이른 것입니다.

첨 부 서 류

1. 선박등기부초본	1통
1. 선박정박증명	1통
1. 출항준비미완료보고서	1통
1. 차용증	1통
1. 근저당권설정계약서	1통
1. 등록면허세·지방교육세영수필확인서, 영수필통지서	각 1통
1. 집행비용예납서	1통

1. 송달료납부서 1통
1. 선박목록 30통

20○○. ○. ○.

위 채권자 ○ ○ ○ (서명 또는 날인)

○○지방법원 ○○지원 귀중

[별지] 선박의 표시

선박의 표시

선박의 종류와 명칭	기선 제○○○호
선적항(또는 선적국)	○○항
선 질	강(鋼)
총 톤 수	○○○t
순 톤 수	○○○t
기관의 종류 및 수	디젤발동기 ○기
추진기의 종류 및 수	나선추진기 ○개
진수연월일	20○○년 ○월 ○일
정박장소	○○○항
소 유 자	◇◇◇
선 장	◈◈◈
임 대 차	없음. 끝.

제 4 장

항공기에 대한 금전집행

1. 개 관

항공법에 따라 등록된 항공기에 대한 강제집행은 선박에 대한 강제집행의 예에 따라 실시한다(민집 187조, 민집규 106조).

2. 집행대상

가. 민간항공에 사용되는 비행기, 비행선, 활공기, 회전익 항공기, 기타 대통령령으로 정하는 항공에 사용할 수 있는(항공우주선 등)로서 국내에 등록된 것

나. 등록대상에서 제외된 항공기(유체동산의 집행방법으로 집행)

다. 외국항공기(유체동산의 집행방법으로 집행)

[서식 106] 항공기 강제경매신청

항공기 강제경매신청서

채권자　　○　○　○
　　　　　○○시 ○○구 ○○로 (우 : ○○○○○)
　　　　　(전화 : ○○○-○○○-○○○○ / 팩스 : ○○○-○○○-○○○○)

채무자　　주식회사 ○○항공
　　　　　○○시 ○○구 ○○로 (우 : ○○○○○)
　　　　　(전화 : ○○○-○○○-○○○○ / 팩스 : ○○○-○○○-○○○○)

청구채권 : ○○,○○○,○○○원

집행권원의 표시 : 채권자가 채무자에 대한 ○○지방법 20○○. ○. ○. 선고 2021가합 ○○○ 청구사건의 집행력있는 판결정본

경매할 항공기의 표시 : 별지목록 기재와 같습니다.

신 청 취 지

1. 채권자의 채무자에 대한 위 청구채권의 변제에 충당하기 위하여 채무자 소유의 별지목록 기재 항공기에 대한 강제경매절차를 개시하고, 채권자를 위하여 이를 압류한다.
2. 채무자는 위 항공기를 ○○공항에 정류하여야 한다.
3. 귀원 소속 집행관은 위 항공기의 항공기등록증명서 기타 운항에 필요한 문서를 수취하여 이 법에 제출하여야 한다.

신 청 이 유

1. 채권자는 채무자에 대하여 ○○지방법원 20○○. ○. ○. 선고 2021가합 ○○○ 청구사건의 집행력 있는 판결정본에 기초하여 위 청구채권을 가지고 있습니다.

2. 그러나 채무자는 위 판결선고 후 지금까지 채권자에게 위 청구채권을 지급치 아니하고 있습니다.

3. 따라서 채권자는 위 채권을 변제받기 위하여 채무자 소유의 별지목록 기재 항공기에 대하여 강제경매를 신청합니다.

4. 현재 위 항공기는 ○○공항(○○시 ○○구 ○○로 소재)에 정류중입니다.

첨 부 서 류

1. 집행력있는 판결정본	1부
1. 판결정본송달증명서	1부
1. 항공기등록원부초본	1부
1. 항공기목록	30부
1. 법인등기사항증명원	1통
1. 송달료 납부서	1부

20○○. ○. ○.

채권자 ○ ○ ○ (인)

○○지방법원 귀중

[별 지] 항공기의 표시

항공기의 표시

등록기호 :
제작연월일 :
종 류 :
형 식 :
제작자 :
제작번호 :
정치장 :
등록연월일 :

제5장

유체동산에 대한 금전집행

제1절 의의 및 개요

1. 의 의

민사집행법상 유체동산이란 민사집행법상의 동산 중에서 채권 그 밖의 재산권을 제외한 물건 및 유가증권으로 화체된 재산권을 말하고, 여기서 민사집행법상의 동산이란 부동산 및 이에 준하여 취급되는 것 외의 것을 말한다.

2. 절차의 개요

유체동산에 대한 금전집행 절차의 개요는 다음과 같다. 채권자가 집행관에게 집행신청을 하면 집행관은 채무자 소유의 유체동산 중 압류금지물건(민집 195조)을 제외하고 압류를 실시한 후(민집 188조~192조) 압류물을 입찰 또는 호가경매의 방법으로(민집 199조) 또는 적당한 매각의 방법으로(민집 209조~201조) 현금화한다. 다만 법원은 필요하다고 인정하면 직권으로 또는 압류채권자, 배당을 요구한 채권자 또는 채무자의 신청에 따라 일반 현금화의 규정에 의하지 아니하고 다른 방법이나 다른 장소에서 압류물을 매각하게 할 수 있다. 또한 집행관에게 위임하지 아니하고 다른 사람으로 하여금 매각하게 하도록 명할 수 있다(민집 214조).

집행관은 채권자가 한 사람인 경우에는 압류한 금전 또는 압류물을 현금화한 대금을 압류채권자에게 인도하여야 한다(민집 201조). 공동집행, 이중압류, 배당요구의 결과 채권자가 여러 사람인 경우 집행관은 압류금전 또는 매각대금으로 각 채권자의 채권과 집행비용의 전부를 변제할 수 있는 때에는 각 채권자에게 채권액을 교부하고 나머지가 있으면 채무자에게 교부하여야 할 것이나, 그것으로 각 채권자의 채권과 집행비용의 전부를 변제할 수 없는 때에는 채권자 사이에 배당협의가 이루어지면 그 협의에 따라 배당을 실시하고 만약 협의가 이루어지지 아니하면 집행관은 그 매각대금을 공탁하고 그 사유를 집행법원에 신고하여야 한다(민집 222조, 민집규 155조~157조). 위 공탁 및 사유신고가 있으면 집행법원은 배당절차를 실시하게 된다(민집 252조).

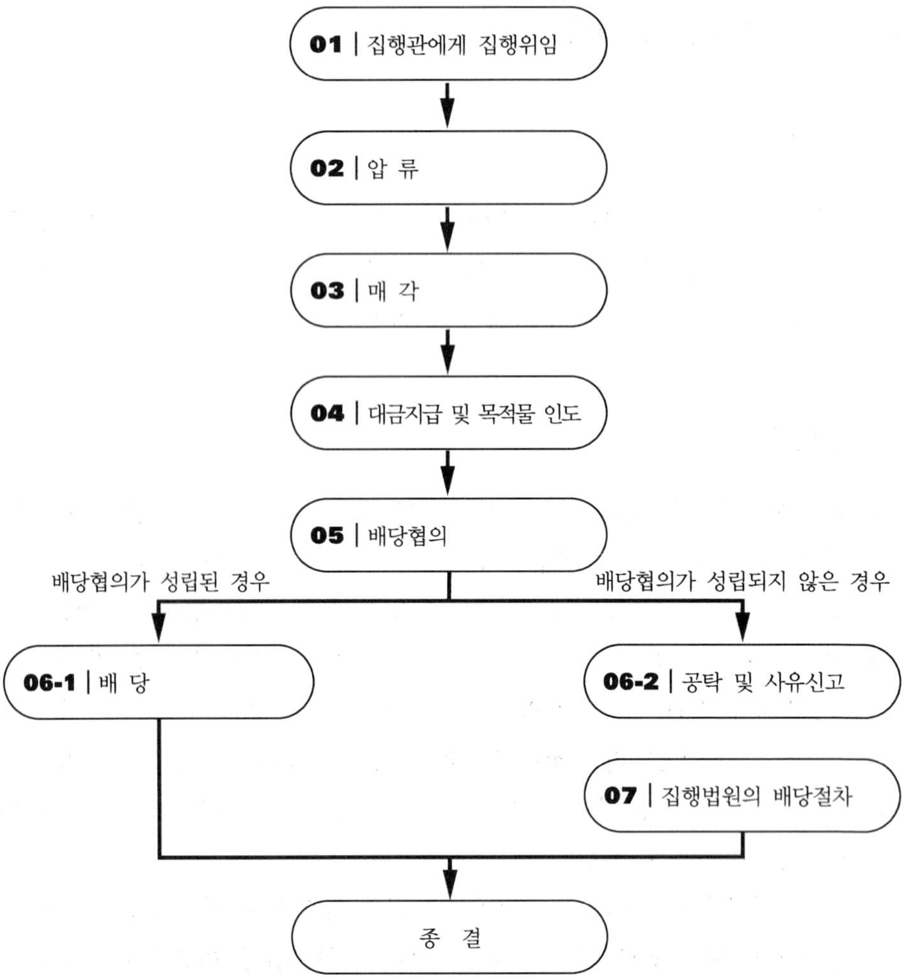

〈동산강제집행절차〉

제2절 대 상

1. 민사집행법상 유체동산

자동차관리법에 따라 등록된 자동차, 건설기계관리법에 따라 등록된 건설기계, 자동차 등 특정동산 저당법에 따른 소형선박, 선박법 및 선박등기법에 따라 선박등기를 할 수 있는 선박, 항공법에 따라 등록된 항공기는 유체동산의 집행에서 제외된다.

공장 및 광업재단 저당법에 의한 공장재단 또는 광업재단을 구성하는 기계, 기구, 전봇대, 전선(電線), 배관(配管), 레일, 그 밖의 부속물 등은 유체동산의 집행에서 제외된다(공광 13조).

입목은 토지의 정착물로서 부동산의 일부 또는 종물에 불과하지만 입목에 관한 법률에 따라 소유권보존등기 된 것은 독립된 부동산으로 취급된다.

유가증권 자체는 민사집행법상 유체동산이지만, 배서가 금지된 것은 그 증권에 화체된 권리를 집행대상으로 파악하여 채권 그 밖의 재산권의 집행방법에 의하여야 한다(민집 189조, 223조).

부동산이나 선박의 종물 또는 그로부터 분리된 천연과실이나 구성부분도 유체동산집행의 대상이 되나 주물인 부동산 등이 압류된 후에는 독립하여 유체동산압류의 대상이 되지 못한다.

2. 등기할 수 없는 토지의 정착물로서 독립하여 거래의 객체가 될 수 있는 것(민집 189조 2항 1호)

등기할 수 없는 토지의 정착물이란 토지에의 정착성은 있으나 현금화한 후 토지로부터 분리하는 것을 전제로 하여 거래의 대상으로서의 가치를 가지는 것이라고 보아야 한다.

미등기건물 중 건축법에 의한 건축신고 또는 건축허가를 마쳤으나 사용승인을 받지 아니하여 보존등기를 마치지 못한 건물의 경우는 유체동산의 집행대상이 되지 못하고 부동산집행절차에 따른다.

건축 중인 건물로서 최소한의 기둥과 지붕, 그리고 주벽을 갖추지 못한 경우는 독립하여 거래의 객체가 될 수 없으므로 부동산집행의 대상이 되지 못할 뿐만 아니라 유체동산집행의 대상으로도 되지 못한다.

유체동산집행의 대상이 되는 정착물의 예로는 송신용 철탑, 정원석, 정원수, 주유소의 급유기, 입목등기가 되지 아니한 입목, 식재된 수목 등이 있다.

3. 토지에서 분리하기 전의 과실로서 1월 이내에 수확할 수 있는 것(민집 189조 2항 2호)

미분리의 과실은 토지의 정착물로서 독립하여 거래의 객체가 되지 아니하므로 토지에 대한 강제집행에 부수할 수밖에 없으나 근래 미분리과실이라도 독립하여 거래의 객체로 되어 가는 추세를 반영하여 압류의 대상으로 규정한 것이다.

4. 유가증권으로서 배서가 금지되지 아니한 것(민집 189조 2항 3호)

유가증권이란 증권 자체에 권리가 화체되어 있는 증서를 말하고, 이에는 어음, 수표, 화물상환증, 창고증권, 선하증권, 지시증권, 국채, 지방채, 공채, 사채, 무기명주권, 상품권, 승차권, 입장권 등이 있다.

그러나 철도수화물인환증, 휴대물예치증, 은행예금증서, 적하수도증, 옷표 등의 면책증권은 유가증권에 해당하지 아니한다.

또한 차용증서, 출자증권 등의 증거증권도 유가증권에 해당하지 아니한다.

유가증권으로서 배서가 금지되지 않은 것이 압류된 경우 그 압류의 효력은 그 증서 자체만이 아니라 증서에 화체된 권리에까지 미친다. 그러나 그 권리의 목적인 물건(화물상환증의 목적인 화물) 자체에까지 압류의 효력이 미치는 것은 아니다.

유가증권으로서 배서가 금지된 것일 때에는 그 유가증권은 채권 그 밖의 재산권에 대한 집행의 대상이며 유체동산집행의 대상이 아니다.

5. 채무자와 그 배우자의 공유로서 채무자가 점유하거나 그 배우자와 공동으로 점유하고 있는 유체동산(민집 190조)

유체동산이 부부의 공유이어야 한다. 유체동산이 부부의 공유인가의 여부는 실체법에 따라 정해진다. 부부의 누구에게 속한 것인지 분명하지 아니한 재산은 부부의 공유로 추정된다(민법 830조). 유체동산의 압류는 점유를 표준으로 하여 행하는 것으로서 집행관이 압류함에 있어서는 그 유체동산이 부부의 공유인지 여부를 조사할 필요는 없다.

부부공유재산을 제외한 유체동산의 공유지분은 유체동산집행의 대상이 아니므로 그 밖의 재산권에 대한 집행의 방법에 따라 압류한다.

제3절 압 류

1. 압류할 수 있는 경우

가. 채무자가 점유하고 있는 경우(민집 189조)

집행관은 본래 채무자의 소유인 유체동산에 대하여 압류를 하여야 마땅하나 집행관은 실체상의 권리귀속관계에 관하여 조사할 권한이 없으므로 채무자가 점유하고 있는 유체동산이라면 그것이 진실로 채무자의 소유에 속하는지 여부를 묻지 않고 집행관은 일응 그 물건을 압류할 수 있다(민집 189조). 따라서 채무자가 점유하고 있는 이상 제3자가 그 물건에 대하여 소유권 그 밖의 권리를 가지고 있더라도 압류는 위법하지 않고, 다만 이때에 제3자는 제3자이의의 소를 제기하여 구제받을 수 있다.

여기서 점유란 민법상의 점유를 말하는 것이 아니라 물건에 대한 순수한 사실상의 지배상태인 소지를 의미하므로, 간접점유는 이에 해당하지 않는데 비해, 타주점유인 수임인·수탁자·운송인·위탁매매인·사무관리자의 점유는 이에 해당한다. 그러나 고용인과 같이 외관상 명백히 타인의 시시를 받아 물건에 대한 사실상의 지배를 하는 점유보조자의 점유는 제외된다.

사업체의 업주는 그 사업체 내의 물건은 물론 사업용품에 대하여 점유하고 있다. 업주가 누구인가 여부는 반드시 영업명의인만을 기준으로 할 것이 아니다. 영업명의인이 처라 하여도 채권자가 신청하는 여러 사정을 종합하여 영업의 진실한 업주가 남편이라고 인정되면 그 영업소에 있는 영업용품이나 상품을 남편의 점유물로 보아 압류하여도 무방하다.

법인은 기관을 통해서만 물건을 사실상 지배하므로 기관이 법인을 위하여 지배하고 있는 것은 법인의 점유나 그 소지에 속하는 것이고 기관이 점유하는 것이 아니다. 따라서 이와 같은 경우에는 법인에 대한 집행권원으로 집행할 수 있으며 따로 기관에 대한 집행권원을 필요로 하지 않는다.

법정대리인이 무능력자의 재산에 대하여 관리하고 있으면 무능력자에 대한 집행권원으로 이를 압류할 수 있다.

나. 채권자가 점유하고 있는 경우(민집 191조)

채무자 소유의 재산이라면 채권자가 점유하고 있는 경우라도 압류할 수 있다. 채권자가 우연히 채무자 소유의 유체동산을 점유하고 있는 경우 또는 임차물·임치물로서 점유하고 있는 경우 채권자가 그 목적물을 집행관에게 제출하여 압류할 수 있다.

다. 점유자인 제3자가 압류를 승낙하여 목적물을 제출한 경우(민집 191조)

제3자가 채무자의 소유물을 점유하고 있는 경우 그 압류를 승낙하여 제출을 거부하지 아니한 경우에 한하여 압류할 수 있다. 채무자와 제3자가 공동으로 점유하고 있는 경우에도 제3자가 제출을 거부하지 아니한 때에 한하여 압류할 수 있다. 다만 부부가 공동으로 점유하고 있는 부부공유의 유체동산인 경우에는 이를 압류함에 있어서 배우자의 승낙이나 제출불거부의 의사표시는 필요 없다.

제3자 제출을 거부하는 경우 채무자가 제3자에 대하여 인도청구권을 가지는 때에는 채권자는 그 청구권을 민사집행법 243조의 유체동산에 관한 청구권의 압류에 따라 압류할 수밖에 없다.

제3자인 점유자의 의사에 반하여 압류하였을 때에 제3자는 민사집행법 16조의 집행에 관한 이의, 민사집행법 48조의 제3자 이의의 소를 제기할 수 있다.

2. 압류의 제한(압류금지물 포함)

가. 초과압류의 금지(민집 188조)

압류는 집행력 있는 정본에 적은 청구금액의 변제와 집행비용의 변상에 필요한 한도 안에서 하여야 한다. 여기서 청구금액이란 집행력 있는 정본에 기재된 원금·이자·지연손해금의 합계액을 말한다. 압류의 경합(민집 215조)이나 우선권자의 배당요구(민집 217조)가 있는 경우에는 이중압류채권자 또는 배당요구채권자의 청구금액까지 아울러 의미한다.

초과압류 여부는 현금화한 후에야 비로소 정확히 판명되나, 집행관은 압류물을 평가하여 대체적인 견적에 의하여 압류를 하다가 집행채권과 집행비용의 합계액을 초과하지 않는 범위 내에서 압류를 할 것이다. 그러나 여러 개의 동산을 동시에 압류하는 것이 아니고 불가분적인 한 개의 물건을 압류하는 경우에는 위 범위를 초과하여도 무방하다.

집행관은 압류 후에 그 압류가 청구금액의 변제와 집행비용의 변상에 필요한 한도를 넘는 사실이 분명하게 된 때에는 넘는 한도에서 압류를 취소하여야 한다(민집 140조).

유체동산 압류를 취소하는 때에는 집행관은 압류물을 수취할 권리를 갖는 사람에게 압류취소의 취지를 통지하고 압류물이 있는 장소에서 이를 인도하여야 한다. 다만, 압류물을 수취할 권리를 갖는 사람이 그 압류물을 보관중인 때에는 그에게 압류취소의 취지를 통지하면 된다. 집행관은 압류물을 수취할 권리를 갖는 사람이 채무자 외의 사람인 때에는 채무자에게 압류가 취소되었다는 취지를 통지하여야 한다(민집규 142조).

압류가 취소된 경우 채권자에게 그 취지와 취소의 이유가 통지되는바(민집규 17조), 채권자는 민사집행법 16조의 집행에 관한 이의신청으로 다툴 수 있으며, 민사집행법 17조에 따라 집행절차를 취소하는 결정, 집행절차를 취소한 집행관의 처분에 대한 이의신청을 기각·각하하는 결정에 대하여 즉시항고를 할 수 있다.

나. 무잉여압류의 금지(민집 188조)

압류물을 현금화하여도 집행비용 외에 남을 것이 없는 경우에는 집행하지 못한다. 집행관은 압류 후에 압류물의 매각대금으로 압류채권자의 채권에 우선하는 채권과 집행비용을 변제하면 남을 것이 없겠다고 인정하는 때에는 압류를 취소하여야 한다(민집규 140조). 남을 것이 없다는 사유가 압류물 전체에 대하여 발생한 경우에는 압류를 전부 취소하며, 동산집행사건을 종료하게 된다. 남을 것이 없다는 사유가 압류물의 일부에 대해서만 발생한 경우에는 그 동산 만에 대하여 압류를 취소한다.

이 규정에 반하여 압류하여도 당연히 무효가 되는 것은 아니고 집행에 관한 이의사유로 될 뿐임은 초과압류의 금지와 같다.

다. 매각의 가망이 없는 압류의 금지(민집 188조)

집행관은 압류물에 관하여 상당한 방법으로 매각을 실시하였음에도 매각의 가망이 없는 때에는 그 압류물의 압류를 취소할 수 있다(민집규 141조). 여기서 상당한 방법이란 압류물의 종류·형상·용도·보관장소·형태·수요 등을 고려한 적정한 매각방법을 말하고, 매각의 가망이 없는 때란 이와 같은 방법에 따라 매각기일을 열었으나 적법한 매수신청이 없는 것을 말한다.

라. 국가에 대한 강제집행에 있어서의 압류의 제한(민집 192조)

국가에 대한 강제집행은 국고금을 압류함으로써 한다. 여기서 국고금이란 세입금, 세출금, 세입·세출외 현금(우편송금, 보관금, 공탁금, 일시차입금)을 말한다.

위 규정은 국가에 대한 금전채권 외의 채권에 관한 집행의 경우와 국가 이외의 공법인(지방자치단체·공공조합·영조물법인 등)에 대한 강제집행에는 적용되지 않는다.

마. 압류금지물

(1) 민사집행법상 압류금지물(민집 195조)

① 채무자 및 그와 같이 사는 친족(사실상 관계에 따른 친족 포함)의 생활에 필요한 의복·침구·가구·부엌기구, 그 밖의 생활필수품

여기서 친족이란 8촌 이내의 혈족, 4촌 이내의 인척, 배우자를 말한다(민법 777조). 사실상의 관계에 따른 친족이란 인지 전의 혼인 외 출생자와 생부, 사실상의 양자와 양부, 사실혼 배우자, 사실혼에 따른 의붓아버지와 딸 등의 예가 있다.

② 채무자등의 생활에 필요한 2월간의 식료품·연료 및 조명재료

③ 채무자등의 생활에 필요한 1월간의 생계비로서 대통령령이 정하는 액수의 금전

여기서 대통령령이 정하는 액수의 금전이란 150만 원을 말한다(민집령 2조).

④ 주로 자기 노동력으로 농업을 하는 사람에게 없어서는 아니 될 농기구·비료·가축·사료·종자, 그 밖에 이에 준하는 물건

⑤ 주로 자기의 노동력으로 어업을 하는 사람에게 없어서는 아니 될 고기잡이 도구·어망·미끼·새끼고기, 그 밖에 이에 준하는 물건

⑥ 전문직 종사자·기술자·노무자, 그 밖에 주로 자기의 정신적 또는 육체적 노동으로 직업 또는 영업에 종사하는 사람에게 없어서는 아니 될 제복·도구, 그 밖에 이에 준하는 물건

⑦ 채무자 또는 그 친족이 받은 훈장·포장·기장, 그 밖에 이에 준하는 명예증표

⑧ 위패·영정·묘비, 그 밖에 상례·제사 또는 예배에 필요한 물건

⑨ 족보·집안의 역사적인 기록·사진첩, 그 밖에 선조숭배에 필요한 물건

⑩ 채무자의 생활 또는 직무에 없어서는 아니 될 도장·문패·간판, 그 밖에 이에 준하는 물건

⑪ 채무자의 생활 또는 직업에 없어서는 아니 될 일기장·상업장부, 그 밖에 이에 준하는 물건

⑫ 공표되지 아니한 저작 또는 발명에 관한 물건

⑬ 채무자등이 학교·교회·사찰, 그 밖의 교육기관 또는 종교단체에서 사용하는 교과서·교리서·학습용구, 그 밖에 이에 준하는 물건

⑭ 채무자등의 일상생활에 필요한 안경·보청기·의치·의수족·지팡이·장애보조용 바퀴의자, 그 밖에 이에 준하는 신체보조기구

⑮ 채무자등의 일상생활에 필요한 자동차로서 자동차관리법이 정하는 바에 따른 장애인용 경형자동차

⑯ 재해의 방지 또는 보안을 위하여 법령의 규정에 따라 설비하여야 하는 소방설

비·경보기구·피난시설, 그 밖에 이에 준하는 물건

(2) 국민기초생활보장법상 압류금지물

수급자에게 지급된 수급품과 이를 받을 권리는 압류할 수 없다. 수급자 명의의 지정된 급여수급계좌의 예금에 관한 채권은 압류할 수 없다(국기 35조).

(3) 우편법상 압류금지물

우편을 위한 용도로만 사용되는 물건과 우편을 위한 용도로 사용 중인 물건은 압류할 수 없다(우편법 7조).

(4) 신탁법상 압류금지물

신탁재산에 대하여는 강제집행, 담보권 실행 등을 위한 경매, 보전처분 또는 국세 등 체납처분을 할 수 없다. 다만, 신탁 전의 원인으로 발생한 권리 또는 신탁사무의 처리상 발생한 권리에 기한 경우에는 그러하지 아니하다(신탁법 22조).

(5) 공장 및 광업재단저당법상 압류금지물

공장재단의 구성물은 공장재단과 분리하여 양도하거나 소유권 외의 권리, 압류, 가압류 또는 가처분의 목적으로 하지 못한다(공광 14조).

(6) 건설산업기본법상 압류금지물

건설업자가 도급받은 건설공사의 도급금액 중 그 공사(하도급한 공사를 포함한다)의 근로자에게 지급하여야 할 임금에 상당하는 금액은 압류할 수 없다(건기 88조).

(7) 그 밖의 특별법상 제한

마약류관리에 관한 법률상 마약·향정신성의약품의 소지 등 금지, 유해화학물질관리법상 대마·환각물질 소지 등 금지, 식물방역법상 방제대상병해충이 붙어 있거나 붙어 있다고 의심이 가는 식물 등의 양도·이동의 제한·금지, 정부보관금에 관한 법률상 정부보관금증서의 매매·양도금지, 여신전문금융업법상 신용카드의 양도·양수금지, 산업안전보건법상 근로자의 보건상 유해물질의 양도사용 등 금지, 문화재보호법상 국유문화재의 양도 등 금지, 전통사찰보존법상 전통사찰의 소유에 속하여 전법에 제공되는 경내지의 건조물 등 압류금지, 총·포·도검·화약류단속법상 총·포 등의 소지 제한, 수산업법상 범칙어획물의 판매 등 금지, 약사법상 위조의약품 등의 판매 등 금지, 향교재산법상 향고재산에 대한 매매, 양여 등 금지 등의 제한은 압류 후의 현금화에 영향을 미치는 사유가 된다.

바. 재판에 의한 압류금지의 확장·축소

(1) 의 의

법원은 당사자가 신청하면 채권자와 채무자의 생활형편, 그 밖의 사정을 고려하여 유체동산의 전부 또는 일부에 대한 압류를 취소하도록 명하거나 반대로 민사집행법 195조의 유체동산을 압류하도록 명할 수 있고, 또한 법원은 압류금지의 범위를 확장·축소하는 결정을 한 뒤 그 이유가 소멸되거나 사정이 바뀐 때에는 직권으로 또는 당사자의 신청에 따라 그 결정을 취소하거나 바꿀 수 있다(민집 196조). 위의 경우 그 재판에 앞서 집행정지 등의 잠정처분을 할 수 있다(민집 196조, 16조).

(2) 압류금지물건을 정하는 재판

압류금지물건의 범위를 확장하는 경우에는 채무자의 신청이, 압류금지물건의 범위를 축소하는 경우에는 채권자의 신청이 있어야 한다.

압류금지물건을 정하는 재판은 압류를 실시할 곳이나 실시한 곳을 관할하는 지방법원의 단독판사 전속관할에 속한다(민집 3조, 민집 21조, 법조 32조). 다만 가압류의 경우에는 가압류재판을 한 법원의 관할에 속한다(민집 291조, 278조).

압류금지물의 범위변경의 재판에 대하여는 즉시항고를 할 수 있다(민집 196조). 이 즉시항고에는 집행정지의 효력이 없다(민집 15조). 신청을 전부 기각한 결정에 대하여는 집행에 관한 이의로 다툴 수 있다(민집 16조).

(3) 압류금지물건을 정하는 재판의 취소·변경

여기서 '그 이유가 소멸되거나 사정이 바뀐 때'란 채권자·채무자의 생활형편 등을 고려하여 이루어지는 것으로서 압류금지물의 범위변경의 재판 이후에 새로이 생긴 것에 한한다.

압류금지물건을 정하는 재판을 취소·변경하는 재판은 압류금지물건을 정하는 재판을 한 법원이 관할한다.

압류금지물건을 정하는 재판을 취소·변경하는 재판에 대하여는 즉시항고를 할 수 있다(민집 196조). 이 즉시항고에는 집행정지의 효력이 없다(민집 15조). 신청을 전부 기각한 결정에 대하여는 집행에 관한 이의로 다툴 수 있다(민집 16조).

(4) 잠정처분

법원은 압류금지물건을 정하는 재판 또는 그 취소나 변경의 재판을 할 경우에, 채무자에게 담보를 제공하게 하거나 제공하게 하지 아니하고 강제집행을 일시정지하도록 명하거나 채권자에게 담보를 제공하게 하고 그 집행을 계속하도록 명하는 등 잠정처분을 할 수 있다(민집 196조 3항, 16조 2항).

(5) 재판 내용의 실현

압류금지물건을 정하는 재판 또는 그 취소나 변경의 재판의 정본이 집행관에게 제출되면 집행관은 이들 재판에 의하여 압류가 금지된 유체동산에 대하여는, 아직 압류를 실시하지 않았으면 이를 압류할 수 없고, 이미 압류를 하였으면 집행을 정지하고 이미 실시한 압류를 해제하여야 한다. 잠정처분으로 집행의 정지가 명해져 그 정본이 집행관에게 제출된 때에는 집행관은 압류를 일시정지 하여야 한다.

3. 압류절차

가. 강제집행의 신청

유체동산의 집행은 채권자가 집행관에게 서면으로 집행신청을 함으로써 시작된다(민집 4조).

유체동산에 대한 강제집행신청서에는 ① 채권자·채무자와 그 대리인의 표시, ② 집행권원의 표시, ③ 강제집행 목적물인 유체동산이 있는 장소, ④ 집행권원에 표시된 청구권의 일부에 관하여 강제집행을 구하는 때에는 그 범위 등을 적고 집행력 있는 정본을 붙여야 한다(민집규 131조).

집행관은 집행신청을 받은 때에는 신청인에게 수수료 기타 비용의 개산액을 예납시킬 수 있고, 예납을 하지 않으면 위임에 응하지 아니하거나 사무를 행하지 아니할 수 있다.

집행관은 집행신청을 받은 때에는 바로 집행을 개시할 일시를 정하여 신청인에게 통지하여야 하고, 집행일시는 부득이한 사정이 없으면 신청을 받은 날부터 1주 안의 날로 정하여야 한다.

[서식 107] 유체동산강제경매신청서

<table>
<tr><td colspan="7">○ ○ 지 방 법 원
강 제 집 행 신 청 서

○○지방법원 집행관사무소 집행관 귀 하</td></tr>
<tr><td rowspan="4">채권자</td><td rowspan="2">성 명</td><td rowspan="2">박 ○ ○</td><td rowspan="2">주민등록번호
(사업자등록번호)</td><td rowspan="2">7○○○○○
–1234567</td><td>전화번호</td><td>010–1234–5678</td></tr>
<tr><td>우편번호</td><td>□□□□□</td></tr>
<tr><td>주 소</td><td colspan="5">○○광역시 ○○구 ○○동(로) ○○가 ○○번지 ○○호(통 반)
아파트 동 호</td></tr>
<tr><td>대리인</td><td colspan="3">성명( )
주민등록번호( )</td><td>전화번호</td><td></td></tr>
<tr><td rowspan="3">채무자</td><td rowspan="2">성 명</td><td rowspan="2">정 ○ ○</td><td rowspan="2">주민등록번호
(사업자등록번호)</td><td rowspan="2">7○○○○○
–1234567</td><td>전화번호</td><td></td></tr>
<tr><td>우편번호</td><td>□□□□□</td></tr>
<tr><td>주 소</td><td colspan="5">○○광역시 ○○구 ○○동(로) ○○가 ○○번지 ○○호(통 반)</td></tr>
<tr><td colspan="2">집행목적물 소재지</td><td colspan="5">채무자의 주소지와 같음 (※ 다른 경우는 아래에 기재함)
시 구 동(로) 가 번지 호(통 반)</td></tr>
<tr><td colspan="2">집 행 권 원</td><td colspan="5">○○지방법원 20○○가소제○○호 확정된 이행권고결정정본</td></tr>
<tr><td colspan="2">집행의 목적물 및
집 행 방 법</td><td colspan="5">동산압류, 동산가압류, 동산가처분, 부동산점유이전금지가처분, 건물명도, 철거, 부동산인도, 자동차인도, 기타( )</td></tr>
<tr><td colspan="2">청 구 금 액</td><td colspan="5">10,000,000 원(내역은 뒷면과 같음)</td></tr>
<tr><td colspan="7">위 집행권원에 기한 집행을 하여 주시기 바랍니다.
※ 첨부서류
1. 집행권원 1통 20○○. ○. ○.
2. 송달증명서 1통 채권자 박 ○ ○ (인)
3. 위임장 1통 대리인 (인)</td></tr>
</table>

※ **특약사항**

1. 본인이 수령할 예납금잔액을 본인의 비용부담하에 오른쪽에 표시한 예금계좌에 입금하여 주실 것을 신청합니다.

   채권자 박 ○ ○ (인)

예금계좌	개설은행	농 협
	예 금 주	박 ○ ○
	계좌번호	123-45-67890

2. 집행관이 계산한 수수료 기타 비용의 예납통지 또는 강제집행 속행의사 유무 확인 촉구를 2회 이상 받고도 채권자가 상당한 기간 내에 그 예납 또는 속행의 의사표시를 하지 아니한 때에는 본건 강제집행 위임을 취하한 것으로 보고 종결 처분하여도 이의 없습니다.

   채권자 박 ○ ○ (인)

(뒷면 계속)

청 구 금 액 계 산 서

내 용	금 액
1. 대여금 원금	금 10,000,000원
합 계	10,000,000 원

집행목적물 소재지 약도	

[서식 108] 유체동산 임의경매신청서(질권실행)

유체동산임의경매신청

채 권 자　○　○　○
　　　　　○시 ○구 ○동 ○번지

채무자겸　○　○　○
소 유 자　○시 ○구 ○동 ○번지

1. 경매유체동산표시
   별지 경매유체동산목록과 같다.

1. 경매유체동산 소재장소
   ○○시 ○○구 ○○동 ○○번지

1. 청구금금액
   금 ○○만 원정　　20○○년 ○월 ○일 대여금
   위 금원에 대하여 20○○년 ○월 ○일부터 완제에 이르기까지 연 ○%의 비율에 의한 연체이자

신 청 취 지

채권자가 채무자에 대하여 가지고 있는 이 채권의 변제에 충당하기 위하여 별지목록 기재 유체동산에 대하여 경매개시를 구함.

경매의 원인사유

1. 채권자는 채무자에게 20○○년 ○월 ○일 금 ○○만 원을 이자는 연 ○% 변제기일은 20○○년 ○월 ○일로 정하고 대여하였으며, 채무자는 위 채권을 담보하기 위하여 그의 소유인 별지목록의 유체동산에 질권을 설정하고, 동 물건을 당일 채권자에게 점유이전하였다.
2. 그 후 채무자는 변제기에 이르기까지 약정이자의 지급은 물론 그 기일이 지난 지금에 이르기까지 원금조차 변제치 아니하므로 채권자는 부득이 위 채권변제에 충당하기 위하여 질권을 실행하고자 신청하오니 동 질물에 대하여 경매개시하여 주시기 바랍니다.

3. 경매목적 유체동산은 지시 있는 대로 즉시 제출하겠습니다.

첨 부 서 류

1. 동산질권설정계약서 1부
1. 금전소비대차계약서 등본 1부

20○○년 ○월 ○일

위 질권채권자 ○ ○ ○ (인)

○○법원 집달관 귀하

[서식 109] 유체동산경매기일 지정신청서 등

강제집행 진행에 관한 신청서

○○지방법원 집행관사무소 집행관 귀하

사건번호: 본 가 호 (담당 부)
채 권 자:
채 무 자:
집행권원:

( ) 압류물 감정신청서
년 월 일자로 압류한 위 채무자의 유체동산에 대한 감정을 하여 주시기 바랍니다.

( ) 경매기일 지정신청서
년 월 일자로 압류한 위 채무자의 유체동산에 대한 경매기일을 지정하여 주시기 바랍니다.

( ) 경매기일 연기(변경)신청서
년 월일자로 압류한 위 채무자의 유체동산에 대한 경매기일이 년 월 일로 지정되었으나, 채권 에 의하여 동 경매기일을 연기(변경)신청합니다.

<table>
<tr><td>(　　　　　) 압류물 점검신청서
　　년　　월　　일자로 위 채무자의 유체동산을 압류하고 이를 채무자에게 보관시켰던 바, 채무자가 위 압류물건에 대하여 보관의무를 다하지 못하고 있는 것으로 보이므로 위 물건의 손상 및 현존 유무를 점검하여 주시기 바랍니다.</td></tr>
<tr><td>(　　　　　) 압류물건 장소이전신청서
　　년　　월　　일자로 위 채무자의 유체동산을 압류하고 이를 채무자에게 보관시켰던 바, 채무자의 주거이전으로 인하여 위 압류물건을 아래 장소로 이전하려 하오니 승인하여 주시기 바랍니다.
이전장소 :
첨부서류 : 압류물건목록　1부　　현장도면　1매</td></tr>
<tr><td>(　　　　　) 주소 보정신청서
위 사건에 관하여 채권자(채무자)는 주소를　　년　　월　　일 이사하였으므로 아래와 같이 주소를 보정합니다.
보정할 채권자(채무자)의 주소 :
첨부서류 : 주민등록표 등·초본 1통</td></tr>
<tr><td>20○○.　○.　○.
신청인　　　　　　(인)
주민등록번호</td></tr>
</table>

[서식 110] 유체동산경매 취하서 등

<table>
<tr><td>강제집행신청 취하서 등
○○지방법원　　집행관사무소　　　　집행관　　　　　귀하</td></tr>
<tr><td>사건번호 :　　　본　가　　　　　호 (담당　　　　　부)
채 권 자 :
채 무 자 :
집행권원 :</td></tr>
<tr><td>1. 강제집행신청취하서
위 집행권원에 의하여
　　.　　.　　.자로 한 강제집행신청을 취하합니다.</td></tr>
<tr><td>2. 정본회수신청서
위 집행권원 정본의 회수를 신청합니다.
위 집행권원 정본을 영수합니다.</td></tr>
</table>

20○○. ○. ○.

영수인 (인)

3. 신청취하접수증명원

위 강제집행신청 취하서가 접수되었음을 증명하여 주시기 바랍니다.

20○○. ○. ○.

○○지방법원 집행관 (인)

20○○. ○. ○.

위 (1항, 2항, 3항) 신 청 인 (인)

<table>
<tr><td rowspan="2">신청인
확 인</td><td>주민등록번호</td><td></td><td rowspan="2">확인자</td><td rowspan="2">위 본인의 무인임을 증명함.
20○○. ○. ○.
담당 (인)</td></tr>
<tr><td></td><td></td></tr>
</table>

나. 집행관의 목적물 점유 및 보관위탁

채무자가 점유하고 있는 유체동산의 압류는 집행관이 그 물건을 점유함으로써 한다. 여기서 점유는 목적물에 대한 채무자의 점유를 전면적으로 배제하고 집행관이 이를 직접 지배·보관하는 것을 말한다. 다만 채권자의 승낙이 있거나 운반이 곤란한 때에는 봉인(封印), 그 밖의 방법으로 압류물임을 명확히 하여 채무자에게 보관시킬 수 있다(민집 189조).

> 집행관이 채무자에게 보관을 명하였는데 채무자가 제3자에게 이를 매도한 경우 판례는 채무자의 사법상의 점유가 소멸되는 것이 아니며 그 물건을 점유하는 소유자가 이를 제3자에게 매도하고 그 제3자가 선의로 점유인도를 받은 경우에는 그 제3자는 그 물건의 소유권을 적법하게 취득한다는 입장이다(대법원 1966.11.22. 선고 66다1545 판결).

집행관은 채권자 또는 물건의 제출을 거부하지 아니하는 제3자가 점유하고 있는 유체동산을 압류하는 경우 채무자에게 보관위탁 하는 경우에 준하여 그 채권자 또는 제3자에게 보관을 위탁할 수 있다(민집 191조).

집행관이 압류할 유체동산을 선택하는 때에는 채권자의 이익을 해치지 아니하는 범위 안에서 채무자의 이익을 고려하여야 한다(민집규 132조).

집행관은 압류를 함에 있어서 압류목적물이 아닌 채무자의 다른 재산에 피해가 가지 않도록 주의하여야 한다.

다. 압류물의 보존

(1) 압류물의 보존을 위한 처분

압류물을 보존하기 위하여 필요한 때에는 집행관은 적당한 처분을 하여야 한다. 압류물을 그대로 두면 가격폭락이나 과다한 보관비용이 들어 채권의 만족을 위태롭게 할 우려가 있는 때에는 적당한 처분을 하여야 하고, 이 경우 비용이 필요한 때에는 채권자로 하여금 이를 미리 내게 하여야 한다. 채권자가 여럿인 때에는 요구하는 액수에 비례하여 미리 내게 한다(민집 198조).

(2) 긴급매각

강제집행의 일시정지를 명한 취지를 적은 재판의 정본 또는 집행할 판결이 있은 뒤에 채권자가 변제를 받았거나, 의무이행을 미루도록 승낙한 취지를 적은 증서가 제출된 경우에 압류물을 즉시 매각하지 아니하면 값이 크게 내릴 염려가 있거나, 보관에 지나치게 많은 비용이 드는 때에는 집행관은 그 물건을 매각할 수 있고, 이 경우 그 매각대금을 공탁하여 한다(민집 198조).

(3) 어음·수표 등을 압류한 경우

집행관은 어음·수표 그 밖의 금전의 지급을 목적으로 하는 유가증권으로서 일정한 기간 안에 인수 또는 지급을 위한 제시 또는 지급의 청구를 필요로 하는 것을 압류하였을 경우에 그 기간이 개시되면 채무자에 갈음하여 필요한 행위를 하여야 하고, 미완성 어음 등을 압류한 경우에 채무자에게 기한을 정하여 어음 등에 적을 사항을 보충하도록 최고하여야 한다(민집 212조).

(4) 주권을 압류한 경우

이 경우 발행회사의 주식합병의 절차가 개시되어 주권제출의 공고(상법 440조)가 있는 때에는 집행관은 발행회사에 주권압류의 취지를 알리고 주권을 발행회사에 제출함과 동시에 발행회사를 압류물의 보관자로 선임한 다음 신주권을 교부받거나 상법 442조에 규정된 절차를 밟는 등의 조치를 하여야 할 것이다.

(5) 토지에서 분리되기 전의 과실을 압류한 경우

토지에서 분리되기 전에 압류한 과실은 충분히 익은 다음에 매각하여야 한다. 집행관은 매각하기 위하여 수확을 하게 할 수 있다(민집 213조).

(6) 직무집행구역 밖에서의 압류물 회수 및 사건의 이송

압류물이 압류한 집행관이 소속하는 법원의 관할구역 밖에 있게 된 경우에 이를 회수하기 위하여 필요한 때에는 집행관은 소속 법원의 관할구역 밖에서도 그 직무를 행할 수 있다. 이 경우에 압류물을 회수하기 위하여 지나치게 많은 비용이 든다고 인정하는 때에는 집행관은, 압류채권자의 의견을 들어, 압류물이 있는 곳을 관할하는 법원 소속 집행관에게 사건을 이송할 수 있다(민집규 138조).

라. 보관압류물의 점검

집행관은 채무자 또는 채권자나 제3자에게 압류물을 보관시킨 경우에 압류채권자 또는 채무자의 신청이 있거나 그 밖에 필요하다고 인정하는 때에는 압류물의 보관상황을 점검하여야 한다. 그 점검 결과 압류물의 부족 또는 손상의 유무와 정도 및 이에 관하여 집행관이 취한 조치를 적은 점검조서를 작성하고, 부족 또는 손상이 있는 경우에는 보관자가 아닌 채권자 또는 채무자에게 그 취지를 통지하여야 한다(민집규 137조).

압류물의 부족 또는 손상의 경우에 부족이나 손상의 원인규명, 부족물의 탐색, 이를 발견한 경우의 회수, 보관자에게 손상부분의 수리를 권고하는 것, 계속 보관이 부적당하다고 인정할 때에는 집행관의 직접 점유로 옮기거나 다른 보관방식을 취하는 것 등을 들 수 있다.

[서식 111] 압류동산의 점검신청서

점 검 신 청 서

사건번호　20○○본 ○○○(○부)

채 권 자　박 ○ ○
○○시 ○○구 ○○동 ○○

채 무 자　정 ○ ○
○○시 ○○구 ○○동 ○○

위 당사자간의 ○○지방법원 20○○가단 ○○○ 대여금청구사건의 집행력 있는 판결정본에 의하여 20○○. ○. ○.자 귀 직원으로 하여금 위 채무자의 유체동산을 압류집행하였는바, 압류물의 부족 또는 손상의 유무에 대하여 점검을 하여줄 것을 신청합니다.

20○○. ○. ○.

채권자 박 ○ ○ (인)

○○지방법원 집행관 귀하

작성방법
1. 신청서 1부를 집행관사무실에 접수한다. 2. 인지대, 송달료 등 비용은 없다.

[서식 112] 압류물건 보관장소 이전신고서

압류물건 보관장소 이전신고

사건번호 20○○본○○○(○부)

채 권 자 박 ○ ○

채 무 자 정 ○ ○

위 당사자간의 ○○지방법원 20○○가단○○○ 대여금청구사건의 집행력 있는 판결정본에 의하여 20○○. ○. ○.자 귀 직원으로 하여금 위 채무자의 유체동산을 압류집행하였으나, 금번 사정에 의하여 다음 장소로 압류물을 이전하였기에 신고합니다.

1. 이전연월일: 20○○. ○. ○.
1. 이 전 장 소: 서울 ○○구 ○○동 ○○ 지하창고
1. 약 도: 별지

20○○. ○. ○.

채무자 ○ ○ ○ (인)

○○지방법원 집행관 귀하

작성방법
1. 신청서 2부를 집행관사무실에 접수한다. 2. 인지대, 송달료등 비용은 없다.

마. 압류물의 회수와 인도명령

(1) 압류물의 회수

압류물을 집행관이 점유하는 경우에 제3자가 그 점유를 침탈한 때에는 집행관이 자력구제를 하거나 점유회복의 소를 제기하여 이를 회수할 수 있다.

채무자·채권자·제3자에게 보관 위탁한 압류물이 다른 제3자의 사실적 지배에 넘어간 경우에는 선의취득과 같은 경우를 제외하고는 압류의 효력이 당연히 상실되는 것은 아니므로 집행관은 압류물을 회수하기 위하여 적당한 방법을 강구하여야 한다.

(2) 인도명령

위와 같이 자력구제가 허용되는 경우에도 제3자가 임의반환을 거부하면 인도명령(민집 193조)을 받아 이를 회수할 수 있을 뿐이다.

압류물을 제3자가 점유하게 된 경우에는 법원은 채권자의 신청에 따라 그 제3자에 대하여 그 물건을 집행관에게 인도하도록 명할 수 있다. 인도명령의 신청은 압류물을 제3자가 점유하고 있는 것을 안 날부터 1주 이내에 하여야 한다. 인도명령은 상대방에게 송달되기 전에도 집행할 수 있다. 인도명령은 신청인에게 고지된 날부터 2주가 지난 때에는 집행할 수 없다. 인도명령의 집행에 소요된 비용은 이른바 공익비용으로서 압류물의 매각대금으로부터 우선변제된다(민집 53조).

인도명령에 대하여는 즉시항고를 할 수 있다. 압류집행 후 압류물을 선의취득한 사람은 인도명령에 대한 즉시항고를 제기할 수는 없고 목적물의 소유권을 주장하여 제3자이의의 소를 제기하여 인도명령의 배제를 구하여야 할 것이다.

4. 압류의 효력

국가가 압류물의 처분권을 취득한다. 따라서 국가의 집행기관인 집행관은 채권자의 만족을 위하여 매각 등의 처분을 할 수 있다.

채무자는 압류물의 처분권을 잃는다. 다만 처분권의 상실은 압류의 목적에 의하여 계약을 받음에 그친다. 따라서 압류물의 처분은 압류채권자에 대한 관계에서만 상대적으로 무효이다.

채권자는 압류금액 또는 매각대금으로부터 만족 또는 배당을 받는다.

민법 제168조에서 가압류를 시효중단사유로 정하고 있는 것은 가압류에 의하여 채권자가 권리를 행사하였다고 할 수 있기 때문인데 가압류에 의한 집행보전의 효력이 존속하는 동안은 가압류채권자에 의한 권리행사가 계속되고 있다고 보아야 할 것이므로 가압류에 의한 시효중단의 효력은 가압류 집행보전의 효력이 존속하는 동안은 계속된다. 따라서 유체동산에 대한 가압류결정을 집행한 경우 가압류에 의한 시효중단 효력은 가압류 집행보전의 효력이 존속하는 동안 계속된다. 그러나 유체동산에 대한 가압류 집행절차에 착수하지 않은 경우에는 시효중단 효력이 없고, 집행절차를 개시하였으나 가압류할 동산이 없기 때문에 집행불능이 된 경우에는 집행절차가 종료된 때로부터 시효가 새로이 진행된다(대법원 2011. 5.13. 선고 2011다10044 판결).

이는 압류의 경우에도 마찬가지이다.

제4절 집행의 경합

1. 동시압류(공동압류)

집행관이 여러 개의 채권 또는 여러 명의 채권자를 위하여 동일한 재산을 동시에 압류하는 것을 동시압류 또는 공동압류라 한다. 동시압류는 공동의 집행신청에 따른 경우와 사건의 병합에 따른 경우가 있다.

채권 또는 채권자 사이에 집행신청의 선후에 따른 우열은 없으며 실체법상의 우선순위에 따라 매각대금을 배당받는다. 집행법상의 법률관계는 집행신청을 한 채권 또는 채권자별로 독립하여 성립하므로 하나의 채권 또는 채권자에 의한 집행신청의 취하나 집행정지·취소 등은 다른 채권 또는 채권자에 의한 집행절차에는 아무런 영향을 미치지 못한다.

2. 이중압류(중복압류)

유체동산을 압류하거나 가압류한 뒤 매각기일에 이르기 전에 다른 강제집행이 신청된 때에는 집행관은 집행신청서를 먼저 압류한 집행관에게 교부하여야 한다. 이 경우 더 압류할 물건이 있으면 이를 압류한 뒤에 추가압류조서를 교부하여야 한다(민집 215조 1항). 집행에 관한 채권자의 위임은 먼저 압류한 집행관에게 이전된다(민집 215조 2항). 각 압류한 물건은 강제집행을 신청한 모든 채권자를 위하여 압류한 것으로 본다(민집 215조 3항). 먼저 압류한 집행관은 뒤에 강제집행을 신청한 채권자를 위하여 다시 압류한다는 취지를 덧붙여 그 압류조서에 적어야 한다(민집 215조 4항).

이중압류 뒤에는 압류채권자 모두를 위한 공동집행이 되므로 모든 압류채권자는 먼저 압류한 물건 및 추가로 압류한 물건 전체를 현금화한 대금에서 배당을 받을 수 있고, 압류채권자 중의 1인에 관하여 생긴 집행신청의 취하나 집행의 정지·취소는 다른 채권자에게 아무런 영향을 미치지 아니하므로 이러한 사유가 발생하여도 다른 압류채권자를 위하여 집행절차가 속행된다.

3. 배당요구

가. 배당요구권자

민법·상법, 그 밖의 법률에 따라 우선변제청구권이 있는 채권자는 매각대금의 배당을 요구할 수 있다(민집 217조). 따라서 우선변제청구권이 없는 채권자는 집행력 있는 정본의 유무를 불문하고 배당요구를 할 수 없다. 다만 집행력 있는 정본이 있는 경우에는 집행신청을 하여 이중압류를 함으로써 집행에 참가할 수 있다.

우선변제청구권이 있는 채권자는 질권자(민법 329조), 사용인(상법 468조), 선박구조자(상법 893조), 선박채권자(상법 777조), 임금채권자(근로기준법 38조) 등이 있다. 한편 부부공유 유체동산의 압류규정에 따라 부부공유 유체동산이 매각된 경우에 집행채무자가 아닌 배우자는 가지 공유지분에 대한 매각대금의 교부를 요구할 수 있다(민집 221조). 배우자의 공유 주장에 이의가 있는 채권자는 배우자를 상대로 공유관계부인의 소를 제기하여야 한다.

채권집행에 있어서는 실체법상 우선변제청구권이 있는 채권자와 집행력 있는 정본을 가진 채권자가 배당요구를 할 수 있고(민집 247조), 부동산집행에 있어서는 실체법상 우선변제청구권이 있는 자, 집행력 있는 정본을 가진 자 외에 경매개시결정이 등기된 뒤에 가압류를 한 채권자가 배당요구를 할 수 있는 점(민집 88조)과 대비된다.

[서식 113] 배우자의 매득금지급요구서

배우자의 매득금지급요구서

채 권 자　박 ○ ○ (7○○○○○－1234567)
　　　　　○○시 ○○구 ○○동 ○○

채 무 자　정 ○ ○ (7○○○○○－1234567)
　　　　　○○시 ○○구 ○○동 ○○

지급요구채권자(신청인)　김 ○ ○ (7○○○○○－1234567)
　　　　　○○시 ○○구 ○○동 ○○

신 청 취 지

위 채무자의 채무로 인하여 귀원 20○○본○○○ 동산압류 사건이 경매진행 중에 있는 바, 본 건 압류물건은 채무자의 배우자인 신청인에게 그 소유권의 1/2에 대한 공유지분이 있으므로, 동 지분에 대한 매각대금을 신청인에게 지급하여 주시기 바랍니다.

신 청 이 유

신청인(지급요구채권자)은 채무자 정길상의 처로서, 이 건 압류된 동산은 채무자와 신청인과의 공유로서 공동점유에 속하므로, 이 건 청구에 이르게 된 것입니다.

첨 부 서 류

1. 가족관계증명서　1통
1. 주민등록등본　1통
1. 요구서부본　3통
1. 납부서　1통

20○○. ○. ○.

지급요구채권자(신청인) ○ ○ ○ (인)

○○지방법원 집행관 귀하

[서식 114] 공유부인의 소장

공유부인의 소장

원 고 박 ○ ○ (7○○○○○－1234567)
○○시 ○○구 ○○동 ○○

피 고 김 ○ ○ (7○○○○○－1234567)
○○시 ○○구 ○○동 ○○

청 구 취 지

1. 원고가 소외 정○○에 대한 ○○지방법원 20○○가단○○○ 대여금 사건의 집행력 있는 이행권고결정 정본에 기하여 압류한 별지기재의 동산에 대하여, 피고에게 공유지분 2분의 1이 존재하지 아니함을 확인한다.
2. 소송비용은 피고의 부담으로 한다.

라는 판결을 구합니다.

청 구 원 인

1. 원고는 소외 정○○에 대한 위 판결정본에 기하여 20○○. ○. ○. 별지기재의 동산을 압류하였습니다.

2. 피고는 소외 정○○의 처이고, 이 건 압류동산 모두가 피고와 공유로서 공유지분이 2분의 1이고, 공동점유 중이라고 주장하면서, 매득금 가운데 피고의 지분에 해당하는 금원을 교부하라고 요구한 사실이 있습니다.

3. 그러나 소외 박○○(소외 정○○의 4촌 동생)의 사실확인서에 의하면, 위 압류동산은 모두 소외 정○○의 소유임이 틀림없으므로, 원고는 피고의 위 지급요구를 부인하고 이 건 소를 제기합니다.

첨 부 서 류

1. 동산압류조서	1통
1. 지급요구서 사본	1통
1. 사실확인서(박갑수)	1통
1. 판결사본	1통
1. 납부서	1통

20○○. ○. ○.

위 원고 ○ ○ ○ (인)

○○지방법원 귀중

작성방법

1. 현재 동산집행이 진행되는 법원에 소장 법원용 1부와 상대방수에 맞는 부본을 제출한다.
2. 소가는 원고의 채권액을 한도로 한 목적물, 즉 압류물의 가액의 1/20이다.
3. 송달료는 당사자수×15회분이다.

나. 배당요구의 방식과 절차

배당요구는 채권(이자, 비용, 그 밖의 부대채권을 포함한다)의 원인과 액수를 적은 서면을 집행관에게 제출함으로 하여야 한다(민집규 158조, 48조). 배당요구서에는 배당요구의 자격을 소명하는 서면을 붙여야 한다.

국세 등의 교부 청구는 배당요구와 동일한 성질의 것이므로 교부청구서에 체납자, 채권자, 교부청구의 대상인 체납세액의 내용이 기재되어 있어 채권의 원인 및 액수를 특정하기에 충분하다면 그 채권을 계산할 수 있는 구체적인 증빙서류까지 첨부할 필요는 없다.

다. 배당요구의 시기와 종기

배당요구의 시기는 집행개시 후, 즉 집행관이 압류할 물건의 소재지에 이르러 압류할 물건을 수색하기 시작함으로써 집행에 착수한 때부터라고 할 수 있다.

배당요구의 종기는 ① 집행관이 금전을 압류한 때(압류금전은 별도의 현금화절차를 거치지 않고 즉시 채권자에게 인도한다), ② 집행관이 매각대금을 영수한 때(매각결정기일 또는 대금지급기일에 대금영수), ③ 집행관이 어음·수표 그 밖의 금전의 지급을 목적으로 한 유가증권에 대하여 그 금전을 지급받은 때(현금화 이전에 인수, 지급제시 또는 지급청구로 미리 지급을 받는 경우에는 그 지급을 받은 때까지), ④ 집행정지 중에 압류물을 긴급매각하고 그 매각대금을 공탁한 경우 그 공탁된 매각대금에 대하여는 동산집행을 계속하여 진행할 수 있게 된 때까지, ⑤ 가압류물을 긴급매각하여 그 매각대금을 공탁한 경우 그 공탁된 매각대금에 대하여는 압류의 신청을 한 때까지이다(민집 220조).

라. 배당요구의 통지

집행관은 실체법상 우선변제청구권이 있는 채권자의 배당요구가 있는 경우 그 사유를 배당에 참가한 채권자와 채무자에게 통지하여야 한다(민집 219조).

제5절 현 금 화

1. 매각방법

집행관은 압류를 실시한 뒤 입찰 또는 호가경매의 방법으로 압류물을 매각하여야 한다(민집 199조). 집행관은 여러 개의 유체동산의 형태, 이용관계 등을 고려하여 일괄 매수하게 하는 것이 알맞다고 인정하는 때에는 직권으로 또는 이해관계인의 신청에 따라 일괄하여 매각할 수 있다(민집 197조).

2. 매각절차

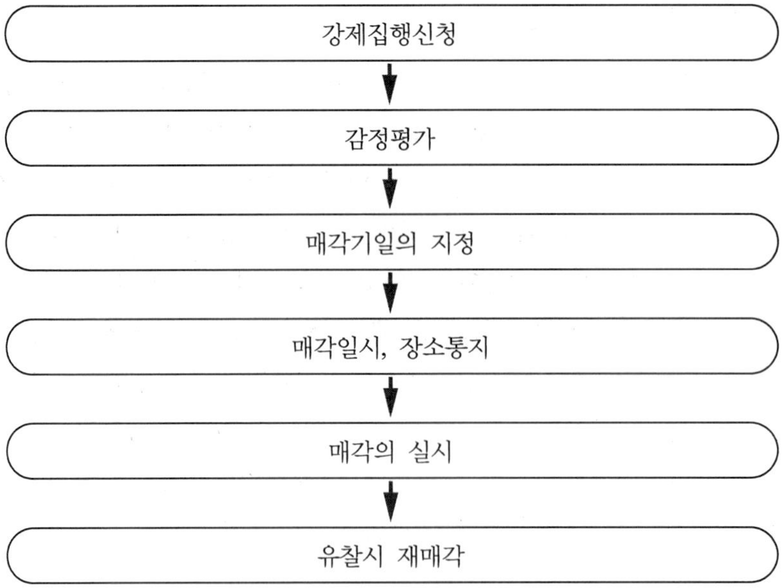

〈유체동산의 매각절차〉

가. 평 가

집행관은 매각할 물건 가운데 값이 비싼 물건이 있는 때에는 적당한 감정인에게 이를 평가하게 하여야 한다(민집 200조). 집행관은 필요하다고 인정하는 때에는 적당한 감정인을 선임하여 압류물을 평가하게 할 수 있다(민집규 144조). 이 경우 물건을 평가한 감정인은 ① 사건의 표시, ② 유체동산의 표시, ③ 유체동산의 평가액과 평가일, ④ 평가액 산출의 과정, ⑤ 그 밖에 집행관이 명한 사항의 사항을 적은 평가서를 정하여진 날까지 집행관에게 제출하여야 한다. 집행관은 위 평가서의 사본을 매각기일마다 그 3일 전까지 집행관 사무실 또는 그 밖에 적당한 장소에 비치하고 누구든지 볼 수 있도록 하여야 한다(민집규 144조).

나. 매각일의 지정

압류일과 매각일 사이에는 1주 이상 기간을 두어야 한다. 다만, 압류물을 보관하는 데 지나치게 많은 비용이 들거나, 시일이 지나면 그 물건의 값이 크게 내릴 염려가 있는 때에는 그러하지 아니하다(민집 202조). 상당한 기간이 지나도 집행관이 매각하지 아니하는 때에는 압류채권자는 집행관에게 일정한 기간 이내에 매각하도록 최고할 수 있다. 집행관이 그 최고에 따르지 아니하는 때에는 압류채권자는 법원에 필요한 명령을 신청할 수 있다(민집 216조).

다. 매각의 장소

매각은 압류한 유체동산이 있는 시·구·읍·면(도농복합형태의 시의 경우 동지역은 시·구, 읍·면지역은 읍·면)에서 진행한다. 다만, 압류채권자와 채무자가 합의하면 합의된 장소에서 진행한다(민집 203조).

라. 매각의 공고와 통지

집행관은 매각일자와 장소를 공고하고(민집 203조, 민집규 145조, 146조, 151조), 매각의 일시와 장소를 압류채권자·배당요구채권자·채무자·압류물보관자에게 통지하여야 한다(민집규 146조, 151조).

[서식 115] 유체동산매각기일 지정신청서

매각기일 지정신청서

사　　건　　20○○본○○○ 담당 ○부

채 권 자　　김 ○ ○

채 무 자　　이 ○ ○

○○지방법원

위 당사자간 ○○지방검찰청 소속 공증인 작성 20○○가소○○○ 집행력이 있는
공증인가 ○○합동법률사무소 작성

판결정본에 의하여 20○○년 ○월 ○일에 압류한 채무자의 동산은 그 매각기일을

20○○. ○. ○. 9시 이후로 지정하여 주시기를 신청합니다.

20○○. ○. ○.

위 신청인 ○ ○ ○ (인)

○○지방법원 집행관 귀하

[서식 116] 경매기일통지서

○○지방법원

동산경매기일통지서

김 ○ ○ 귀하

사 건 20○○본○○○호

채 권 자 김 ○ ○

채 무 자 이 ○ ○

집행권원 ○○지방법원 20○○차567

위 집행권원에 의하여 20○○년 ○월 ○일에 압류한 물건에 대하여 경매의 일시와 장소를 다음과 같이 정하였으므로 통지합니다.

매각일시 : 20○○년 ○월 ○일 ○시 ○분부터

매각장소 : ○○시 ○○동 ○○

최저(일괄)매각가격 : ○○만 원

20○○. ○. ○.

집행관 이 ○ ○

마. 매각의 실시

호가경매는 집행관이 매각조건을 정하여 매각일에 이를 고지하고(민집규 147조), 압류물에 대하여 경매신청을 최고하는 방법으로 하고, 입찰은 입찰기일에 입찰시킨 후 개찰을 하는 방법으로 한다(민집규 151조).

집행관은 최고가매수신고인의 성명과 가격을 말한 뒤 매각을 허가한다(민집 205조, 민집규 147조, 151조). 매각물은 대금과 서로 맞바꾸어 인도하여야 한다(민집 205조).

바. 재 매 각

매수인이 매각조건에 정한 지급기일에 대금의 지급과 물건의 인도청구를 게을리 한 때에는 재매각을 하여야 한다. 지급기일을 정하지 아니한 경우로서 매각기일의 마감에 앞서 대금의 지급과 물건의 인도청구를 게을리 한 때에도 또한 같다. 이 경우 전의 매수인은 재매각절차에 참가하지 못하며, 뒤의 매각대금이 처음의 매각대금보다 적은 때에는 그 부족한 액수를 부담하여야 한다(민집 205조).

사. 배우자의 우선매수권

부부공유의 유체동산의 압류 규정에 따라 압류한 유체동산을 매각하는 경우에 배우자는 매각기일에 출석하여 우선매수할 것을 신고할 수 있다(민집 206조).

3. 특수한 압류물의 현금화

가. 금전을 압류한 경우

압류물이 내국통화인 때에는 현금화가 불필요하므로 집행관은 바로 변제에 충당하여야 한다(민집 201조). 외국통화인 때에는 외국환거래법의 규정에 따라 내국통화로 환전하여야 한다.

나. 금·은붙이를 압류한 경우

금·은붙이는 그 금·은의 시장가격 이상의 금액으로 일반 현금화의 규정에 따라 매각하여야 한다. 시장가격 이상의 금액으로 매수하는 사람이 없는 때에는 집행관은 그 시장가격에 따라 적당한 방법으로 매각할 수 있다(민집 209조).

다. 유가증권을 압류한 경우

집행관이 유가증권을 압류한 때에는 시장가격이 있는 것은 매각하는 날의 시장가격에 따라 적당한 방법으로 매각하고 그 시장가격이 형성되지 아니한 것은 일반 현금화의 규정에 따라 매각하여야 한다(민집 210조). 유가증권이 기명식인 때에는 집행관은 매수인을 위하여 채무자에 갈음하여 배서 또는 명의개서에 필요한 행위를 할 수 있다(민집 211조).

4. 특별한 현금화 방법

법원은 필요하다고 인정하면 직권으로 또는 압류채권자, 배당을 요구한 채권자 또는 채무자의 신청에 따라 일반 현금화의 규정에 의하지 아니하고 다른 방법이나 다른 장소에서 압류물을 매각하게 할 수 있다. 또한 집행관에게 위임하지 아니하고 다른 사람으로 하여금 매각하게 하도록 명할 수 있다(민집 214조).

5. 매각절차에 있어서의 당사자 승계

가. 채무자 승계

(1) 개시결정 전 채무자의 승계

(가) 강제경매

상속인에 대한 승계집행문을 받아 경매신청하여야 한다. 이때 채권자가 대위상속등기를 먼저 하여야 하며, 개시결정 이후에 사망사실이 확인되면 개시결정을 취하고 신청을 각한다. 한편 사망자에 대한 개시결정의 송달은 무효이며, 상속인을 상대로 속행할 수 없다.[63)]

(나) 임의경매

채권자가 대위 상속등기를 먼저 하여야 하며, 상속인을 소유자로 하여 경매신청한다. 한편 개시결정 이후에 사망사실이 확인되면 소유자의 표시경정을 하여 속행할 수 있다.

(2) 개시결정 후 채무자의 사망 또는 특정승계

(가) 일반승계

① 강제집행

강제집행을 속행한다(민집 52조 1항). 이때 상속인에 대한 승계집행문을 받지 않으며 되고, 채무자에 대한 통지가 필요한 경우 및 상속인 불명의 경우에는 채권자의 신청에 따라 특별대리인을 선임하어야 한다(민집 52조 2항).

② 임의경매

임의경매의 경우 매각절차를 속행한다. 이에 따른 매각허가 결정은 위법이 아니다.[64)]

(나) 특정승계

① 강제경매

종전의 채무자를 채무자로 하는 집행은 그대로 속행할 수도 있고 제3취득자에 대한 승계집행문을 부여 받아 제3취득자를 채무자로 하는 집행의 속행을 할 수 있다.[65)]

② 임의경매

임의경매의 경우 매각절차를 속행한다. 이에 따른 매각허가 결정은 위법이 아니

---

63) 대법원 1991.12.16.자 91마239 결정.

64) 대법원 1998.12.23.자 98마2509,2510 결정.

65) 민사집행법 제52조는 일반승계에 관한 규정이고, 툭별승계에 관하여는 별도의 규정이 없지만 실무에서는 특별승계에 대하여서도 민사집행법 제52조의 규정을 준용하고 있다.

다.[66]

나. 채권자 승계

(1) 집행개시 전 승계

(가) 강제경매

승계집행문을 부여받아 경매신청을 하여야 한다(민집 39조 2항).

(나) 임의경매

승계인만이 경매신청을 할 수 있다(민집 264조 2항). 이 경우 승계사실증명서류를 첨부하여야 한다.

(2) 집행개시 후 승계

(가) 강제경매

채권자가 승계집행문을 받아 경매의 속행신청을 할 수 있다(규칙 23조 1항). 이 경우 채무자에게 승계집행 통지를 하여야 하며(위 같은 조 2항), 채무자에 대한 승계집행문 등본의 송달은 하지 아니하여도 된다.

(나) 임의경매

매각절차를 속행한다. 이 경우 채무자 및 소유자에게 승계사실의 통지를 하여야 한다(규칙 193조).

[서식 117] 유체동산 특별현금화 명령신청

유체동산 특별현금화 명령신청

압 류 채 권 자　　서 ○ ○
○○시 ○○구 ○○동 ○○아파트 ○○

66) 대법원 1998.12.23.자 98마2509,2510 결정.

배당요구채권자　　김 ○ ○
○○시 ○○구 ○○동 ○○

채　무　자　　이 ○ ○
○○시 ○○구 ○○동 ○○

신 청 취 지

위 당사자간 ○○지방법원 20○○가단 ○○○ 약속어음청구사건의 집행력 있는 판결 정본에 기하여 20○○. ○. ○. 압류(20○○본 ○○○호)한 별지목록 기재 물건을 ○○지방법원 집행관은 ○○시 ○○구 ○○동 ○○ 소재 ○○상사로 운반하여 그곳에 거주하는 김○○에게 매각할 수 있다.
라는 재판을 구합니다.

신 청 이 유

1. 채권자의 채무자에 대한 위 사건에 관하여 압류채권자는 귀원 소속 집행관에 위임하여 20○○. ○. ○. 압류(20○○본 ○○○호)한 별지목록 기재의 압류물은 골동품인 바, 이를 동인의 집에서 일반 경매규정에 의한 방법으로 시도하여 보았으나 성공하지 못하였습니다.

2. 그런데 이를 또다시 같은 방법으로 경매한다면 현금화하기 용이하지 않으므로 보다 현금화가 용이한 ○○시 ○○구 ○○동 ○○소재 골동품 전문취급상인 ○○상사로 운반하여 그곳에 거주하는 김○○에게 매각할 수 있도록 장소이전 및 매각허가 결정을 하여 주시기를 민사집행법 제214조에 의하여 이에 신청합니다.

첨 부 서 류

1. 동산압류조서등본　　1통
1. 납부서　　1통

20○○.　○.　○.

위 압류채권자　서 ○ ○　(인)

○○지방법원　귀중

작성방법
1. 인지 1,000원 2. 송달료 당사자수의 2회분 3. 압류물 소재지를 관할하는 지방법원을 전속관할로 하여 신청서 1부를 제출한다.

제6절 변 제

1. 채권자가 1인이거나 복수채권자의 채권을 만족시킬 수 있는 경우

채권자가 한 사람인 경우 또는 채권자가 두 사람 이상으로서 매각대금 또는 압류금전으로 각 채권자의 채권과 집행비용의 전부를 변제할 수 있는 경우에는 집행관은 채권자에게 채권액을 교부하고, 나머지가 있으면 채무자에게 교부하여야 한다(민집규 155조).

다만 ① 채권에 정지조건 또는 불확정기한이 붙어 있는 때, ② 가압류채권자의 채권인 때, ③ 강제집행이나 담보권의 실행을 일시정지 하도록 명한 취지를 적은 재판의 정본이 제출되어 있는 때에는 집행관은 그 배당 등의 액에 상당하는 금액을 공탁하고 그 사유를 법원에 신고하여야 한다. 집행관은 배당 등을 수령하기 위하여 출석하지 아니한 채권자 또는 채무자에 대한 배당 등의 액에 상당하는 금액도 공탁하여야 한다(민집규 156조).

2. 복수채권자의 채권을 만족시킬 수 없는 경우

가. 배당협의기일의 지정

압류금전이나 매각대금으로 각 채권자의 채권과 집행비용의 전부를 변제할 수 없는 경우에는 집행관은 매각허가된 날로부터 2주 이내의 날을 배당협의기일로 지정하고 각 채권자에게 그 일시와 장소를 서면으로 통지하여야 한다. 이 통지에는 매각대금 또는 압류금전, 집행비용, 각 채권자의 채권액 비율에 따라 배당될 것으로 예상되는 금액을 적은 배당계산서를 붙여야 한다(민집규 155조 2항).

나. 배당협의가 이루어진 경우

집행관은 배당협의기일까지 채권자 사이에 배당협의가 이루어진 때에는 그 협의에 따라 배당을 실시하여야 한다. 집행관은 위 배당계산서와 다른 협의가 이루어진 때에는 그 협의에 따라 배당계산서를 다시 작성하여야 한다(민집규 155조 3항). 다만 정지조건부채권 등의 경우에는 위 가.항에서 본 바와 같이 이를 공탁하고 그 사유를 신고하여야 한다(민집규 156조).

다. 배당협의가 이루어지지 아니한 경우

각 채권자 간에 배당협의가 이루어지지 아니하면 집행관은 압류금전, 매각대금을 공탁하고 그 사유를 집행법원에 신고하여야 한다(민집 222조). 집행관의 위 사유신고가 있으면 집행법원은 252조 이하의 규정에 따라 배당절차를 밟는다.

제7절 유체동산을 목적으로 하는 담보권의 실행을 위한 경매

유체동산을 목적으로 하는 담보권 실행을 위한 경매는 채권자가 그 목적물을 제출하거나, 그 목적물의 점유자가 압류를 승낙한 때에 개시한다(민집 271조). 경매개시결정에 대하여 이해관계인이 실체상의 이유를 들어 이의신청을 할 수 있는 점(민집 265조), 부동산경매절차의 정지에 관한 민사집행법 266조의 규정이 준용되는 점을 제외하면 유체동산 강제집행 규정의 대부분이 준용된다.

담보권의 실행을 위한 경매의 개시에 대하여는 이해관계인이 집행에 관한 이의(민집 16조)로 다툴 수 있는바, 담보권의 부존재나 소멸과 같은 실체적 이의 사유도 주장할 수 있다(민집 272조, 265조). 이 경우 법원은 재판에 앞서 직권으로 민사집행법 16조

2항에 규정한 경매절차정지 등 잠정처분을 할 수 있다. 또 민사집행법 266조에 규정된 문서가 집행관에게 제출되면 집행관은 경매를 정지하여야 한다(민집 272조, 266조).

신청서에는 ① 채권자·채무자·소유자(광업권·어업권, 그 밖에 부동산에 관한 규정이 준용되는 권리를 목적으로 하는 경매의 신청, 법 273조의 규정에 따른 담보권 실행 또는 권리행사의 신청 및 제201조에 규정된 예탁유가증권에 대한 담보권 실행 신청의 경우에는 그 목적인 권리의 권리자를 말한다)와 그 대리인의 표시, ② 담보권과 피담보채권의 표시, ③ 담보권 실행 또는 권리행사의 대상인 재산의 표시, ④ 피담보채권의 일부에 대하여 담보권 실행 또는 권리행사를 하는 때에는 그 취지와 범위를 적어야 한다(민집규 199조, 192조). 다만 부동산의 경매와 달리 담보권의 존재를 증명하는 서류를 덧붙일 필요는 없다. 채권자의 목적물 점유로 담보권의 존재가 추정되기 때문이다.

제8절 유치권에 의한 유체동산의 경매와 간이변제충당

1. 유치권에 의한 유체동산의 경매

유치권에 의한 유체동산의 경매는 오로지 목적물을 현금화하여 금전으로 보관하기 위한 형식적 경매이므로 매각대금을 배당하는 절차는 존재하지 않는다.

유치권에 의한 경매절차는 목적물에 대하여 강제경매 또는 담보권 실행을 위한 경매절차가 개시된 경우에는 이를 정지하고, 채권자 또는 담보권자를 위하여 그 절차를 계속하여 진행한다. 이 경우 강제경매 또는 담보권 실행을 위한 경매가 취소되면 유치권 등에 의한 경매절차를 계속하여 진행하여야 한다(민집 274조).

[서식 118] 유치권에 의한 부동산 경매신청서

유치권에 의한 부동산 경매신청서

신 청 인 ○○건설 주식회사

○○○도 ○○군 ○○면 ○○
대표이사 ○ ○ ○

상 대 방 ○ ○ ○
○○○도 ○○군 ○○면 ○○

경매할 부동산의 표시
별지목록 기재 부동산 표시와 같음.

불이행 채무액
금 4억 1,000만 원
공증인가 법무법인 국민합동법률사무소 공증의 20○○년 제1234호 공사대금 채권

신 청 취 지

신청인이 상대방에 대하여 가지는 위 채권의 변제에 충당하기 위하여 상대방 소유의 별지목록 표시의 부동산에 대한 경매 절차를 개시하고 신청인을 위하여 이를 압류한다. 라는 결정을 구합니다.

신 청 이 유

1. 신청인과 상대방은 20○○. ○. ○. ○○시 ○○구 ○○동 ○○ 대 298.8평방미터 지상에 별지목록 기재와 같은 건물을 총공사비 11억 3,000만 원으로 정하고 별첨 공증서와 같이 준공검사(사용검사)가 완료되면 공사비 전액을 지급하기로 하는 공사도급계약을 체결하였습니다.

2. 그런데 상대방은 위 건축공사가 완료되어 준공검사와 소유권보존등기까지 마쳤는데도 불구하고 위 공사비 중 금 7억 2,000만 원만 지급하고 나머지 4억 1,000만 원에 대하여는 지금까지 지급하지 않고 있습니다.

3. 따라서 신청인은 상대방 소유의 별지목록 기재 부동산에 대하여 경매를 실시하여 나머지 채권의 변제에 충당하고자 이 신청에 이른 것입니다.

첨 부 서 류

1. 공증서 1통
2. 법인등기부 등본 1통

3. 부동산등기부등본 1통
4. 건축물대장 1통
5. 목 록 30통
6. 위임장 1통
7. 납부서 1통

20○○. ○. ○.

위 채권자 대리인
○○ 법무법인
담당변호사 ○ ○ ○

○○지방법원 ○○지원 귀중

부동산의 표시

1. 서울특별시 ○○구 ○○동 123
   대 298.8평방미터

2. 위지상
   철근콘크리트조 평 슬래브지붕
   주택 및 근린생활시설
   1층 175.95평방미터
   2층 175.95평방미터
   3층 175.95평방미터
   지층 148.99평방미터

작성방법
1. 인　　지 : 집행권원 1건당 5,000원 첩부(집행권원 수 × 5,000원) 2. 관　　할 : 경매목적 부동산 소재지를 관할하는 법원의 전속관할이다. 3. 접수절차 : 신청서와 아래의 첨용서류를 완료하여 관할법원 신청과 경매접수 담당자에게 접수하면 사건부호 "타경"이부

2. 간이변제충당

질권자와 유치권자는 정당한 이유가 있는 때에는 감정인의 평가에 의하여 질물 또는 유치물로 직접 변제에 충당할 것을 법원에 청구할 수 있다(민법 338조 2항, 322조 2항). 이를 간이변제충당이라고 하며 담보권 실행을 위한 경매와는 전혀 다른 절차이다. 이 경우 법원의 허가절차는 비송사건절차법에 의한다(비송 56조, 53조).

제 6 장

채권과 그 밖의 재산권에 대한 금전집행

제1절 금전채권에 대한 집행

1. 의 의

금전채권에 대한 집행은 금전채권의 만족을 위하여 채무자의 재산 중 금전채권 즉 채무자가 제3채무자에 대하여 금전의 급부를 구할 수 있는 각종 청구권에 대하여 하는 강제집행이다.

2. 대 상

금액채권은 물론 외화채권도 포함된다. 다만 특정 화폐만을 목적으로 하는 특정금전채권은 특정물채권의 성질을 가지고 있으므로 금전채권에 대한 집행에 의하지 않고 유체동산에 대한 집행절차에 따라 집행한다.

사법상의 원인에 의해 발생한 채권이건 공법상의 원인에 의해 발생한 채권이건 불문한다.

반대의무가 달린 채권(쌍무계약상 권리)이나 소송계속 중의 채권도 압류할 수 있다. 또한 압류채권자가 제3채무자인 채권도 무방하다.

장래 발생할 채권이나 조건부기한부 채권이라도 무방하다. 어음·수표 그 밖에 배서로 이전할 수 있는 증권채권 중 배서가 금지된 것도 여기서 말하는 금전채권에 속한다(233조).

3. 압 류

가. 피압류적격

(1) 독립된 재산권일 것

그 자체가 처분할 수 있는 독립된 재산이어야 한다. 미발생의 이자채권 또는 추심권능 등은 집행의 대상이 될 수 없다.

(2) 현금화가 가능한 재산권일 것

현금화가 불가능한 재산(수도·전기를 공급받을 권리)은 집행의 대상이 될 수 없다.

(3) 대한민국의 재판권이 미치는 재산권일 것

등기·등록할 권리는 한국에서 할 수 있는 권리이어야 하고, 제3채무자가 한국의 재판권에 복종하는 자이어야 한다.

(4) 양도할 수 있는 재산권일 것

양도성이 없는 권리는 현금화할 수 없으므로 집행의 대상이 되지 못한다. 다만 유체물의 인도 또는 권리이전의 청구권이나 그 밖의 재산권의 경우 그 재산권 자체의 현금화에 의하여 채권자가 직접적으로 만족을 얻게 되거나 제3채무자로부터 인도된 물건 또는 권리의 현금화에 의하여 간접적으로 만족을 얻게 된다.

권리의 성질상 양도성이 없는 것은 부양료청구권, 성명권, 위임비용의 선급청구권, 상호계산중의 채권, 사립학교법상 보조금교부청구권, 종신정기금채권, 계약상의 부양청구권 등이 있다.

법률에 의하여 양도가 금지된 것은 공무원연금법에 따른 급여청구권, 근로기준법에 따른 재해보상청구권 등이 있다.

당사자가 양도할 수 없는 것으로 특약한 채권은 압류채권자의 선의·악의를 불문하고 압류할 수 있다.

(5) 법률상 압류가 금지된 권리가 아닐 것

민사집행법 246조 1항에서 정한 압류금지채권은 ① 법령에 규정된 부양료 및 유

족부조료(遺族扶助料), ② 채무자가 구호사업이나 제3자의 도움으로 계속 받는 수입, ③ 병사의 급료, ④ 급료·연금·봉급·상여금·퇴직연금, 그 밖에 이와 비슷한 성질을 가진 급여채권의 2분의 1에 해당하는 금액. 다만, 그 금액이 국민기초생활보장법에 의한 최저생계비를 감안하여 대통령령이 정하는 금액(월 150만 원)에 미치지 못하는 경우 또는 표준적인 가구의 생계비를 감안하여 대통령령이 정하는 금액(월 300만 원 이상으로서 월 300만 원과 민사집행법 246조 1항 4호 본문에 따른 압류금지금액(월액으로 계산한 금액)에서 월 300만 원을 뺀 금액의 2분의 1을 합한 금액)을 초과하는 경우에는 각각 당해 대통령령이 정하는 금액, ⑤ 퇴직금 그 밖에 이와 비슷한 성질을 가진 급여채권의 2분의 1에 해당하는 금액, ⑥ 주택임대차보호법 8조, 같은 법 시행령의 규정에 따라 우선변제를 받을 수 있는 금액, ⑦ 생명, 상해, 질병, 사고 등을 원인으로 채무자가 지급받는 보장성보험의 보험금(해약환급 및 만기환급금을 포함한다). 다만, 압류금지의 범위는 생계유지, 치료 및 장애 회복에 소요될 것으로 예상되는 비용 등을 고려하여 대통령령으로 정하는 금액(사망보험금 중 1천만 원 이하의 보험금, 상해·질병·사고 등을 원인으로 채무자가 지급받는 보장성보험의 보험금 중 진료비, 치료비, 수술비, 입원비, 약제비 등 치료 및 장애 회복을 위하여 실제 지출되는 비용을 보장하기 위한 보험금, 치료 및 장애 회복을 위한 보험금 중 위 보험금을 제외한 보험금의 2분의 1에 해당하는 금액, 보장성보험의 해약환급금 중 민법 404조에 따라 채권자가 채무자의 보험계약 해지권을 대위행사하거나 추심명령(推尋命令) 또는 전부명령(轉付命令)을 받은 채권자가 해지권을 행사하여 발생하는 해약환급금, 위 해약사유 외의 사유로 발생하는 해약환급금 중 150만 원 이하의 금액), ⑧ 채무자의 1월간 생계유지에 필요한 예금(적금·부금·예탁금과 우편대체를 포함한다). 다만, 그 금액은 국민기초생활 보장법에 따른 최저생계비, 제195조 제3호에서 정한 금액 등을 고려하여 대통령령으로 정하는 금액(개인별 잔액이 150만 원 이하인 예금)이다.

특별법상 압류금지채권으로는 공무원연금법(32조), 군인연금법(7조), 사립학교교직원연금법(40조), 국민연금법(58조), 국가유공자 등 예우 및 지원에 관한 법률(19조), 국민건강보험법(54조)상의 각종 급여를 받을 권리, 근로기준법(86조)에 따른 재해보상청구권, 자동차손해해상보장법(40조)상 피해자의 보험사업자에 대한 손해배상청구권, 형사보상 및 명예회복에 관한 법률(23조)상의 형사보상청구권, 사립학교법(28조 3항)상 별도 계좌로 관리하는 수업료 기타 납부금 수입에 대한 예금채권, 건설산업기본법(88조)상 건설업자가 도급받은 건설공사의 도급금액 중 당해 공사의 근로자에게 지급하여야 할 노임에 상당하는 금액 등이 있다.

압류가 금지된 채권에 대한 압류명령은 강행법규에 위반되어 무효라 할 것이고, 제3채무자는 압류채권자의 전부금청구나 추심금 청구에 대하여 위와 같은 실체법상의 무효를 들어 항변할 수 있다.

법원은 당사자가 신청하면 채권자와 채무자의 생활형편, 그 밖의 사정을 고려하여 압류명령의 전부 또는 일부를 취소하거나 압류금지채권에 대하여 압류명령을 할 수 있다(민집 246조 3항).

압류금지채권의 목적물이 채무자의 예금계좌에 입금된 경우에는 그 예금채권에 대하여 더 이상 압류금지의 효력이 미치지 아니하므로 그 예금은 압류금지채권에 해당하지 아니한다. 법원은 압류금지채권으로 규정된 종류의 금원이 금융기관에 개설된 채무자의 계좌에 이체되는 경우 채무자의 신청에 따라 그에 해당하는 부분의 압류명령을 취소하여야 한다(민집 246조 2항).

나. 압류절차

(1) 압류명령의 신청

금전채권에 대한 강제집행은 채권자의 서면에 의한 압류명령 신청에 따라 개시된다. 압류명령과 추심명령, 전부명령 또는 특별현금화명령의 신청은 병합하여 함께 할 수 있다. 이때에는 각각 독립된 사건으로 취급하여 4,000원의 인지를 붙인다.

압류명령신청에는 ① 신청의 취지, ② 채권자·채무자·제3채무자와 그 대리인의 표시, ③ 집행채권의 표시, ④ 집행권원의 표시, ⑤ 압류할 채권의 종류와 액수, ⑥ 집행권원에 표시된 청구권의 일부에 관해서만 압류명령을 신청하거나 목적채권의 일부에 대하여만 압류명령을 신청하는 때에는 그 범위, ⑦ 신청의 이유 등을 명시하여야 한다(민집규 159조).

여기서 집행채권은 집행권원에 표시된 것과 일치하여야 한다. 집행채권은 압류될 채권액을 초과할 수도 있다. 집행권원에 여러 개의 채권이 표시된 경우에는 어느 채권을 위하여 집행을 구하는 가를 분명히 하여야 하며, 채권의 일부에 대하여 집행을 구할 때에도 같다. 집행권원에서 완제일까지의 이자·지연손해금 등의 부대청구가 인용되어 있고 이를 원금에 덧붙여 청구하는 때에는 그 뜻을 명백히 하여야 한다. 실무에서는 제3채무자의 입장에서 압류명령에 의하여 지급이 금지되는 범위가 분명하지 않다는 등의 이유로 신청 당시까지 또는 신청 후 일정기간까지의 구체적인 금액을 계산하여 확정액으로 표시하도록 하고 있다.

여기서 압류할 채권의 종류와 액수는 압류할 채권을 특정하기 위해 필요한 것으로써 다른 채권과 구별할 수 있을 정도로 표시하면 충분하고 완전한 특정이 요구되는 것은 아니다. 압류할 채권을 표시함에 있어 약간의 잘못이 있더라도 현실적으로 존재하는 채권과 동일성이 인정되면 압류명령은 유효하다. 아래 표는 압류할 채권의 표시례이다.

압류할 채권	압류할 채권의 표시례
매매대금	채무자가 제3채무자에게 2014. 6. 1. 매도한 다음 물건에 대한 금5,000만 원의 매매대금채권
대 여 금	금5,000만 원(채무자가 제3채무자에 대하여 2014. 6. 1. 대여한 금5,000만 원의 반환채권)
급 료	금 5,000만 원[채무자자 제3채무자로부터 매월 수령하는 급료(본봉 및 제수당) 및 매년 6월과 12월에 수령하는 기말수당(상여금) 중 제세공과금을 뺀 잔액의 1/2씩 위 청구금액에 이를 때까지의 금액 및 위 청구금액에 달하지 아니한 사이에 퇴직한 때에는 퇴직금 중 제세공과금을 뺀 잔액의 1/2씩 위 청구금액에 이를 때까지의 금액]
임대차보증금	금 5,000만 원(채무자가 제3채무자로부터 2014. 6. 1. ○○시 ○○구 ○○동에 있는 ○○아파트 ○동 ○호를 임차함에 있어 제3채무자에게 지급한 임대차보증금 100만 원의 반환채권)
공사대금	금 5,000만 원(채무자와 제3채무자 사이의 2014. 6. 1.자 택지조성공사 도급계약에 따른 채무자의 금 5,000만 원의 공사대금채권)
공탁금출급 청구권	금 5,000만 원(채무자가 제3채무자에 대하여 2014. 6. 1. 피공탁자를 홍길동으로 하여 아래 물건의 매매대금으로서 ○○지방법원 20○○금○○호로 공탁한 금 5,000만 원의 회수청구권)
예금채권	금 5,000만 원(채무자가 제3채무자에 대하여 가지는 정기예금정기적금보통예금당좌예금별단예금 중 적힌 순서로, 같은 종류의 예금에 있어서는 예금액이 많은 것부터 순차로, 청구채권액에 달할 때까지, 다만 이미 압류 또는 가압류가 되어 있는 경우에는 그것이 되어 있지 아니한 것부터 순차로 청구채권액에 달할 때까지)

집행권원에 표시된 청구권의 일부에 관해서만 압류명령을 신청하거나 목적채권의 일부에 대하여만 압류명령을 신청하는 때에는 뒤에 집행채권을 확장할 수 없다. 나

머지 채권에 대하여 만족을 얻으려면 새로운 압류절차나 배당요구를 하여야 한다.

가압류에서 본압류로 이전하는 압류명령을 신청하는 때에는 가압류결정서 사본과 가압류송달증명을 붙여야 한다(민집규 159조 2항).

(2) 관할법원

채권압류명령의 집행법원은 채무자의 보통재판적이 있는 곳의 지방법원으로 한다. 위 지방법원이 없는 경우 집행법원은 압류한 채권의 채무자(제3채무자를 말한다)의 보통재판적이 있는 곳의 지방법원으로 한다. 다만, 이 경우에 물건의 인도를 목적으로 하는 채권과 물적 담보권 있는 채권에 대한 집행법원은 그 물건이 있는 곳의 지방법원으로 한다. 가압류에서 이전되는 채권압류의 경우의 집행법원은 가압류를 명한 법원이 있는 곳을 관할하는 지방법원으로 한다(민집 224조).

(3) 압류명령

채권압류명령의 신청이 접수되면 집행법원은 신청서와 첨부서류만을 토대로 한 서면심사를 통하여 신청의 적식 여부, 관할권의 존부, 집행력 있는 정본의 유무와 그 송달여부, 집행개시요건의 존부, 집행장애의 존부, 목적채권의 피압류적격 여부, 남을 것이 없는 압류인지 여부 등에 관하여 조사한 후 흠이 있는 경우에 보정할 수 없는 것이면 즉시 신청을 기각하고, 보정이 가능한 것이면 보정을 명하여 이에 불응하면 신청을 기각한다.

압류명령은 제3채무자와 채무자를 심문하지 아니하고 한다(민집 226조).

금전채권을 압류할 때에는 법원은 압류선언 이외에 제3채무자에게 채무자에 대한 지급을 금지하고 채무자에게 채권의 처분과 영수를 금지하여야 한다(민집 227조 1항). 여기서 제3채무자에 대한 지급금지명령은 채권압류의 효력에 있어서 본질적인 것으로서 그 기재가 없으면 압류명령은 무효이다. 반면 채무자에 대한 처분과 영수를 금지하는 명령은 그 기재가 누락되었다고 하더라도 채권압류명령의 효력에 영향이 없다.

(4) 송 달

압류명령은 제3채무자와 채무자에게 송달하여야 한다(민집 227조 2항). 제3채무자가 있는 곳을 알 수 없어 송달불능이 된 경우 실무에서는 우선 신청채권자에게 주소보정을 명하고 신청채권자가 주소보정에 따르지 않는 경우에는 압류명령을 취소하고 신청을 각하하고 있다. 그러나 주소보정을 하여도 송달불능이 된 경우 채권자의 신청에 따라 압류명령을 공시송달한다. 제3채무자가 채권자 자신인 경우에도 제3채무자에 대한 송달은 압류의 효력발생요건이므로 반드시 이루어져야 한다.

저당권부 채권을 압류한 경우에는 그 부동산의 소유자(물상보증인, 제3취득자)에게도 송달한 후 채권자의 신청에 따라 채무자의 승낙없이 그 채권의 압류를 등기부에 기입할 수 있다(민집 228조 2항).

민사집행법은 배서가 금지되지 아니한 유가증권은 유체동산집행의 대상으로 하고(민집 189조 2항 3호), 어음·수표 그 밖에 배서로 이전할 수 있는 증권으로서 배서가 금지된 증권채권은 유통성이 없어 일반채권과 다를 바 없으므로 채권집행의 대상으로 하고 있다. 그래서 배서가 금지된 증권채권의 압류는 법원의 압류명령으로 집행관이 그 증권을 점유하여 한다(민집 233조).

압류명령신청을 각하 또는 기각하는 결정은 채권자에게 고지하면 되고 채무자나 제3채무자에게는 고지하거나 송달할 필요가 없다(민집규 7조 2항).

(5) 제3채무자의 진술의무

압류채권자는 제3채무자로 하여금 압류명령을 송달받은 날부터 1주 이내에 서면으로 ① 채권을 인정하는지의 여부 및 인정한다면 그 한도, ② 채권에 대하여 지급할 의사가 있는지의 여부 및 의사가 있다면 그 한도(압류채권자에 대한 지급의사가 아니라 채무자에 대한 지급의사를 말한다. 채무자에 대하여 항변사유가 있을 때에는 이를 진술한다), ③ 채권에 대하여 다른 사람으로부터 청구가 있는지의 여부 및 청구가 있다면 그 종류(피압류채권에 대하여 압류채권자보다 우선하는 권리자 또는 채권양수인이라고 주장하는 자가 제3채무자에게 청구하는 경우를 말한다), ④ 다른 채권자에게 채권을 압류당한 사실이 있는지의 여부 및 그 사실이 있다면 그 청구의 종류에 대하여 진술하게 하도록 법원에 신청할 수 있다(민집 237조 1항).

진술최고를 신청하는 시기는 압류명령의 신청과 함께 하거나 적어도 압류명령을 발송하기 전이라야 한다. 압류명령이 송달된 뒤의 최고신청은 부적법하므로 각하하여야 한다.

법원은 위 진술을 명하는 서면을 제3채무자에게 송달하여야 한다(민집 237조 2항). 공시송달은 허용되지 않는다.

진술기간은 압류명령의 송달을 받은 때로부터 1주일이지만 이는 훈시규정으로서 다소 지연되었다 하더라도 유효한 진술이 된다. 제3채무자가 진술을 게을리 한 때에는 법원은 제3채무자에게 위 사항을 심문할 수 있다(민집 237조 3항).

압류채권자로서는 제3채무자의 진술에 구애되지 않고 행동할 수 있고, 집행법원으로서도 제3채무자의 진술에 구속되지 않는다. 제3채무자 자신도 그 진술에 구애받지 않으므로 진술을 번복할 수는 있으나 신의칙상 허용되지 않는 경우도 있다.

다. 압류의 효력

압류명령이 제3채무자에게 송달되면 압류의 효력이 생긴다(민집 227조 3항). 저당권부 채권을 압류한 경우 저당권에 대한 압류의 효력은 제3채무자에게 송달된 때에 발생하지만 이를 공시하기 위해서는 등기부상 채권압류의 등기가 되어야 한다.

그러나 어음·수표 그 밖에 배서로 이전할 수 있는 증권으로서 배서가 금지된 증권채권(지시채권)은 압류명령의 송달만으로는 효력이 발생하지 않고 그 외에 집행관이 증권을 점유하여야 압류의 효력이 발생한다(민집 233조).

압류의 대상이 된 채권의 처분권은 국가로 이전한다.

압류채권자는 채무자가 채권을 처분하거나 제3채무자가 채무를 이행하여도 이를 무시하고 집행절차를 계속할 수 있고, 채무자에 대하여 채권에 관한 증서의 인도를 청구할 수 있다(민집 234조).

채무자는 압류된 채권의 처분과 영수를 하여서는 아니된다(민집 227조 1항). 그러나 채무자는 압류가 있은 뒤에도 제3채무자를 상대로 소를 제기하여 판결을 받을 수 있고, 채권의 보존행위도 가능하다. 또 압류된 채권의 발생원인인 기본적 법률관계(소비대차계약, 임대차계약, 고용계약 등)를 변경, 소멸시키는 행위(계약의 취소·해제·해지·퇴직 등)는 자유롭게 할 수 있다.

제3채무자의 채무자에 대한 지급은 압류채권자를 해치는 한도에서 무효이다. 지급이 아니더라도 채권을 소멸시키는 효과를 가진 행위, 예컨대 압류 뒤에 생긴 채권과의 상계, 경개, 면제 등의 행위는 채권자에 대항할 수 없다. 그러나 제3채무자가 채무자와의 채권관계의 발생원인인 기본적 법률관계를 변경 또는 소멸시키는 행위를 하는 것은 자유이다. 또한 제3채무자는 압류 당시 채무자에게 대항할 수 있었던 사유로 압류채권자에게 대항할 수 있다. 대항 사유 중 상계에 대하여 압류명령 송달 당시 제3채무자가 채무자에 대하여 가지는 자동채권과 압류된 수동채권이 모두 변제기에 도래하여 상계적상에 있었던 경우는 물론 상계적상에 있지 아니한 경우도 자동채권만이 변제기가 지났거나 또는 두 채권 모두 변제기가 도달한 경우에는 제3채무자의 상계가 허용된다. 압류명령 송달 전에 제3채무자가 피압류채권의 지급을 위하여 어음이나 수표를 발행하였을 때에는 제3채무자는 어음이나 수표의 소지인에 대하여 지급할 의무가 있고, 그 지급이 압류명령 송달 뒤에 이루어졌더라도 그 지급으로써 압류된 원인채권이 소멸하였다는 것을 압류채권자에게 대항할 수 있다.

제3채무자는 압류에 관련된 금전채권 중 압류된 부분에 해당하는 부분은 물론 이를 넘어 위 금전채권의 전액을 공탁할 권리가 있고(민집 248조 1항), 금전채권에 관하여 배당요구서를 송달받은 제3채무자는 배당에 참가한 채권자의 청구가 있으면 압류된 부분에 해당하는 금액을 공탁하여야 한다(민집 248조 2항). 금전채권 중 압류되지 아니한 부분을 초과하여 거듭 압류명령 또는 가압류명령이 내려진 경우에 그 명령을 송달받은 제3채무자는 압류 또는 가압류채권자의 청구가 있으면 그 채권의 전액에 해당하는 금액을 공탁하여야 한다(민집 248조 3항).

제3채무자가 채무액을 공탁한 때에는 그 사유를 법원에 신고하여야 한다. 다만, 상당한 기간 이내에 신고가 없는 때에는 압류채권자, 가압류채권자, 배당에 참가한 채권자, 채무자, 그 밖의 이해관계인이 그 사유를 법원에 신고할 수 있다(민집 248조 4항). 공탁사유신고는 ① 사건의 표시, ② 채권자·채무자 및 제3채무자의 이름, ③ 공탁사유와 공탁한 금액을 적은 서면으로 하여야 하고, 이에 공탁서를 붙여야 한다. 다만 압류채권자, 가압류채권자, 배당에 참가한 채권자, 채무자, 그 밖의 이해관계인이 그 사유를 법원에 신고할 때는 공탁서를 붙이지 않아도 무방하다. 압류된 채권에 관하여 다시 압류명령 또는 가압류명령이 송달된 경우에 공탁사유신고는 먼저 송달된 압류명령을 발령한 법원에 하여야 한다(민집규 172조).

압류의 효력은 압류명령에 특별한 정함이 없으면 피압류채권 전액에 미친다. 채권에 대한 압류명령은 압류목적채권이 현실로 존재하는 경우에 그 한도에서 효력을 발생할 수 있는 것이고 그 효력이 발생된 후 새로 발생한 채권에 대하여는 압류의 효력이 미치지 아니한다(대법원 1989. 2.28. 선고 88다카13394 판결). 채권 일부가 압류된 뒤에 그 나머지 부분을 초과하여 다시 압류명령이 내려진 때에는 각 압류의 효력은 그 채권 전부에 미친다. 반대로 채권 전부가 압류된 뒤에 그 채권 일부에 대하여 다시 압류명령이 내려진 때 그 압류의 효력도 그 채권 전부에 미친다(민집 235조). 압류의 효력은 종된 권리에 미친다. 피압류채권을 위한 저당권, 질권 등의 담보권은 물론 압류 뒤에 생긴 이자나 지연손해금에도 미친다. 그러나 원인채권과 어음채권은 별개의 채권이고 압류명령의 효력이 미치는 관계는 아니다. 장래 발생할 채권이라도 현재 그 원인이 확정되고 권리를 특정할 수 있으며 또 발생의 확실성이 높은 것에 대하여는 장래의 채권으로서 압류할 수 있다. 따라서 봉급, 임료 등 계속적 수입채권은 그것이 포괄적으로 압류되며 그 계속적으로 지급되는 금액에 대하여 압류의 효력이 미친다.

라. 재판에 의한 압류금지의 확장·축소

법원은 당사자가 신청하면 채권자와 채무자의 생활형편, 그 밖의 사정을 고려하여 압류명령의 전부 또는 일부를 취소하거나 압류금지채권에 대하여 압류명령을 할 수 있다. 압류금지의 확장·축소 결정 후 그 이유가 소멸되거나 사정이 바뀐 때에는 법원은 직권으로 또는 당사자의 신청에 따라 그 결정을 취소하거나 바꿀 수 있다(민집 246조).

[서식 119] 압류금지채권의 범위변경신청

압류금지채권의 범위변경신청

신 청 인(채무자) ○ ○ ○ (7○○○○○－1234567)
○○시 ○○구 ○○동 ○○

피신청인(채권자) ○○협동조합중앙회
○○시 ○○구 ○○동 ○○
신용대표이사 ○○○, 대리인 ○○○

제3채무자　　　　대한민국
○○시 ○○구 ○○동 ○○지방검찰청
법률상 대표자 법무부장관 ○○○
(소관 : 지식경제부 우정사업본부)

신 청 취 지

피신청인이 신청한 ○○지방법원 20○○타채 ○○○ 채권압류 및 추심명령신청사건에 관하여 이 법원이 20○○. ○. ○.자 결정한 별지목록 기재의 채권에 대한 채권압류 및 추심명령 부분은 취소한다.

신 청 이 유

1. 피신청인은 신청인의 제3채무자에 대한 채권에 대하여 채권압류 및 추심명령을 신청하여 귀원은 20○○. ○. ○.자 결정에 의해 별지목록 기재 채권에 대하여 채권압류 및 추심명령을 한 바 있습니다.

2. 그런데 신청인은 실업급여를 제3채무자인 대한민국 우체국 계좌(○ ○○○○－○○－○○○○)로 받고 있으며, 이렇다 할 별도의 수입이 없어서 현재 위 실업급여만으로 근근이 생활하고 있습니다.

3. 그렇다면 위 생계비는 고용보험법 제38조에 의하여 압류금지채권으로 정한 그 취지상 또한 위 계좌에 입금된 금원은 채무자의 생계유지를 위하여 쓰이고 있으므로 민사집행법 제246조 제2항에 근거하여 부득이 이 사건 채권압류 및 추심명령의 전부 또는 일부의 취소를 구하는 바입니다.

소 명 자 료

1. 소갑제1호증	채권압류 및 추심명령 결정문	1부
1. 소갑제2호증의1	실업급여 개인별조회내역	1부
1. 소갑제2호증의2	채무자 통장내역 사본	1부

첨 부 서 류

1. 위 소명자료　　　　각 1부

20○○. ○. ○.

위 채무자 ○ ○ ○ (인)

○○지방법원 귀중

마. 압류명령의 신청에 관한 재판에 대한 불복

압류명령의 신청에 관한 재판에 대하여는 즉시항고를 할 수 있다(민집 227조). 제3채무자는 압류명령에 대하여 즉시항고를 제기하지 않더라도 압류채권자가 제기한 추심금 또는 전부금청구소송에서 이러한 사유를 주장하여도 무방하나 즉시항고라는 간이한 절차에 의하여 자기의 법적 지위의 불안정을 면할 수도 있다. 그러나 집행채권의 부존재나 압류된 채권의 부존재와 같은 실체상의 이유는 압류명령에 대한 항고사유가 되지 못한다.

4. 현 금 화

가. 추심명령

(1) 의 의

추심명령이란 압류채권자가 대위의 절차를 거치지 않고 채무자에 갈음하여 제3채무자에 대하여 피압류채권의 이행을 청구하고 이를 수령하여 원칙적으로 자기의 채권의 변제에 충당할 수 있도록 하는 권능을 주는 집행법원의 결정이다.

➢ 추심명령과 전부명령

① 추심명령
추심명령을 받은 자는 제3채무자로부터 채권을 추심할 권리가 있고, 그 채권을 추심한 경우에는 법원에 추심신고를 하여야 하는데, 그 때까지 다른 권리자가 없으면 추심명령을 받은 자가 추심한 채권으로 자기의 채권을 변제받게 되지만, 다른 권리자가 있으면 배당절차를 통하여 변제받게 된다.

② 전부명령

전부명령을 받은 자는 그 전부명령이 채무자 등 즉시항고권자와 제3채무자에게 송달이 되면 제3채무자로부터 직접 변제받을 수 있다(전부명령을 받은 자가 제3채무자의 채권자로 들어섬). 다만, 전부명령이 제3채무자에게 송달되기 전에 다른 권리자가 있는 경우에는 당해 전부명령은 효력이 상실되기 때문에(압류의 효력만 있음), 전부명령권자는 결국 배당절차에 의하여 배당을 받게 된다.

[추심명령과 전부명령 비교표][67)]

구 분	전부명령	추심명령
내용	압류채권의 이전	압류채권에 대한 추심권의 취득
효력발생	확정된 때, 다만 변제의 효력은 제3채무자에게 송달된 때로 소급	제3채무자에게 송달된 때
집행채권의 소멸	소멸(제3채무자가 무자력이면 전혀 만족받을 수 없는 위험을 부담)	소멸 안함
압류채권의 범위	집행채권 및 집행비용을 합산한 금액을 한도로 함	압류채권 전액, 다만 채무자의 신청에 의하여 요구액으로 제한할 수 있음
유체물인도, 부동산권리 이전청구권	할 수 없음	할 수 있음
압류의 경합	선행압류, 가압류가 있으면 전부명령은 무효, 단 압류는 유효	유효
타 채권자의 배당요구	할 수 없음	할 수 있음
동종명령의 경합	선행 전부명령 유효 후행 전부명령 무효	각 무효
이종명령으로의 이전	할 수 없다(전부 ▸ 추심 ×)	할 수 있음(추심 ▸ 전부 0)
집행채권자의 지위	추심 및 처분 모두 할 수 있음	추심권만 행사 처분권은 없음
집행채무자의 지위	피전부채권 전부의 상실 채권자의 지위상실	채권자로서 지위는 유지 추심권한 상실

67) 김경태, 민사집행법, 신아사, 2018. 335~336면 원용.

구 분	전부명령	추심명령
제3채무자의 지위	전부채권자에게 지급할 의무	추심채권자에게 지급할 의무
상계	전부채권자가 피전부채권을 자동채권으로 상계할 수 있음	추심채권자는 피압류채권을 자동채권으로 하여 상계할 수 있음
포기	포기할 수 없다(효력발생으로써 집행절차 종료)	포기할 수 있다
취하, 취소	불가능	추심명령 받은 후 취하가능 추심신고 전이면 취소가능
집행절차 종료(변제절차)	전부명령의 확정	추심 후 집행법원에 서면으로 추심신고
타 채권자의 배당요구	할 수 없음	할 수 있음
집행채권자의 해태	소멸시효 완성 이외에 다른 책임과 불이익 없음	다른 배당요구채권자가 추심을 최고한 후 집행법원으로부터 추심허가를 얻어 직접 추심할 수 있음. 이 경우 추심권은 허가받은 배당요구 채권자에게 이전되고 압류채권자는 추심권을 상실한다.

(2) 신 청

추심명령은 압류채권자의 신청에 의하고 신청은 집행법원에 서면으로 하여야 한다. 실무에서는 압류명령의 신청과 동시에 하고 있다. 신청서에 추심의 범위가 명시되지 아니한 경우에는 채권 전액에 대하여 추심을 구하는 취지로 볼 것이다. 압류된 채권의 일부에 관하여 추심명령을 구하는 경우에는 그 취지를 분명하게 하여야 한다.

(3) 관할법원

추심명령을 신청하여야 할 관할법원은 압류명령의 집행법원과 동일한 지방법원이다.

[서식 120] 채권압류 및 추심명령신청서

채권압류 및 추심명령신청서

채 권 자　김 ○ ○ (6○○○○○－1234567)
○○시 ○○구 ○○동 ○○아파트 ○○

채 무 자　이 ○ ○ (6○○○○○－1234567)
○○시 ○○구 ○○동 ○○

제3채무자　주식회사 ○○
○○시 ○○구 ○○동 ○○
대표이사 황 ○ ○

청구채권의 표시

금 5,400,000원(○○지방법원 20○○가소 ○○○호 대여금청구사건의 집행력 있는 판결정본에 기한 채권)

압류 및 추심할 채권의 표시

별지목록 기재와 같음.

신 청 취 지

1. 채무자의 제3채무자에 대한 별지목록 기재의 채권을 압류한다.
2. 제3채무자는 채무자에 대하여 위의 지급을 하여서는 아니 된다.
3. 채무자는 위의 채권의 처분과 영수를 하여서는 아니 된다.
4. 채권자의 신청에 의하여 위 압류된 채권은 이를 지급에 갈음하여 채권자가 추심할 수 있다.

라는 재판을 구합니다.

신 청 원 인

채권자는 20○○. ○. ○.경 채무자에게 금 5,000,000원을, 지급기일 20○○. ○. ○.로 하여 대여하였는데, 채무자는 변제기가 지나도록 전혀 변제할 의사를 보이지 않고 있어 채권자는 부득이 채무자에 대하여 대여금 청구소송을 제기하여 승소확정판결을 받았으므로, 채무자가 제3채무자에 대하여 가지는 별지목록 기재의 채권으로 청구금액에 대한 변제에 충당하고자 본 신청에 이른 것입니다.

첨 부 서 류

1. 별지목록	1통
1. 집행력 있는 판결정본	1통
1. 송달증명원	1통
1. 채무자의 주민등록초본	1통

20○○. ○. ○.

위 채권자 김 ○ ○ (인)

○○지방법원 귀중

[별 지] 압류 및 추심할 채권의 표시

압류 및 추심할 채권의 표시

압류 및 추심할 채권 금 5,400,000원(원금 5,000,000원, 이자 400,000원)
(○○지방법원 20○○가소123호 대여금청구사건의 집행력 있는 판결정본에 기한 채권)

채무자가 제3채무자에 대하여 가지는 임대차보증금 금 10,000,000원의 반환청구채권 중 위 청구금액에 이르기까지의 금액. 끝.

작성방법

1. 채무자 주소지 관할법원 기타집행계에 신청서 1부를 제출한다.
2. 인지 4,000원(압류 2,000원+추심 2,000원)과 송달료 당사자수×2회분을 납부한다.

3. 집행력 있는 판결정본, 송달증명원, 확정증명원, 채무자주민등록초본(관할소명을 위한)을 첨부한다.

[서식 121] 사용증명원

사 용 증 명 원

사　　건　20○○타채 ○○○　채권압류 및 추심

채 권 자　김 ○ ○

채 무 자　이 ○ ○

제3채무자　주식회사 ○○은행

위 사건에 관하여 ○○지방법원 20○○타채 ○○○호 구상금청구사건의 지급명령확정 정본이 위 채권압류 및 추심명령신청에 첨부되어 사용되었음을 증명하여 주시기 바랍니다.

20○○. ○. ○.

위 채권자 ○ ○ ○ (인)

○○지방법원 기타집행계 귀중

작성방법

1. 집원권원이 사용 중임을 증명받는 것이기 때문에, 이 증명서는 재도부여(집행권의 재발급)신청시 필요
2. 사용증명원 2부를 작성, 제출하여, 그 중 1부를 증명받아 교부받음.
3. 접수시 인지 : 500원
4. 채권압류 및 추심명령신청서 접수시 혹은 접수 이후 언제든 위 사용증명을 받을 수 있음.

[서식 122] 가압류로부터 전이하는 채권압류 및 추심(전부)명령신청서

가압류로부터 본압류로 전이하는 채권압류 및 추심명령신청서

채 권 자 문 ○ ○ (6○○○○○－1234567)
○○시 ○○읍 ○○리 ○○

채 무 자 이 ○ ○ (7○○○○○－1234567)
○○시 ○○읍 ○○리 ○○

제3채무자 박 ○ ○
○○시 ○동 ○○

청구금액의 표시

금 10,000,000원(○○지법 ○○지원 20○○가소 ○○○ 대여금사건의 집행력 있는 이행권고결정에 기한 채권)

전이하는 압류 및 추심할 채권의 표시

별지목록 기재와 같음.

신 청 취 지

1. 위 청구금액의 변제에 충당하기 위하여 귀원 20○○카단 ○○○로 가압류한 위 채권은 귀원 20○○가소 ○○○ 대여금사건의 집행력 있는 이행권고결정정본에 의하여 이를 본압류로 전이한다.
2. 이 명령에 의하여 압류한 채권은 이를 채권자가 추심할 수 있다.

라는 재판을 구합니다.

신 청 원 인

1. 채권자는 채무자에 대하여 금 10,000,000원의 대여금 청구채권이 있었고, 그 집행을 보전하기 위하여 귀원 20○○카단 ○○○호로써 채권가압류를 신청하여 제3채무자에 대하여 압류채권표시 기재의 채권을 가압류하였습니다.

2. 그 후 채권자는 채무자를 상대로 하여 귀원 20○○가소 ○○○ 대여금 사건의 본안소

송을 제기하여 20○○. ○. ○. 승소확정의 이행권고결정을 받았습니다.

3. 그러므로 채권자는 위 20○○카단○○○호 채권가압류결정으로 집행보전 한 금 10,000,000원을 본압류로 전이하고 이를 추심하기 위하여 본 신청에 이르게 된 것입니다.

첨 부 서 류

1. 집행력 있는 이행권고결정 정본 1통
1. 채권가압류결정 및 동 송달증명원 각 1통
1. 별지목록 1통

20○○. ○. ○.

위 채권자 문 ○ ○ (인)

○○지방법원 ○○지원 귀중

[별지] 압류 및 추심할 채권의 표시

압류 및 추심할 채권의 표시

압류 및 추심할 채권 금 10,000,000원
(○○지방법원 20○○가소○○○ 대여금청구사건의 집행력 있는 판결정본에 기한 채권)

채무자가 제3채무자에 대하여 가지는 대여금 금 10,000,000원의 반환청구채권 중 위 청구금액에 이르기까지의 금액. 끝.

작성방법

1. 송달료 : 당사자수 × 2회분

2. 인지대 : 4,000원(압류 2,000원+추심 2,000원)
3. 가압류결정 법원 기타집행계에 신청서 1부를 제출한다.

[기재례 7] 신청취지

1. 채무자의 제3채무자에 대한 별지목록 기재의 채권을 압류한다.
2. 제3채무자는 채무자에게 위 채권에 관한 지급을 하여서는 아니 된다.
3. 채무자는 위 채권의 처분과 영수를 하여서는 아니 된다.
4. 채권자는 채무자의 제3채무자에 대한 위 압류된 채권을 추심할 수 있다.

1. 채권자와 채무자간 서울○○지방법 20○○카단 ○○○ 채권가압류결정에 의한 별지목록 기재 채권에 대한 가압류 금 60,000,000원 중 금 30,000,000원은 이를 본압류로 전이한다.
2. 제3채무자는 채무자에게 위 채권에 관한 지급을 하여서는 아니 된다.
3. 채무자는 위 채권의 처분과 영수를 하여서는 아니 된다.
4. 채권자는 채무자의 제3채무자에 대한 위 압류된 채권을 추심할 수 있다.

1. 채권자와 채무자간 서울○○지방법 20○○카단 ○○○ 채권가압류결정에 의한 별지목록 기재 채권에 대한 가압류는 이를 본압류로 전이한다.
2. 제3채무자는 채무자에게 위 채권에 관한 지급을 하여서는 아니 된다.
3. 채무자는 위 채권의 처분과 영수를 하여서는 아니 된다.
4. 채권자는 채무자의 제3채무자에 대한 위 압류된 채권을 추심할 수 있다.

1. 채무자의 제3채무자에 대한 별지 기재 채권 중 채권자와 채무자간 서울○○지방법원 20○○카단 ○○○ 채권가압류결정에 의하여 가압류된 채권금 금 6,000,000원을 본압류로 전이하고, 나머지 금 3,000,000원을 압류한다.
2. 제3채무자는 채무자에게 위 채권에 관한 지급을 하여서는 아니 된다.
3. 채무자는 위 채권의 처분과 영수를 하여서는 아니 된다.
4. 채권자는 채무자의 제3채무자에 대한 위 압류된 채권을 추심할 수 있다.

[기재례 8] 압류할 채권

① 대여금채권

금 30,000,000원
채무자가 제3채무자에 대하여 가지고 있는 20○○. ○. ○.자 대여금 반환채권 중 위 청구금액

② 매매대금채권

금 30,000,000원
채무자가 20○○. ○. ○. 목재를 제3채무자에게 납품하고 지급받을 납품대금채권 중 위 청구금액

③ 판매대금

금 30,000,000원
채무자가 제3채무자에 대하여 가지는 물품대금채권 중 위 청구금액

④ 공탁금출급청구권

금 30,000,000원
채무자가 제3채무자에 대하여 가지는 20○○. ○. ○. 공탁자 김○○이 서울○○지방법원 20○○금 제123호로 공탁한 금 2,000,000원의 출급청구채권 중 위 청구금액

⑤ 공탁금회수청구권인 경우

금 30,000,000원
채무자가 제3채무자에 대하여 가지는 20○○카기 ○○○ 강제집행정지 사건의 보증금으로서 ○○지방법원 20○○금 제123호로 공탁한 재판상 보증공탁금 회수채권 중 위 청구금액

⑥ 전세보증금

금 30,000,000원
채무자가 제3채무자 소유의 ○○시 ○○구 ○○동 ○○ ○○아파트 ○○를 임차함

에 있어 제3채무자에 대하여 가지는 임차보증금 반환채권 중 위 청구금액(단 주택임대차 보호법 제8조 및 같은 법 시행령의 규정에 따라 우선변제받을 수 있는 금액을 제외한 나머지 금액)

⑦ 예금계좌

금 30,000,000원

채무자가 제3채무자 주식회사 ○○은행에 대하여 가지고 있는 예금(계좌번호 123-456-7890)반환채권 중 현재의 잔액과 앞으로 입금될 예금 중 위 청구금액

금 30,000,000원

채무자가 제3채무자(소관 : ○○동 지점)에 대하여 가지는 다음 예금채권 중 다음에서 기재한 순서에 따라 위 청구금액에 이를 때까지의 금원

- 다 음 -

1. 압류되지 않는 예금과 압류된 예금이 있는 때에는 다음 순서에 의하여 압류한다.
   가. 선행압류, 가압류가 되지 않은 예금
   나. 선행압류, 가압류가 된 예금
2. 여러 종류의 예금이 있을 때에는 다음 순서에 의하여 압류한다.
   가. 정기예금 나. 정기적금
   다. 보통예금 라. 당좌예금
   마. 별단예금
3. 같은 종류의 예금이 여러 계좌 있는 때에는 계좌번호가 빠른 예금부터 압류한다.

* ○○○ (7○○○○○-1234567)

⑧ 급료채권

금 30,000,000원

채무자가 제3채무자로부터 매월 지급받는 급여(본봉, 각종 수당 및 상여금 등에서 제세공과금을 공제한 금액)에서 다음에 기재한 각 경우에 따른 압류금지금액을 제외한 나머지 금액 중 위 청구금액에 이를 때까지의 금액

- 다 음 -

1. 월급여가 120만 원 이하인 경우에는 전액

2. 월급여가 120만 원을 초과하고 240만 원 이하인 경우에는 120만 원
3. 월급여가 240만 원을 초과하고 600만 원 이하인 경우에는 월급여의 2분의1
4. 월급여가 600만 원을 초과하는 경우에는
   300만 원+{(월급여의 2분의1－300만 원)/2}
   (단 채무자가 여러 직장을 다니는 경우 모든 급여를 합산한 금액을 월급여액으로 함)

단 위 청구금액에 이르지 아니한 사이에 퇴직, 명예퇴직 또는 퇴직금 중간정산을 한 때에는 제세공과금을 공제한 잔액의 2분의1 한도 내에서 위 청구금액에 이를 때까지의 금액.

⑨ 보 험 금

○○손해보험 주식회사에 대한 압류할 채권의 표시

청구금액 : 금 100,000,000원

순번	보험명/증권번호	청구금액(원)
1	AIG무배당프라임유니버셜 II / (000000)	100,000,000

채무자(김○○, 7○○○○○－1○○○○○○)와 3채무자 사이에 체결된 위 보험계약의 해지, 종료 또는 보험만기로 인하여 채무자가 제3채무자로부터 받을 해약환급금 및 만기환급금 등 금전지급청구권 중 위 청구금액에 이르는 금액. 끝.

단, 보장성보험의 경우에는 아래 표의 민사집행법 시행령 제6조상 압류금지 범위를 초과하는 금액에 한한다.

※ 압류금지 보장성 보험금 등의 범위

①에 따라 다음 각 호에 해당하는 보장성보험의 보험금, 해약환급금 및 만기환급금에 관한 채권은 압류하지 못한다.

1. 사망보험금 중 1천만 원 이하의 보험금
2. 상해·질병·사고 등을 원인으로 채무자가 지급받는 보장성보험의 보험금 중 다음 각 목에 해당하는 보험금

가. 진료비, 치료비, 수술비, 입원비, 약제비 등 치료 및 장애 회복을 위하여 실제 지출되는 비용을 보장하기 위한 보험금

나. 치료 및 장애 회복을 위한 보험금 중 가목에 해당하는 보험금을 제외한 보험금의 2분의 1에 해당하는 금액

3. 보장성보험의 해약환급금 중 다음 각 목에 해당하는 환급금

가. 에 따라 채권자가 채무자의 보험계약 해지권을 대위행사하거나 추심명령(推尋命令) 또는 전부명령(轉付命令)을 받은 채권자가 해지권을 행사하여 발생하는 해약환급금

나. 가목에서 규정한 해약사유 외의 사유로 발생하는 해약환급금 중 150만 원 이하의 금액

4. 보장성보험의 만기환급금 중 150만 원 이하의 금액

② 채무자가 보장성보험의 보험금, 해약환급금 또는 만기환급금 채권을 취득하는 보험계약이 둘 이상인 경우에는 다음 각 호의 구분에 따라 제1항 각 호의 금액을 계산한다.

1. 제1항 제1호, 제3호 나목 및 제4호 : 해당하는 보험계약별 사망보험금, 해약환급금, 만기환급금을 각각 합산한 금액에 대하여 해당 압류금지채권의 상한을 계산한다.

2. 제1항 제2호 나목 및 제3호 가목 : 보험계약별로 계산한다.

[서식 123] 제3채무자에 대한 진술최고 신청서

제3채무자에 대한 진술최고 신청서

채 권 자 문 ○ ○

채 무 자 이 ○ ○

제3채무자 박 ○ ○

위 당사자간 귀원 20○○타채 ○○○호 채권압류 및 추심명령사건에 관하여, 제3채무자에게 민사집행법 제237조에 의하여 아래 사항을 진술하라는 명령을 하여 주시기 바랍니다.

아 래

1. 채권을 인정하는지의 여부 및 인정한다면 그 한도

1. 채권에 대해 지급 의사가 있는지의 여부 및 의사가 있다면 그 한도
1. 채권에 대해 다른 사람으로부터 청구가 있는지의 여부 및 청구가 있다면 그 종류
1. 다른 채권자에게 채권을 압류당한 사실이 있는지의 여부 및 그 사실이 있다면 청구의 종류

20○○. ○. ○.

위 채권자 문 ○ ○ (인)

○○지방법원 기타집행계 귀중

작성방법

1. 인지 500원, 송달우표(5,200원 × 제3채무자수)
2. 신청서는 1부를 제출한다.

(4) 재 판

집행법원은 추심명령의 신청이 있으면 관할권의 유무, 신청의 적식 여부, 강제집행의 요건과 개시요건의 유무, 집행장애의 유무, 압류명령의 효력의 존부, 추심명령 발부요건의 유무 등을 조사하여 신청의 허부를 결정한다. 집행채권이나 압류할 채권의 실체적 존부를 심리할 수는 없다.

추심명령에는 사건번호, 당사자, 추심의 대상인 채권, 추심권능을 부여하는 선언, 결정날짜. 집행법원의 표시, 판사의 기명날인이 있어야 한다. 압류명령과 추심명령을 병합하여 발령하는 경우에는 1개의 사건번호만을 적고, 사건명으로는 채권압류 및 추심이라고 하며 압류명령 주문의 끝에 "위 압류된 채권은 채권자가 추심할 수 있다"라고 기재한다. 추심명령도 압류명령과 마찬가지로 잘못된 계산이나 기재, 그 밖에 이와 비슷한 잘못이 있음이 분명한 때에는 경정결정의 대상이 된다.

추심명령도 압류명령과 마찬가지로 제3채무자에게 송달하여야 한다(민집 229조 4항, 227조 2항). 채무자에 대한 송달은 추심명령의 효력발생요건은 아니다. 채권자에게도

적당한 방법으로 고지하여야 한다. 추심명령신청을 각하 또는 기각할 때에는 그 결정을 신청채권자에게만 고지하면 된다(민집규 7조 2항).

(5) 불 복

추심명령의 신청에 관한 재판에 대하여는 즉시항고를 할 수 있다(민집 229조 6항). 즉시항고의 사유로서는 대체로 압류명령의 경우와 마찬가지로 압류된 채권이 압류금지채권에 해당한다거나 압류된 채권이 특정되지 않았다는 것이 될 수 있다.

(6) 추심권의 범위

채권자는 추심명령에 의하여 채무자가 제3채무자에 대하여 가지는 채권을 직접 추심할 권능을 취득한다. 그 추심권의 범위는 추심명령에 특별한 제한이 없는 한 압류된 채권의 전액에 미치고 집행채권의 범위로 한정되는 것은 아니다. 피압류채권의 전액을 추심하여 집행채권의 변제에 충당하고 남으면 채무자에게 지급한다. 다만 채권자 스스로 압류된 채권의 일부에 한하여 추심명령을 신청하는 것은 무방하다.

법원은 채무자의 신청에 따라 압류채권자를 심문하여 압류액수를 그 채권자의 요구액수(집행채권액과 집행비용의 합산액)로 제한하고 채무자에게 그 초과된 액수의 처분과 영수를 허가할 수 있다(민집 232조 1항). 이 경우 그 제한부분에 대하여 다른 채권자는 배당요구를 할 수 없다(민집 232조 2항). 따라서 그 한도에서 추심명령을 받은 집행채권자가 우선변제를 받을 수 있다.

(7) 추심권의 행사

추심명령을 받은 채권자는 채권의 추심에 필요한 채무자의 일체의 권리를 채무자를 대리하거나 대위하지 아니하고 자기의 이름으로 재판상 또는 재판 외에서 행사할 수 있다.

채권자는 이행을 최고하거나 변제를 수령하고 선택권을 행사하며 정기예금에 대한 추심명령으로 그 만기 전에 해약하는 경우와 같이 해제권, 해지권, 취소권을 행사함은 물론 보증인에 대한 청구를 할 수도 있고, 추심할 채권에 질권, 저당권 등 담보권이 있는 경우에는 직접 담보권을 실행할 권능을 취득하게 되므로 자기 이름으로 경매의 신청을 할 수 있다. 또 지시증권상의 권리도 행사할 수 있다. 추심할 채권이 반대의무에 걸려 있는 경우 채권자는 채무자에 갈음하여 그 반대의무를 이행하고 추심할 수 있다. 그러나 추심의 목적을 넘는 행위, 예컨대 면제, 포기, 기한의 유예, 채권양도 등은 할 수 없고, 그러한 내용의 화해도 할 수 없다.

채권자는 자기 명의로 제3채무자를 상대로 이행의 소 또는 지급명령 신청 등의 방법으로 이행청구를 할 수 있다(민집 238조, 249조). 채무자가 이미 소를 제기한 때에는 승계인으로서 참가할 수 있으며, 채무자가 집행권원을 가지고 있는 경우에는 승계집행문을 받아 집행할 수 있다.

채권자가 제3채무자를 상대로 추심의 소를 제기할 때에는 일반규정에 의한 관할법원에 제기하고 채무자에게 그 소를 고지하여야 한다. 다만, 채무자가 외국에 있거나 있는 곳이 분명하지 아니한 때에는 고지할 필요가 없다(민집 238조).

(8) 추심의무

채권자가 추심할 채권의 행사를 게을리 한 때에는 이로써 생긴 채무자의 손해를 부담한다(민집 239조). 압류채권자가 추심절차를 게을리 한 때에는 집행력 있는 정본으로 배당을 요구한 채권자는 일정한 기간 내에 추심하도록 최고하고, 최고에 따르지 아니한 때에는 법원의 허가를 얻어 직접 추심할 수 있다(민집 250조).

(9) 추심권의 포기

채권자는 추심명령에 따라 얻은 권리를 포기할 수 있다. 다만, 기본채권에는 영향이 없다(민집 240조 1항). 추심권의 포기는 법원에 서면으로 신고하여야 한다. 법원사무관등은 그 등본을 제3채무자와 채무자에게 송달하여야 한다(민집 240조 2항).

압류채권자가 추심명령을 얻은 후 다시 동일한 채권에 관하여 전부명령을 얻은 때에는 추심명령은 당연히 소멸하므로 별도로 추심권을 포기할 필요가 없다. 추심권의 포기에 그치지 않고 압류에 따른 권리 자체를 포기하기 위하여는 압류명령의 신청을 취하하면 되고 이 경우 추심권도 당연히 소멸하게 된다.

[서식 124] **채권추심포기 및 압류해제신청서**

채권추심포기 및 압류해제신청

사 건 20○○타기○○○ 채권압류 및 추심명령

채 권 자 문 ○ ○

채 무 자 이 ○ ○

제3채무자 박 ○ ○

채권자는 위 사건의 채권추심을 포기하고 압류를 해제합니다.

20○○. ○. ○.

위 채권자 ○ ○ ○ (인)

○○지방법원 민사집행과 귀중

작성방법

1. 신청서 2통, 목록 5통을 제출한다.
2. 우표 2회분을 제출한다.

(10) 추심 후의 절차

추심명령을 얻은 채권자가 제3채무자로부터 피압류채권을 추심하면 그 범위 내에서 피압류채권은 소멸한다. 따라서 제3채무자는 채무자에 대하여도 채권자에 대한 변제로 대항할 수 있고, 추심명령이 경합된 경우에도 한 채권자에 대한 변제로 모든 채권자에 대하여 대항할 수 있다.

그러나 추심채권자가 집행법원에 추심신고를 할 때까지 압류, 가압류 또는 배당요구가 있는 때에는 추심채권자의 공탁 및 사유신고에 따라 배당절차에 들어가게 되고 (민집 236조 2항), 그 배당절차에 따른 배당액의 범위 내에서만 집행채권이 소멸하게 된다. 추심신고시가 배당요구의 종기이므로 추심채권자로서는 가능한 한 빨리 추심신고를 할 필요가 있다. 추심채권자가 추심신고를 하지 않거나 공탁 및 사유신고를 하지 않는 경우 다른 채권자는 추심채권자에 대하여 추심금 전액의 공탁을 청구할 수 있다.

[서식 125] 채권자의 추심신고서

추 심 신 고 서

채 권 자 문 ○ ○ (6○○○○○－1234567)
○○시 ○○읍 ○○리 ○○

채 무 자 이 ○ ○ (7○○○○○－1234567)
○○시 ○○읍 ○○리 ○○

제3채무자 박 ○ ○
○○시 ○○동 ○○

위 당사자간 귀원 20○○타기 ○○○호 채권압류 및 추심명령사건에 관하여, 채권자는 민사집행법 제236조에 의하여 다음과 같이 채권추심을 신고합니다.

다 음

채권자는 제3채무자로부터 별지목록 표시 채권액 금 10,000,000원 중 금 8,000,000원을 20○○. ○. ○. 지급받았음을 신고합니다.

첨 부 서 류

1. 채권표시 목록 1통

20○○. ○. ○.

위 채권자 문 ○ ○ (인)

○○지방법원 ○○지원 귀중

작성방법

1. 신고서 1부를 압류결정을 내린 집행법원에 제출한다.
2. 인지등 비용은 없다.

[서식 126] 채권자의 추심금공탁사유신고서

추심금 공탁사유신고

채 권 자 문 ○ ○ (6○○○○○－1234567)
○○시 ○○읍 ○○리 ○○

채 무 자 이 ○ ○ (7○○○○○－1234567)
○○시 ○○읍 ○○리 ○○

제3채무자 박 ○ ○
○○시 ○동 ○○

압류채권자 김 ○ ○
○○시 ○○읍 ○○리 ○○

위 당사자간 귀원 20○○타기 ○○○호 채권압류 및 추심명령사건에 관하여, 채권자는 20○○. ○. ○. 채권추심명령을 얻어서 아래와 같이 채무자로부터 채권을 추심하였으나, 추심신고 전에 다른 압류가 경합되어서 추심금을 공탁하고 그 사유를 민사집행법 제236조 제2항에 의하여 신고합니다.

아 래

1. 채권자는 제3채무자로부터 추심명령을 받은 별지목록 표시 채권액 금 10,000,000원

중 금 8,000,000원을 20○○. ○. ○. 지급받았습니다.

2. 그런데, 추심신고 전인 20○○. ○. ○. 다른 채권자 김○○의 채권압류명령과 경합되었습니다.
3. 따라서 채권자는 ○○지법 ○○지원 20○○년 금 제123호로 공탁공무원에게 추심금 금 8,000,000원을 공탁하고 그 사유를 신고합니다.

첨 부 서 류

1. 채권압류명령 사본	1통
1. 공탁서원본	1통
1. 별지목록	1통

20○○. ○. ○.

위 채권자(추심채권자) 문 ○ ○ (인)

○○지방법원 ○○지원 귀중

[서식 127] 추심명령에 의한 추심의 소

추 심 의 소

원 고 조 ○ ○ (6○○○○○－1234567)
○○시 ○○읍 ○○리 ○○

피 고 김 ○ ○
○○시 ○동 ○○

청 구 취 지

1. 원고에게 피고는 금 10,000,000원 및 이에 대하여 이 소장부본송달일 다음날부터 완제

일까지 연 20%의 비율에 의한 금원을 지급하라.
2. 소송비용은 피고의 부담으로 한다.
3. 제1항은 강제집행할 수 있다.
라는 판결을 구합니다.

청 구 원 인

1. 원고는 소외 정○○에 대하여 ○○지법 ○○지원 20○○가단○○○호 대여금 사건의 집행력 있는 이행권고결정을 받은 사실이 있었습니다.

2. 원고는 위 결정의 강제집행으로 소외 정○○가 피고에 대하여 가지는 20○○. ○. ○. 대여금 청구채권 금 10,000,000원에 대하여 ○○지원 20○○타기○○○호로 채권압류 및 추심명령을 받았습니다. 이에 원고는 피고에 대하여 위 추심명령에 따라 위 대여금을 지급할 것을 수차례에 걸쳐 요구하였으나 피고가 이에 응하지 아니하므로 부득이 이 건 소에 이르게 된 것입니다.

첨 부 서 류

1. 채권압류 및 추심명령 사본	1통
1. 채무자에 대한 소송고지서 사본	1통
1. 납부서	1통

20○○. ○. ○.

위 채권자 ○ ○ ○ (인)

○○지방법원 ○○지원 귀중

나. 전부명령

(1) 의 의

전부명령이란 압류된 금전채권을 집행채권의 변제에 갈음하여 권면액으로 압류채권자에게 이전시키는 집행법원의 명령을 말한다.

구 분	추시명령	전부명령
집행범위	금전 이외의 유체물의 인도를 목적으로 하는 채권	금전채권에 대해서만 할 수 있다.
선택시기	압류하고자 하는 채권에 제3자의 가압류가 경합하는 경우 등에 활용하는 것으로 경합하는 채권자간에 추심된 금액을 배당받는다.	압류하고자 하는 채권을 제3자가 아직 가압류하지 않은 상태에서 독자적으로 확보하고자 할 때 활용한다.
신청방법	서면 또는 구술로서 압류명령신청과 병합하거나 단독으로 신청가능	추심명령과 동일
권리이전	압류명령 자체로는 권리이전이 되지 않고 추심권만 이전	압류명령 자체로 전부채권자에게 이전
위험부담	제3채무자의 무자력으로 인한 손실에 따른 위험은 채무자에 귀속한다.	전부명령을 얻으면 변제의 효력이 발행하며 제3채무자의 변제능력이 없는 경우에도 채무자에게 변제 청구할 수 없다.
배당요구	채권을 추심하여 집행법원에 신고할 때까지 다른 채권자가 배당요구할 수 있다.	명령이 제3채무자에게 송달될 때까지 다른 채권자가 배당요구를 할 수 있지만 송달 후에는 배당요구 불가능
형사책임	일정한 기간 내에 추심권을 행사할 책임이 있고 만일 이를 게을리 하면 손해배상 책임발생	전부채권자는 완전한 자기채권이기 때문에 하등의 의무를 부담하지 않는다.
소멸시기	배당을 받거나 현실로 만족을 얻었을 때에 소멸한다.	전부명령의 확정을 정지조건으로 전부명령 송달시에 소급하여 소멸한다.
집행의 변경	추심할 가망이 적으면 추심권을 포기하고 다른 집행방법을 행사할 수 있다.	압류한 채권이 부존재라면 몰라도 그렇지 않으면 다른 집행방법을 행사할 수 없다.
신고의무	채권자가 압류한 채권을 추심하였으면 이를 집행법원에 신고하여야 한다.	신고의무가 없다.
자발적 미이행시	추심금 청구의 소 제기	전부금 청구의 소 제기

(2) 신 청

전부명령은 압류채권자의 신청에 의하고 신청은 집행법원에 서면으로 하여야 한다. 실무에서는 압류명령의 신청과 동시에 하고 있다. 다만 민사집행법 233조의 증권채권은 집행관의 증권의 점유를 기다려야 하므로 동시신청이 불가능하다.

채권가압류 뒤에 가압류채권자가 집행권원을 취득하더라도 직접 전부명령을 신청할 수는 없고 가압류에서 본압류로 이전하는 압류명령을 신청하면서 전부명령을 신청하여야 한다.

(3) 관할법원

전부명령을 신청하여야 할 관할법원은 압류명령의 집행법원과 동일한 지방법원이다.

(4) 재 판

집행법원은 전부명령의 신청이 있으면 관할권의 유무, 신청의 적식 여부, 강제집행의 요건과 개시요건의 유무, 집행장애의 유무, 압류명령의 효력의 존부, 전부명령 발부요건의 유무 등을 조사하여 신청의 허부를 결정한다. 집행채권이나 압류할 채권의 실체적 존부를 심리할 수는 없다.

전부명령발부요건으로서 첫째, 압류된 채권액이 금전채권으로 권면액을 가지고 있어야 한다. 따라서 유체물의 인도나 권리이전의 청구권에 대하여는 전부명령을 하지 못한다(민집 245조). 둘째, 압류된 채권이 양도성을 가지고 있어야 한다. 양도할 수 없는 채권은 압류도 할 수 없다. 다만 당사자 사이에 양도금지의 특약이 있는 채권은 압류채권자의 선의·악의를 불문하고 전부명령이 가능하다. 셋째, 압류·가압류가 경합하거나 배당요구가 없어야 한다. 압류가압류 채권자가 경합하거나 배당요구채권자 또는 공동압류채권자가 있는 경우에는 전부명령이 허용되지 아니한다. 다만 같은 채권에 대하여 중복하여 압류 등이 되었다 하더라도 그 효력이 그 채권의 일부에 국한되고 이를 합산하여도 총채권액에 미치지 아니할 때에는 압류의 경합이 있다고 할 수 없다. 압류 및 전부명령이 확정되면 그 부분 피압류채권은 전부채권자에게 이전되므로 그 이후 동일한 장래의 채권에 관하여 다시 압류 및 전부명령이 발하여지더라도 압류의 경합은 생기지 않고 다만 장래의 채권 중 선행 전부채권자에게 이전된 부분을 제외한 나머지 중 해당 부분 피압류채권이 후행 전부채권자에게 이전된다.

전부명령은 채무자와 제3채무자에게 송달하여야 한다(민집 229조 4항, 227조 2항). 전부명령은 확정되어야 효력이 있고(민집 229조 7항), 즉시항고권자인 채무자에게 송달되지 아니하면 확정될 수 없으므로 채무자에 대한 송달도 전부명령의 효력발생요건으로 보아야 한다.

(5) 불 복

전부명령의 신청에 관한 재판에 대하여는 즉시항고를 할 수 있다(민집 229조 6항). 즉시항고의 사유로서는 채권압류 자체의 무효·취소 또는 전부명령발부요건의 흠이다.

전부명령신청을 각하·기각하는 결정은 신청채권자에게 고지하여야 하고(민집규 7조 2항), 이에 대하여는 신청채권자가 즉시항고할 수 있다.

전부명령이 있은 뒤에 집행의 일시정지명령, 변제증서, 변제유예증서를 제출한 것을 이유로 전부명령에 대한 즉시항고가 제기된 경우에는 항고법원은 다른 이유로 전부명령을 취소하는 경우를 제외하고는 항고에 관한 재판을 정지하여야 한다(민집 229조 8항). 그 후 잠정적인 집행정지가 종국적인 집행취소나 집행속행으로 결말이 나는 것을 기다려 집행취소로 결말이 난 때에는 항고를 인용하여 전부명령을 취소하고 집행속행으로 결말이 난 때에는 항고를 기각하여야 한다.

(6) 효 력

(가) 피전부채권의 전부채권자에게로의 이전 및 집행채권의 소멸

전부명령의 기본적 효력은 피전부채권의 전부채권자에게로의 이전 및 집행채권의 소멸이다. 피전부채권의 이전은 집행행위에 기초한 것이므로 민법상 채권양도의 대항요건에 관한 규정은 적용되지 않는다. 피전부채권의 이전에는 종된 권리(이자, 지연손해금, 보증채무, 물적담보)도 포함된다.

집행권원에 기한 금전채권에 대한 강제집행절차에서, 그 집행권원에 표시된 집행채권이 소멸하였다 하더라도 그 강제집행절차가 청구이의의 소 등을 통하여 적법하게 취소·정지되지 아니한 채 계속 진행되어 채권압류 및 전부명령이 적법하게 확정되었다면, 특별한 사정이 없는 한 단지 집행채권의 소멸을 이유만으로, 확정된 전부명령에 따라 전부채권자에게 피전부채권이 이전되는 효력 자체를 부정할 수는 없는 것이고, 다만 위와 같이 전부명령이 확정된 후 그 집행권원상의 집행채권이 소멸한 것으로 판명된 경우에는 그 소멸된 부분에 관하여는 집행채권자가 집행채무자에 대한 관계에서 부당이득을 한 셈이 되므로, 그 집행채무자는 집행채권자에 대하여 그가 위 전부명령에 따라 전부받은 채권 중 실제로 추심한 금전 부분에 관하여는 그 상당액을, 추심하지 아니한 부분에 관하여는 그 채권 자체를 양도하는 방법에 의하여 부당이득의 반환을 구할 수 있다(대법원 2008. 2.29. 선고 2007다49960 판결).

전부명령이 확정된 경우에는 전부명령이 제3채무자에게 송달된 때에 채무자가 채무를 변제한 것으로 본다. 다만, 이전된 채권이 존재하지 아니한 때에는 그러하지 아니하다(민집 231조). 장래의 조건부채권에 대한 전부명령이 확정된 후에 그 피압류채권의 전부 또는 일부가 존재하지 아니한 것으로 밝혀졌다면 민사집행법 제231조 단서에 의하여 그 부분에 대한 전부명령의 실체적 효력은 소급하여 실효된다(대법원 2004. 8.20. 선고 2004다24168 판결).

A 회사와 갑 사이의 채권양도의 확정일자 있는 통지가 채무자인 을에게 도달한 후에 A 회사의 채권자 병의 양도 채권에 대한 채권압류 및 전부명령이 을에게 송달되어 확정된 경우, A 회사와 갑 사이의 위 채권양도계약이 무효이거나 취소되지 않는다면 병의 위 채권압류 및 전부명령은 이미 양도된 채권에 대한 것이어서 무효이다(대법원 1997. 6.27. 선고 95다40977 판결).

제3채무자가 채무자에게 이미 변제, 상계 등을 함으로써 피전부채권이 소멸한 뒤에 채권압류 및 전부명령이 도달한 경우도 마찬가지이다. 이와 같은 경우에는 집행채권이 소멸하지 아니하며 채권자는 전부된 채권이 존재하지 아니하였음을 입증하여 다시 집행정본을 교부받아 채무자의 다른 재산에 대하여 집행할 수 있다.

(나) 제3채무자에 대한 효력

전부명령에 의하여 피전부채권은 동일성을 유지한 채로 집행채무자로부터 집행채권자에게 이전되고 제3채무자는 채권압류 전에 피전부채권자에 대하여 가지고 있었던 항변사유로서 전부채권자에게 대항할 수 있다(대법원 1984. 8.14. 선고 84다카545 판결).

채권압류 및 전부명령에 있어 제3채무자는 그 명령이 송달되기 이전에 채무자에 대하여 상계적상에 있었던 반대채권을 가지고 있었다면 그 명령이 송달된 이후에 상계로서 전부채권자에게 대항할 수 있다(대법원 1973.11.13. 선고 73다518 전원합의체 판결).

채권압류 및 전부명령이 이미 대항력 있는 채권양도가 이루어진 후에 발하여진 것이어서 무효인 경우, 그러한 무효인 전부명령을 받은 자에 대한 변제라도 그가 피전부채권에 관하여 무권리자라는 사실을 알지 못하거나 과실 없이 그러한 사실을 알지 못하고 변제한 때에는 그 변제는 채권의 준점유자에 대한 변제로서 유효하다(대법원 1997. 3.11. 선고 96다44747 판결).

(다) 소 급 효

전부명령의 효력은 전부명령의 확정시, 즉 즉시항고가 제기되지 않은 경우에는 1주의 즉시항고기간이 지난 때, 즉시항고가 제기된 경우에는 그 기각 또는 각하결정이 확정된 때에 발생하지만(민집 229조 7항), 그 확정에 따라 발생하는 효력은 전부명령이 제3채무자에게 송달된 때로 소급한다.

전부명령이 제3채무자에게 송달될 때까지 그 금전채권에 관하여 다른 채권자가 압류·가압류 또는 배당요구를 한 경우에는 전부명령은 효력을 가지지 아니한다(민집 229조 5항).

전부명령이 제3채무자에게 송달될 당시를 기준으로 하여 압류가 경합되지 않았다면 그 후에 이루어진 채권압류가 그 전부명령의 효력에 영향을 미칠 수 없다(대법원 1995. 9.26. 선고 95다4681 판결).

(7) 집행의 종료

채권집행절차는 전부명령이 확정되어 효력이 발생하면 목적을 달성하고 종료한다.

[서식 128] 채권압류 및 전부명령신청서

채권압류 및 전부명령신청서

채 권 자　　김 ○ ○ (6○○○○○－1234567)
　　　　　　○○시 서구 ○○동 ○○아파트 ○○

채 무 자　　이 ○ ○ (5○○○○○－1234567)

ㅇㅇ시 ㅇㅇ구 ㅇㅇ동 ㅇㅇ

제3채무자　　주식회사 ㅇㅇ
ㅇㅇ시 ㅇㅇ구 ㅇㅇ동 ㅇㅇ
대표이사 황 ㅇ ㅇ

청구채권의 표시

금 5,400,000원(ㅇㅇ지방법원 20ㅇㅇ가소 ㅇㅇ호 대여금청구사건의 집행력 있는 판결정본에 기한 채권 원금 5,000,000원 및 이자 400,000원)

압류 및 전부할 채권의 표시

별지목록 기재와 같음.

신 청 취 지

1. 채무자의 제3채무자에 대한 별지목록 기재의 채권을 압류한다.
2. 제3채무자는 채무자에 대하여 위의 지급을 하여서는 아니 된다.
3. 채무자는 위의 채권의 처분과 영수를 하여서는 아니 된다.
4. 채권자의 신청에 의하여 위 압류된 채권은 이를 지급에 갈음하여 채권자에게 전부한다.

라는 재판을 구합니다.

신 청 원 인

채권자는 20ㅇㅇ. ㅇ. ㅇ.경 채무자에게 금 5,000,000원을, 지급기일 20ㅇㅇ. ㅇ. ㅇ.로 하여 대여하였는데, 채무자는 변제기가 지나도록 전혀 변제할 의사를 보이지 않고 있어, 채권자는 부득이 채무자에 대하여 대여금 청구소송을 제기하여 승소확정판결을 받았으므로, 채무자가 제3채무자에 대하여 가지는 별지목록 기재의 채권으로 청구금액에 대한 변제에 충당하고자 본 신청에 이른 것입니다.

첨 부 서 류

1. 별지목록　　1통
1. 집행력 있는 판결정본　　1통
1. 송달증명원　　1통

20○○. ○. ○.

위 채권자 김 ○ ○ (인)

○○지방법원 귀중

[별지] 압류 및 전부할 채권의 표시

압류 및 전부할 채권의 표시

압류 및 전부할 채권 금 5,400,000원(원금 5,000,000원, 이자 400,000원)
(○○지방법원 20○○가소○○호 대여금청구사건의 집행력 있는 판결정본에 기한 채권)

채무자가 제3채무자에 대하여 가지는 임대차보증금 금 10,000,000원의 반환청구채권 중 위 청구금액에 이르기까지의 금액. 끝.

작성방법

1. 신청서 1부를 기타집행계에 제출한다.
2. 인지대 4,000원(압류 2,000원+전부 2,000원), 송달료 (당사자수×5,200원×2회)를 납부한다.
3. 집행력 있는 판결정본, 송달확정증명원, 채무자주민등록초본을 첨부한다.

[서식 129] 가압류로부터 전이하는 채권압류 및 전부명령신청서

가압류로부터 본압류로 전이하는 채권압류 및 전부명령신청서

채 권 자 문 ○ ○ (6○○○○○－1234567)
○○시 ○○읍 ○○리 ○○

채 무 자　　이 ○ ○ (6○○○○○－1234567)
　　　　　　○○시 ○○읍 ○○리 ○○

제3채무자　　박 ○ ○
　　　　　　○○시 ○○동 ○○

청구금액의 표시

금 10,000,000원(○○지법 ○○지원 20○○가소○○ 약정금사건의 집행력 있는 이행권고결정에 기한 채권)

전이하는 압류 및 전부할 채권의 표시

별지목록 기재와 같음.

신 청 취 지

1. 위 청구금액의 변제에 충당하기 위하여 귀원 20○○카단○○로 가압류한 위 채권은 귀원 20○○가소○○호 집행력 있는 이행권고결정정본에 의하여 이를 본압류로 전이한다.
2. 이 명령에 의하여 압류한 채권은 지급에 갈음하여 채권자에게 전부한다.

라는 재판을 구합니다.

신 청 원 인

1. 채권자는 채무자에 대하여 금 10,000,000원의 임차보증금반환채권에 기한 약정금 청구채권이 있었고, 그 집행을 보전하기 위하여 귀원 20○○카단○○호로써 채권가압류를 신청하여 제3채무자에 대하여 압류채권표시 기재의 채권을 가압류하였습니다.

2. 그 후 채권자는 채무자를 상대로 하여 귀원 20○○가소○○호로 본안소송을 제기하여 20○○. ○. ○. 승소확정의 이행권고결정을 받았습니다.

3. 그러므로 채권자는 위 20○○카단○○호 채권가압류결정으로 집행보전한 금 10,000,000원을 본압류로 전이하는 채권압류 및 전부명령을 받고자 본 신청에 이르게 된 것입니다.

첨 부 서 류

1. 별지목록　　　　　　　　　　　　1통

1. 집행력 있는 이행권고결정 정본 1통
1. 채권가압류결정 및 동 송달증명원 각 1통

20○○. ○. ○.

위 채권자 문 ○ ○ (인)

○○지방법원 ○○지원 귀중

[별지] 가압류로부터 본압류로 전이하는 채권압류 및 전부채권의 표시

가압류로부터 본압류로 전이하는
채권압류 및 전부할 채권의 표시

금 10,000,000원정

채무자가 제3채무자에 대하여 가지는 ○○지법 ○○지원 20○○가소○○ 약정금 사건의 집행력 있는 이행권고결정에 기한 채권중 위 청구금액에 이르기까지의 금액.

작성방법

1. 신청서 1부를 가압류결정을 내린 법원 기타집행계에 제출한다.
2. 인지대 4,000원(압류 2,000원+전부 2,000원), 송달료(당사자수×5,200원×2회)를 납부한다.
3. 집행력 있는 판결정본, 송달확정증명원, 가압류결정문사본을 첨부한다.

[기재례 9] 전부명령신청취지

1. 채무자의 제3채무자에 대한 별지목록 기재의 채권을 압류한다.
2. 제3채무자는 채무자에게 위 채권에 관한 지급을 하여서는 아니 된다.

3. 채무자는 위 채권의 처분과 영수를 하여서는 아니 된다.
4. 위 압류된 채권은 지급에 갈음하여 채권자에게 전부한다.

1. 채권자와 채무자간 서울○○지방법 20○○카단 ○○○호 채권가압류결정에 의한 별지목록 기재 채권에 대한 가압류 금 60,000,000원 중 금 30,000,000원은 이를 본압류로 전이한다.
2. 제3채무자는 채무자에게 위 채권에 관한 지급을 하여서는 아니 된다.
3. 채무자는 위 채권의 처분과 영수를 하여서는 아니 된다.
4. 위 압류된 채권은 지급에 갈음하여 채권자에게 전부한다.

1. 채권자와 채무자간 서울○○지방법 20○○카단 ○○○호 채권가압류결정에 의한 별지목록 기재 채권에 대한 가압류는 이를 본압류로 전이한다.
2. 제3채무자는 채무자에게 위 채권에 관한 지급을 하여서는 아니 된다.
3. 채무자는 위 채권의 처분과 영수를 하여서는 아니 된다.
4. 위 압류된 채권은 지급에 갈음하여 채권자에게 전부한다.

1. 채무자의 제3채무자에 대한 별지 기재 채권 중 채권자와 채무자간 서울○○지방법원 20○○카단 ○○○호 채권가압류결정에 의하여 가압류된 채권금 금 6,000,000원을 본압류로 전이하고, 나머지 금 3,000,000원을 압류한다.
2. 제3채무자는 채무자에게 위 채권에 관한 지급을 하여서는 아니 된다.
3. 채무자는 위 채권의 처분과 영수를 하여서는 아니 된다.
4. 위 압류된 채권은 지급에 갈음하여 채권자에게 전부한다.

다. 특별한 현금화명령

(1) 의 의

특별한 현금화명령이란 압류된 채권이 조건 또는 기한이 있거나, 반대의무의 이행과 관련되어 있거나 그 밖의 이유로 추심하기 곤란할 때 채권자의 신청에 따라 집행법원이 하는 ① 채권을 법원이 정한 값으로 지급함에 갈음하여 압류채권자에게 양도하는 양도명령, ② 추심에 갈음하여 법원이 정한 방법으로 그 채권을 매각하도록 집행관에게 명하는 매각명령, ③ 관리인을 선임하여 그 채권의 관리를 명하는 관리명령, ④ 그 밖에 적당한 방법으로 현금화하도록 하는 명령을 말한다.

(2) 신 청

압류된 채권이 조건 또는 기한이 있거나, 반대의무의 이행과 관련되어 있거나 그 밖의 이유로 추심하기 곤란할 때에는 압류채권자는 추심에 갈음할 특별한 현금화명령을 집행법원에 신청할 수 있다(민집 241조 1항).

(3) 심 문

법원은 그 신청을 허가하는 결정을 하기 전에 채무자를 심문하여야 한다. 다만, 채무자가 외국에 있거나 있는 곳이 분명하지 아니한 때에는 심문할 필요가 없다(민집 249조 2항).

(4) 종 류

(가) 양도명령

양도명령이란 집행법원이 정한 값으로 지급함에 갈음하여 압류채권자에게 양도하는 명령을 말한다. 감정인에게 채권의 가액을 평가하게 하여 그 평가액으로 압류된 채권을 채권자에게 양도하고 그 평가액의 한도에서 집행채권을 소멸시키는 것이다(민집규 163조, 164조). 압류의 경합이나 배당요구가 없는 경우에 한하여 가능하다.

(나) 매각명령

매각명령이란 추심에 갈음하여 법원이 정한 방법으로 그 채권을 매각하도록 집행관에게 명하는 명령을 말한다.

압류된 채권을 매각한 경우에는 집행관은 채무자를 대신하여 제3채무자에게 서면으로 양도의 통지를 하여야 한다(민집 241조 5항).

(다) 관리명령

관리명령이란 관리인을 선임하여 그 채권의 관리를 명하는 관리명령을 말한다. 관리인에게 채권을 관리하게 하여 그 수익으로 집행채권을 만족시킨다. 다수의 임료채권, 특허권 등 지식재산권을 압류한 경우에 계속하여 이를 추심하려고 하는 때에 이용된다.

(라) 그 밖의 현금화명령

특정의 제3자에게 압류된 채권을 매각하거나 압류채권자 또는 제3자로 하여금 매각하게 하는 명령, 압류채권자에게 특수한 추심권능(제3채무자와 지급조건 등을 합의)을 주는 명령 등이 있다.

(5) 불 복

특별한 현금화명령에 대하여는 즉시항고 할 수 있다(민집 241조 3항). 신청을 기각하는 결정에 대하여도 마찬가지다.

(6) 효 력

특별한 현금화명령은 확정되어야 효력이 있다(민집 241조 4항).

제2절 유체물 인도청구권 등에 대한 집행

1. 유체동산의 인도 또는 권리이전의 청구권에 대한 집행

가. 의 의

채권자는 자기의 금전채권의 만족을 얻기 위하여 채무자의 제3채무자에 대한 유체동산 인도청구권이나 유체동산에 대한 권리이전청구권을 압류하여 그 청구권의 내용을 실현시켜 그 유체동산을 채무자의 책임재산으로 강제집행할 수 있는 상태로 만든 후 이를 현금화하여 그 매각대금에서 채권의 변제를 받을 수 있다(민집 242조, 243조).

채무자가 소유권을 취득하는 것이 아니고 단순히 점유할 권리만 있는 경우에는 채무자가 목적물을 인도받더라도 책임재산이 될 수 없으므로 이러한 강제집행방법의 대상이 되지 아니한다.

또한 목적물을 제조, 가공하여 인도할 것을 구할 수 있는 권리는 단순한 물건의 인도가 아니고 작위를 목적으로 하는 청구권이므로 민사집행법 251조에 따라 집행하여야 한다.

나. 압류명령

유체동산에 관한 청구권을 압류할 때에는 법원은 제3채무자에게 채무자에 대한 인도 또는 권리이전을 금지하고 채무자에게 채권의 처분과 영수를 금지하여야 한다(민집 242조, 227조). 또한 유체동산에 관한 청구권을 압류하는 경우에는 법원이 제3채무자에 대하여 그 동산을 채권자의 위임을 받은 집행관에게 인도하도록 명한다(민집 243조 1항).

유체동산인도청구권의 압류(강제집행에 관한 규정을 준용하는 가압류의 경우도 마찬가지이다)는 원칙적으로 금전채권의 압류에 준하여 집행법원의 압류명령과 그 송달로써 하는 것으로 제3채무자에 대한 압류명령의 송달이 있으면 압류의 효력이 발생하는 것이고, 인도명령은 환가를 위한 준비로서 의미가 있는 것으로 압류명령의 본질적 부분을 구성하는 것은 아니며, 인도명령의 기재가 없는 압류명령도 완전히 유효한 것인바, 압류명령이 제3채무자에게 송달됨으로써 유체동산인도청구권 자체에 대한 압류의 집행은 끝나고 그 효력이 발생하는 것이다(대법원 1994. 3.25. 선고 93다42757 판결).

다. 추심명령

인도명령이 있었음에도 불구하고 제3채무자가 임의로 목적물을 인도하지 아니하는 경우에는 채권자나 집행관은 제3채무자에 대하여 인도명령만을 가지고 인도를 구할 권능이 없으므로 그 권능의 획득을 위하여 채권자는 집행법원에 추심명령을 신청할 수 있다(민집 242조, 243조, 229조).

채권자로부터 추심명령정본에 터 잡아 위임을 받은 집행관은 제3채무자에 대하여 목적물의 인도를 최고할 수 있고, 제3채무자가 임의로 목적물을 인도하면 이를 수령할 수 있으나, 이행을 거절하는 경우에는 집행불능으로 된다. 이 경우 채권자는 추심의 소를 제기하여 집행권원을 얻은 후 집행관에게 집행위임을 하여 인도청구권을 집행하게 된다.

라. 현 금 화

집행관에게 인도된 유체동산은 유체동산 압류의 경우와 마찬가지로 현금화한다(민집 243조 3항). 집행관은 목적물의 매각대금을 집행법원에 제출하여야 하고(민집규 169조, 165조 4항), 집행법원이 배당절차를 진행한다(민집 252조, 민집규 183조, 169조).

2. 부동산 등의 인도 또는 권리이전의 청구권에 대한 집행

가. 의 의

채권자는 자기의 금전채권의 만족을 얻기 위하여 채무자의 제3채무자에 대한 부동산인도청구권 또는 부동산소유권이전등기청구권 등의 청구권을 압류하여 그 청구권의 내용을 실현시켜 그 부동산을 채무자의 책임재산으로 강제집행할 수 있는 상태로 만든 후 이를 현금화하여 그 매각대금에서 채권의 변제를 받을 수 있다(민집 242조, 244조).

선박·자동차·건설기계·항공기도 부동산의 경우와 마찬가지이다. 여기서의 부동산에는 광업권, 어업권 등도 포함된다.

나. 압류명령

유체동산에 관한 청구권을 압류할 때에는 법원은 제3채무자에게 채무자에 대한 인도 또는 권리이전을 금지하고 채무자에게 채권의 처분과 영수를 금지하여야 한다.

부동산에 관한 인도청구권의 압류에 대하여는 그 부동산소재지의 지방법원은 채권자 또는 제3채무자의 신청에 의하여 보관인을 정하고 제3채무자에 대하여 그 부동산을 보관인에게 인도할 것을 명하여야 한다(민집 244조 1항).

부동산에 관한 권리이전청구권의 압류에 대하여는 그 부동산소재지의 지방법원은 채권자 또는 제3채무자의 신청에 의하여 보관인을 정하고 제3채무자에 대하여 그 부동산에 관한 채무자명의의 권리이전등기절차를 보관인에게 이행할 것을 명하여야 한다(민집 244조 2항). 보관인은 채무자명의의 권리이전등기신청에 관하여 채무자의 대리인이 된다(민집 244조 3항).

다. 추심명령

인도명령 또는 권리이전명령에도 불구하고 제3채무자가 임의로 부동산을 인도하지 아니하거나 권리를 이전하지 아니하는 경우에는 채권자는 제3채무자에 대하여 인도명령 또는 권리이전명령의 이행을 구하기 위하여 법원에 추심명령을 신청할 수 있다(민집 244조 4항). 추심명령은 채무자와 제3채무자에게 송달하여야 하며, 제3채무자에게 송달되어야 효력이 생긴다(민집 242조, 227조).

라. 현 금 화

인도 또는 권리이전된 부동산의 강제집행에 대하여는 부동산 강제집행에 관한 규정을 적용한다(민집규 170조).

제3절 그 밖의 재산권에 대한 집행

1. 의 의

유체동산, 금전채권, 유체물의 인도나 권리이전을 목적으로 하는 채권 이외에 부동산을 목적으로 하지 아니하는 재산권에 대한 강제집행에 관하여는 민사집행법 223조 내지 250조의 규정을 준용한다(민집 251조 1항).

그 밖의 재산권에는 특허권, 실용신안권, 의장권, 상표권, 디자인권, 저작권, 양도가능한 전화의 사용권, 골프회원권, 스포츠회원권, 콘도회원권 등과 같은 설비의 이용을 목적으로 하는 재산권, 유체동산·선박·자동차·건설기계·항공기의 공유지분권, 합명회사합자회사유한회사의 사원권, 조합원의 지분권, 예탁유가증권, 전세권, 백지어음보충권, 구체적 신주인수권(상법 416조, 420조의2) 등이 있다.

임차권은 임대인의 동의가 있는 경우에 한하여 위 집행의 대상이 된다. 고용계약상 사용자가 노무 제공을 받을 권리도 노무자의 동의가 있어야 위 집행의 대상이 된다. 광업권어업권은 법률상 물권으로 되어 있고 부동산에 관한 규정이 준용되므로 부동산집행의 방법에 따른다.

2. 압류명령

그 밖의 재산권에 대한 압류는 금전채권 등의 압류에 관한 규정을 준용한다. 압류명령은 직권으로 채무자에게 송달하여야 하며, 제3채무자가 있을 때에는 그 제3채무자에게도 송달하여야 한다. 여기서 제3채무자는 압류된 재산권에 대한 직접의 이해관계인을 말하며, 물건 또는 권리의 이용권에서는 그 귀속자(소유자), 설비의 이용권에서는 그 경영자, 사원권에서는 회사 그 밖의 사단, 조합의 지분권에서는 나머지 조합원, 공유지분에서는 나머지 공유자 등을 말한다. 제3채무자가 없는 재산권으로서는 특허권, 실용신안권, 의장권, 상표권, 디자인권, 저작권 등이다.

3. 현 금 화

압류한 재산권은 채권자의 신청에 따라 추심명령이나 전부명령 또는 특별한 현금화방법에 따라 현금화한다. 법원은 특별한 현금화방법을 취하기 전에 채무자를 심문하여야 한다. 다만, 채무자가 외국에 있거나 있는 곳이 분명하지 아니한 때에는 심문할 필요가 없다(민집 241조 2항).

[기재례 10] 특허권 등 현금화명령신청

▮ 특별현금화명령신청(매각명령)

1. 위 당사자간 ㅇㅇ지방법원 20ㅇㅇ타채 ㅇㅇㅇ호 채권압류명령에 의하여 압류된 별지기재의 채권을 추심에 갈음하여 매각할 것을 명한다.
2. 채권자의 위임을 받은 집행관은 유체동산 경매에 관한 절차에 따라 매각하여야 한다.

▮ 특별현금화명령신청(채권압류명령)

1. 위 당사자간 ㅇㅇ지방법원 20ㅇㅇ타채 ㅇㅇㅇ호 채권압류명령에 터 잡아 채무자의 제3채무자에 대한 별지목록 기재의 채권을 압류하였으나, 위 채권은 채무자가 장차

공사를 완성하여야 제3채무자로부터 변제받을 수 있기 때문에 지금 당장은 추심하기가 어렵습니다.

2. 그러므로 민사집행법 제241조 제1항에 정한 특별한 현금화방법으로서 귀원 소속 집행관으로 하여금 위 채권을 추심에 갈음하여 매각하도록 명령하여 줄 것을 신청합니다.

▮ 채권현금화명령신청(기한부 채권)

위 당사자간 ○○지방법원 20○○타채 ○○○호 채권압류명령에 의하여 채권압류를 하였으나 위 채권은 기한부 채권으로 바로 추심하기가 곤란하므로 추심에 갈음하여 경매의 방법에 의할 수 있는 현금화명령을 하여 줄 것을 신청합니다.

▮ 환가명령신청

1. 위 당사자간 ○○지방법원 20○○타채 ○○○호 대여금청구사건의 가집행선고 후 판결정본에 의하여 채권자인 피신청인들의 위임에 의하여 ○○지방법원 소속 집행관이 20○○. ○. ○. 압류한 별지목록 기재의 물건을 환가하여 달라고 함에 있다.
2. 신청비용은 피신청인들의 부담으로 한다.

▮ 골프회원권 현금화명령신청

위 당사자간 ○○지방법원 20○○타채 ○○○호 골프회원권 압류명령신청사건에 의하여 위 골프회원권에 대한 현금화명령을 하여 주시기를 바랍니다.

▮ 가압류에서 본압류로 이전하는 골프회원권 압류 및 환가명령신청

1. 채권자와 채무자간 ○○지방법원 20○○가합 ○○○호 가압류된 별지목록 기재 골프회원권은 같은 법원 20○○가합 ○○○호 손해배상(기) 청구사건의 집행력 있는 판결정본에 의하여 이를 가압류에서 본압류로 이전한다(채무자가 제3채무자에 대하여 가지는 별지목록 기재의 골프회원권을 압류한다).
2. 제3채무자는 위 골프회원권에 대하여 양도를 승낙하거나 채무자의 신청으로 예탁금의 반환 또는 명의개서를 하여서는 아니 된다.
3. 채무자는 위 골프회원권에 대하여 예탁금의 반환청구를 하거나, 매매, 양도 그 밖의 처분을 하여서는 아니 된다.

4. 위 압류된 채무자 명의의 별지목록 기재의 골프회원권은 채권자가 위임하는 집행관으로 하여금 경매절차에 의하여 환가한다.

▮ 가압류에서 본압류로 이전하는 상표권 압류 및 환가명령신청

1. 채권자와 채무자간 ○○지방법원 20○○가합 ○○○호 가압류된 별지목록 기재 상표권은 같은 법원 20○○가합 ○○○호 손해배상(기) 청구사건의 집행력 있는 판결정본에 의하여 이를 가압류에서 본압류로 이전한다.
2. 제3채무자는 위 상표권에 대하여 매매, 양도, 그 밖에 일체의 처분을 하여서는 아니된다.
3. 위 압류된 채무자 명의의 별지목록 기재의 상표권은 채권자가 위임하는 집행관으로 하여금 경매절차에 의하여 환가한다.

제4절 집행의 경합

1. 동시압류(공동압류)

여러 채권자가 같은 채권 그 밖의 재산권에 대하여 공동으로 압류를 신청하는 경우에는 하나의 압류명령을 한다. 또한 여러 채권자가 각 별로 동시에 또는 시를 달리하여 압류를 신청한 경우에도 법원은 이를 병합하여 하나의 압류명령을 할 수 있다.

공동압류의 경우 현금화절차는 단독압류와 같다. 다만 전부명령은 그 성질상 각 집행채권마다 내려야 하기 때문에 채권자 전원을 위한 전부명령을 공동으로 구할 수 없고 압류된 채권이 그 권면액으로 각 채권자를 만족시킬 수 있는 경우에는 협의하여 각자 그 일부에 대하여 전부명령을 할 수 있다.

2. 이중압류(중복압류)

채권 그 밖의 재산권에 대한 집행에 있어 어느 한 채권자의 신청으로 압류명령을 한 후 동일한 목적물에 대하여 다른 채권자가 또 신청하면 그를 위하여 다시 압류명령을 할 수 있다.

그러나 ① 추심제한의 결정을 한 경우(민집 232조 2항), ② 전부명령이 확정된 경우, ③ 유체동산인도청구권의 집행에서 집행관이 유체동산을 인도받은 경우(유체동산으로 전환), ④ 부동산인도청구권의 집행에서 보관인이 인도받은 경우(강제집행신청이 있으면 부동산집행으로 전환)에는 이중압류를 할 수 없다.

각 압류는 상호간 배당요구의 효력이 있다. 체납처분에 따른 채권압류가 먼저 이루어진 경우에도 민사집행법상의 채권압류가 가능하다. 그러나 체납처분에 따라 압류가 된 채권에 대한 전부명령은 그 체납처분에 따라 압류와 경합되는 범위 내에서 무효이다.

일반적으로 금전채권의 압류에 관하여 특히 피압류채권의 수액에 특별한 제한을 둔 바 없다면 압류의 효력은 채권 전액에 미치는 것이며, 압류가 경합된 채권에 대한 전부명령은 그 효력이 없다. 체납처분에 의한 채권압류에 관한 국세징수법 제43조의 규정취지에 비추어 보면 이는 채권의 일부가 압류된 후에 그 나머지 부분을 초과하여 다시 압류명령이 발하여진 때에는 각 압류의 효력은 그 채권의 전부에 미친다고 하는 일반채권에 기한 강제집행에 있어서의 압류경합의 경우와 다르다고 할 것으로서 우선권 있는 채권에 기한 체납처분에 의한 압류에 관하여서는 피압류채권의 일부를 특정하여 압류한 경우 그 특정한 채권 부분에 한하여 압류의 효력이 미치는 것이며 그 후 강제집행에 의한 압류가 있고 그 압류된 금액의 합계가 피압류채권의 총액을 초과한다고 하더라도 그 압류의 효력이 피압류채권 전액으로 확장되지 아니한다고 할 것이므로 나머지 부분에 대하여는 압류경합이 되는 것은 아니라고 할 것이다(대법원 1991.10.11. 선고 91다12233 판결).

3. 배당요구

가. 배당요구권자

민법·상법, 그 밖의 법률에 의하여 우선변제청구권이 있는 채권자와 집행력 있는 정본을 가진 채권자는 매각대금의 배당을 요구할 수 있다(민집 247조 1항).

나. 배당요구의 방식

배당요구는 서면으로 배당요구의 이유를 밝혀 집행법원에 한다(민집 247조 3항,

218조).

다. 배당요구의 종기

(1) 금전채권에 대한 집행

배당요구의 종기는 ① 제3채무자가 채무액을 공탁하고 그 사유 신고를 한 때(민집 247조 1항 1호), ② 채권자가 추심의 신고를 한 때(민집 247조 1항 2호), ③ 집행관이 현금화한 금전을 법원에 제출한 때(민집 247조 1항 3호), ④ 전부명령이 제3채무자에게 송달될 때(민집 247조 2항), ⑤ 추심이 제한된 경우 추심제한결정이 제3채무자에게 송달될 때까지이다(민집 232조 2항).

(2) 유체동산에 관한 청구권에 대한 집행

집행관이 유체동산을 현금화한 금전을 법원에 제출할 때까지 배당요구를 할 수 있다(민집 247조 1항 3호).

(3) 부동산인도·권리이전 청구권에 대한 집행

부동산인도·권리이전 받아 강제경매가 실시된 경우에는 그 절차에서의 배당요구의 종기까지 배당요구를 할 수 있다.

(4) 그 밖의 재산권에 대한 집행

압류물이 현금화 된 경우에는 집행관이 현금화한 금전을 법원에 제출할 때까지(민집 247조 1항 3호), 양도명령이 내려지는 경우에는 양도명령이 제3채무자에게 송달될 때까지(민집 241조 6항, 229조 5항) 배당요구를 할 수 있다.

라. 배당요구의 통지

집행관은 배당요구가 있는 경우 그 사유를 배당에 참가한 채권자와 채무자에게 통지하여야 하고(민집 247조 3항, 219조), 제3채무자에게도 통지하여야 한다(민집 247조 4항).

[서식 130] 배당이의의 소(소액임차보증금)

소 장

원 고 ○○ ○ (주민등록번호)
○○시 ○○구 ○○길 ○○(우편번호)
전화·휴대폰번호 :
팩스번호, 전자우편(e-mail)주소 :

피 고 1. 주식회사 ◇◇은행
○○시 ○○구 ○○길 ○○(우편번호)
대표이사 ◇◇◇
전화·휴대폰번호 :
팩스번호, 전자우편(e-mail)주소 :

2. ◈ ◈ ◈ (주민등록번호)
○○시 ○○구 ○○길 ○○(우편번호)
전화·휴대폰번호 :
팩스번호, 전자우편(e-mail)주소 :

배당이의의 소

청 구 취 지

1. ○○지방법원 20○○타경○○○호 부동산담보권실행을 위한 경매신청사건에 관하여 20○○. ○. ○. 같은 법원이 작성한 배당표 가운데, 원고에 대한 배당액 금 ○○○원을 금 ○○○○원으로, 피고 주식회사 ◇◇은행에 대한 배당액 금 ○○○○원을 금 ○○○원으로, 피고 ◈◈◈에 대한 배당액 금 ○○○○원을 금 ○○○원으로 경정한다.
2. 소송비용은 피고들의 부담으로 한다.

라는 판결을 구합니다.

청 구 원 인

1. 원고는 20○○. ○. ○. 소외 ▣▣▣로부터 ○○시 ○○구 ○○길 ○○ 조적조 슬래브지붕 단층주택 가운데 1층 방 2칸을 전세보증금 15,000,000원, 임대기간 정함이 없

이 임차한 뒤, 같은 날 전입신고를 마치고 거주하고 있다가 20○○. ○. ○. 확정일자를 갖추어 주택임대차보호법 제3조 제1항의 대항요건 및 소정의 우선변제요건을 모두 갖추었습니다.

2. 한편, 소외 ▣▣▣는 위 부동산(다음부터 이 사건 부동산이라고만 함)에 관하여 20○○. ○. ○. 채권최고액 금 42,000,000원, 채무자 소외 ▣▣▣, 근저당권자 피고 주식회사 ◇◇은행으로 된 제1순위 근저당권설정등기를, 피고 ◈◈◈에게는 이 사건 부동산에 관하여 20○○. ○. ○. 채권최고액 금 75,000,000원, 채무자 소외 ▣▣▣, 근저당권자 피고 ◈◈◈로 된 제2순위 근저당설정등기를 각 해주었습니다.

3. 최우선변제권이 인정되는 소액임차인 해당여부 및 그 범위
주택임대차보호법 제8조 제1항에 의하면「임차인은 보증금중 일정액을 다른 담보물권자보다 우선하여 변제 받을 권리가 있다. 이 경우 임차인은 주택에 대한 경매신청의 등기 전에 제3조 제1항의 요건을 갖추어야 한다」라고 규정하고 있으며, 이 경우 보증금중 일정액의 범위를 주택임대차보호법시행령 제4조 및 제3조에 의하여 살펴보면, 서울특별시 및 수도권정비계획법에 의한 수도권 중 과밀억제권역과 광역시(군지역과 인천광역시지역을 제외)를 제외한 그 밖의 지역에서는 임차보증금 4,000만 원 이하 임차인 중 1,400만 원 한도로 정하고 있습니다.

4. 결 론
그렇다면, 원고의 임대차보증금 중 금 14,000,000원의 범위에서 피고보다 최우선하여 변제(배당)받을 권리가 있다고 할 것이고, 따라서 피고 주식회사 ◇◇은행의 배당액 금 ○○○○원 가운데 금 ○○○원을 초과하는 부분과 피고 ◈◈◈의 배당액 금 ○○○○원 가운데 금 ○○○원을 초과하는 부분에 대한 부분은 위법한 것이므로 청구취지와 같이 배당표가 경정되는 것이 타당하다고 할 것입니다.

입 증 방 법

1. 갑 제1호증	전세계약서
1. 갑 제2호증	주민등록표등본
1. 갑 제3호증	부동산등기사항증명서
1. 갑 제4호증	배당표등본

첨 부 서 류

1. 위 입증방법	각 1통
1. 소장부본	2통

1. 법인등기사항증명서 1통
1. 송달료납부서 1통

20○○. ○. ○.

위 원고 ○ ○ ○ (서명 또는 날인)

○○지방법원 귀중

[서식 131] 배당이의의 소(배당절차, 배당의 하자, 제소신고)

소 장

원 고 ○ ○ ○ (○○○○○○-○○○○○○○) (전화 :)
서울 ○○구 ○○동 708 (우 :)

피 고 ○ ○ ○ (○○○○○○-○○○○○○○)
서울 ○○구 ○○동 119 (우 :)

배당이의의 소

청 구 취 지

1. 서울중앙지방법원 2010타기 ○○○ 배당절차사건에 관하여 동법원이 2010. 6. 16. 작성한 배당표 중 피고에 대한 배당액이 30,000,000원으로 되어 있는 것을 삭제하고 원고에 대한 배당액이 40,000,000원으로 되어 있는 것을 70,000,000원으로 경정한다.
2. 소송비용은 피고의 부담으로 한다.

라는 판결을 구합니다.

청 구 원 인

1. 서울중앙지방법원 2010타기 ○○○ 배당절차사건에서 피고는 집행력 있는 약속어음

공정증서 정본으로써 금 50,000,000원의 배당을 요구하였으나 이 집행력 있는 약속어음공정증서정본은 허위 작성된 것으로 피고는 위 배당절차사건의 채무자에 대하여 아무런 채권도 가지고 있지 아니합니다.

2. 따라서 피고의 배당요구는 위법한 것입니다. 그러므로 청구취지 기재와 같이 배당표가 경정되어야 합니다.

입 증 방 법

변론시 수시 제출하겠습니다.

첨 부 서 류

1. 주민등록초본 2통
1. 소장 부본 1통
1. 납부서 1통

20○○. ○. ○.

위 원고 ○ ○ ○ (인)

서울중앙지방법원 귀중

제 7 장

금전채권 외의 채권에 기초한 강제집행

제1절 동산인도청구권의 집행

1. 의 의

동산인도청구권이란 동산의 직접 점유의 이전을 목적으로 하는 청구권을 말한다. 여기서 동산이란 유체동산을 말하는 것으로서 자동차건설기계항공기(등록여부 불문)를 포함하나 선박은 제외된다. 재산적 가치가 없는 동산이나 압류금지물도 포함한다. 동산인도청구권에는 특정 동산의 인도청구권뿐만 아니라 대체물의 일정한 수량의 인도청구권도 포함한다(민집 257조).

2. 집행기관

집행관이 채권자의 집행위임을 받아 집행한다.

3. 집행절차

집행관은 목적물을 채무자로부터 빼앗아 채권자에게 인도하여야 한다(민집 257조). 인도할 물건을 제3자가 점유하고 있는 때에는 채권자의 신청에 따라 금전채권의 압류에 관한 규정에 따라 채무자의 제3자에 대한 인도청구권을 채권자에게 넘겨야 한다(민집 259조).

[서식 132] 강제집행신청서

<table>
<tr><td colspan="7">강 제 집 행 신 청 서
○○지방법원 ○○지원 집행관사무소 집행관 귀 하</td></tr>
<tr><td rowspan="4">채권자</td><td rowspan="2">성 명</td><td rowspan="2">○ ○ ○</td><td rowspan="2">주민등록번호</td><td rowspan="2">7○○○○○
-1234567</td><td>전화번호</td><td>010-1234-5678</td></tr>
<tr><td>우편번호</td><td>□□□□□</td></tr>
<tr><td>주 소</td><td colspan="5">○○광역시 ○○구 ○○동(로) ○○가 ○○번지 ○○호</td></tr>
<tr><td>대리인</td><td colspan="3">성 명: 변호사 ○ ○ ○</td><td>전화번호</td><td></td></tr>
<tr><td rowspan="3">채무자</td><td rowspan="2">성 명</td><td rowspan="2">주식회사
○○</td><td rowspan="2">주민등록번호
(법인등록번호)</td><td rowspan="2">7○○○○○
-1234567</td><td>전화번호</td><td></td></tr>
<tr><td>우편번호</td><td>□□□□□</td></tr>
<tr><td>주 소</td><td colspan="5">1. ○○광역시 ○○구 ○○동(로) ○○가 ○○번지 ○○호</td></tr>
<tr><td colspan="2">집행목적물 소재지</td><td colspan="5">○○도 ○○시 ○○동 ○○</td></tr>
<tr><td colspan="2">집 행 권 원</td><td colspan="5">○○지방법원 20○○가합○○ 유체동산인도</td></tr>
<tr><td colspan="2">집행의 목적물 및 집 행 방 법</td><td colspan="5">○○도 ○○시 ○○동 ○○ 내 유체동산인도</td></tr>
<tr><td colspan="2">청 구 금 액</td><td colspan="5"></td></tr>
</table>

위 집행권원에 기한 집행을 하여 주시기 바랍니다.

※ 첨부서류

1. 집행력 있는 판결정본 1통
2. 송달확정증명원 각 1통
3. 위임장 1통

20○○. ○. ○.

채권자 ○ ○ ○ (인)

대리인 변호사 ○ ○ ○ (인)

※ 특약사항

1. 본인이 수령할 예납금잔액을 본인의 비용부담하에 오른쪽에 표시한 예금계좌에 입금하여 주실 것을 신청합니다.

채권자들의 대리인 변호사 ○ ○ ○ (인)

예금계좌		
	개설은행	○○은행
	예 금 주	○ ○ ○
	계좌번호	123-45-67890

2. 집행관이 계산한 수수료 기타 비용의 예납통지 또는 강제집행 속행의사 유무 확인 촉구를 2회 이상 받고도 채권자가 상당한 기간 내에 그 예납 또는 속행의 의사표시를 하지 아니한 때에는 본건 강제집행 위임을 취하한 것으로 보고 종결 처분하여도 이의 없습니다.

채권자들의 대리인 변호사 ○ ○ ○ (인)

4. 유아인도청구권의 집행

유아인도를 명하는 재판에 관하여는 유체동산인도청구권에 준하여 집행관이 강제집행할 수 있다. 다만 그 유아가 의사능력이 있는 경우에 그 유아 자신이 인도를 거부하는 때에는 집행을 할 수 없다.

제2절 부동산·선박인도청구권의 집행

1. 의 의

부동산·선박인도청구권이란 부동산·선박의 직접 점유의 이전을 목적으로 하는 청구권을 말한다. 여기서 부동산이란 민법 99조 1항의 토지와 그 정착물을 말한다. 선박은 등기 여부, 상법 소정의 선박 여부, 크기의 대소를 불문한다.

퇴거는 건물점유자의 점유를 풀고 건물로부터 점유자를 쫓아낸 후 점유자가 점유하는 동산을 건물 밖으로 들어내는 것을 말한다. 건물의 현실적 지배의 이전을 필요로 하지 아니한다. 건물을 건물소유자 이외의 제3자가 점유하고 있는 경우에 건물소유자에 대한 건물철거의 집행권원을 얻어 철거집행을 하기 위하여는 먼저 그 건물을 점유하는 제3자에 대하여 퇴거의 집행권원을 얻어 퇴거의 집행을 하여야 한다.

2. 집행기관

집행관이 채권자의 집행위임을 받아 집행한다.

3. 집행절차

집행관은 채무자로부터 부동산이나 선박의 점유를 빼앗아 채권자에게 인도하여야 한다(민집 258조 1항). 이를 위하여는 채권자나 그 대리인이 인도받기 위하여 출석하여야 한다(민집 258조 2항).

채무자와 함께 거주하고 있는 가족이나 동거인에 대하여는 별도의 집행권원 없이도 집행이 가능하다.

간접점유자가 직접점유자를 통하여 부동산을 간접적으로 점유하고 있는 경우 간접점유자 및 직접점유자에 대한 채무명의를 가지고 부동산에 대한 인도청구권을 집행하는 채권자로서는 현실적으로 직접점유자에 대하여 인도집행을 함으로써 간접점유자에 대한 인도집행을 한꺼번에 할 수밖에 없으므로, 직접점유자에 대하여 부동산에 대한 인도집행을 마치면 간접점유자에 대하여도 집행을 종료한 것으로 보아야 할 것이고, 또한 강제집행정지는 집행 종료 후에는 허용되지 아니한다(대법원 2000. 2.11.자 99그92 결정).

강제집행의 목적물이 아닌 동산은 집행관이 제거하여 채무자에게 인도하여야 한다(민집 258조 3항). 이 경우 채무자가 없는 때에는 집행관은 채무자와 같이 사는 사리를 분별할 지능이 있는 친족 또는 채무자의 대리인이나 고용인에게 그 동산을 인도하여야 한다(민집 258조 3항). 채무자나 그 친족 또는 채무자의 대리인이나 고용인이 없는 때에는 집행관은 그 동산을 채무자의 비용으로 보관하여야 한다(민집 258조 4항). 채무자가 그 동산의 수취를 게을리 한 때에는 집행관은 집행법원의 허가를 받아 동산에 대한 강제집행의 매각절차에 관한 규정에 따라 그 동산을 매각하고 비용을 뺀 뒤에 나머지 대금을 공탁하여야 한다(민집 258조 5항).

토지의 인도를 명한 채무명의의 효력은 그 지상에 건립된 건물이나 식재된 수목의 인도에까지 미치는 것이 아니고 또한 위와 같은 건물이나 수목을 그대로 둔 채 토지에 대한 점유만을 풀어 채권자에게 인도할 수도 없는 것이니, 집달관으로서는 지상에 건물이 건축되어 있거나 수목이 식재되어 있는 토지에 대하여는 그 지상물의 인도, 철거 등을 명하는 채무명의가 따로 없는 이상 토지를 인도하라는 채무명의만으로는 그 인도집행을 실시할 수 없다(대법원 1986. 11.18.자 86마902 결정).

[서식 133] 명도단행가처분신청서

건물명도단행가처분

채 권 자　박 ○ ○ (7○○○○○ - 1234567)
　　　　　○○시 ○○구 ○○동 ○○ (T.010 - 1234 - 5678)

채 무 자　정 ○ ○ (7○○○○○ - 1234567)
　　　　　○○시 ○○구 ○○동 ○○

목적물의 표시
　별지목록 기재와 같음.

목적물의 가격
　금 ○○○○○원

신 청 취 지

1. 채무자는 ○○시 ○○구 ○○동 ○○ 1층 건 60㎡에 대한 점유를 위임하는 ○○지방법원 소속 집행관으로 하여금 이를 보관하게 한다.
2. 집행관은 신청인의 청구가 있는 때에는 위 건물의 현상을 변경하지 않을 것을 조건으로 채권자에게 보관하게 할 수 있다.
3. 집행관은 위 취지를 적당한 방법으로 공시하여야 한다.
4. 채무자는 점유를 다른 사람에게 이전하거나 점유명의를 변경하여서는 아니 된다.

라는 판결을 구합니다.

신 청 이 유

1. 채무자는 귀원 20○○가단○○○ 건물명도청구의 본안 소송에서 승소하여 판결확정 후 20○○. ○. ○.자 ○○지방법원 소속 집행관으로 하여금 위 건물명도의 강제집행을 완료하였으나 채무자는 다시 밤에 침입하여 불법거주하고 있습니다.

2. 따라서 채무자 소유의 위 건물을 20○○. ○. ○. 다른 사람에게 임대차 할 것을 계약 한바, 그 기간이 얼마 남지 않아 채무자가 불법 점유하게 된다면 이로 인하여 막대한 손해가 발생될 수 있을 뿐만 아니라 다른 제3자에게 전대할 경우 명도소송을 다시 해야 되어 이건 신청에 이른

소명방법 및 첨부서류

1. 부동산등기부등본 1통
1. 판결등본 1통
1. 부동산명도집행조서등본 1통

20○○. ○. ○.

위 채권자 박 ○ ○ (인)

○○지방법원 귀중

작성방법

1. 신청서 1통, 목록 7통을 승소판결을 받은 법원 민사신청과에 제출한다.
2. 인지 1,000원, 송달료를 납부한다.

[서식 134] 부동산인도명령신청서

부동산인도명령신청

신 청 인(매수인) ○○○(주민등록번호)
○○시 ○○구 ○○길 ○○(우편번호)
전화·휴대폰번호 :
팩스번호, 전자우편(e-mail)주소 :

피신청인(채무자) ◇◇◇(주민등록번호)
○○시 ○○구 ○○길 ○○(우편번호)
전화·휴대폰번호 :
팩스번호, 전자우편(e-mail)주소 :

신 청 취 지

○○지방법원 20○○타경○○○호 부동산강제경매사건에 관하여 피신청인은 신청인에게 별지목록 기재 부동산을 인도하라.
라는 재판을 구합니다.

신 청 이 유

1. 신청인은 ○○지방법원 20○○타경○○○호 부동산강제경매사건의 경매절차에서 별지목록 기재 부동산을 매수한 매수인으로서 20○○. ○. ○. 매각허가결정을 받았고, 20○○. ○. ○.에 매각대금을 전부 납부하여 소유권을 취득하였습니다.

2. 그렇다면 위 경매사건의 채무자인 피신청인은 별지목록 기재 부동산을 신청인에게 인도하여야 할 의무가 있음에도 불구하고 신청인의 별지목록 기재 부동산인도청구에 응하지 않고 있습니다.

3. 따라서 신청인은 매각대금 납부로부터 6월이 지나지 않았으므로 피신청인으로부터 별지목록 기재 부동산을 인도 받기 위하여 이 사건 인도명령을 신청합니다.

첨 부 서 류

1. 대금납부확인서 1통
1. 송달료납부서 1통

20○○. ○. ○.

위 신청인(매수인) ○ ○ ○ (서명 또는 날인)

○○지방법원 귀중

[서식 135] 선박인도가처분신청서

선박인도가처분신청

채권자 :

주 소 :

채무자 :

주 소 :

목적물의 표시 별지목록 기재와 같다.
목적물의 가격 금 ○○○원정
피보전권리의 요지
20○○.○.○.자 매매를 원인으로 하는 선박인도청구권

신 청 취 지

별지목록 기재 선박에 대한 채무자의 점유를 해제하고 채권자가 위임하는 집행관에게 그 보관을 명한다.
집행관은 채무자로 하여금 ○○항내의 집행관이 명하는 장소에 정박시키고 채무자의 항행을 금하여야 한다.
집행관은 현상을 변경하지 않을 것을 조건으로 채권자로 하여금 보관케 할 수 있다(또는 항행을 허가할 수 있다).
집행관은 위 선박이 그 보관하에 있음을 적당한 방법으로 공시하여야 한다.
라는 재판을 구함.

신 청 이 유

채권자는 20○○. ○. ○. 채무자 회사로부터 별지목록 기재 선박 1척을 금 ○○○원에 매수하여 동일자로 소유명의 변경을 위한 선박 소유권이전등기 절차를 필하고, 채권자와 채무자 회사간에 동일자로 다시 임대차계약을 체결하여 당분간 채무자 회사가 월 ○○○원의 임대료를 지급하기로 하고 위 선박을 채무자 회사에 임대하였으나

— 중 략 —

채권자가 현재 채무자 회사를 상대로 선박 인도청구의 소를 준비 중에 있으나 동 판결

이 확정되기까지는 상당한 시일을 요할 것으로 보이며 당장 위 선박에 대한 가처분을 하지 않으면 승소판결 후 집행곤란과 구제할 수 없는 손해를 초래할 우려가 있으므로 그 집행보전을 위하여 이 가처분신청을 합니다.

소명방법 및 첨부서류

1. 선박매매계약서	1통
1. 선박등기부등본	1통
1. 선박임대계약서	1통
1. 최고서	3통
1. 임대계약해지통고서	1통
1. 법인등기부등본	1통

20○○ 년 ○ 월 ○ 일

위 채권자 : (인)

○○지방법원 귀중

제3절 목적물을 제3자가 점유하고 있는 경우의 인도집행

1. 의 의

목적물을 제3자가 점유하고 있는 경우 집행이 불가능하다. 그리하여 민사집행법 259조는 채무자가 제3자에 대하여 인도청구권을 가지는 때에는 채무자의 인도청구권을 채권자가 압류하여 넘겨받을 수 있도록 규정하고 있다.

2. 집행기관

집행목적물이 있는 곳의 지방법원이 관할한다.

3. 집행절차

집행법원은 채권자의 신청에 따라 금전채권이 압류에 관한 규정에 의해 채무자의 제3채무자에 대한 인도청구권을 압류하고 이를 채권자에게 넘기는 명령을 한다.

채권자는 그 명령에 따라 채무자에 갈음하여 제3자에게 직접 자기 또는 집행권원에 따른 다른 제3자에게 인도할 것을 청구할 수 있고, 집행관에게 인도하라고 청구할 필요는 없다.

4. 인도청구권을 넘기는 명령의 효력

인도청구권을 넘기는 명령은 추심명령과 유사하고, 전부명령이나 압류명령과는 다르다. 이 명령의 성질상 그 대상인 채무자의 제3자에 대한 인도청구권은 명령을 받은 채권자만 행사할 수 있고, 그 뒤 채무자의 다른 금전채권자가 이를 압류하는 것은 허용되지 아니하며 그러한 압류는 효력이 없다.

이 명령이 내려진 경우에 제3자가 채권자의 인도요구에 따라 임의로 채권자에게 인도하면 그로써 강제집행은 종료된다.

그러나 제3자가 채권자의 인도청구에 불응할 때에는 채권자는 제3자를 상대로 추심의 소를 제기하여 승소판결을 받아 집행할 수밖에 없다. 만일 채무자가 이미 제3자를 상대로 인도를 명하는 집행권원을 받아 둔 경우에는 채권자는 별소를 제기할 필요없이 승계집행문을 받아 곧바로 제3자에 대하여 집행할 수 있다.

제4절 대체집행

1. 의 의

채무가 채무자의 일신에 전속하지 아니한 작위를 목적으로 한 때에는 채무자의 비용으로 제삼자에게 이를 하게 할 것을 법원에 청구할 수 있다(민법 389조 2항). 이를 대체적 작위채무라고 하는데 채무의 목적인 작위가 채무자에 의하여 행하여지건 채무자 이외의 자에 의하여 행하여지건 채권자의 입장에서는 차이가 없고 그 작위의 결과가 경제적·법률적으로 동일한 가치를 가지는 채무이다.

2. 집행기관

판결이 집행권원인 경우에는 제1심의 수소법원이 집행기관으로 된다. 가집행선고 있는 판결이 집행권원인 경우에 사건이 상소심에 계속 중이라도 관할법원은 제1심 수소법원이다.

3. 집행절차

채권자는 대체집행을 신청할 수 있고, 대체집행결정은 변론 없이 할 수 있다. 다만 변론을 열지 않고 결정을 하는 경우 채무자를 심문하여야 한다(민집 262조).

대체집행신청이 정당하면 법원은 채권자에 대하여 제3자로 하여금 채무자에 갈음하여 채무자의 비용으로 집행권원의 내용인 작위를 실시하게 하는 권능을 수여하는 수권결정을 한다(민집 260조 1항).

수권결정이나 그 신청을 각하하는 결정에 대하여는 즉시항고 할 수 있다(민집 260조 3항).

수권결정에 집행관이 작위의 실시자로 정해진 경우에는 채권자는 집행관에게 집행위임을 하여 집행관으로 하여금 작위를 실시하도록 한다. 수권결정에 실시자를 정하지 않은 경우 채권자는 스스로 실시를 하거나 채무자 이외의 자를 선정하여 작위를 실시하게 할 수 있다.

[서식 136] 대체집행신청서

대체집행신청서

채 권 자　　문 ○ ○ (6○○○○○－1234567)
　　　　　　○○시 ○○읍 ○○리 ○○

채 무 자　　이 ○ ○ (6○○○○○－1234567)
　　　　　　○○시 ○○읍 ○○리 ○○

신 청 취 지

채권자는 그가 위임하는 ○○지방법원 ○○지원 소속 집행관으로 하여금 ○○시 ○○읍 ○○리 ○○ 대 150㎡ 중 별지도면 ㉮ 부분(도면의 점 1, 2, 3, 4, 5, 1을 순차로 연결한 부분)에 위치한 철근콘크리트조 슬래브지붕 주택 1동 건평 70㎡를 채무자의 비용으로 철거하게 할 수 있다.
라는 재판을 구합니다.

신 청 원 인

1. 채권자는 채무자에 대하여 귀원 20○○가단 ○○○호 건물철거 등 소송의 집행력 있는 판결정본에 기하여 위 표시 건물의 철거청구권이 있습니다.

2. 그런데 채무자가 위 판결을 받고도 아직까지 이를 이행하지 않고 있으므로, 부득이 이 건 신청에 이르게 된 것입니다.

첨 부 서 류

1. 집행력 있는 확정판결 정본	1통
1. 송달증명원	1통
1. 철거요구에 대한 내용증명우편	1통
1. 납부서	1통
1. 신청서 부본	1통
1. 별지 도면	1통

20○○. ○. ○.

위 채권자 문 ○ ○ (인)

○○지방법원 ○○지원 귀중

작성방법

1. 신청서1부를 제1심법원에 제출한다.
2. 인지 2,000원, 송달료 2회분을 납부한다.

4. 대체집행의 비용

강제집행에 필요한 비용은 채무자가 부담하고 그 집행에 의하여 우선적으로 변상을 받는다(민집 53조). 대체집행에 필요한 비용은 수권결정절차의 비용과 작위 실시의 비용으로 구성된다. 채권자는 법원으로부터 집행비용확정결정을 받아 채무자에 대하여 금전집행의 방법으로 추심한다(민집규 24조).

채권자는 대체집행에 필요한 비용을 미리 지급할 것을 채무자에게 명하는 결정을 신청할 수 있다. 다만, 뒷날 그 초과비용을 청구할 권리는 영향을 받지 아니한다(민집 260조).

[서식 137] 대체집행비용 선지급신청서

대체집행비용 선지급결정신청서

신 청 인(채권자) 문 ○ ○ (6○○○○○－1234567)
○○시 ○○읍 ○○리 ○○

피신청인(채무자) 이 ○ ○ (6○○○○○－1234567)
○○시 ○○읍 ○○리 ○○

신 청 취 지

피신청인은 신청인에게 귀원 20○○타기 ○○○호 대체집행결정에 기한 대체집행비용 금 2,000,000원을 지급하라.
라는 재판을 구합니다.

신 청 원 인

1. 신청인은 귀원으로부터 20○○타기 ○○○호 대체집행결정을 받았으나, 아래와 같이 건물철거작업 등의 비용이 소요될 예정입니다.

2. 따라서 이를 미리 채무자로부터 지급받기 위하여 본 신청을 합니다.

아 래

1. 포크레인 비용	700,000원
1. 인부대금	1,100,000원(100,000원/인×11명)
1. 집행관 수수료	200,000원(130,000원/인)

첨 부 서 류

1. 견적서(포크레인)	1통
1. 견적서(인부대금)	1통

20○○. ○. ○.

위 신청인(채권자) 문 ○ ○ (인)

○○지방법원 ○○지원 귀중

[서식 138] 대체집행확정결정신청서

대체집행비용확정결정신청

신 청 인　홍 길 동 (○○○○○○-○○○○○○○) (전화 :　　　)
　　　　　○○도 ○○군 ○○읍 ○○○

피신청인　이 몽 룡 (○○○○○○-○○○○○○○)
　　　　　○○도 ○○군 ○○읍 ○○○

신 청 취 지

1. 위 당사자간 20○○타기 ○○○호 대체집행사건에 관하여 신청인은 20○○. ○. ○. 채무자의 부담으로 별지 목록 기재 건물에 대하여 명도를 집행할 수 있는 취지의 대체집행명령을 구한 바 있으므로, 채권자는 20○○. ○. ○. 위 부동산에 대하여 명도를 집행함으로써 합계 1,500,000원의 비용이 지출되었습니다(또는 ~ 별지 목록 기재의 건물을 철거하여야 할 명령과 아울러 채무자에 대하여 그 비용으로서 금 1,500,000원을 미리 채권자에게 지급하여야 하는 취지의 명령이 내려져 20○○. ○. ○. 채무자로부터 동 금액의 지급을 받아 위 건물을 철거를 하였습니다).

2. 따라서 위 비용액의 확정을 결정하여 주시기 바랍니다.

첨 부 서 류

1. 영수증(또는 계산서)　　　1통

20○○. ○. ○.

위 신청인　홍 길 동　(인)

○○지방법원 ○○지원 귀중

작성방법

1. 신청서 2부 제출한다.
2. 인지 1,000원, 송달료 2회분을 납부한다.

5. 부작위채무의 대체집행

채무가 부작위를 목적으로 한 경우에 채무자가 이에 위반한 때에는 채무자의 비용으로써 그 위반한 것을 제각하고 장래에 대한 적당한 처분을 법원에 청구할 수 있다(민법 389조).

부작위채무는 성질상 부대체적 채무라 할 수 있으므로 이에 대한 강제집행은 간접강제에 의하는 것이 원칙이나, 부작위채무의 위반으로 생긴 물적 상태의 제거는 부작위채무 그 자체는 아니고 그 변형물로서 작위채무에 속하는 것이므로 이에 대하여는 대체집행이 인정된다.

예를 들어 일조방해를 이유로 한 건축금지의 부작위채무에 위반하여 건축한 건물의 철거를 위한 대체집행이 허용된다.

반복적·계속적 부작위 채무라도 그 위반의 결과로서 물적 상태가 생기지 않는 경우는 간접강제를 할 수밖에 없고, 일회적 부작위채무의 경우는 한 번 위반하면 강제집행의 방법이 없어 손해배상을 청구할 수밖에 없다.

[서식 139] 부작위의무 대체집행신청서

부작위의무 대체집행신청서

채 권 자　　문 ○ ○ (6○○○○○－1234567)
　　　　　　○○시 ○○읍 ○○리 ○○

채 무 자　　이 ○ ○ (7○○○○○－1234567)
　　　　　　○○시 ○○읍 ○○리 ○○

신 청 취 지

1. 채권자는 그가 위임하는 ○○지방법원 ○○지원 소속 집행관으로 하여금 ○○시 ○○읍 ○○리 ○○ 대 550㎡ 중 별지도면 ㉮ 부분(도면의 점 1, 2, 3, 4, 5, 1을 순차로 연결한 부분)에 위치한 철근콘크리트조 슬래브지붕 축사 1동 건평 270㎡를 채무자의 비용으로 철거하게 할 수 있다.
2. 채권자는 그가 위임하는 위 집행관으로 하여금 채무자의 비용으로 위 축사 1동을 철거한 부분의 주위에 시멘트 블록 담장 20m를 설치하게 할 수 있다.

라는 재판을 구합니다.

신 청 원 인

1. 채권자는 채무자에 대하여 귀원 20○○가단○○○호 토지출입금지 및 축사축조금지 청구 사건에서, 집행력 있는 판결정본에 기하여 위 표시 채권자 소유의 토지상에 채무자가 출입하여서는 아니 되고, 또한 축사를 축조하여서는 아니 된다는 청구채권을 가지고 있습니다.

2. 그런데 채무자는 위 판결이후에도 여전히 위 토지에 출입하고 있으며, 위 별지도면 표시 ㉮ 부분에 축사건축을 하고 있으므로, 그 철거 및 예방조치를 채무자 비용으로 할 수 있도록 하여 주시기 바랍니다.

첨 부 서 류

1. 집행력 있는 확정판결 정본	1통
1. 송달증명원	1통
1. 철거요구에 대한 내용증명우편	1통
1. 납부서	1통
1. 신청서 부본	1통
1. 별지 도면	1통

20○○. ○. ○.

위 채권자 문 ○ ○ (인)

○○지방법원 ○○지원 귀중

제5절 간접강제

1. 의 의

부대체적 작위채무에 대한 강제집행으로는 간접강제가 유일하다. 그러나 채무의 성질상 채무자의 자유의사를 강제하여서는 채무의 본래 목적에 적합한 이행을 기대하기 어렵거나 인격 존중의 견지에서 강제하기 어려운 채무에 대하여는 간접강제를 할 수 없다.

의사표시를 하여야 할 채무는 부대체적 작위채무에 속하나 이에 관하여는 별도의 방법이 인정되고 있으므로 간접강제가 허용되지 않는다.

2. 집행기관

제1심의 수소법원이 간접강제의 집행기관이 된다(민집 261조).

3. 집행절차

채권자는 간접강제를 신청할 수 있고, 간접강제결정(예고결정)은 변론 없이 할 수 있다. 다만 변론을 열지 않고 결정을 하는 경우 채무자를 심문하여야 한다(민집 262조).

채권자의 신청이 정당하면 법원은 채무의 이행의무 및 상당한 이행기간을 밝히고, 채무자가 그 기간 이내에 이행을 하지 아니하는 때에는 늦어진 기간에 따라 일정한 배상을 하도록 명하거나 즉시 손해배상을 하도록 명한다(민집 261조).

법원은 간접강제결정을 한 뒤라도 사정의 변경이 있는 때에는 채권자 또는 채무자의 신청에 따라 그 결정의 내용을 변경할 수 있다. 다만 변경을 하는 경우에는 신청의 상대방을 심문하여야 한다(민집규 191조).

예고결정이나 그 신청을 각하하는 결정에 대하여는 즉시항고 할 수 있다(민집 261조 2항).

4. 배상금의 추심

채무자가 간접강제결정을 고지받고도 채무를 이행하지 아니하면 간접강제결정을 집행권원으로 하여 금전집행의 방법에 따라 배상금을 추심한다.

[서식 140] 간접강제신청서

간 접 강 제 신 청 서

채 권 자　　문 ○ ○ (6○○○○○－1234567)
　　　　　　○○시 ○○읍 ○○리 ○○

채 무 자　　이 ○ ○ (7○○○○○－1234567)
　　　　　　○○시 ○○읍 ○○리 ○○

신 청 취 지

1. 채무자는 채권자에게 신청외 박○○(만 ○세)의 초상화 1장을 20○○. ○. ○.까지 제작하여 공급하라.
2. 만약 채무자가 위 기한까지 위 채무를 이행하지 아니하면, 그 다음 날부터 그 이행완료시까지 월 금 ○○○○○원의 비율에 의한 금원을 지급하라.

라는 재판을 구합니다.

신 청 원 인

채권자는 채무자에 대하여 위 표시 집행권원을 가지고 있고 채무자는 이를 변제하지 아니하고 있으므로 민사집행법 제61조에 의하여 채무자에 대한 재산관계명시명령을 신청합니다.

첨 부 서 류

1. 집행력 있는 확정판결 정본　　1통
1. 송달증명원　　1통
1. 손해액계산서　　1통
1. 납부서　　1통

20○○. ○. ○.

위 채권자 문 ○ ○ (인)

○○지방법원 ○○지원 귀중

작성방법

1. 신청서 1부를 제1심법원에 제출한다.
2. 인지 1,000원, 송달료 2회분을 납부한다.
3. 집행권원, 송달, 확정증명원, 손해액계산서를 첨부한다.

[서식 141] 간접강제신청서

간 접 강 제 신 청 서

채 권 자 홍 길 동 (○○○○○○-○○○○○○○) (전화 :)
○○시 ○○구 ○○동 ○○○

채 무 자 이 몽 룡 (○○○○○○-○○○○○○○)
○○시 ○○구 ○○동 ○○○

신 청 취 지

1. 채무자는 이 사건 결정의 고지를 받은 날로부터 7일 이내에 ○○지방법원 ○○지원에 20○○가합○○○ 간판제조 인도청구사건의 집행문부 판결정본에 표시된 간판을 제조 인도하라.
2. 만약 채무자가 제1항의 기간 내에 이를 이행하지 않을 때에는 채권자에 대하여 손해배상으로서 위 기간이 경과한 다음날부터 그 이행이 끝날 때까지 1일 금 130,000원씩에 해당하는 금원을 지급하라.

라는 재판을 구합니다.

신 청 이 유

채권자와 채무자간의 ○○지방법원 ○○지원 20○○가합○○○ 간판제조인도 청구사건의 집행력있는 판결정본에 의하여 채무자는 채권자에 대하여 간판을 제조 인도하여야 함에도 불구하고 현재까지 이를 이행하지 아니하여, 채권자는 채무자의 위 이행 지연으로 인하여 "별지 손해액계산서" 기재와 같은 1일 금 130,000원씩의 손해를 입게 될 것이므로, 신청취지와 같은 재판을 구하기 위하여 이 건 신청에 이른 것입니다.

첨 부 서 류

1. 손해액계산서 1통
1. 집행력 있는 판결정본 1통
1. 송달증명원 및 확정증명원 1통

20○○. ○. ○.

위 채권자 홍 길 동 (인)

○○지방법원 ○○지원 귀중

제6절 의사표시를 하여야 할 채무의 집행

1. 의 의

채무자가 권리관계의 성립을 인낙한 때에는 그 조서로, 의사의 진술을 명한 판결이 확정된 때에는 그 판결로 권리관계의 성립을 인낙하거나 의사를 진술한 것으로 본다(민집 263조). 채무자가 권리관계의 성립을 인낙하거나 의사의 진술을 하여야 할 채무는 성질상 부대체적 작위채무이나 조서의 성립이나 판결의 확정으로써 인낙이나 의사진술이 행하여진 것으로 간주되기 때문에 간접강제의 방법은 필요하지 않다.

채무의 종류	집행방법	민 법	민사집행법
주는 채무(금전, 물건인도 등) 주는 채무 중 금전집행도 → 직접강제	직접강제	389①	
대체적 작위채무	대체집행	389② 후단	260[대체집행](민389③ 포함)
비대체적 작위채무	간접강제	×	261 [간접강제] 부작위채무 자체가 아닌 그 위반의 결과 제거에 대한 것은 대체집행으로(민389③)
부작위채무			
의사표시의무	판결확정 = 집행	389② 전단	263[의사표시의무의 집행]

2. 집행방법

조서의 성립이나 판결의 확정으로써 인낙이나 의사진술이 행하여진 것으로 간주되는 것에 그치므로 그 의사표시 내지 이를 구성부분으로 하는 법률행위 등이 본래의 법률효과를 발생하기 위하여 또 다른 요건이 필요한 경우에는 그 요건을 갖추어야 비로소 법률효과가 발생한다.

따라서 채권의 양수인이 양도인을 상대로 채무자에 양도통지를 하라는 청구를 하여 이를 명하는 판결이 확정되었다면 판결의 확정만으로 양도통지의 효력이 생기는 것이 아니라 양수인이 위 판결과 그 확정증명을 채무자에게 제시함으로써 비로소 양도통지의 효력이 생기는 것이다.

무조건으로 의사의 진술을 할 것을 내용으로 하는 채무에서는 집행문을 받을 필요가 없다. 다만 변론종결 뒤 또는 조서가 성립한 뒤에 당사자가 바뀐 경우에는 승계집행문이 필요하고, 반대의무의 이행을 조건으로 하는 채무인 경우에도 집행문이 필요하다. 이러한 경우에는 집행문이 부여된 때에 법률행위 또는 준법률행위를 한 것으로 간주된다.

부 록

1. 전국법원 관할 구역표

고등	본원	지원	시군	관할구역
서울고등법원	중앙			강남구, 관악구, 동작구, 서초구, 종로구, 중구, 성북구
	동부			성동구, 광진구, 강동구, 송파구
	남부			영등포구, 강서구, 양천구, 구로구, 금천구
	북부			동대문구, 중랑구, 도봉구, 강북구, 노원구, 노원구
	서부			서대문구, 마포구, 은평구, 용산구
	의정부		포천시	포천시
			가평군	가평군
			남양주시	남양주시
			연천군	연천군
			철원군	철원군
			동두천시	동두천시
		고양		고양시
			파주시	파주시
	인천			인천광역시
			강화군	강화군
		부천	김포시	김포시
				부천시
	수원지방법원			수원시, 오산시, 용인시, 화성시
			오산시	오산시, 화성시
			용인시	용인시
		안양		안양시, 과천시, 의왕시, 군포시
		성남		성남시, 하남시, 광주군
			광주군	광주군, 하남시
		여주		여주시, 이천시, 양평군
			양평군	양평군
			이천시	이천시
		평택		평택시, 안성군
			안성시	안성시
		안산		안산시, 시흥시
			광명시	광명시

서울고등법원	춘천지방법원			춘천시, 화천군, 양구군, 인제군, 홍천군
			인제군	인제군
			홍천군	홍천군
			양구군	양구군
			화천군	화천군
		강릉		강릉시, 동해시, 삼척시
			삼척시	삼척시
			동해시	동해시
				강릉지원 합의부 : 강릉시, 동해시, 삼척시, 속초시, 양양군, 고성군
		원주		원주시, 횡성군
			횡성군	횡성군
		속초		속초시, 양양군, 고성군
			고성군	고성군
			양양군	양양군
		영월		태백시, 영월군, 정성군, 평창군
			정성군	정성군
			태백시	태백시
			평창군	평창군
대전고등법원	대전지방법원			대전광역시, 세종특별자치시, 금산군
			세종	세종특별자치시
			금산군	금산군
		홍성		보령시, 홍성군, 예산군, 서천군
			서천군	서천군
			보령시	보령시
			예산군	예산군
		공주		공주시, 청양군
			청양군	청양군
		논산		논산시, 부여군, 계룡시
			부여군	부여군
		서산		서산시, 태안군, 당진군
			태안군	태안군
			당진시	당진군
		천안		천안시, 아산시

			아산시	아산시
	청주 지방 법원 / 대전 고등 청주 재판부			청주시, 청원군, 진천군, 보은군, 괴산군
			괴산군	괴산군
			진천군	진천군
			보은군	보은군
		충주		충주시, 음성군
			음성군	음성군
		제천		제천시, 단양군
			단양군	단양군
		영동		영동군, 옥천군
			옥천군	옥천군
대구 고등 법원	대구 지방 법원			대구광역시, 중구, 동구, 남구, 북구, 수성구, 영천시, 경산시, 칠곡군, 청도군
			인제군	연천시
			칠곡군	칠곡군
			경상시	경상시
			청도군	청도군
		서부		대구광역시 : 서구, 달서구, 달성군, 고령군, 성주군
			고령군	고령군
			성주군	성주군
		안동		안동시, 영주시, 봉화군
			영주시	영주시
			봉화군	봉화군
		경주		경주시
		포항		포항시, 울릉군
		김천		김천시, 구미시
			구미시	구미시
		상주		상주시, 문경시, 예천군
			문경시	문경시
			예천군	예천군
		의성		의성군, 군위군, 청송군
			군위군	군위군
			청송군	청송군

<table>
<tr><td rowspan="3"></td><td rowspan="3"></td><td rowspan="3">영덕</td><td></td><td>영덕군, 영양군, 울진군</td></tr>
<tr><td>영양군</td><td>영양군</td></tr>
<tr><td>울진군</td><td>울진군</td></tr>
<tr><td rowspan="24">부산
고등
법원</td><td rowspan="3">부산
지방
법원</td><td></td><td></td><td>부산광역시 : 중구, 동구, 서구, 북구, 사상구, 강서구, 하하구, 영도구, 부산진구, 금정구, 연제구, 금정구</td></tr>
<tr><td>동부</td><td></td><td>남구, 수영구, 기장군, 해운대구</td></tr>
<tr><td>서부</td><td></td><td>서구, 북구, 사상구, 사하구, 강서구</td></tr>
<tr><td rowspan="2">울산
지방</td><td rowspan="2"></td><td></td><td>울산광역시, 양산시</td></tr>
<tr><td>양산시</td><td>양산시</td></tr>
<tr><td rowspan="19">창원
지방
법원
·
부산
고등
창원
재판
부</td><td rowspan="3"></td><td></td><td>창원시, 진해시, 김해시, 마산시, 함안군, 의령군</td></tr>
<tr><td>김해시</td><td>김해시</td></tr>
<tr><td>진해시</td><td>진해시</td></tr>
<tr><td rowspan="3">마산</td><td></td><td>마산시</td></tr>
<tr><td>함안군</td><td>함안군</td></tr>
<tr><td>의령군</td><td>의령군</td></tr>
<tr><td rowspan="5">진주</td><td></td><td>진주시, 사천시, 남해군, 하동군, 산청군</td></tr>
<tr><td>사천시</td><td>사천시</td></tr>
<tr><td>남해군</td><td>남해군</td></tr>
<tr><td>하동군</td><td>하동군</td></tr>
<tr><td>산천군</td><td>산천군</td></tr>
<tr><td rowspan="2">통영</td><td></td><td>통영시, 거제시, 고성군</td></tr>
<tr><td>거제시</td><td>거제시</td></tr>
<tr><td></td><td>고성군</td><td>고성군</td></tr>
<tr><td rowspan="2">밀양</td><td></td><td>밀양시, 창녕군</td></tr>
<tr><td>창녕군</td><td>창녕군</td></tr>
<tr><td rowspan="3">거창</td><td></td><td>거창군, 함양군, 합천군</td></tr>
<tr><td>함양군</td><td>함양군</td></tr>
<tr><td>합천군</td><td>합천군</td></tr>
<tr><td rowspan="5">광주
고등
법원</td><td rowspan="5">광주
지방
법원</td><td rowspan="5"></td><td></td><td>광주광역시, 나주시, 화순군, 장성군, 담양군, 곡성군, 영광군</td></tr>
<tr><td>나주시</td><td>나주시</td></tr>
<tr><td>화순군</td><td>화순군</td></tr>
<tr><td>장성군</td><td>장성군</td></tr>
<tr><td>담양군</td><td>담양군</td></tr>
</table>

			곡성군	곡성군
		목포	영광군	영광군
				목포시, 무안군, 신안구, 함평군, 영암군
			무안군	무안군
			함평군	함평군
			영암군	영암군
		장흥		장흥군, 강진군
			강진군	강진군
		순천		순천시, 여수시, 여천시, 광양시, 여천군, 구례군, 공홍군, 보성군
			보성군	보성군
			고흥군	고흥군
			여수시	여수시
			구례군	구례군
			광양시	광양시
		해남		해남군, 완도군, 진도군
			완도군	완도군
			진도군	진도군
	전주지방법원 · 광주고등법원 전주재판부			전주시, 김제시, 완주군, 임실군, 진안군, 무주군
			김제시	김제시
			임실군	임실군
			진안군	진안군
			무주군	무주군
		군산		군산시, 익산시
			익산시	익산시
		정읍		정읍시, 부안군, 고창군
			부안군	부안군
			고창군	고창군
		남원		남원시, 장수군, 순창군
			장수군	장수군
			순창군	순창군
	제주지방			제주시, 서귀포시, 남제주군, 북제주군
			서귀포	서귀포시

2. 법원 송달료 조견표(2021. 9. 1. 기준, 송달료 1회분 5,200원)

(단 공탁, 우표가 사용되는 업무는 4,980원으로 인상)

구분	사건내용 및 사건기호	납부기준 (당사자 2인 기준)	납부 금액
민사	민사소액(가소) : 2천만 원 미만	당사자수×10회분	104,000
	민사단독사건(가단) : 1억 미만	당사자수×15회분	156,000
	민사합의사건(가합) : 1억 원 이상	당사자수×15회분	156,000
	민사항소사건(나) : 2심 소장 제출	당사자수×12회분	124,800
	민사상고사건(다) : 3심 소장 제출	당사자수×8회분	83,200
	민사항고사건(라)	당사자수×5회분	52,000
	민사재항고사건(마)	당사자수×5회분	52,000
	민사특별항고사건(그)	당사자수×3회분	31,200
	민사준항고사건(바)	당사자수×3회분	31,200
	화해사건(자)	당사자수×4회분	41,600
	지급명령신청사건(차) : 독촉사건	당사자수×4회분	41,600
	민사조정사건(머) : 합의, 조정관련	당사자수×5회분	52,000
	부동산등 경매사건(타경)	(이해관계인+3)×10회	
	기타집행사건(타기) : 추심, 전부, 인도명령	당사자수×2회분	20,800
	부동산가압류·가처분신청(카단, 카합)	당사자수×3회분	31,200
	임시의 지위를 정하는 가처분(카합, 카단)	당사자수×8회분	83,200
	부동산가압류·가처분이의신청, 경정취소 (카단, 카합)	당사자수×8회분	83,200
	채권, 동산 가압류·가처분 신청(카단, 카합)	당사자수×3회분	31,200
	공시최고 신청사건(카공) : 어음, 수표 분실관련	당사자수×3회분	31,200
	담보권리행사 최고사건(카담)	당사자수×3회분	31,200
	담보취소, 담보물제공, 담보변경(카담)	당사자수×2회분	20,800
	담보권리행사최고사건	당사자수×3회분	31,200
	화해사건(자) : 계약에 관해 미리 판결을 받아둠	당사자수×4회분	41,600
	재산관계명시 신청(카명) : 재산공개사건	당사자수×5회분	52,000

	재산조회(카조)	당사자수×2회분 (단 조회대상수 가산함)	20,800
	판결결정,정정, 제소명령, 강제집행정지사건 특별대리인선임사건, 증거보전, 해방공탁(카기)	당사자수×2회분	20,800
	소송구조사건(카구)	신청인수×2회분	
	채권등 집행(타채), 기타집행(타기)	당사자수×2회분	20,800
	비송사건(비합, 비단)	당사자수×2회분	20,800
가사	이혼관련사건(드단, 드합, 느단, 느합, 즈단, 즈합)	당사자수×12회분	124,800
	가사항소사건(르)	당사자수×10회분	104,000
	가사상고(므)	당사자수×8회분	83,200
	가사항고(브)	당사자수×3회분	31,200
	가사재항고(스)	당사자수×5회분	52,000
	상속포기사건(호파)	기족인원×4회분	
	호적정정, 개명사건(호파)	당사자수×5회분	52,000
	가사조정사건(너) : 당사자간 합의조정관련	당사자수×5회분	52,000
	가사신청사건(즈합, 즈단, 즈기)	당사자수×3회분	31,200

3. 사건별 부호문자의 부여에 관한 예규 별표

민 사 사 건		형 사 사 건		가사·행정·선거사건	
민사1심(합의)	가합	형사1심(합의)	고합	가사1심(합의)	드합
민사1심(단독)	가단	형사1심(단독)	고단	가사1심(단독)	드단
민사소액사건	가소	약식정재청구1심(단독)	고정	가사항소사건	르
민사항소사건	나	약식사건	고약	가사상고사건	므
민사상고사건	다	형사항소사건	노	가사항고사건	브
민사항고	라	형사상고사건	도	가사재항고사건	스
민사조정	머	형사항고사건	로	가사특별항고사건	으
화해사건	자	형사재항고사건	모	가사조정사건	너
독촉사건	차	비상상고사건	오	가압류·가처분(합의)	즈합
가압류·가처분(합의)	카합	형사준항고사건	보	가압류·가처분(단독)	즈단
가압류·가처분(단독)	카단	형사보상청구사건	코	기타 가사신청사건	즈기
공시최고사건	카공	즉결심판사건	조	가사비송(합의)	느합
담보취소 등 사건	카담	체포·구속적부심사건	초적	가사비송(단독)	느단
재산명시 등 사건	카명	보석사건	초보	가족관계등록비송사건	호파
재산조회사건	카조	기타 형사신청사건	초기	행정1심	구합
소송구조등사건	카구	감호1심	감고	행정1심재정(단독)	구단
기타 민사신청사건	카기	감호항소사건	감노	행정항소사건	누

4. 관할법원 지정 기준

집 행 종 류	관 할 법 원	관 련 규 정
부동산에 대한 강제집행	그 부동산이 있는 곳의 지방법원	민사집행법 제79조
선박에 대한 강제집행	압류 당시에 그 선박이 있는 곳을 관할하는 지방법원	민사집행법 제173조
항공기에 대한 강제집행	압류 당시에 그 정치장이 있는 곳을 관할하는 지방법원	민사집행규칙 제106조
채권과 그 밖의 재산에 대한 강제집행	① 채무자의 보통재판적(주소지)이 있는 곳의 지방법원 ② 위①의 지방법원이 없는 경우 제3채무자의 보통재판적(주소지)이 있는 곳의 지방법원. 단 이 경우 물건의 인도를 목적으로 하는 채권과 물적 담보권 있는 채권은 그 물건이 있는 곳의 지방법원 ③ 가압류에서 이전되는 채권압류의 경우에는 가압류를 명한 법원이 있는 곳을 관할하는 지방법원	민사집행법 제224조
부동산에 대한 가압류집행	가압류재판을 한 법원	민사집행법 제293조
채권에 대한 가압류집행	가압류명령을 한 법원	민사집행법 제296조
자동차에 대한 강제집행	① 자동차등록원부에 기재된 사용본거지를 관할하는 지방법원 ② 강제경매신청전의 자동차인도명령에 따라 집행관이 자동차를 인도받은 경우에는 자동차가 있는 곳을 관할하는 지방법원도 가능	민사집행규칙 제109조
건설기계에 대한 강제집행	① 건설기계등록원부에 기재된 사용본거지를 관할하는 지방법원	민사집행규칙 제130조

	② 강제경매신청전의 건설기계인도 명령에 따라 집행관이 건설기계를 인도받은 경우에는 건설기계가 있는 곳을 관할하는 지방법원도 가능	
소형선박에 대한 강제집행	① 선박원부·어선원부·수상레저기구등록원부에 기재된 선적항 또는 보관장소를 관할하는 지방법원 ② 강제경매신청전의 소형선박인도 명령에 따라 집행관이 소형선박을 인도받은 경우에는 소형선박이 있는 곳을 관할하는 지방법원도 가능	민사집행규칙 제130조
기 타	법률에 특별히 지정되어 있지 아니하면 집행절차를 실시할 곳이나 실시한 곳을 관할하는 지방법원	민사집행법 제3조

5. 인지액(2015. 7. 1. 기준)

<table>
<tr><th>종별</th><th>심급</th><th>종 류</th><th>금 액</th><th>비 고</th></tr>
<tr><td rowspan="10">소장</td><td rowspan="6">제1심</td><td rowspan="4">재산상청구에 관한 소장</td><td>소가<1천만 원 : 소가 × 50/1만</td><td rowspan="4">·산출된 인지액이 1천원미만인 때에는 1천원으로, 1천원 이상의 경우에는 100원 미만의 단수가 있는 때에는 단수는 불계산</td></tr>
<tr><td>1천만 원≤소가<1억원 : (소가 × 45/1만)+5천원</td></tr>
<tr><td>1억원≤소가<10억원 : (소가 × 40/1만)+5만5천원</td></tr>
<tr><td>10억원≤소가 : (소가 × 35/1만)+55만5천원</td></tr>
<tr><td rowspan="2">비재산권적목적의 소송과 소가를 산출할 수 없는 재산권상의 소송</td><td>원칙 : 5천만 원</td><td rowspan="2">1개의 소로서 비재산권을 목적으로 하는 소송과 그 소송의 원인된 사실로부터 발생하는 재산권상의 소송을 병합시는 다액의 소가에 의한 인지첩부</td></tr>
<tr><td>회사관계소송, 단체소송, 특허소송, 무체재산에 관한 소송 : 1억원</td></tr>
<tr><td rowspan="2">상급심</td><td>항소장</td><td>제1심 소장의 경우의 1.5배</td><td></td></tr>
<tr><td>상고장</td><td>제1심 소장의 경우의 2배</td><td></td></tr>
<tr><td colspan="2" rowspan="2">반소</td><td>제1심의 반소장 : 제1심 소장의 경우와 동일</td><td rowspan="2"></td></tr>
<tr><td>항소심 반소장 : 제1심 소장의 경우의 1.5배</td></tr>
</table>

종별	종 류	금 액	비 고
신청	가압류·가처분신청 및 이의·취소신청	원칙 : 1만 원	항고장 및 상고장에는 인지액의 배액을 첨부
		임시의 지위를 정하기 위한 가처분신청 및 이의·취소신청 : 본안의 소에 따른 인지액의 1/2 (단 50만 원 상한)	
	부동산강제경매신청, 담보권실행을 위한 경매신청, 강제관리신청	5천원	
	채권의 압류명령신청	2천원	
	재산명시신청, 채무불이행자명부등재신청 또는 그 말소신청	1천원	
	기 타	500원	
	답변서, 증거신청서, 법원의 직권발동을 촉구하는 의미의 신청서	0원	

	집행법상의 소	소 가
종류	집행판결을 구하는 소	외국판결 또는 중재판정에 인정된 권리의 가액의 1/2
	중재판정취소의 소	중재판정에서 인정된 권리의 가액
	집행문부여 및 그에 대한 이의의 소	그 대상인 집행권원에서 인정된 권리의 가액의 1/10
	청구이의의 소	집행력 배제의 대상인 집행권원에서 인정된 권리의 가액
	제3자 이의의 소	집행권원에서 인정된 권리의 가액을 한도로 한 원고의 권리의 가액
	배당이의의 소	배당증가액
	공유관계부인의 소	원고의 채권액을 한도로 한 물건가액의 1/2

서식색인

[ㄱ]

[ㄴ]

[ㄷ]

[ㅁ]

[ㅂ]

[ㅅ]

[ㅇ]

[ㅈ]

[ㅊ]

[ㅍ]

[ㅎ]

판례색인

사항색인

[ㅂ]

[ㅅ]

[ㅇ]

저자약력

■ 저자

법학박사 **김 동 근**

숭실대학교 법학과 졸업
숭실대학교 대학원 법학과 졸업(법학박사)

현, 숭실대학교 초빙교수
행정사
국가전문자격시험출제위원등록
행정심판학회 학회장
대한행정사회 대의원
대한행정사회 행정심판 교수
중앙법률사무교육원 교수
YMCA병설 월남시민문화연구소 연구원

【저 서】

- 핵심재개발·재건축분쟁실무(진원사)
- 건축분쟁실무(진원사)
- 주택법 이론 및 실무(진원사)
- 도시개발법 이론 및 실무(진원사)
- 민사소송준비부터 가압류·강제집행까지(법률출판사)
- 요건사실론(진원사)
- 신종합법률실무대전 I·II·III(진원사)
- 이혼소송에서 위자료 재산분할까지(진원사)
- 이혼소송준비부터 가압류 강제집행까지(법률출판사)
- 가사소송실무 I·II(진원사)
- 미성년·성년후년소송(진원사)
- 조문별 핵심판례 도시및주거환경정비법(상,하)(진원사)
- 유형별 민사집행법 판례정리집(상,하)(진원사)
- 나홀로 하는 민사소송실무(진원사)
- 나홀로 하는 가사소송실무(진원사)
- 나홀로 하는 민사집행실무(진원사)
- 나홀로 하는 교통사고 손해배상소송(진원사)
- 나홀로 하는 소장작성례(진원사)
- 부동산소송(진원사)
- 건축법 이론 및 실무(진원사)
- 국토계획법 이론 및 실무(진원사)
- 주택상가임대차보호법 분쟁실무(법률출판사)
- 민법총칙(진원사)
- 답변서·준시서면 총서(진원사)
- 민법의 이해와 실무(개정판) (중앙법률사무교육원)
- 유형별 가사분쟁실무(진원사)
- 가사소송법실무(진원사)
- 상속분할과 유류분청구(진원사)
- 누구나 쉽게할 수 있는 민사소송(진원사)
- 나홀로 하는 형사소송실무(진원사)
- 나홀로 하는 보전소송실무(진원사)
- 나홀로 하는 어음수표소송(진원사)
- 나홀로 하는 부동산소송실무(진원사)
- 나홀로 하는 가족관계사건등록절차(진원사)

■ 감 수

변호사 **정 동 근**

서울대학교 법학과
서울대학교 대학원 법학과(민법전공)
사법연수원 40기

현, 법무법인 조율 구성원 변호사

【저 서】

- 건축분쟁소송실무(진원사)
- 핵심재개발·재건축분쟁실무(진원사)

[제3판] 나홀로 하는 민사집행실무

저 자	김 동 근	2014년 8월 29일 초 판 발행
발행인	양 진 수	2016년 10월 26일 제2판 발행
발행처	진 원 사	2021년 11월 3일 제3판 인쇄
		2021년 11월 12일 제3판 발행

서울시 송파구 법원로9길 26, C동 1107호 (문정동, H비즈니스파크)
전화 : 02) 916-1850 / 팩스 : 02) 916-3442
신고번호 제2018 - 000026호
http://www.jinwonsa.co.kr
http://www.lawbookstore.co.kr
e-mail : hhansin@hanmail.net

인 지

ISBN : 978-89-6346-597-5 93360

정가 35,000원